東日本大震災で大学はどう動いたか

① 地震発生から現在までの記録

地震発生から現在までの記録

岩手大学復興活動記録誌編集委員会編

岩手大学のイメージキャラクター
「がんちゃん」

古今書院

How Iwate University Responded to the Great East Japan Earthquake

Vol. 1 : A Chronology from the Occurrence of the Eathquake to the Present

Edited by Iwate University Reconstruction Activities Editorial Committee

ISBN978-4-7722-7149-3

Copyright © 2019 by Iwate University

Kokon Shoin Publishers Ltd., Tokyo, Japan

【巻頭言】

岩手大学創立 70 周年 復興活動記録誌
の発行にあたって

学長　岩渕　明

　岩手大学は、1949 年に盛岡師範学校、盛岡高等農林学校、盛岡高等工業学校を統一し、新制大学として出発しました。それから 2019 年の今年、創立 70 周年を迎えることになりました。これまで 6 万人を超える卒業生を輩出し、地域はもとより、日本または世界においてリーダーとして活躍する優れた人材の育成に力を注いできました。

　2009 年の創立 60 周年時には、岩手大学創立 60 周年憲章を設定し、また 50 年から 60 年までの 10 年間の歩みを小冊子にまとめました。2009 年から 2019 年の 10 年間を振り返ると、最大の出来事は 2011 年 3 月 11 日の東日本大震災の発生とそれに対処した復興支援活動であることは、本学構成員の誰もが疑う余地のないことでしょう。岩手大学は、2004 年に国立大学から国立大学法人に組織形態が変わりました。その際、岩手大学は「岩手の大地と人と共に」を校是とし、以降、地域とともに活動してきました。東日本大震災による地域の大惨事を目のあたりにして、「『岩手の復興と再生に』オール岩大パワーを！」と 6,000 人の若い力（学生）と 400 人の専門家（教員）、400 人の事務・技術スタッフの力を最大限に活用して復興に貢献していくことが岩手大学の責務であるという自覚のもと、全員で復興活動に邁進してきました。

　復興活動は、主に復興特別予算をベースに行ってきましたが、2015 年度の予算措置の終了に伴い、これまでの復興活動をどのように総括し、次の段階として、大学のミッションである教育と研究にこの経験を如何に活かしていくか、という課題も明確になってきました。復興活動は学部を越えて行ってきたという実績と、復興活動を 10 年間は継続するという大学の方針のもと、これまでの復興支援活動の経験を教育プログラムに反映し、さらには地域社会の持続的発展を担う人材育成を行うために、2016 年に学部改組を、2017 年に大学院改組を行ってきました。

　一方で、7 年、8 年と時が経過すればその記憶も次第に薄れていくことは避けられませんし、復興活動に積極的に関わってきた教職員の多くも定年退職の時期を迎え、大学を離れ始めました。

そこで、創立 70 周年の記念事業として岩手大学の復興活動の記録を整理し、それを後世に残すことが大学としての責務であり、記念事業として最もふさわしいとの結論に到り、記録誌を発行することにいたしました。

　第 1 部は「東日本大震災で大学はどう動いたか 1　地震発生から現在までの記録」として、時系列的に大学組織としての活動を振り返ります。また第 2 部「東日本大震災で大学はどう動いたか 2　復興支援と研究・教育の取り組み」は課題ごとに大学としての研究、教育に復興活動を如何に活用していくかという観点で、教科書になり得るような内容です。別冊「東日本大震災で大学はどう動いたか　別冊　岩手大学教職員の声」は退職者を含む本学教職員や卒業生の東日本大震災に対する思いを記すことにしました。

　第 1 部と第 2 部の執筆者は 70 名を超えます。ご協力いただいた各位にお礼申し上げるとともに、学内外で後世の研究、教育に活用されることを祈念します。

【まえがき】

出版の意義と本誌の構成

復興活動記録誌編集委員会

　この復興活動記録誌は、東日本大震災発災後から今日に至るまで、岩手大学の震災復興活動で蓄積された知見やノウハウを、今後の防災対策等に役立ててもらえるようにと編纂したものです。

　岩渕明学長の巻頭言にもあるように、2011年3月11日の発災後、岩手大学は東日本大震災発災に総掛かりで対応してきました。ただちに危機対策本部を立ち上げ、学生の安否確認や入試、卒業式や学年暦の変更など本学に関わる事項のみならず、被災地の状況把握や救援物資等の搬入など大学ができる救援活動に追われる日々が続きました。「危機対策本部」(2011.3.11) はその後、「東日本大震災復興対策本部」(2011.4.1)、「三陸復興推進本部」(2011.10.1)、「三陸復興推進機構」(2012.4.1)、「三陸復興・地域創生推進機構」(2016.4.1) とそれぞれの時期に応じて名を変えながら活動を継続してきました。

　主な活動内容は上記組織の報告書等に記されていますが、それらの組織に所属している教職員以外にも震災復興に関わった教職員（OBを含む）もいることや、成果が論文等で発表されているものもあり、岩手大学の震災復興活動の全体像を把握することは容易ではありません。また、報告書や論文等は関係者の目には触れますが、一般の方々には入手しにくい嫌いがあります。

　このような状況を踏まえ、本学の70周年を機に、これまで復興活動で培った成果を散逸させることなく、教育機関はもとより、行政や企業、一般市民にも役立つ文献として次世代へ残すことが被災県にある大学の使命だと考え、復興活動記録誌を出版することにしました。

　本誌は、第1部、第2部、別冊の3冊から成り、本編にあたる第1部と第2部は一般書籍として出版し、別冊は非売品としました。

第1部『東日本大震災で大学はどう動いたか1　地震発生から現在までの記録』は、発災時からこれまでの活動を時系列にして、何が起こったか、どのように対応したか、対応のノウハウや課題・教訓についても触れるように執筆されています。とりわけ、今後の災害発生時に役立つように、成果のみならず躓きや実現できなかったことも隠さず記録するという方針に基づき、教員のみならず職員も執筆しています。主な構成は以下の通りです。

　第1章：発災時 (2011/H23.3.11) から発災月末 (2011/H23.3.31) まで

　第2章：新年度 (2011/H23.4.1) から新年度前期終了 (2011/H23.9.30) まで

　第3章：新年度後期 (2011/H23.10.1) から新年度末 (2012/H24.3.31) まで

　第4章：発災翌年前期 (2012/H24.4.1) から発災4年月末 (2015/H27.3.31) まで

iii

第5章：発災5年前期（2015/H27.4.1）から現在まで

資料1：年表（国、岩手県、岩手大学の対応）

資料2：組織図、復興対策本部等関連規則など

資料3：東日本大震災関連文献（岩手大学組織の刊行物）

　第1章から第5章までは、各章の冒頭に編集委員会がまとめた出来事・状況の説明を入れ、各執筆者がそれを参照することで、同じような状況説明が重複しないように工夫しています。また、各章の終わりには編集委員会の見解として、成果のみならず課題や教訓をまとめています。加えて、岩手県及び沿岸被災地の市町村の首長様や本学に関わりの深い方から本学の復興への取り組みに対するお言葉を頂き、コラムとして配置しています。

第2部『東日本大震災で大学はどう動いたか2　復興支援と研究・教育の取り組み』は、時系列には捕らわれずに、復興への対応を、トピックやテーマごとに教員が執筆しています。単なる報告書ではなく、アカデミックな観点で取りまとめ、授業や研究の参考文献、教科書としても使える内容になっています。中心になっているのは東日本大震災復興対策本部から三陸復興・地域創生推進機構に至る過程で、継続的に行ってきたグループの活動や、地域防災研究センター、三陸水産研究センターでの活動です。主な構成は以下の通りです。

第1章：復興支援活動のマネジメント

第2章：人間の復興

第3章：地域の復興

第4章：産業の復興

第5章：復興計画・政策提言

第6章：防災と人材育成

第7章：諸機関との連携

サマリー：外国語による目次及び執筆内容の要約

　第2部にもコラムを設け、教養科目の地域関連科目で復興に関わる内容を扱っている教員が執筆しています。

別冊『東日本大震災で大学はどう動いたか 別冊　岩手大学教職員の声』（非売品）は、退職者を含む岩手大学教職員及び発災後に本学で奨学金等を受けた当時の学生に、現時点からふり返って震災や復興への思いを自由に書いてもらいました。別冊では、それらの原稿を、教職員・学生などの区別はせずに、執筆者氏名の50音順に並べています。非売品ですので、一般の方は入手できませんが、岩手大学70周年記念事業募金への寄付者には謹呈いたします。

目　　次

巻頭言：岩手大学創立 70 周年 復興活動記録誌の発行にあたって　　i

まえがき：出版の意義と本誌の構成　　iii

第 1 章　発災時（2011/H23.3.11）から発災月末（2011.3.31）まで　……………………… 1

第 1 節　危機対策本部（2011.3.11 設置）　2
　　　　地震発生当日（3 月 11 日）の対応／危機対策本部による震災から 1 週間の対応／危機対策本部
　　　　による震災から 2 週間目から 3 月末までの対応

第 2 節　震災発生時からの対応：学事関連　9
　　　　後期入試についての対応／学事日程に関する対応／まとめ

第 3 節　学生安否確認　14

第 4 節　大学 Web サイトの対応　16
　　　　発災直後から Web サーバ復帰まで／テキスト形式ホームページへの変更

第 5 節　被災学生への募金　20

第 6 節　留学生への対応　22
　　　　発災時の状況／被害状況の確認／避難場所への誘導、対応／留学生の動向／所感、課題など

第 7 節　図書館の状況　26

第 8 節　教員独自の活動　31
　①　岩手大学有志と被災者とともに　31
　②　被災地の状況把握と情報発信　33
　　　　発災直後／翌日からの対応／被災地視察／現地との接触と農村計画学会での報告

第 9 節　沿岸被災地調査　40

まとめ　43

第 2 章　新年度（2011/H23.4.1）から新年度前期終了（2011/H23.9.30）まで　……… 49

第 1 節　岩手大学東日本大震災復興対策本部（4 月 1 日設置）　50
　　　　学長の決断／復興支援活動の計画／地域復興支援部門の概要／学生支援の概要／広報活動／復
　　　　興活動経費の確保

第 2 節　情報・連絡調整　62
　　　　ICT 関連の被害と復旧状況／ICT による情報収集支援

第 3 節　新年度学事関係　66
　　　　ボランティア活動支援／まとめ

第 4 節　被災学生への支援　74
　　　　学生への支援内容／経済的支援／ボランティア活動への支援

v

第5節　学生ボランティア　79
　　　　　　ボランティア事前指導／支援体制の構築

第6節　国・県・市町村の震災復興に関する委員会への参画　81
　①　東日本大震災復興構想会議検討部会　81
　　　　　　東日本大震災復興構想会議と検討部会／検討部会での議論／検討部会ワークショップ／復興構
　　　　　　想会議「復興への提言」（2011年6月25日）／検討部会以降の動き／おわりに
　②　岩手県東日本大震災津波復興委員会　106
　　　　　　東日本大震災津波からの復興に向けた岩手県の基本方針／東日本大震災津波復興委員会の設置
　　　　　　／審議経過／岩手県の復興計画の特徴／岩手大学関係者の関与
　③　岩手県東日本大震災津波復興委員会総合企画専門員会　111
　④　岩手県津波防災技術専門委員会　115
　⑤　復興パターン検討調査の作業監理委員と2町2村復興計画策定委員会　118
　　　　　　作業監理委員の役割／復興計画策定委員会との調整／様々な要望と合理性／おわりに
　⑥　宮古市東日本大震災復興計画検討委員会　121

第7節　被災動物診療「わんにゃんレスキュー号」の活動　123
　　　　　　被災動物支援班／わんにゃんレスキュー号と沿岸地域の被災動物事情／わんにゃんレスキュー
　　　　　　号の活動／活動の総括と課題

第8節　救援物資の調達と配布　132
　①　教員からの呼びかけ：学び応援プロジェクト　132
　②　教員からの呼びかけ：沿岸被災高校生への辞書および参考書の物資支援　136
　　　　　　支援の概略／初動／調達／配布／総括と課題
　③センターからの呼びかけ　138

第9節　地域への対応：工学部の取り組み　140
　　　　　　被災地へのICT機器提供／被災企業への事務机・椅子の提供

第10節　地域への対応：情報メディアセンターの取り組み　146
　　　　　　発生直後の状況と、地域への対応の開始／被災地に向けて中古PCの送付

第11節　産学連携による復興支援　149
　　　　　　がれき廃木材の再資源化システムの確立と木質バイオマス社会構築プロジェクト／東日本大震
　　　　　　災における産学官連携への影響調査〜産業支援の観点から〜／女性起業家・事業化セミナー〜
　　　　　　起業活動ステップアップ支援〜

第12節　文部科学省等への対応：震災復興関連予算　156
　　　　　　岩手大学震災復興支援プロジェクト／岩手県や被災市町村の理解・協力と他大学との連携／文
　　　　　　部科学省への予算要求／復興から地域創生へ

第13節　義捐金・寄附・募金　162
まとめ　164

第3章　新年度後期（2011/H23.10.1）から新年度末（2012/H24.3.31）まで ………… 173

第1節　岩手大学三陸復興推進本部　174

新たな展開へ／6部門のミッションと活動／広報等の活動／復興推進本部会議等

第2節 釜石サテライト及び水産業の復興　181
　　　釜石サテライトの設置／水産業の復興

第3節 学生ボランティア　186
　　　この期のボランティア班の活動／ボランティア説明会での研修

第4節 いわて高等教育コンソーシアムとの連携　188
　　　きずなプロジェクト／震災復興特別科目

まとめ　195

第4章　発災翌年前期（2012/H24.4.1）から発災4年月末（2015/H27.3.31）まで … 201

第1節 岩手大学三陸復興推進機構（2012.4.1設置）　202
　　　取り組みの概要／被災学生に対する支援／研究開発のための外部資金／COC事業／復興活動を研究教育に活かすための大学改組／広報活動等

第2節 地域防災研究センター　209

第3節 エクステンションセンターの設置（久慈2012.4、宮古2012.10、大船渡2013.4）　213
　　　経緯／「IPPO IPPO NIPPONプロジェクト」／久慈エクステンションセンター／宮古エクステンションセンター／大船渡エクステンションセンター／まとめ

第4節 三陸水産研究センター（2013.4設置）　219

第5節 「いわて協創人材育成＋地元定着」プロジェクト（COC：2013.10採択）　222
　　　「地（知）の拠点（COC）整備事業」採択／教育の取り組み／研究の取り組み／社会貢献の取り組み／まとめ

第6節 岩手県東日本大震災津波復興委員会女性参画推進専門委員会　227
　　　女性参画推進専門委員会設立までの経緯／委員会設立の意義と活動状況／委員会の活動成果と課題

第7節 国連防災世界会議　230

まとめ　233

第5章　発災5年前期（2015/H27.4.1）から現在まで ……………………………… 239

第1節 ふるさといわて創造プロジェクト（COC+：2015.9採択）　240

第2節 復興と地域創生に係る概算要求　244
　　　復興予算／第3期中期目標期間での活動方針について／概算要求に向けて／三陸復興・地域創生推進機構の概要／概算要求の結果について

第3節 三陸復興・地域創生機構の開設と取り組み（2016.4〜2018.3）　249
　　　復興活動から学び、地域創生に活かす機構の取り組み／実践領域「三陸復興部門」「地域創生部門」「生涯学習部門」の取り組み／教育研究領域「ものづくり技術教育研究部門」「三陸水産教育研究部門」「地域防災教育研究部門」「平泉文化教育研究部門」／地域連携フォーラム（盛岡市・釜石市・久慈市・八幡平市）と共同研究員の活躍／2016年8月に発生した台風10号被害への

連携した取り組み／学校防災に関する岩手県教育委員会・岩泉町教育委員会との協定締結／釜石サテライトから釜石キャンパスへ／地方創生に向けた岩手三陸連携会議との連携協力協定の締結／地域企業や学内の「総合科学研究科・地域創生専攻」「COC＋事業」との連携

第4節　農学部食料生産環境学科水産システム学コースの開設（2016.4）　253
　　　　岩手大学水産系高等教育（農学部食料生産環境学科水産システム学コース、大学院総合科学研究科地域創生専攻地域産業コース水産業革新プログラム）への連携について／その他

第5節　陸前高田グローバルキャンパス（2017.4開設）　257

第6節　大学院総合科学研究科地域創生専攻の設置（2017.4）　260

第7節　将来への展望　264

まとめ　269

【コラム】

東日本大震災津波からの復興に係る岩手大学の取組と今後岩手大学に期待すること
（岩手県知事　達増拓也）　45

東日本大震災を振り返って～復興、そして宮古創生へ～（宮古市長　山本正徳）　46

東日本大震災からの復興へ向けた岩手大学の活動について（大船渡市長　戸田公明）　47

岩手大学創立70周年へ向けて（久慈市長　遠藤譲一）　48

地方創生の原動力へ―陸前高田グローバルキャンパス―（陸前高田市長　戸羽　太）　168

三陸から新たな岩手の発展へ（釜石市長　野田武則）　169

住田町の被災者支援と岩手大学との関わり（住田町長　神田謙一）　170

岩手大学70周年記念誌発行を記念して（大槌町長　平野公三）　171

岩手大学の創立70周年に寄せて（岩泉町長　中居健一）　172

未来を見据えた復興への取組に感謝（田野畑村長　石原　弘）　197

これからも地域と共にある知の拠点として（普代村長　柾屋伸夫）　198

岩手大学創立70周年記念に寄せて（洋野町長　水上信宏）　199

東日本大震災と東電福島第一原発事故を市長として経験して（元南相馬市長　桜井勝延）　200

東日本大震災における岩手大学の広報活動について（株式会社テレビ岩手　遠藤　隆）　235

東日本大震災復興のシンボルとしての三陸水産研究センター（北海道大学名誉教授　山内晧平）　236

日頃のネットワークが可能にする復興イノベーション（科学技術振興機構　箭野　謙）　237

地方創生の先駆的取組としての三陸地域復興推進事業（経済同友会　岡野貞彦）　238

年表（国、岩手県、岩手大学の対応）　271

規則・組織図　295

東日本大震災関連文献（岩手大学発行）　310

あとがき：被災県にある大学の使命　314

第1章　発災時（2011/H23.3.11）から
発災月末（2011/H23.3.31）まで

　2011年3月11日（金）14時46分に三陸沖を震源とする東北地方太平洋沖地震（気象庁命名）が発生し、約30分後に巨大な津波が東日本沿岸に到達して甚大な被害（死者・行方不明者約18,000人）が出た。最大震度は7（宮城県栗原市）で、地震の規模を示すマグニチュードは当初8.4とされたが、後に9.0（2011.3.13）と修正された。日本政府（菅直人首相）は原発事故を含む被害の大きさから、同年4月1日にこの地震による災害名を「東日本大震災」と閣議決定した。ただし、岩手県では、津波被害の大きさから「東日本大震災津波」と呼んでいる。

　地震発生後3分で発表された津波警報では、津波の高さは岩手県及び福島県で3m、宮城県で6mとされ、発生後28分に、岩手県及び福島県6m、宮城県10m以上と修正されたものの、東北地方の広域が地震発生後ほどなく停電したため、防災行政無線の初期放送（3mの津波等）だけを聞いた沿岸地域住民の中には、自宅の2階に避難すれば大丈夫と判断した人もいると言われている。

　被害の大きさが明らかになってきた翌日（3/12）のラジオ放送では「～地域は壊滅」という表現が使われ、上空を行き交うヘリコプターの爆音や、やむことのない余震などから、内陸部にも事態の深刻さが伝わってきた。

　津波被害に加えて、福島第一原子力発電所では全電力喪失による炉心溶融という深刻な事態が生じ、政府は3月11日夜から翌日にかけて避難指示区域を原発から半径2km圏内、3km圏内、10km圏内と矢継ぎ早に拡大し、12日15時36分に1号機で水素爆発が起き、同日夜には半径20km圏内とさらに避難指示を拡大したことで、混乱が増大した。水素爆発はその後、14日11時1分には3号機でも発生し、原子炉の崩壊という最悪の事態は免れたものの、史上最悪の原発事故となった。

　東北地方で広範囲に発生した停電は、内陸部を中心に発災後3日間で約80%が、発災後8日間で94%が解消されたものの、全て復旧したのは6月18日になった。

　沿岸被災地の状況は「壊滅」という表現に象徴されるように戦場のごとく悲惨さを極めていた。被災地では機能不全に陥った自治体もある中、大規模震災災害派遣命令に基づき自衛隊が10万人体制で救助活動に従事した。また、全国から人命救助のためにDMAT (Disaster Medical Assistance Team) が集結して活動を行った（ただし津波被害においては、溺死者が多かったことから、けが人への対応は予測よりは少なかったと言われている）。

　テレビ・ラジオや新聞などの報道各社は、死者情報ではなく、避難所各所での生存者情報を流して、人々の期待に応えた。また、Google等では、メディア上の生存者情報をデータベース化して検索可能とする便宜を図った。

　ライフラインが次第に復旧してきた内陸部においても、流通が遮断されたことから、食料を含む生活必需品が不足した。スーパーなどでは、発災翌日から、特定個人の買い占めを防ぐため、買い物は一人当たり千円までとルールを決めて営業する店が多く、ガソリンスタンドも、緊急車両以外は10リットルに給油量を制限して営業した。それでも3月中はガソリンの入荷量が少なく、営業するかどうか分からないガソリンスタンドに、前日の夜から並ぶ車の列が延々と延びていた。

第 1 節　危機対策本部（2011.3.11 設置）

理事（地域連携・国際連携担当）・副学長　　岩渕　明

総務企画部企画調査課長　　晴山　均

　災害や事故により、重大な被害が発生または発生する恐れがある場合、岩手大学は危機管理規則に従って、学長を本部長とする危機対策本部を設置する。また、その任務は危機の情報収集と分析、危機対策の決定と実施、関係機関との調整、その他必要なこと、と規定されている。東日本大震災の発生の際にも、岩手大学は危機対策本部を設置して、その対応に当たってきた。震災等への対応を述べるうえでは、時間軸は対数的にみていくことが必要である。従って、本節では当日から対策本部の動きを中心に、当日、1 週間、3 月末までの期間に区切ってその足跡を記述する。なお、具体的な項目については次節以降に記す。

1　地震発生当日（3 月 11 日）の対応

　その時、藤井克己学長と岩渕明理事（地域連携・国際連携担当）・副学長は、学生センター B 棟の多目的室を会場に国際交流センターが主催した留学生との懇談会に出席していた。15 時の終了時間を前に、会のまとめに入った 14 時 46 分、地震（マグニチュード 9.0、震度 5 強）が発生した。いつもの地震に比べて振動が強く長く感じた。建物はギシギシと音を立て、地震未経験の留学生は悲鳴を上げて屋外に避難した。すぐに停電となったため急遽懇談会を終了させ、すぐに事務局棟に戻った。

　みぞれと余震のさなか、危機対策マニュアルに従って事務局棟では事務職員が屋外へ退避し、安全確認の点呼の後、毛布や懐中電灯、非常用発電機を倉庫から運び出し動作確認を行った。各部局でも安全確認と被害状況調査が進められた。

　1 時間ほどして事務局棟の建物の安全が確認され、役員会議室で藤井克己学長、玉真之介理事（総務・教育・学生担当）・副学長、岩渕明理事（地域連携・国際連携担当）・副学長、大塚尚寛理事（教育・第二期全学改革・環境担当）・副学長、菅原悦子副学長（男女共同参画担当・附属学校担当）及び山中和之学務部長、長代健児入試課長、佐藤貢総務広報課長で打ち合わせを開始した。各部局の報告を受け、岩手大学構内における負傷者はなく、建物の大きな被害がないことを確認した。また、翌日 12 日土曜日は後期日程の入学試験日であった。地震発生後すぐに停電したため、地震の規模や被害状況、また新幹線を含む交通網の運行状況も把握できない中で判断しなければならなかったが、電気や暖房用ボイラーの復旧に目途が立たないことから、この時点では、盛岡での後期日程試験を 1 週間の延期とし、札幌会場では予定通り実施することとした。電話や FAX 等が使用できなかったため、長代健児入試課長が試験延期の通知を NHK に持参し放送を依頼した。また手書きの試験中止の看板を岩手大学正門前に掲げた。

　停電のため、固定電話や FAX、メールを使用することができなかったが、携帯電話についても、使用できたのは地震発生後 30 分程度までであり、その後は通信マヒの状態になった。教職員の家

族の安全確認のために、学内で大きな被害が発生していないことを確認したのち、15時40分に全教職員へ帰宅指示を出した。ここまでの事務局と各部局間における被害状況報告や帰宅指示の伝達は、徒歩で直接出向いて行った。また、工学部では、被害状況の最終確認に時間を要し、帰宅指示は遅れて午後5時過ぎとなった。なお、盛岡市は各地区に指定避難所を置いているが、岩手大学はこれに指定されていなかったため、大学の施設を避難所として開放する必要はなかった。また、工学部では、工学部長の判断で、12日以降建物の安全が確認されるまでの当面の間、学生の入館を規制した。

事務局棟では緊急時用の発電機を数台保有しており、地震発生後、速やかに稼働を試みたが、操作に不慣れのため、事務局棟に灯りがともったのは17時過ぎであった。照明用ライトの他に机上にテーブルタップを置き、携帯電話の充電器が並んだ。携帯電話のワンセグやカーナビのテレビを活用しながら、今後の対応を検討・決定するための情報収集を行った。併せて、この打ち合わせにおいて、危機対策本部の設置を決定した。役員等の危機対策本部メンバーは、翌日12日土曜日8時30分に危機対策本部会議を開催することを確認したのち、18時頃解散した。

街は全市停電で、交通信号も作動していなかった。帰宅後の情報入手は携帯ラジオのみであり、放送内容は、安否情報や様々な行事等のイベント中止の情報などであった。本学の後期日程試験の延期も報道された。新幹線と在来線の運行が見合わせとなり、JR盛岡駅には2,000人ほどの旅行者が足止めされて夜を明かしたとの報道もあった。本学受験生も巻き込まれたことが考えられるが、その数は不明である。

200名余の留学生を含む約6,000名の学生の避難は、学生個人の判断に任されたが、余震の続く中、個人やグループにより、アパートや盛岡体育館、上田公民館といった近隣の避難所において過ごしたようであった。また、留学生の一部は、学生センター棟の講義室を一時的に避難所として利用し、一晩を過ごした。毛布と石油ストーブ、灯油を提供したものの、翌日講義室に行ったところ、留学生は石油ストーブを操作した経験がなく、まして手動ポンプによる灯油の給油方法もわからず、ストーブなしで寒い夜を過ごしたとのことであった。

未曽有の災害の中で、日常の活動が電気に依存していることを改めて認識したが、同時に、非常時の情報収集と連絡方法の確認が必要であること、また、毎年災害訓練等を行っていたが、発電機等の緊急時用機器の作動操作がなかなかスムーズに進まないことについて、反省と対策見直しの必要性を感じた。

2 危機対策本部による震災から1週間の対応

12日土曜日8時30分から1回目の危機対策本部会議を開催し、以下のとおり今後の対応を決定した。①14日月曜日に、学部長や入試委員長など部局長を含めて拡大危機対策本部会議を開催する、②学長メッセージを発信する、③学生の安否や実家の被害状況等を確認し、被害状況によっては支援を検討する、④被災学生への募金活動を行う、⑤3月25日に予定していた経営協議会は紙上会議とする、⑥通勤困難な職員は特別休暇とする、などである。ここまで決定したのち、午後に会議

を再開することを決めて、正午前に一時中断した。岩手大学構内の学生生協売店での食料品は、お昼には底を尽いた。

12日の昼には電気が回復し、テレビを通して震災による被害が予想を上回るものであることが明らかになった。15時から再開した危機対策本部会議では、札幌会場での後期日程試験の実施報告、盛岡での後期日程試験延期について受験生からのクレームはなかったこと、電気、暖房装置等の復旧の見通しが報告され、19日の後期日程試験実施と3月22日16時の合格発表実施、前期入試合格者の入学手続きの1日延長、14日午前中に再度被害状況を調査すること、23日の卒業式は県民会館の状態を確認する必要があるが予定通り行うこと、などを決定した。札幌会場では43名の受験予定者に対し25名が受験し、無事試験が終了したとのことであった。

3月14日月曜日13時から開始した危機対策本部会議（拡大）（第2回）では、地震発生当日に1週間の延期を決定した後期日程試験について、復旧の目途が立たない交通状況や他大学の試験実施状況、試験を実施した場合、受験できなかった受験生には追試験を行わなければならないという文部科学省の指導を踏まえ、各学部と意見交換した上で後期日程試験は中止とし、センター試験結果と調査書で入学者判定することを決定した。それに伴い札幌会場での受験生へお詫び文を発送することとした。さらに卒業式の実施、被災学生への義援金の受付、学生ボランティア派遣の用意、修士論文の提出の延期、図書館の閉鎖、情報処理センターの一部サーバーの停止などの状況説明がなされた。

また、留学生を含む全在学生の安否確認を行うことを決定した。研究室に所属している学部3、4年生および大学院生は、研究室の連絡網を用いることで比較的スムーズに確認できたが、それ以外の学生は授業や期末試験が終了していたため大学を離れている者も多く、確認は容易ではなかった。クラス担任が学生の携帯電話に直接連絡して状況を確認することと並行し、岩手大学Webサイトのトップページを携帯電話対応のテキスト形式に変更した上で（3月14日）、在学生はメールで安否を大学に連絡するようにとメッセージを掲載し、受信したメールを学務部で集計して、クラス担任と情報共有しながら確認作業を進めた。その結果、工学部学生1人が帰省先の釜石市の実家で津波の犠牲になったという大変痛ましい事実が明らかになった。

3月15日の危機対策本部会議（第3回）では、岩手大学Webサイトに掲載する学長メッセージの内容確認、県民会館が被災で使用不可となったので卒業式の中止、入学手続きが期日に遅れた入試合格者の救済措置、入学式や創立記念行事など4月以降の行事について相談した。また、札幌会場での後期日程試験の監督者17名のうち14名が、地震により交通網がマヒしたため途中で足止めに遭ったが、15日中に帰学するとの報告もされた。出張中の教職員も東京や仙台で足止めされたりして、全員が帰学したのは1週間以上かかったとの報告を得た。

地震発生当日、学生センター講義室に集団で避難した留学生は、翌日以降、国際交流会館等に戻った。しかし、福島原発事故の状況が深刻であることから、留学生の国外への退避が各国大使館の指示のもと行われ、ほぼ3分の2の留学生が国外あるいは国内退避を行った。留学生の6割を占める中国人留学生は、札幌総領事館の指令により、15日県庁前からの貸し切りバスで全員新潟に移動し、その後北京に向け空路帰国した。

3月16日の危機対策本部会議（第4回）では、教職員の安否確認結果の報告、通勤困難者（徒歩

第1章　発災時（2011.3.11）から発災月末（2011.3.31）まで

　　　3月14日　停電復旧時のホームページ　　　　　3月16日～5月23日までのホームページ
　　　　　　　　　　　資料1-1-1　当時の岩手大学ホームページ

90分以上が目安）の特別休暇の対象者を非常勤職員にも広げることの決定、学生支援募金の呼びかけについて意見交換、附属校園の予定の報告などが行われた。また同日18時から開催した危機対策本部会議（第5回）では、ガソリン、トイレットペーパー、電池、食材など、国立大学協会へ支援を依頼する物資の項目を決定した。

　加えて、同日付で大学のWebサイトに、7項目の学長メッセージ、新入生へのお知らせ（4月7日の入学式の中止、学生生活関係事項など）、在学生へのお知らせ（卒業式、入学式の中止、2010年度の後期成績発表日の変更、前期の授業開始を5月9日、学生生活関係事項など）を掲載した（資料1-1-1）。

　3月17日の危機対策本部会議（第6回）では、学生の安否確認状況の報告（6,081人の学生数に対し、この日までに88％の学生の安否確認が取れた）、前期試験合格者の入学手続きの状況報告（未手続者のうち10名とは連絡が取れていない）、卒業、修了者のアパート等からの退去延長についての依頼状況の報告（すでに退去手続きを終えた後震災が発生し、進路先の住居が被災して入居できない学生や、引越業者の手配が付かない学生が対象）、被災学生支援募金の呼びかけについて意見交換した。また、大学入学は人生の一大イベントという認識から、入学式に代わって「新入生歓迎の集い」と称して5月9日に大学体育館で行うことを決めた。この日以降、文部科学省からの要請で、毎日状況を報告することとした。また3月17日の第83回教育研究評議会に危機対策本部の状況を報告した。

3　危機対策本部による震災から2週間目から3月末までの対応

　危機対策本部では3月18日から31日までほぼ毎日のように会議（第7回から第15回）を開催した。

その内容は大きく①学生等の安否確認の報告、②文部科学省への報告内容の確認、③他大学への支援物資の提供要望と受領状況の報告、④他機関からの本学への支援要望及び調査・照会、⑤学生からの要望などである。①学生の安否確認については、3月18日時点では92％、3月25日時点では99％（未確認者5名）の学生の状況を確認した。最終的に学生全員の安否確認が完了したのは5月17日である。また、交通網のマヒにより、出張先や道中で足止めされて帰学できない教員は3月22日時点で6人いたが、のちに全員無事に帰学したことを確認した。

　3月23日の卒業式は中止したが、各学部、学科毎に卒業証書、修了証書の授与式を学内の各所で行った。証書とともに、学長メッセージ（資料1-1-2）が渡された。また、後期日程試験の合格者の発表は3月22日に行い、入学手続きの締切日を1カ月延長し、被災地域の学生には電話等で直接あるいは高校を通して入学の意思を確認した。

　また、②文部科学省の報告に関して、各部局等の被害調査結果を3月21日に提出している。岩手大学の被害状況は、構内の建物や連絡通路等にひびが入り、また水漏れがあったものの、附属校園や農場等を含め、幸い深刻なダメージはなかった。その他主な被害状況は、図書館の書架から多くの書籍が落下したこと、実験用機器の損壊や、精密機械などは位置が移動して機器の再調整が必要であること、また、後日判明した被害として、冷蔵庫で保管していたバイオ系の微生物等の試料が、停電のために死滅したことなどが挙げられる。再生には1年を待たなければならないものもあった。財務部の計算によると、岩手大学の被害総額は約7,000万円とのことであった。なお、図書館は、学生アルバイトの協力を得て、書架へ書籍を戻す作業を進め、3月24日に部分開館した。

　③による支援物資は、弘前大学、秋田大学、山形大学、大阪大学などから米、ガソリン、灯油、トイレットペーパーなどが提供された。提供された米は、大学生協に依頼して、ボランティアの朝食用おにぎりの材料とすることにした。

　④の事項では、職員宿舎の空き部屋を被災者に提供すること、農場の牧草地に仮設住宅を建設することが可能かどうかといった照会があり、具体的要望があれば提供することを回答した。また、外国人被災者支援のために、外国語堪能な職員等を支援者として登録した。

　また、⑤に対応して、3月24日に被災学生支援募金の呼びかけを開始した。卒業生の引越に関しては、市内のアパート等へ退居延長を依頼し、工学部では工学部生協食堂の1区画をキープして引越荷物の一次預かりを実施した。また、工学部後援会の資金を活用して、学生の当座の生活費の貸出（一人上限10万円）を行った。さらに新入生に対する入寮の追加募集をするとともに、企業が被災を理由に就職内定を取り消した1名の卒業生は研究生として受け入れ、授業料等は全て免除した。

　被災地への調査視察は現地の復旧作業優先のため制限されていたが、3月28日、齋藤徳美名誉教授を中心に、土井宣夫教育学部教授、廣田純一農学部教授、越谷信工学部准教授、南正昭工学部教授が本学として初めて被災地の状況調査を行い、30日に開催した危機対策本部会議（第14回）において報告した。視察へ行った教員からは、県、市などの行政機関と並行して復興を進める必要があること、岩手大学は具体性を持った取り組みをしていく必要があることが、意見として出された。

　危機対策本部では、震災後すぐに大学として学生を派遣すべきであるという意見もあったが、ボランティア派遣には大きなリスクを伴うため、大学として組織的に行うためには、学内でのボランティア支援体制を整えてから、万全の準備のもと派遣すべきであると決定した。ボランティア学生

平成２２年度岩手大学卒業生・大学院修了生の皆さんへ

　皆さんもご存知のように、平成 23 年 3 月 11 日（金）14 時 46 分、M9.0 という東北地方太平洋沖地震が発生し、その後、東北地方太平洋沿岸はかつてない大津波に見舞われました。幸いにも、本学はキャンパス内の学生、教職員とも無事で、施設等の被害も最小限に止まりました。現在、約 6,000 名の全学生について安否の確認を進めているところです。

　例年であれば、卒業式、修了式は、皆さんが入学式を迎えられた県民会館で多くのご来賓、保護者の方々のご臨席のもと、華々しく挙行されるところですが、先の震災の影響により、関係者が一堂に会することも難しくなり、開催を中止しました。卒業生、修了生の全員に学位記が伝達され、このメッセージに目を通してくれていることを祈っております。

　先の大地震は、座っておれないほどの大地の揺れと軋みを伴なう、これまでに経験したことのない激しいものでした。卒業を間近に控えた皆さんにとって、最後の大きな試練だったと言えるでしょう。まさに私たちの人知を超えるものでしたが、一方で私たちが生きていく上で必要なものは何かを気付かせるものでした。

　それは、水、食料、暖房、そして電気、携帯電話などでしょうか。しかし、これら物的なものよりも暖かい支援となったのは、人の支え、つながり、絆というものでした。孤独感は絶望と背中合わせなのです。寒く真っ暗な闇の中で自分を勇気づけてくれるのは、自分を想う他人の存在とその働きかけでした。

　人類学者の山極寿一氏によれば，ヒトと他の類人猿との大きな違いは「食べ物を仲間と惜しみなく分け合う」ことにあったといいます。そして人類は家族を形成した時代に『分かち合う』行為を確立したとしています。これはまだ農耕の始まるはるか前，狩猟採集時代であり，家族はやがて 100 人を超える共同体へと発展していくのです。

　今回の天災は人知を超えたものでしたが、だからこそ、私たちは人知を集め、支え合い、分かち合うことによって、これらの難題を克服する必要があるのでしょう。

　本日の学部卒業生 1,177 名、大学院修了生 323 名、計 1,500 名の皆さんにとって、一堂に会すことのない卒業、修了となりましたが、今日から皆さんは、岩手大学という唯一の母校を通してつながっています。皆さんと岩手大学との絆は一生であり、大学はどんな場合にも卒業生、修了生の皆さんに開かれ、皆さんの成長を見守り続けていることを忘れないで下さい。

　あらためて、卒業生、修了生の皆さんの今後の健康と活躍をお祈りし、はなむけの言葉といたします。

平成２３年３月２３日

国立大学法人　岩手大学長　藤井　克己

資料 1-1-2　学長メッセージ

が被災地の悲惨な状況を目にして心的外傷後ストレス障害（PTSD）に罹ることを避けるためである。

　ボランティア派遣には 6 つの条件を満たしたものを派遣することにした。その 6 項目は、①大学が開催する事前事後指導を受講すること、②ボランティア保険に加入すること（保険料は大学負担）、③承諾は求めないが、保護者にボランティアに参加することを報告すること、④所属を明確にするために「岩手大学」のネームが入ったジャケットを着用すること、⑤長靴、軍手、昼食を持参すること、

⑥無理はしないこと、である。ボランティアの学内体制が整ってからは、学生ボランティア団体が自発的に発足し、往復5時間を要する沿岸部までは大学がチャーターしたバスで移動することとした。また、延べ45時間以上参加した学生が必要な申請をした場合、単位認定することとした。

　震災後すぐに、学外のボランティア団体に個人資格で参加する学生もいたが、個人参加のボランティア活動には、自分たちで交渉し募金場所を確保して学内外で街頭募金を行う団体、被災者への励ましの横断幕を作成する団体、公演での収益を寄附するサークル、被災地で支援イベントを行うサークルなどがあった。

　震災発生から2週間は、ほぼ学内の状況調査、安否確認や学生支援、後期日程試験の中止とその対応、卒業式、入学式の中止とその対応、新学期への対応等、学事関連の対応が中心であった。しかしそれ以降になると、喫緊に取り組まなければならない事柄はある程度終了し、また、今後の対応と方向性も定まり、ガソリンも確保できて自動車等での移動もできるようになってきた。加えて、次第に被災地の状況も明確になるとともに、地域からのボランティア派遣依頼など様々な要望も大学に寄せられるようになった。そこで、大学独自の復興支援活動を展開するために、また地域からの要請に大学が組織として効率的に対応するために、危機対策本部とは別に、4月1日より「岩手大学東北地方太平洋沖地震復興対策事務局」（後日、政府の大震災の名称を東日本大震災と変更したことに伴い、本学でも「岩手大学東日本大震災復興対策本部」と名称を変更）を設置することが3月29日の危機対策本部会議（第13回）で藤井克己学長から提案され、3月31日の会議（第15回）で決定した。

第2節　震災発生時からの対応：学事関連

理事（総務・教育・学生担当）・副学長　玉　真之介

　地震発生時、私は総務・学生・教育担当の理事・副学長を勤めており、学生・教育・入試に関する全責任を負う立場にあった。発災時は 2010 年度の最後の月であり、入試、卒業式、入学式、新学期といった学事関係の行事や事務手続きは震災の影響を直接的に受け、次から次へと休みなく対応を迫られることとなった。同時に、この時期は学生たちにとっても、卒業を控えた引越準備や新入生の部屋探しなど移動の激しい時期でもあった。そんな中、誠に残念なことに釜石市の自宅に帰省していた男子学生 1 名が津波の犠牲になってしまった。

1　後期入試についての対応

(1)　発災時の状況

　マグニチュード 9、震度 5 強（盛岡市）の地震が起きた 3 月 11 日（金）は、後期入学試験の前日だった。発災時の 14 時 46 分の時点で、試験会場の設営ほか試験準備は終わっており、遠方の受験生もすでに盛岡入りして会場の下見をしていた時間だった。また、岩手大学が札幌市に設けた試験会場でも、試験監督教員や入試課職員は前日から札幌入りして準備を終えていた。

　入試の責任者であった私は、発災時に藤井学長とともに学生センター棟で留学生と懇談会を行っていた。長い揺れだった。直ちに停電となった。地震の経験のない留学生はおびえていた。本震がある程度おさまった 15 時前の時点で、懇談会を終了させ、学長ほか役員は本部建物横の庭に集まり、危機対策本部の検討など、地震への対応を開始した。その間も震度 4 程度の余震が高い頻度で続いており、雪が散らつく中でも本部建物へ入ることはできず、被害状況の確認などの指示は、この庭から出された。

(2)　1 週間延期を決断

　停電のため、情報収集はラジオや携帯電話、スマートフォンに頼るしかなかった。津波被害の情報も断片的に入ってきたが、衝撃だったのは、東北新幹線が地震の影響で全面不通という情報だった。明日の受験に新幹線を利用する受験生は県内、隣県など数多くいる。本部建物の安全確認が済んで役員会議室に入り、後期試験の 1 週間延期、札幌会場のみ実施という決断を役員会として行った。あの時点では、1 週間後には東北新幹線も復旧するだろうと見込んでいた。情報が不足し、大変甘い見通しであったことが翌日には明らかとなる。決定と同時に、受験生に周知するため、構内各所への掲示、ホームページ掲載、そして NHK ラジオニュースでの放送という対応に追われた。

(3)　残された課題

　この決定は 2 つの点で課題を残すものだった。1 つは、地震被害の甚大さが判明した 3 月 14 日（月）には、後期試験の中止を決定することになったからである。合格判定は、センター試験と出

願書類のみで行うこととした。大震災が起きてしまった後で、すべての受験生に公平な判定を行うには、それしかないという判断だった。2点目は、札幌会場だけ試験を実施したことによるものである。この結果、合格判定の公平性は保たれたものの、札幌で受験した受験生に割り切れない心象を残した。実際、後に高校教員からの電話で、センター試験が不本意で後期試験で逆転を狙って札幌での試験を受けた受験生がいたことが伝えられた。それに対しては，やむを得ない事態としてお詫びするしかなかった。いずれにしても、発災後すぐの時点では情報収集に限界があり、この震災の大きさとその影響についても想像が及ばなかったのである。

地震の影響が比較的小さかった秋田大学だけは後期試験を実施したが、東北、関東地域の大学のほとんどが12日の実施を見合わせ、最終的には中止を発表した。秋田大学の場合は、実施できたが、震災の影響で受験会場へ行けなかった受験生に対して、いつ、どのように追試を実施するのかという難しい判断を迫られることとなった。

2 学事日程に関する対応

(1) 交通遮断の影響

3月12日（土）には電気も復旧し、ようやく様々な情報も集まってきた。岩手県沿岸をはじめとする深刻な津波被害、福島第一原発の電源喪失、東北新幹線の大きな被害などである。同時に、高速道路の被害やガソリンの欠乏によって交通網が麻痺して物資移動が困難となり、スーパーやコンビニの店頭から品物が消え、食料品が不足する事態となった。そんな中、岩手大学生協は停電の最中も店を開け、懐中電灯と電卓計算で在庫品の販売を続け、学生・職員から感謝された。

この交通遮断が学事上の様々な日程に重大な影響を及ぼすこととなった。まず14日（月）、15日（火）は、前期試験合格者の入学手続きの日であった。規則上は、この2日間に入学手続きをしなければ、入学意思がないものとして扱われる。しかし、交通遮断によって盛岡に来ることのできない合格者が多数生じた。岩手県沿岸部には津波被害に遭った前期合格者もいた。そのため、14日（月）開催の第2回危機対策本部会議で、まずは入学手続きの延長を決め、被災地の合格者は入学の意思確認のみとした。直ちに、受験生・前期試験合格者の安否確認を電話で開始した。また、教職員にも依頼して在学生全員の安否確認も全力で行うこととした。合わせてこの会議で、3月23日の卒業式を中止、4月7日の入学式は中止を含めて検討という決定を行った。その内容は、学長メッセージにまとめてホームページに掲載し、学生・教職員、また社会にも伝えることとした。

他方、盛岡以外の合格者は、通常入学手続きの際に入学後のアパートを決めて帰るのが一般的であった。その手配を手がけていたのが岩手大学生協である。その岩手大学生協の峰田優一専務より重大な情報が寄せられた。交通遮断のためにアパートを退去する予定であった卒業生が運送業者から次々と引越をキャンセルされ、かつ大家さんからは新入生のために退去を迫られ困っていること、また、盛岡へ入れない前期試験合格者からはアパート探しに関する問い合わせが多数届いているという情報であった。同時に、東北新幹線は甚大な被害が出た仙台駅をはじめ、その復旧には1カ月以上かかるということも明らかになった。さらに、ガソリンの供給も一向に改善されず、ガソリンスタンドには車の長い列ができていた。そして、何よりも福島第一原発が12日に1号機、14日に3号機が水蒸気爆発を起こして，国内は騒然となっており、数日後には中国人留学生の多くが集団

で帰国することとなる。

(2) 新学期開始を連休明けと決断

これらの情報に基づいて、15日（火）開催の第3回危機対策本部会議で、2011年度の授業開始を5月9日（月）とするという決断を下した（資料1-2-1参照）。4月分の授業は9月に3週間行うこととした。この一番のねらいは、新入生に自宅に留まり4月後半に盛岡に来るように促し、それにより大家さんの理解を得て卒業生を少なくとも3月末まで退去しないですむようにすることである。とにかく、新入生、在学生、卒業生も含めて、事態がある程度落ち着くまで移動しなくてもよい状況を作り出すことであった。

この新学期に関する岩手大学の決定は、震災の影響を受けた東北、関東の大学の中で最も早い意思表示であった。他大学は、東北大をはじめ「新学期の開始を当面延期。詳細は後日」と発表するものが多かった。しかし、3月末には東京大や早稲田大なども新学期の開始を連休明けとすることを決め、これら有力大学の決定を受けてほとんどの大学で新学期開始が連休明けとなった。多くの大学が決断をためらうのは当然であった。学年暦は教育上のあらゆる事項に影響を及ぼすものであるほか、学部によってカリキュラムも多様であり、通常、十分な時間と手続きを経て学内合意を得て決められるものだからである。

教職員のみなさんへ

危機対策担当理事の玉です。学生の安否確認等でお世話になっています。未曾有の震災を受け、学長から教職員向けメッセージが出されています。ホームページでご覧下さい。

メッセージでは、卒業式・修了式の中止についてお伝えしていますが、昨日の第3回危機対策本部会議では、4月以降の行事についても検討し、平成23年度前期の授業開始を5月9日（月）とすることにしました。

新入生の多くが盛岡へ来ることができず、4月からのアパートを決めることができないでいます。被災した新入生もいます。また、盛岡を離れられない卒業生もいます。

4月を春休みとして、新入生・在学生が少しでも余裕をもって新年度を迎えられるようにしたいと思います。4月の3週分の授業は9月5日（月）からの3週間で実施したいと考えています。

また、4月7日（木）の入学式は実施せず、後日開催するかを含めて検討することにします。

以上については、ホームページに掲載して周知をはかりたいと思いますが、教職員のみなさんからも学生への周知をお願いします。

学生の安否確認も引き続きよろしくお願いします。

玉　真之介

資料1-2-1　2011.3.16に教職員にメールで配信したメッセージ

この早期の決断ができた要因は2つある。1つは、岩手大学生協から卒業生、新入生が直面していた生活上の困難を情報としてリアルに入手できたことである。もう1つは、各学部に照会をかけないで決定を下したことである。おそらく、この方針について学部の意向を照会していたら、決定はもっと遅れていただろう。確かに、この決断の後に、教育学部から教育実習との関係で9月の授業開講は不可能という意向が示され、その後、教育学部のみ4月後半からの授業開始となった。それもあって、工学部長からは、「当面延期」という発表で時間を稼いで、学内合意の手続きをした上で決めるべきであったとの意見も出された。

　この点、評価が分かれるかもしれないが、新入生・在学生に対して、「新学期は連休明け」という明確な指示を出すのと、「当面延期」という曖昧な指示を出すのとを比べた場合、やはり前者の方が学生の気持ちの切り替えや予定・計画の立案に対して親切であると今でも考えている。「当面延期」として学内合意に時間をかけるやり方は、意思決定や情報を小出しにすることになり、今回のような非常時には学生に親切とは言えないのではないだろうか。

(3) きめ細かい学生支援

　この趣旨に基づいて、3月22日（木）には岩手大学生協に依頼して「震災対応・大家様説明会」を開催した。そこには岩手大学生協の管理物件をはじめとして150名ほどの大家さんに集まっていただいた。そこで、私から新学期を連休明けに延期した趣旨を説明するとともに、引き続き卒業生の居住をできるならば無料で認めていただくように依頼した。参加していただいた大家さんは、長年にわたって岩手大学生を下宿生としてアパートを経営されてきていることから、大方が理解を示していただいた。卒業生の退去問題については、工学部でも引越荷物を一時的に保管する措置をとった。

　この間も学生の安否確認が続けられ、1名の死亡が確認された。ただし3月25日の時点でも、教員・職員が連絡を取ろうとしても未確認の学生が5名残った。この確認の努力は山中和之学務部長が執念を持って取り組み、最後の1名まで続けられ、5月に入って最終的に無事が確認された。

　学生の安否確認と合わせて、被災学生調査と被災学生支援募金が開始されていた。この点については、後の章で詳しく紹介される。卒業生の中には、少数だが就職先が被災し、内定取り消しとなった学生もいた。また、入社が延期となった学生もいた。そうした学生に対しては、研究生として受け入れた上で、授業料を免除した。授業料については、被災した学生を対象に入学料免除、授業料免除の措置をとった。その総額は約1.6億円となった。

　卒業式を中止としたのは、会場となる県民会館の被害が第1の理由であったが、多数の方が亡くなっている中で、お祝い事は控えるべきという雰囲気が国内全体に広がっていたことも一つの背景としてあった。そうとはいえ、卒業する学生にとっては、一生に一度のものであり、大学を挙げた式典として開催できないことは大学としても忍びないことであった。そこで、各学部と話し合って、大学としての式典は実施しないが、各学部・学科・課程での学位記授与式は、3月23日に実施することとした。多くの女子学生は、すでに袴などを予約していたが、その払い戻しなどは岩手大学生協が対応した。

3. まとめ

　大震災への対応について改めて思い起こしてみると、やはり様々な意思決定において大切なことは、情報をより多く精確に収集することであると思う。普段から防災訓練において、防災マニュアルに基づいて被害確認や安否確認などの対応が順序よく行われており、これは実際の災害時にもきわめて有効であることが実感された。本部横の中庭で危機対策本部が発足し、同時に職員は予め決められている班に所属して、様々な対応に手際よく向かっていった。

　しかし、大学が判断を迫られることは、発災時の状況により千差万別であり、その場の状況に応じて判断し、決断しなければならない。今回の後期入試への対応、学事日程への対応は、まさに想定外の状況への対応であった。そこでの判断や決断は、マニュアルだけでは対応できず、独自に情報を入手して行わなければならない。その意味で、今回の対応で最も重要な情報は、岩手大学生協の峰田専務からもたらされたものであった。日本の国立大学における学生との関わりは、教育・研究に関わる部分がほとんどであり、学生の生活支援に関わる部分は、寮や授業料免除などきわめて限られている。住まいの斡旋や食事をはじめとして、この生活支援に関わる部分を補っているのが、協同組合組織の大学生協である。

　岩手大学では、大学生協と日頃から情報交換を密にしており、岩手大学60周年においては、大学から感謝状を大学生協に贈るなど、学生の生活支援を大学生協と一体となって進めてきた。そうした関係もあって、震災時に受験生、そして卒業生がどのような生活上の困難に直面しているかのリアルな情報を岩手大学生協から得ることができた。また、その情報があって新学期についての決断ができたと言える。大きな自然災害は、何よりもまず生活上の困難をもたらすことが多い。教職員もそうであるが、やはり数において圧倒的多数の学生が直面する生死に関わる困難に対して大学として対応していく上では、やはり日常から学生生活の基盤を支えている大学生協との良好な関係と情報交換が必要と言えるだろう。1つの重要な教訓である。

第3節　学生安否確認

学務部学務課総務グループ主査（副課長）　　福山　学

　3月11日（金）に東日本大震災が発生し、盛岡市も停電となり、12日（土）、13日（日）は出勤できなかったが、停電は14日（月）には復旧し、大学に出勤した。そこで、早急に学生の安否確認を行うことになり、次の内容で実施したと記憶している。

- 大学のホームページに「岩手大学学生支援課では現在、学生の安否確認をメール等で行っています。安否情報はできるだけ下記の宛先に送ってください。」とのお知らせを掲載し、情報の収集を行った。
- 教員へは、研究室配属学生等の情報収集の依頼を行った。
- 国際課を通じ、留学生の情報収集の依頼を行った。
- サークル等を通じて、情報収集の依頼を行った。
- 被災地及びその周辺に居住している保護者の情報の収集を行った。
- その他

これらの情報は、学務課専門教育グループで学部毎に学生名簿に取りまとめた。

- 情報収集が進む中、安否が確認できない学生が絞られてからは、入学時に提出された書類により保護者の自宅に連絡を取った。保護者が被災地に住んでいると思われ、連絡が取れない方にあっては、勤務先に電話を掛けたりし、家族を含めて安否の確認を行うこともあった。

　電話による情報収集しか手立てはなく、一日中、電話をしていたような感覚が記憶として残っている。

- 安否確認が取れない被災地以外の5名の保護者へは、3月24日付けで「安否確認の報告のご協力のお願い」文書を郵送した。

　なお、情報確認にあっては次の苦労があった。

- 学生からの安否連絡が学生支援課へメールで連絡があったが、それらを全件印刷し、学部毎に仕分けするのが大変だった。ホームページ掲載後すぐは、毎日数百件のメールが届いたようである。
- 仕分けされた安否連絡のメール（紙）を学生名簿に転記し取りまとめたが、件数が多く大変だった。（学部によってはメール文書がファイル10冊近くになったかと記憶している。）
- 安否が確認できず保護者が被災地に住んでいると思われる学生にあっては、入学時に提出された書類により勤務先に電話をかけたが、電話が通じない場合も多かった。その場合は、勤務先についてホームページで情報を収集し、本社、支社等手あたり次第連絡を行った。
- 携帯電話が不通となっており、連絡が取れない期間がかなりあった。
- 被災地への電話は、かなり気を使った。
- 通常の業務も行っていたので、人手が足りなかった。

第1章　発災時（2011.3.11）から発災月末（2011.3.31）まで

情報収集を行う中で感じたことは、次のとおりである。

・多数の学生がメールで安否確認に対応してくれた。

・教員からの情報提供も素早かった。

・教員からは研究室配属以外の学生についても、「○○で見かけたよ。」等、沢山の情報を頂いた。

・会社側でも家族の安否確認を行っており、その情報収集が早かった。

・留学生の安否確認の情報提供も早く、連携の強さを感じた。

・不登校等で、もともと連絡が取れない学生が居た。

安否確認が取れていない状況については、次のとおりであった。

　3月16日：669名

　　　18日：476名

　　　22日：260名

　　　23日： 22名

　　　24日： 12名

　　　25日： 5名

　　　※25日には死亡1名が確認された。

　　　28日： 3名

3月末現在で安否が確認できていない3名への対応は次のとおりである。

・本人から退学の意思表示があった。

・市内に住んでいる学生で、直接自宅へ何度も訪問した。生活している様子はあったが、常に不在であった。本学生は、在学期間満了により退学となる者であったが、引き続き、安否確認を行い、4月7日に確認できた。

・内陸部に住んでいる1名で、直接自宅へ訪問したが、表札も外され、近所の情報からも住んでいないことが確認された。最終的には5月17日に履修登録を済ませていたことが判明し安否が確認できた。

　約6,000名の学生の安否確認がこの期間で出来たことは、岩手大学教職員の連携の強さを感じた。

　最後になりますが、1名の学生が亡くなられたことについて、この場を借りてお悔やみ申し上げます。

第4節　大学 Web サイトの対応

総務企画部総務広報課広報・文書グループ主査　　濵田　秀樹
総務企画部総務広報課広報・文書グループ主事　　長内　遥奈

1　発災直後から Web サーバ復帰まで

　3月11日の東日本大震災発災直後、キャンパスネットワーク・通信回線が使用不能となった。また、余震が断続的に発生しているなかでシステムのサーバ室に入室することは危険と判断し、入室禁止の措置をとった。

　3月12日14時30分には、キャンパス内の一部の停電が解消し、それに伴い工学部を除くネットワークも復旧したが、情報発信とメールの送受信など業務上必要な最小限のシステムのみの限定したものだった。

　3月14日には、工学部のネットワークが使用可能となり、ホームページの Web サーバも復旧したため、トップページに学外に対して岩手大学の被災状況等を説明する学長メッセージを掲載した（資料1-4-1）。さらに、3月15日には、今後の行動指針について、在学生と教職員に向けて学長メッセージを掲載した（資料1-4-2、資料1-4-3）。

　なお、3月14日に後期試験中止のお知らせ、15日の卒業式中止、16日の入学式の中止、前期授業開始日の延長などの重要事項については、大学のホームページに掲載するほか、県内の教育記者クラブ加盟報道機関に依頼を行い、それぞれの媒体で報道いただいた。

東北地方太平洋沖地震について

　平成23年3月11日（金）14時46分に発生しました東北地方太平洋沖地震で被災された方々に、岩手大学を代表して心よりお見舞い申し上げます。また、残念ながら犠牲になられた方々に、謹んで哀悼の意を表します。

　すでに多くの大学、地方団体よりお見舞いの便りとご支援の意向を頂いておりますが、取り急ぎまして、岩手大学の近況をお知らせします。

　岩手大学では、地震発生直後の部局の点検において、建物に水漏れやひびが入る等の被害はあるものの、大きなダメージとなる被害はありませんでした。現在、在学生及び教職員の安否を確認するとともに建物被害を再度調査しているところです。

　私どもにとりましても、かつて経験したことのない事態に立ち至っておりますが、教職員、学生一体となって立ち向かい、早期の復旧に向けて努力する所存でございます。

平成23年3月14日

国立大学法人岩手大学長　　藤井　克己

資料 1-4-1　Web サイト復旧後に掲載された学長メッセージ

東北地方太平洋沖地震について（在学生へ）

　平成 23 年 3 月 11 日（金）14 時 46 分に発生した東北地方太平洋沖地震は、私たちにとって、かつて経験したことのない厳しいものでした。

　本学では、地震発生直後の部局点検において、建物に水漏れやひびが入る等の被害はあるものの、大きなダメージとなる被害のないことを確認しました。現在、在学生及び教職員の安否を確認するとともに、建物被害を再度精査しているところです。

　物的な被害のみならず、精神的にもダメージの大きいものでしたが、自然の脅威にひるむことなく、学生諸君とも一体となって、この事態に立ち向かっていきたいと考えています。

1. 大学からの情報提供については、ホームページやアイアシスタントを活用の予定です。最新の情報を入手するように留意してください。

2. まだ激しい余震が予想されることもあり、大学施設の利用にあたっては、安全性の確保を第一に心がけて下さい。

3. 3 月 23 日に予定していた卒業式・大学院修了式は中止します。具体の学位記の伝達方法については、追って HP 等を通じ連絡します。

4. 被災した学生については、授業料減免措置や奨学金の追加募集など、可能な限りの支援策を講じたいと考えております。指導教員、クラス担任、学務部を通じて相談してください。

5. 被災学生の就学を援助するために「東北地方太平洋沖地震岩手大学被災学生支援募金」を立ち上げ、教職員、学生、関係各位に協力を呼びかけますので、ご協力願います。

　以上のように岩手大学は、その総力をあげて、困難の克服に臨む所存です。皆様の協力をお願いします。

平成 23 年 3 月 15 日

国立大学法人岩手大学長　　藤井　克己

資料 1-4-2　在学生向け学長メッセージ

東北地方太平洋沖地震について（教職員へ）

　平成 23 年 3 月 11 日（金）14 時 46 分に発生した東北地方太平洋沖地震は、私たちにとって、かつて経験したことのない厳しいものでした。

　本学では、地震発生直後の部局点検において、建物に水漏れやひびが入る等の被害はあるものの、大きなダメージとなる被害のないことを確認しました。現在、在学生及び教職員の安否を確認するとともに、建物被害を再度精査しているところです。

　物的な被害のみならず、精神的にもダメージの大きいものでしたが、自然の脅威にひるむことなく、教職員に加え学生諸君とも一体となって、この事態に立ち向かっていきたいと考えています。

1. 心身のケアを最優先します。保健管理センターまで遠慮なくご相談ください。

2. まだ激しい余震が予想されることもあり、発生時には地震対策初動マニュアルに沿って安全を確保しながら対応してください。また、安否の確認が速やかに取れるような対応をお願いします。

3. 3月23日に予定していた卒業式・大学院修了式は中止します。具体の学位記の伝達方法については、追ってHP等を通じ連絡します。

4. 震災により交通手段がなくなった職員については特別休暇を付与します。

5. 重油・灯油の補給がままならないため、エネルギー全般の節約に協力願います。

6. 被災地への支援活動については、復興支援に向けた災害調査チームを、本学教員を中心に組織したいと思います。

7. 被災学生の就学を援助するために「東北地方太平洋沖地震岩手大学被災学生支援募金」を立ち上げ、教職員、学生、関係各位に協力を呼びかけますので、ご協力願います。

　以上のように岩手大学は、その総力をあげて、困難の克服に臨む所存です。皆様の協力をお願いします。

平成23年3月15日

国立大学法人岩手大学長　　藤井　克己

資料1-4-3　教職員向け学長メッセージ

2　テキスト形式ホームページへの変更

　発災直後は、帰省している学生も多く、大学から発信する情報は、携帯電話で確認するケースが多数あったため、3月16日に、トップページを携帯電話対応のテキスト形式に変更した（本章第1節に掲載）。

　また、学生向けに「大学に連絡するように」とメッセージを紹介して掲載し、未確認学生の確認作業を行った。

　震災に伴うホームページ対応については、情報基盤センターと連携しながら災害対応ページとして携帯閲覧優先ページを5月23日まで継続した。通常のホームページは同日の5月23日に切り替え稼働した。

　テキスト形式のホームページでも当初は、①学長メッセージ、②教職員向け情報、③在学生向け情報の3つバナーを設けたが、3月下旬には、情報収集ニーズに沿った形で、卒業生向け情報、新入生向け情報、留学生向け情報のバナーを順次開設した。

　震災前の3月11日以前のホームページのアクセス数は、前期日程合格発表の3月7日の12,526件のアクセス以外は、概ね日々2,000件程度であったが、震災後、停電復旧した13日は6,912件、翌14日は12,110件、15日は11,024件、16日は9,734件、17日は6,732件、18日は3,952件のアクセス数であった。ちなみに19日以降は2,000件程度／日に落ち着いた（図1-4-1）。

　サーバ復旧後の6日間までのアクセス件数が多く、この期間のホームページに、在学生や学内外の関係者が必要とする情報をトップページに整理した形で分かりやすく掲載する必要性を痛切に感じた。

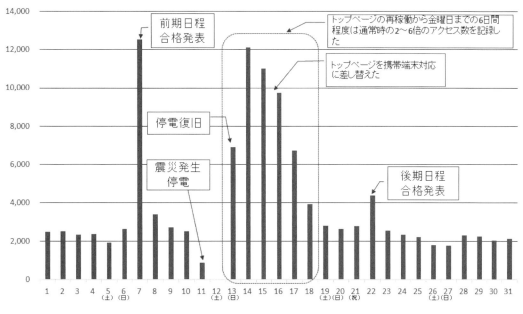

図1-4-1 岩手大学トップページ2011年3月期アクセス数

また、日ごろから大規模災害に備えたホームページの構成を検討することが重要であると認識させられた。

第5節　被災学生への募金

総務企画部総務広報課長　　佐藤　貢

総務企画部総務広報課総務・秘書グループ主査（副課長）　佐藤　美樹

　震災翌日の3月12日の危機対策本部会議（第1回）では、被災学生への支援が必要不可欠であり、「被災学生への募金」活動を行うことを決定した。

　3月15日の危機対策本部会議（第3回）では、学長から「在学生に向けて」と「教職員に向けて」のメッセージを発する旨が示され、これを確認した（本章第4節に掲載）。それぞれのメッセージの中には「被災学生の就学を援助するために、『東北地方太平洋沖地震岩手大学被災学生支援基金』（仮称）を立ち上げ、教職員、学生、関係各位に協力を呼びかける予定です。」との記載があった。（気象庁は、地震が発生した3月11日に「平成23年（2011年）東北地方太平洋沖地震」と命名した。その後、地震によって発生した津波による災害、原子力発電所の事故による災害等により、4月1日には「東日本大震災」と政府からの発表がなされた。大学では、いち早く被災学生のための基金を立ち上げたことから、基金の名称に『東北地方太平洋沖地震』という名称がついた。）

　3月16日の危機対策本部会議（第4回）では、「東北地方太平洋沖地震岩手大学被災学生支援募金」の呼びかけ（案）を検討し、併せて、「在学生へのお知らせ」と「新入生へのお知らせ」に、被災学生は学生支援課に相談するよう記載した。この頃、学生支援課には、「実家や親の職場が津波で流され、学費負担も生活費負担も困難」とか「家族全員が被災しており、アパートを延長しても延滞料や引越資金の援助を受けることができず困っている」など、学生の困窮状況が寄せられてきていた。

　3月17日の危機対策本部会議（第6回）では、「東北地方太平洋沖地震岩手大学被災学生支援募金」の呼びかけ（案）を継続審議し、口座は郵便局及び岩手銀行に開設することを確認した。また、募金は、学生の生活支援を含む就学全般の支援を目的とし、その後、募金を基に大学が事業を行うことから、寄附金として管理することを確認した。

　3月22日の危機対策本部会議（第8回）では、募金呼びかけ対象を教職員、学生、本学OB、各学部教育後援会、各学部同窓会等関係諸団体とすることを確認した。また、学生の被災状況の確認作業を続けているところで全体の把握には至っていなかったが、被災学生一人当たり10万円を給付出来るよう目標額を設けた。併せて目標達成のために寄附金額の基準（目安）を示して欲しいとの教職員からの声を受け、附属学校を含めた全教職員の役職に応じた基準額を示し、確認了承した。

　3月23日の危機対策本部会議（第9回）では、募金呼びかけ文の修正と、呼びかけの期間を9月30日まで行うことを確認した。

　3月24日の危機対策本部会議（第10回）では、「東北地方太平洋沖地震岩手大学被災学生支援募金」の呼びかけ文や募金の手続き様式を承認し、同日から、教職員には学内メールにて、学外にはホームページ等を通じて呼びかけを開始した（資料1-5-1、資料1-5-2）。呼びかけを始めて1週間、3月31日までに学内外の100名を超す方々から、1,448,000円の支援が寄せられた。

第1章 発災時（2011.3.11）から発災月末（2011.3.31）まで

「東北地方太平洋沖地震岩手大学被災学生支援募金」の呼びかけ

　岩手大学では、今回の東北地方太平洋沖地震により、津波で実家を失うなどの被災に遭った学生が、新年度の入学者を含めて少なくありません。そこで、この学生たちの修学を支援するために、教職員、学生、関係各位の皆さまに、「東北地方太平洋沖地震岩手大学被災学生募金」をお願いすることとしました。

　被災学生に対しましては、本学として入学料免除、授業料免除などできるかぎりの支援を行いますが、皆さまからの募金も、被災学生の修学支援に有効に使わせていただきたいと考えています。将来ある学生たちが直面する困難な事態に怯むことなく、果敢に立ち向かっていくことを心から願い応援する意思を込めて、皆さま方のご協力を切にお願い申し上げます。

　　平成23年　3月24日

　　　　　　　　　　　　　　　　　　　国立大学法人岩手大学長　　藤　井　克　己

資料1-5-1　藤井学長から東北地方太平洋沖地震岩手大学被災学生支援募金」の呼びかけ（平成23年3月24日付文書）

東北地方太平洋沖地震岩手大学被災学生支援募金のお願い

春暖の候、皆さまにおかれましては益々ご清栄のことと存じます。

　平素より、本学の教育に対しまして御支援を頂戴し、感謝申し上げます。

　さて、この度の東北地方太平洋沖地震の発生以降、大学では、学生の安否確認に全力を挙げて取り組んで参りましたが、将来を嘱望されていた一人の若い命が奪われ、本当に残念でなりません。さらに、津波で実家を失ったり、家族が行方不明である等の報告も受けており、これら被災に遭った学生が、新年度の入学者を含めて少なくないことから、入学料免除、授業料免除などできる限りの支援を行っていきたいと考えているところです。

　これらのことを受け、大学では、被災に遭った学生達の修学を支援するために、「東北地方太平洋沖地震岩手大学被災学生募金」を呼びかけております。

　つきましては、将来ある学生たちが直面する困難な事態に怯むことなく、果敢に立ち向かっていくことを心から願い応援する意思を込めて、貴教育後援会のご協力を切にお願い申し上げます。

　　平成23年　3月31日

　　　　　　　　　　　　　　　　　　　　　　　岩手大学長　藤　井　克　己

資料1-5-2　藤井学長から各学部後援会への募金協力依頼（平成23年3月31日付文書）

　また、被災学生支援募金の寄附金控除扱いについて、財務企画課を通じて盛岡税務署に照会をしたところ、仙台国税局により通常の特定寄附金に該当すると判断された。総務広報課では、その回答を受けて、それ以後の領収書には当該寄附が特定寄附金にあたることを明記し、すでに募金をくださった方には、証明書を郵送するという作業を行った。

第6節　留学生への対応

研究交流部国際課長　　上杉　明

研究交流部国際課国際企画グループ主任　　石沢　友紀

1　発災時の状況

　東日本大震災が発生した 2011 年 3 月 11 日、国際交流センターでは 13 時 30 分から学生センターB 棟 1 階多目的室で「学長と岩手大学外国人留学生の懇談会」を開催していた。15 時までの予定で和やかに懇談が進行しており、まもなく終了を迎えようとしていた "14 時 46 分"、携帯電話のエリアメールが次々と鳴りだし、直後に大きな揺れがやってきた。収まるどころかますます強くなる揺れと建物がきしむ音に危険を感じ、急いで建物内にいる教職員や学生を屋外に避難誘導した。

　屋外に出てまもなく停電となり、懇談会に出席していた藤井学長や理事等は急ぎ事務局に向かった。余震が続く中、留学生の中にはその場にしゃがみこんで動けなくなる人もおり、状況が把握できず、不安が常に頭をよぎりながらも、みんなで「大丈夫」と声をかけあっていた。

　しかしその後…携帯電話から得たテレビ映像で三陸沿岸を襲う津波の様子が映し出され、現実とは思えない光景を目の当たりにし、ただ呆然と立ち尽くすことしかできなかった。

　以下に、その後に国際交流センター及び国際課として対応した状況等について、当時の記憶をたどり記載する。

2　被害状況の確認

　屋外に避難した留学生が少し落ち着いた後、留学生が居住する国際交流会館に急行し被害状況を確認したところ、防火扉の一部損傷があったものの、建物に大きな被害はなく、同会館にいた留学生も無事であることを確認。

3　避難場所への誘導、対応

(1) 3 月 11 日（金）発災当日

　国際交流会館居住者と、連絡のついた留学生のうち希望した学生を、盛岡市の避難所である「盛岡市体育館」及び「上田公民館」に誘導。

　また、学生センター棟の教室が一時避難場所として開放されたため、一部の学生を誘導。

　一方、夕方に中央学生食堂で予定していた「外国人留学生送別祝賀会」は、中止にせざるを得なかった。

　留学生誘導後は国際課教職員も帰宅させたが、国際課の事務室の出入り口扉が電子錠であったため、停電のために施錠不可能となってしまった。盛岡市内全域が同様の状態で、業者に応急修理いただくまで相当の時間を要したことは想定外のことだった。

(2) 3月12日（土）2日目

通勤に支障がない国際課職員が手分けして避難所に出向き、避難している留学生の様子を巡回して確認。ライフライン（電気、水、ガス）が全て停止しているにもかかわらず、国際交流会館に留まる留学生もいたため、大学からトイレ用の水（ペットボトル）、懐中電灯、ランタン等の防災備蓄品を運び入れた。

(3) 3月13日（日）3日目

体調不良を訴える留学生が数人発生したため、当該留学生を対象に国際交流会館のラウンジを一時避難場所として開放。

また、幼児のいる留学生世帯から「灯油が入手できない」との相談を受け、電気ストーブ1台を大学から貸し出した。

夜になり、国際交流会館の停電が復旧したが、「余震もあり不安だ」として、避難所の利用を継続する留学生が多数いた。

(4) 3月14日（月）4日目

留学生が避難していた避難所から、盛岡市内のライフラインがほぼ復旧したことから、避難所を縮小していくとの方針が示され、避難所を利用する留学生は徐々に少なくなっていった。

午後、札幌から中国総領事が急遽来学し、中国人留学生と懇談の場を設けた。

国際課では、事務室にホワイトボードを持ち込み、学生名簿や関係情報を張り出して情報共有を図りながら、サーバーの復旧を待ち、メール、電話、指導教員のルートなどを活用しての留学生の安否確認を開始した。

(5) 3月15日（火）5日目

留学生の間で福島原発事故への不安が大きくなってきたこともあり、留学生向けの緊急オリエンテーションを開催し、以下の内容について説明を行った。

- ・現状報告
- ・健康状態の確認
- ・震災後の大学の対応状況
- ・福島原発事故に対する冷静な対応の要請
- ・県内外の交通状況
- ・出入国の連絡の徹底
- ・本学ホームページで震災に関する情報提供を行うこと

オリエンテーションにおいて、特に福島原発の事故については、事故現場から盛岡市までの直線距離は東京とほぼ同じであることや、県外に向かう電車などの公共交通機関や高速道路が軒並み停止する中、冷静に行動することを何度も呼びかけたが、一部の留学生からは「対応を隠しているのではないか？」といった疑念や非難の声があがり、我々も事故現場の本当の状況が分からない中、どのように対応をすべきか大いに悩んだ。

オリエンテーション終了後、国際交流センターホームページに震災関連サイトを立ち上げ、関連情報の提供を開始した。

21時過ぎに多くの中国人留学生が緊急帰国するとの情報が入り、国際交流会館において、帰国する中国人留学生の確認等を行った。

(6) 3月16日（水）6日目

深夜1時頃、台湾人留学生1名がタクシーで秋田空港に向けて出発。

これを皮切りに、2時過ぎには中国人留学生が中国政府が用意した出迎えのバスで岩手県庁前から新潟空港に向けて出発。4時頃にはキルギス人留学生1名とロシア人留学生1名がキルギス大使館の出迎えた車両に乗り込み成田空港へ出発。その後、マレーシア人留学生も大使館から迎えのマイクロバスで東京に向けて出発した。

さらに、モンゴル人留学生や韓国人留学生も帰国に向けて動いているという情報を確認。

前日のオリエンテーションに続き、学内の国際交流関係教職員を対象とした情報交換会を開催し、次の情報提供を行った。

・所属留学生の安否確認情報及び各国政府の留学生の出国対応状況
・2011年度学年暦の変更
・今後の情報共有方法

同日までに、在籍留学生201名の安否確認が完了し、全員の無事を確認。

(7) その後の対応

・アパート契約の更新時期と重なったため、母国に一時帰国しており必要な手続きができない留学生のために、職員が代行して手続きを行った。
・帰国をしなかった一部の留学生から「沿岸に行ってボランティアをしたい」という大変心強い言葉をもらったが、現地受入体制が整うまでは独断では行動しないように伝えた。
・4月7日夜にマグニチュード7.4の余震が発生し、盛岡市内は再び停電となったが、その際に日本に残っていた留学生はほとんどいなかったため、大きな混乱とはならなかった。
・緊急帰国した留学生たちも、4月中旬頃から徐々に再来日し、新学期開始時点では入学辞退者1名を除く全ての学生が揃った。
・今回の大震災においては、長期間停電となりパソコン内の留学生情報が使えなくなってしまった教訓から、年に数回、留学生名簿をプリントして非常持ち出し物品に追加するほか、国際交流会館をかかえていることから発電機、防災毛布、救急用品、水（ペットボトル）、懐中電灯などの充実を図った。

4 留学生の動向
(1) 2011年3月23日現在の状況

　　　　在籍留学生　　　　201名　（他大学配属留学生23名を含む）

　　　（内　訳）

卒業・修了に伴う帰国 24 名
緊急一時帰国 111 名
日本国内滞在 66 名

(2) 2011 年 5 月 1 日現在の状況

在籍留学生 200 名 （他大学配属留学生 28 名を含む）

（内 訳）

新入生 60 名
在校生 140 名

5 所感、課題など

　当時を思い起こすと、留学生にとっては異国での未曾有の大災害に遭遇し、半ばパニック状態となってしまった者も多かったが、それを支えるべき我々教職員自体も、正直なところ多くのことを手探りで対応せざるを得ない状態だったため、十分な対応ができただろうか…と改めて実感する。

　一方、本学国際交流センターと国際課では、教職員の努力により「全ての外国人留学生の顔と名前を一致して把握」するほど日常からコミュニケーションを密に図っていたため、その結果として災害時の安否確認を比較的早く行うことができ、かつ新学期開始時点で予定のほぼ全員が復帰したことに結びついたと考えている。震災直後の新学期に留学生数が減少しなかったのは、被災3県の大学において極めて珍しい例である。

　その後も、福島原発の風評被害対策のために、キャンパスライフを無事に行っていることを伝えるメッセージを自ら動画で配信したり（https://www.youtube.com/watch?v=VJniD-LrPuo）、被災地での炊き出しや子どもの学習支援等の各種ボランティア活動に協力するなど、復興に関する各種取り組みに積極的に関わってくれた留学生も多く、むしろ我々が心を打たれ、励まされる場面がたくさんあった。

　結びに、東日本大震災の発災にあたっては、海外の協定校や本学への留学経験者等から多くの励ましのメッセージや様々な支援が寄せられ、私たちにとって大きな力となった。この場を借りて改めて感謝と御礼を申し上げます。

第7節　図書館の状況

研究交流部情報メディア課図書館資料管理グループ主査　　竹谷　隆則
研究交流部情報メディア課図書館資料管理グループ主事　　赤塚　美保

　震災発生時の図書館の状況については個人的な体験から、また図書館の被災状態については写真を付して記する。

　その時、図書館1階事務室にいた職員は、一言も発せずに立ちすくんだ。総務グループの主査が買ったばかりの40インチ液晶テレビの縁を掴んだまま、天井を見上げていたのが印象に残っている。私は比較的事務室の出入り口近くにいたので、まずは自動扉の電源を落として開けたままにし、正面階段から2階フロアに行こうとしたが、揺れている階段に足をかけるのを思わずためらってしまい、手すりにすがってようやくの思いで2階フロアに上がった。カウンターの職員と目を合わせたが何も言えず、その時そばにいた女子留学生から「私はどうしたらいいですか」と声をかけられ、とっさに「その柱にしがみついていなさい」と言った後に、「机の下に頭を入れて」と2階閲覧室内に呼びかけながら通り抜け、3階閲覧室に向かった。5階建ての階段は狭く、建物自体の揺れも大きく、それが目の前に見えてまさに必死の思いで3階に上がった。

　この時、2階カウンターの職員は、突然の揺れでしばらくは動くこともできなかったが、書架・閲覧室の様子を確認しなくては、と揺れが続く中、東側閲覧室の方に向かった。途中、参考図書・洋書の書架から図書が雪崩のように落下する様子を目撃した。東側閲覧室には学生が数名いて、机の下にもぐるよう声を掛けたものの、私自身も動転しておりどれほど学生に聞こえたかはわからない。続いて、マルチメディア情報閲覧室に向かったところで、階段を上ってくる職員の姿を目にし、ようやく少し安堵することができたと後に述べていた。

　3階の閲覧室には10名ほどいたが、揺れを感じるたびに「机の下に頭を入れて」と呼びかけ、自分も机の下に身を入れる動作を繰り返した。そうしているうちに西側階段から女性職員が上がってきたので、その場を任せて西側閲覧室確認のため向かった。書架間の通路にはおびただしい図書が落下していて、思わず図書の下に誰かいないか確認してくれと叫んでいた。西側閲覧室には避難後なのか誰もいなく、幸い書架通路にも誰も倒れてはいなかった。

　次に4階のグループ演習室や閲覧室の確認に再度恐怖の階段を上ると、定員42名のグループ演習室に、机を南側の窓際に寄せて20人ほどの学生が広いフロアとして利用していた。彼らも立ちすくんだようにしていて、避難するように呼び掛けて一度3階閲覧室に戻ったが、なかなか降りてこないので再度避難を促しに4階に行き、部屋に入って急かすようにして避難してもらった。そのまま私もともに3階に戻ったが、階段を下るときは上るときのような恐怖心は湧かなかった。3階も皆避難していたので、私もそのまま避難先に指定されている図書館前の駐車場に出て、車のラジオやテレビで状況を聞いている職員たちと合流したが、図書館正面のアーチ状のガラス張りの窓が崩れないか気がかりだった。また地震がおさまった頃から荷物を置いたまま避難した学生たちが回収に来たが、まだ建物内には入れないで、場所を聞き取り職員が取りに行ったり、館内を調べて荷

物を回収し、入り口付近に並べるようにした。後に、入試課の脇の駐車場に避難した事務局の職員から、「5階建ての建物の揺れはひどかった」と聞き、外からも建物の揺れがはっきり分かるほどだったと知り、階段で目の当たりにしたあの時の揺れとためらいが思い出された。

　図書館は地震発生時より3月23日（水）まで休館し、3月24日（木）から平日の9時から17時まで、図書館1階と2階のスペースのみの部分開館を3月31日（木）まで行った。その間、図書館職員と学生アルバイトとで落下図書等の復旧作業を行い、施設管理課による被害確認を行った。復旧作業では、開架書架で図書が落下して破損したこと、また、電動書架でも復旧のため書架を開く際に多数の図書が落下したことにより、二次的に破損の被害が発生した。この教訓により、配架時には図書を棚の手前際ギリギリまで置かずに、多少奥に寄せて配架するように心がけるようになった。

　当館は1970（昭和45）年12月に3階建て延べ4,912㎡が竣工した。その後1984年3月に建物の東側に5階建て延べ2,131㎡を増築した。2000（平成12）年9月に放送大学岩手学習センターと合築し、図書館部分は延べ2,045㎡増築になった。耐震基準が異なることから3階建てと5階建て部分は1スパン分の通路で接続されただけで、4mほど離されていたが、2000年の増改築時にエクスパンションジョイントで接合され、見かけ上は一体化しているように見える。この地震でエキスパンション部分がダメージを受け、特に3階の天井部分はエキスパンションが宙ぶらりんの状態であった。その修復ができないうちは利用者に3階を利用させることができなかったが、エキスパンション自体はその役割を果たしたのである。

　この地震では、発生時に声を掛け合えなかったこと、柱にしがみつかせたことが正しかったのかどうか、拡声器の使用を思いつかなかったこと、また直後に停電になったかもしれないが館内放送に思い至らなかったこと、4階から外側非常階段の利用に思い至らなかったこと（ただこれについては後ほど、外側非常階段は火災時のもので、地震時の避難に使用するのはかえって危険だと思い直した）、いずれも恐怖心に包まれてのとっさの行動に反省点が多く残った。

　震災の発生が3月上旬だったので、図書館利用者の学生の姿が少なかったのだが、試験期間中であればどうなるか、色々な状況を想定してそれぞれの対応策を考えておく必要があると思った。何はともあれ正面出入り口を開放し、地震が鎮まるまで拡声器で机の下に身を隠すようにとか、ハイヒールの方は靴を脱いで避難をとか、呼びかけて回ることで利用者をいくらかでも落ち着かせ、避難を安全に行えるようにすることが肝心だと結論した。

　図書館の被害状態については以下のとおりである。
・人的被害なし。
・1階　資料受入室及び製本準備室の資料落下、電動書庫内の図書落下（2割程度）及び壁面に亀裂（写真1-7-1）、積層書庫の図書落下（2割程度）及び壁面に亀裂。
・2階　開架書架からの図書落下（6割程度）、旧館と増築部分（南側）接合部分一部破損、積層書庫の図書落下（6割程度）及び壁面に亀裂。
・3階　開架書架からの図書落下（7～8割程度、写真1-7-2）、旧館と増築部分（東側、南側）接合部分破損、天井パネル一部落下、閲覧室（西側）の壁面に亀裂、積層書庫の図書落下（7～

8割程度、写真1-7-3）及び壁面に亀裂。
- 4階　トイレ（男・女）壁面タイル一部落下、サポーターズルーム（南側）壁面に亀裂。
- 5階　トイレ（男・女）壁面タイル一部落下、資料室（古文書・掛け軸）のキャビネット転倒ほか、資料室（漢籍）書架の転倒（写真1-7-4）。
- 破損本　約1,000冊

写真1-7-1　1階の電動書庫内

写真1-7-2　3階の書架間通路に落下した図書
現在は、上2段の棚には、震度4レベルの地震を感知すると自動的に作動する、日本ファイリング社製の落下防止装置を取り付けた。

第 1 章　発災時（2011.3.11）から発災月末（2011.3.31）まで

写真 1-7-3　3 階の積層書庫 5 層
壁際の単独書架と転倒防止のレールを継いでいる書架の落下量の違いが良くわかる。

写真 1-7-4　5 階の漢籍室
耐震について何も手当をしなかった 5 階漢籍室だったが、戦前製も含む木製の鳩の巣書架のためか、見た目より資料や書架自体の損傷は少なかった。現在は書架を入れ替えた。

写真 1-7-5 落下図書の復旧作業の様子

 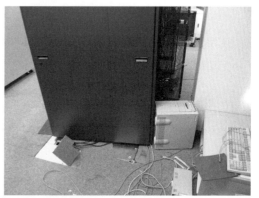

写真 1-7-6 5階のサーバー室

事務用システムサーバーラックが地震で回転したが、プリンタ台から隠居中のMac（Power Mac 8100-80AV）が非常にいい位置に転げ落ちて、ラックと柱に挟まれ、サーバーラックの動き（回転）を止めることになった。ラックの奥の隅のフリーアクセス（床高30 cm）の床板（写真手前の銀色の金属板）が1か所抜け落ちていて、回転を続けていたら倒壊の恐れがあった。もしそうなっていたら、事務方の業務は大混乱になっていたことと思われる。しばらくの間は本を積み重ねてラックを支えていたが、事務用システムは後に情報基盤センターに移設した。ちなみに図書館情報システムのサーバー（NEC Express5800、左写真の右端のラックの下段の機種と同系統）は、隣の無停電電源装置に寄りかかっていた。

第8節　教員独自の活動

①岩手大学有志と被災者とともに

工学部教授　南　正昭

　2011年3月11日東日本大震災の発生後、大震災以前から岩手県内の地域コミュニティ形成や住民参加型のまちづくり等への支援を実践してきている本学の地域計画系教員である農学部の廣田純一教授ならびに三宅諭准教授に相談し、廣田研究室において、今後できることは何かについての意見交換を行った。当面の緊急支援活動や復興に向けた取り組みをできるところからはじめることを確認し、本学関係者に働きかけを行うことを申し合わせた。

　3月23日、本学の公式行事としての卒業式は中止となったが、学部によって学科単位での卒業証書授与式は挙行された。余震が心配されるなか、所属する社会環境工学科の卒業式を無事に終えることができ、翌日3月24日には宮古市田老地区を慰問に訪れた。同地区には、2004年度から先進的な津波防災のまちづくりを学ばせてもらいに、学生たちと幾度も訪れていた。2004年度には、避難場所への避難路を含む市街地全体の水準測量を実施し標高データを集め、高低差を考慮した避難方法について調べていた。2005年度には、市街地における年齢別の昼夜住民居住分布を調べ、低学年の子供や高齢の避難困難者等の安全な避難方法を考察していた。大震災直前の2010年度には、110名の住民にご参加いただき、一人ひとりを対象にした個別避難訓練を実施していた。

　東日本大震災津波は、田老における万里の長城と呼ばれていたT.P.10mの防潮堤を乗り越え、壊滅的な被害を与え、街の姿は大きく変わっていた。現地調査で学生もお世話になっていた街の民宿、食堂、床屋、菓子店、コンビニエンスストアなど、すべてが津波に流されていた。宮古市田老地区では、181名の住民が亡くなった。個別避難訓練に参加いただいていた110名の方のうち、4名の方が亡くなったと後で聞いた。

　所どころ沿道に瓦礫が高く積み重ねられ、すでに啓開された道路を進み、避難所となっていた現・グリーンピア三陸宮古を訪れた。避難所には、其処彼処に座り込む、また毛布に包まって横たわる数えきれない被災者がいた。ボランティアらにより受付がつくられ、入り口近くには安否情報が貼り出され、救援支援物資の受け入れが続いていた。このときから試行錯誤の支援活動をはじめることになった。

　3月26日、水域防災を専門とする堺茂樹工学部長（当時）の計らいにより、大学として何ができるかを探るべく、岩手県庁内に設置された災害対策本部に、越谷信准教授（現・教授）、山本英和准教授と入れ替わりで滞在させていただいた。大混乱のなか、当時の岩手県危機管理監、越野修三氏（その後本学地域防災研究センター教授）らにより、緊急対応が進められる只中に、2日間身を置かせていただいた。組織体制・指揮系統の立ち上げ、消防・自衛隊、DMAT・医療機関、交通・通信等との連携体制の構築など、未曾有の大災害への緊急対応が組み上げられていった。

　3月28日、放送大学岩手学習センター所長（当時）で齋藤徳美岩手大学名誉教授を中心とし、教育学部の土井宣夫教授（当時）、農学部の廣田純一教授、工学部（現・理工学部）の越谷信准教授（現・

教授）、小笠原敏記准教授ら岩手大学関係者とともに、被災地視察調査が行われた。陸上自衛隊の車両に乗り、陸前高田から宮古まで国道 45 号線を北上した。面的な被災状況、人的被害状況、建物被害状況、道路状況、ライフライン、避難所等々について、現場の状況把握を行った。当時、まだ被災の全容は明らかになっておらず、資料には死者 3,185 人、行方不明 4,732 人と記されている。

3 月 30 日、改めて地域計画系教員らとの意見交換を行いながら、有志の参加を募り、いわて三陸震災復興支援チーム「WITH」と名づけた電子メールとホームページによる情報交換の場を立ち上げた。大震災による被害はあまりにも広域で甚大だった。このとき多くの人々の思いは同じだった。「被災地にできることはないか。何をしたらいいのか。」

混沌とした大震災直後、すでに動き出している支援者の取り組みを参考（お手本）として紹介することを「WITH」を通してはじめた。できるだけ多くの方が参加できる垣根の低い情報交換の場を提供し、先に進んでいる方たちを参考にしながら、それぞれができることを見つけて実践していく。自立分散的に、現場や支援に関する情報が拡大し支援活動が広がることを願っていた。壊滅的な被害を受けて被害状況すら全容をつかめない被災現場の視察調査と、効果的な緊急対応のための指揮系統の組み上げに尽力する岩手県災害対策本部に身を置かせていただいて思い至った「被災地にできること」だった。

「WITH」には、最終的に 131 名（岩手大学教職員 93 名、岩手大学学生 25 名、その他 13 名）の方に参画していただいた。電子メールによる交信記録は半年で 486 件（4 月に 300 件程度、3 月と 5 月に各 50 件程度）に上った。これらのなかで被災地支援に関する情報をホームページに掲載し誰でも閲覧できるようにした。参画いただいた方（サポーター）の取り組みについても、サポーター紹介として掲載させていただいた。

このホームページができた 3 月 30 日には、避難所への支援物資運搬、沿岸部での片付けボランティア、こどもへの支援など、本学関係者がすでに動き出していた。支援物資の収集運搬、学校生徒の学習支援、児童の支援、作業ボランティア、現地現況、支援プロジェクト、義援金、イベント、女性に関する情報、外国人に関する情報など、交信され公開されていった。

緊急対応時を過ぎ、本学や行政等による復興支援の体制が整うに従い、情報交換サイトとしての「WITH」の役割は終息していった。甚大な被災を受けた岩手三陸に思いを寄せる本学関係者の有志とはじめた当時の支援活動が、緊急対応や復旧・復興に少しでも役割を果たしたことを願いたい。

その後、被災地に通いながら 2012 年 3 月 11 日には、2011 年 3 月 24 日に慰問に訪れた現・グリーンピア三陸宮古内の応急仮設住宅群の間に、「復興まちづくり研究室（たろちゃん研究室）」を設置し支援活動と支援につながる研究活動を始めさせていただいた。また並行して宮古市や岩手県等の復興計画の立案と実施の支援に参画させていただいた。岩手大学において大震災後の緊急対応時から続いた被災状況や支援活動に関する探索的な情報交換、また大震災前からのご縁によりつながった被災住民との直接の交流をもとに、刻々と変化する被災地の課題を知り、被災コミュニティに対して直接的に、また政策の立案や実施への参画を通して間接的に、復興まちづくりを支援することが自らの役割になっていった。

未来の安全を思うとき、成し遂げられたことがあるわけではない。また必ず津波は襲来する。そのときに備えなければならない。

第1章　発災時（2011.3.11）から発災月末（2011.3.31）まで

②被災地の状況把握と情報発信

農学部教授　廣田　純一

1　発災直後

　3月11日（金）、私は学生10名とともに一関市川崎町門崎地区の水田でメダカの調査を行っていた。調査が終わり道具を車に積み込んだその瞬間、地面が裂けるかと思えるほどの大きな揺れに襲われた。全員一斉に腰をかがめた。近くの小学校からは、先生に引率されて小学生達が校舎からグラウンドに飛び出してきた。揺れが収まるのを待って、調査道具を保管するために同じ川崎町内の北上川沿いにある国土交通省の倉庫に車で移動した。その後も大きな余震が度々来るので、その都度倉庫の外に避難した。

　どのぐらい時間が経ったかは覚えていないが、余震の間隔がだいぶ空くようになったのを見計らって、車2台に分乗して国道4号線経由で盛岡に帰ることにした。途中のコンビニでは早くも商品がなくなりかけていた。信号という信号は停電により機能していなかったが、とくに大きな混乱もなく、大学にたどり着けた。

　大学も自宅も停電と断水だった。学生を解散させ研究室に戻ると、部屋の中は図書や資料が床に散乱し、窓際の机にたどり着けないほどだった。その他の部屋を見回り、その場にいた学生の無事を確認してから、いったん自宅に帰った。その晩、公用車の小さなモニターで津波の映像を初めて見た。にわかには信じられないような光景がそこにあった。

2　翌日からの対応

　翌12日（土）の夕方には停電が解消し、水も使えるようになった。大学のメールも復旧した。自宅や研究室の片付けや水・食料の買い出しとともに、テレビやネットで震災についての情報収集を始めた。各地から入るメールや電話への対応もあった。ちなみに、12日は後期の個別学力試験の日だったが、当然のことながら中止となった。余震や停電・断水のために、研究室で寝泊まりする学生も少なからずいて、1週間近く研究室は合宿状態が続いた。

　週が明けた3月14日（月）からは、学生の安否確認や震災対応の動きが活発化した。農学部の三宅諭准教授から岩手大学の災害調査チーム設置の提案を受け、当時の藤井克己学長にすぐさま電話で相談した。明日（3月15日）の役員会で相談してみるとの返事を受けて、三宅氏の趣意書の草稿を加筆修正し、あらためて学長宛にメールで送った。

　また、この日から震災関連の計画的な情報収集を院生・学生に指示した。研究室の院生・学生が中心だったが、それ以外の学生も協力してくれた。研究室にはテレビがあり、ネットも通じていたので、情報収集する環境は整っていた。また研究室で食事を作ったり、差し入れが届いたりもして、不自由さはあったが活気があった。

　学生の安否については、研究室の学生1人が14日時点では確認できないでいたが、翌15日には石巻の避難所にいることがわかった。また、4年前に大槌町役場に就職した卒業生の安否も判明せず、当時の同級生が研究室を訪ねてきた。大槌町の避難者リストが載っているサイトも探したが、この

33

時点では見つけられなかった。他方、留学生は本国からの帰国勧告が出たり、家族からの帰国要請があったりして、本人達は日本に残りたがっていたが、全員が日本を離れた。

3月11日以降、全国各地からこちらの状況を尋ねるメールが届いた。中学や高校の同級生など久しぶりの人間もいて、旧交を温めることにもなった。盛岡は内陸にあるから津波とは無縁なのだが、津波被害を心配する知人・友人も多かった。

盛岡市内ではガソリンスタンドに長蛇の列ができていた。前の晩から並ぶ車もあった。ガソリン不足で自家用車の利用が少ないためか、バスは非常に混んでいたし、歩く人も多かった。

テレビでは福島第一原子力発電所の事故のニュースがずっと流れていた。現在進行形の重大事故だからやむを得ないのだが、津波のニュースがその分少なくなってしまっているのが少し残念だった。

3月17日（木）、工学部の南正昭教授、三宅准教授と今後の対応を打ち合せた。大学としての情報の集約、各学会の調査団の調整、救援物資の仕分け、全学的な支援体制の構築、大学公認の特命チームの結成、情報サイトの立ち上げ、被災者のヒアリングとケアなどを話し合った。

3月18日（金）には、これまでに学生に頼んで収集した震災関連のデータをひとまず整理し、改めて広田研究室・三宅研究室の学生7人にデータ収集の分担を割り振る。市町村別の死者行方不明者数、地震と津波に関する詳細情報、被災マップ・航空写真の収集、過去の三陸津波の文献・資料などである。データの加工やデータの出所の確認などもやってもらった。また、明治と昭和の三陸大津波の記録、および阪神淡路大震災と中越地震のあとに作成された資料集や文献もできる限り集めた。これらが翌月の農村計画学会大会や政府の復興構想会議での報告に大いに役立った。ちなみに、ここまで情報収集等を手伝ってくれた研究室や農学部共生環境課程の学生達が中心になって、後に「もりもり岩手」という学生ボランティアグループが立ち上がった。4月以降は陸前高田市の災害ボランティアセンターの運営支援を中心に積極的な支援活動を展開し、現在の三陸復興サポート学生委員会の前身となった。

3月20日（日）、自分が理事長を務めるNPO法人いわて地域づくり支援センターのスタッフに、NPOが震災前から関わっていた田野畑村と大船渡市の各地区の様子を知らせるよう依頼。とりあえずNPOから現地の関係者に連絡し、現状を把握する。2日後の3月22日（火）にはNPOスタッフが田野畑村入りし、被災地の状況を詳しく報告してきた。

3月21日（月）、スカイプで農村計画学会理事会に参加し、春期シンポジウムについて意見交換を行った。春期大会は予定通り（4月9日）行うこと、シンポジウムは2部制とし、第2部で震災特集の報告を行うことを決めた（現地報告は広田が担当）。また学会として震災復興特別委員会を設置する方向で検討することとした。

3月23日（水）、三宅研究室出身で大槌町役場職員となった卒業生の安否を確認するために、大槌町の様子を見に行ってくれた卒業生が来室。役場庁舎で被災した行方不明職員32名の中に入っていることを確認したという。避難所の食料は十分にある様子だったこと、治安があまり良くなく盗みも発生していること、車からガソリンを抜かれる被害が出ていることなどを聞く。

3月24日（木）、齋藤徳美名誉教授より電話。県知事および藤井学長と会って、災害復興プロジェクトチーム（仮称）等の提案を行ったという。その機会が来たら参加してほしい旨の依頼を受ける。

その後ほどなく連絡が入り、3月28日（月）に自衛隊車両で沿岸被災地を視察することになったとのこと。もちろん参加である。

3月26日（土）、3月15日に安否確認できた学生が研究室を訪ねてきてくれる。宮城県沿岸に出かけていた折に津波に遭い、しばらく避難所で暮らしていたとのこと。

3月27日（日）、南先生と電話。県庁の災害対策本部に席を確保できたとのこと。当面の復旧については県の各部署が対応しており、大学が入り込む余地はないとのことだった。教員が自主的に動ける体制づくりが重要ではないかという。活動する教員同士がネットワークを組むイメージで、南先生のところでホームページを立ち上げるそうだ。

同じ日に別な卒業生が訪ねてくれて、3日前に陸前高田市の親戚を訪ねた時のことを聞く。伝聞ではあるが、直後の遺体収容は住民が行ったこと、損傷が激しく性別もわからない遺体が多かったこと、ガソリンがなくて遺体安置所を回れず安否確認が進まないこと、自宅避難者が避難所に救援物資を取りに行けないこと、自分より大変な人がいるという理由で我慢している人が多いこと、ガソリンをはじめ盗難が多いこと、避難所で殴り合いも起きていること、市役所も含めて地元だけではどうにもならないこと、ほんとうにひどい人ほど「大丈夫」という、といった話だった。被災した市街地を実際に歩いた感想として、人はあまり見かけず、砂浜を歩いているようで、海のにおいがしたそうだ。

3　被災地視察

3月28日（月）、岩手県が用意してくれた自衛隊の車両で、三陸沿岸の被災現場を陸前高田市から宮古市まで見て回った。リーダーは齋藤先生、岩大から私を含めて5〜6名、他にマスコミ関係者等が同乗した。

最初の訪問地は陸前高田市だった。住田町から気仙川沿いに国道340号線を下っていくと、高田市街地のかなり手前から津波の遡上の痕跡が見えた。廻舘橋まで来ると一気に瓦礫が増え、津波で破壊された建物が目に入ってくる。道路はいったん上り坂になり、高田一中の右側を下り始めると、左手前方に高田市街地が見えてくる。正確に言えば、市街地があった場所が目に入ってくる。

陸前高田駅前だった場所で下車。周辺を歩く。一つの町が無くなってしまった光景を目の当たりにして、どうにも感想が出てこない。建物の大半が流出し、基礎のみが残っている。所々に津波に耐えたコンクリートの建物がある。地面は乾いた砂で薄く覆われ、畳や毛布や炊飯器等が無秩序に散らばっている。ひしゃげた車や住宅の2階部分だけが所々に置き去りにされている。とにかく空が広く、視界を遮るものがない。何度も津波が往復し、市街地の建物や中にあったものは、破壊された上で海に持って行かれるか、山麓に堆積した。その結果、元の市街地には建物の基礎とその残骸がわずかに残るばかりになってしまったのだ。駅前をあとにして、高台にある老人福祉施設に移動する。建物の屋上から市内を見渡す。ここからは元々水田であったところがよく見える。細かな瓦礫が田面を覆い、水田の中に取り残された車や船も目につく。

続いて大船渡市に向かう。大船渡駅周辺もひどい状況。市街地に乗り上げている船や、建物の屋根に引っかかる車など、ありえない光景が広がる。建物や町並みの壊され方がとにかく無秩序で、人間の創造力でこの光景を再現しようとしても、ここまで乱雑にはできないだろう。海沿いにある

大船渡駅前から盛駅前へ移動する。内陸に入るにつれて被害は軽くなり、盛の市街地は浸水のみだったようだ。それでも泥水につかった家具や商品が道路に積み上げられ、廃棄するしかないように見えた。

　国道45号線に戻り、旧三陸町の越喜来地区へ。国道を右折し、三陸鉄道の高架をくぐると景色が一変した。越喜来湾に面したわずかの平地に小市街地があったのだが、ほぼ壊滅状態だった。旧三陸町役場は外形を残しているものの、屋上まで津波に洗われていた。三陸鉄道のすぐ海側にあった「三陸の園」という老人福祉施設では、避難が間に合わず50人以上が犠牲になったという。

　越喜来から峠を越えると高台移転で有名な吉浜地区である。防潮堤と水田は大きく被災しているが、高台にある集落はほとんど無傷で済んでいる。先人の知恵と努力に改めて思いを巡らせる。

　ここからトンネルを抜けると釜石市に入る。国道脇に車を停めて、これも津波防災で有名な小白浜地区を見下ろす。巨大な防潮堤の中央が破られて、防潮堤のコンクリートが横倒しになっていた。凄まじい破壊力である。多くの住宅は高台に移転していたため、人的被害は多くはなかったようだが、防潮堤の内側にあったはずの事業所や作業所、住宅はすべて流され瓦礫に覆われていた。

　再び長いトンネルを抜けて平田地区に出る。右手には自衛隊の救援基地が見える。国道は下り坂となり、右側一帯が住宅地となっているが、津波が到達した地点から下は倒壊建物と瓦礫の山である。国道を下りきったところにある信号はまだ復旧しておらず、道路も瓦礫をとりあえず除けただけの状態であった。ここから急な上り坂になり、右手に釜石観音が見えてくる。釜石南高校を過ぎてから再び下りとなり、短いトンネルを抜けると釜石市街地に出る。海沿いにあった釜石警察署はほぼ壊滅状態。道路の両側には津波で破壊された市街地が広がる。三陸鉄道の高架はなんとか流されずに残っていた。

　中心市街地である大町商店街は全壊を免れていたものの、大半の建物は1階部分までは津波をかぶったようで、改修して使えるものなのか、壊さざるをえないのか、自分には判断がつかなかった。大町商店街をゆっくり通過した後、さらに北上する。漁港のある両石地区もほぼ壊滅状態。谷の奥の高台の住宅だけがかろうじて被災を免れていた。比較的高台を通っていた三陸鉄道は幸い無事だった。

　続く鵜住居地区は悲惨だった。鵜住居川の河口に開けた平地に住宅地が広がり、JR山田線の駅や小中学校、商店等があって、小市街地が形成されていたが、津波はそれらをほとんどすべて押し流した。あとから聞いた話だが600名近い人がここで亡くなっていた。

　国道45号線をさらに北に向かい、大槌町に入る。見た目だけで言えば最も悲惨な印象を受けたのがこの町だった。中心市街地が壊滅的な津波被害を受けた上に火災が加わったためだ。流出せずに残った建物も焼け焦げていた。2週間以上経つのに臭いもまだ残っていた。道路の両側に瓦礫が積み重なり、瓦礫を掻き分けて車が通る有様だった。左手に大槌町役場が見えた。町長をはじめ40名の犠牲者が出た場所だ。まだこの時点では行方不明の方が多かった。あまりに凄惨な光景が続くためか、この辺りまで来ると車中では誰も話さなくなっていた。

　続く山田町も大槌町と同じく火災が発生した町だ。やはり焼け焦げた建物が目につく。ここも中心市街地が広く被災したが、町役場の庁舎はかろうじて浸水を免れていた。ロードサイドの鉄骨造りの商業施設や事業所は、鉄骨の骨組みだけが残り、ケーブル類が乱雑に絡み合って垂れ下がって

いた。

山田町の市街地を過ぎると道は緩やかに上り、内陸の豊間根地区に入っていく。ごく普通の農村風景が広がり、ホッとさせられた。津軽石から国道は再び海岸沿いを通るようになる。海岸堤防はそこここで破壊され、内側の集落が破壊されていた。

宮古市街地に入る。宮古市役所の屋上から、テレビの映像で繰り返し流されていた港の堤防を見る。黒い津波が堤防を越え、湾内の船が次々と堤防を越えていた衝撃的な映像のあの場所である。海岸沿いに建つ市役所は1階部分が浸水したが、2階以上は使える状態だった。湾奥にのびる中心市街地は浸水程度の被害で、ここまでに見てきた他の都市に比べると被災の程度は軽いように見えた。ただし、魚市場のある鍬ヶ崎地区だけは壊滅的な被害を受けていた。

さらに北上し、津波防災で有名な田老地区に至る。東洋一と呼ばれた高さ10mのV字型の防潮堤は無事だったが、津波はそれを超えて内側の市街地を襲った。その防潮堤の外側に後に造られた逆V字型の防潮堤は完膚なきまでに破壊されていた。死者は約180名に上った。明治・昭和の大津波を乗り越えて再建され、津波防災の先進地であったはずの田老地区は、今回もまた多くの犠牲者を出してしまった。残った防潮堤の上から瓦礫に埋まる堤防内側の市街地の惨状を見ながら、津波防災のあり方を改めて考えさせられた。

今回の視察はここまでだった。宮古に引き返し、盛岡に向けて帰路についた。既に日は落ちて薄暗くなっていた。視察メンバーの口数は時間とともに減っていた。最初の興奮が静まるとともに、あまりにひどい光景の連続に疲れてしまったというのが正直なところである。それでも帰りの車内では、今回の視察の感想をメンバー一人一人が述べあい、被災地の復旧・復興に向けて自分たちがやるべきことを確認できたのは良かったと思う。

4　現地との接触と農村計画学会での報告

4月に入り、ようやくガソリンが手に入るようになって、現地に出向く機会が増えた。いくつかの被災地とは直接的な関わりを持てるようになった。

4月1日には、NPO法人いわて地域づくり支援センターのスタッフを通じて、学生とともに大船渡市三陸町の崎浜地区に出向いた。集落の被災の現状をつぶさに見るとともに、被災を免れた高台の公民館で、自治会の役員から津波当日や現在に至るまでの対応等について話を聞いた。崎浜地区ではいまだに停電が続いていることもあって、被災者以外も含めて全住民にご飯の炊き出しを行っていた。とりあえず、この炊き出しや支援物質の仕分け等の手伝いとして、研究室の学生を泊まりがけで派遣することにした。

帰路、JR大船渡駅周辺に立ち寄った。3月28日の視察よりも詳しく現状を見ることができた。瓦礫が町中を覆い、土台から引きはがされた木造の住宅がひっくり返ったり、斜めに傾いたりしているほか、船が陸に上がったり、ビルの屋上に車が乗っかっていたり、とにかくひどい状況だった。

翌4月2日には、三宅准教授とともに田野畑村を訪問した。村長に面会し、被災した沿岸の島越、羅賀、机浜、明戸地区を視察した。島越地区は壊滅状態だった。三陸鉄道の高架橋は全壊、島越駅は駅前広場の宮沢賢治の碑が残っているだけで、駅舎があったこともわからないほどだった。羅賀地区も住宅の7割方が流出していた。港に面した宿泊施設、羅賀荘は2階まで津波に襲われ、1階

にあった電気等の供給処理設備が全壊。復旧の目処は立っていないとのことだった。机浜の番屋群は跡形もなかった。これに対して明戸集落は、沿岸の低地に立地していたものの、過去の津波で内陸に移転していたため被害は軽微だった。村長とは村が設置する復興計画策定委員会に協力することを約束して、田野畑村を後にした。

　4月9日（土）、2011年度農村計画学会春期シンポジウムに参加するために、夜行バスで上京した。発災後、同学会の学術交流委員会と理事会を中心に企画を練ったシンポジウムである。前述のように、当初の企画を一部変更し、第2部として「国土の震災復興ガバナンス」を設け、現状報告とパネルディスカッションを行った。会場の東京大学農学部弥生講堂は例年の学会とは違って満席となり、マスコミ関係者も目立った。私からは、ここまでのデータ収集と現地視察、ならびに被災者や被災地での聞き取りを基に、「被災地の現状と課題（岩手・宮城県）」を報告した。

　内容は、①震災被害の実態〜人的被害を中心に、②被災自治体の分類、③被災集落の分類、④復旧・復興に向けた課題の4本立てである。被災地が極めて広域で多様であったため、被災地の全体像を知る手がかりとして②と③の分類が役立ったようで、後に多くの人から評価を受けた。また、④についても、被災者や被災地域の抱える課題を包括的に捉えたものとして注目してもらえたように思う。課題として報告した内容は以下の通りである（当日のパワーポイント資料より抜粋）。

　①仮設住宅または疎開
　　・コミュニティ単位が望ましいとされるが、実際には、個人の希望や抽選が優先されている。
　　・帰還までの間、コミュニティをどう維持するか。
　②地域コミュニティ
　　・従来から良好な関係があったコミュニティはその維持を。
　　・そうではなかったコミュニティは、この機会に再生を。
　　・いずれにしても避難中のコミュニケーションが重要。
　③支援体制
　　・災害復興ガバナンスの必要性。
　　・協働に慣れていない行政→NPOや学会がいかにサポートするか。
　　・学会間の協働も必要。
　④住宅の再建（住居の確保）
　　・高所移転か低地再建か。
　　・ハード対策の限界、ソフト対策の重要性。
　　・丁寧な住民の合意形成プロセスが必要。
　⑤生活の再建（仕事の確保）
　　・緊急対策：瓦礫撤去、海底掃除、復興内職、農林漁業連帯出稼ぎ等。
　　・復旧対策：復旧土木事業と関連業務（事務、食事提供等）。
　　・復興対策：漁業の再興が鍵、臨時措置としての共同化。
　⑥復興ビジョン
　　・基本は地域（住民と市町村）であるべき。

第1章 発災時 (2011.3.11) から発災月末 (2011.3.31) まで

・トップダウンのビジョン策定は慎重に。
・一方で、生活再建（住民）と行政再建（市町村）のため、その余裕がない。
・生活再建途上の住民の参加をどうするか？
・避難先がバラバラのコミュニティの意志をどう集約し反映させるか？
・ビジョンづくりはある程度の時間をかけて。
・行政職員の不足をどうするか？
・他の自治体、職員 OB、臨時雇用など。
・住民や市町村の課題対応力に大きな違いあり。
・外部の人的支援が不可欠（国・県、企業、NPO、研究者等）。

　この報告への反響は大きかった。これ以後、マスコミの取材や講演依頼、そして研究者や団体・企業からの情報提供の依頼が急激に増えた。そのこともあって、より本格的な現地情報の収集の必要性も感じた。この報告からほどなく、内閣官房から電話が入った。復興構想会議の下に設置される検討部会への参画依頼だった。

39

第9節　沿岸被災地調査

名誉教授・放送大学岩手学習センター所長　　**齋藤　徳美**

　放送大学岩手学習センター所長室での、激しくしかも長い揺れに、これは想定されていた宮城県沖地震ではない、日本海溝付近での巨大地震、そして三陸沿岸は大津波により壊滅的な被害になると直感した。

　1978（昭和53）年に岩手大学に赴任する際に、東北大の研究室の先輩である、故石井武美氏からはなむけの言葉を戴いた。"サイトー君、岩手に行ったら地域に役立つ研究に専念しなさい。""それは何でしょうか。""地熱と津波です。"三陸沿岸の宿命ともいえる津波からどう命を守るか、災禍を繰り返さないための対応を提言し実践してきたが、1998年岩手山の噴火危機対応や、2006年大学の法人化対応にも関わることになり、津波対応は不完全燃焼のまま定年を迎えた。

　情報を求めて訪ねたIBC岩手放送で、仙台平野を遡上する津波のリアルタイムの映像を目の当たりにし、過去の三陸地震津波やチリ地震津波の被災では済まないであろう惨状が推測され、体が震えた。テレビを通じて"すぐに避難を"呼びかけようとしたが、既に津波は沿岸を襲っているはずだ。"避難したら決して戻るな"と呼びかけようとしたが、東北全域は停電でテレビはほとんど視聴不可能であろう。長年津波防災実務に関わっていながら、いざという時に何もできることがないのかと忸怩たる思いであった。そして、何よりも現地の情報がほとんど届かないことが、壊滅的な被害が生じていることを物語っていた。

　岩手県庁の災害対策本部では、岩手山の噴火対応でタッグを組み「INS（岩手ネットワークシステム）岩手山火山防災検討会」で地域防災を学んできた小山雄士総合防災室長が指揮を執り、自衛隊で阪神淡路大震災の危機管理を経験した越野修三危機管理監がサポートの役を担った。役人らしくなく、前例にとらわれず、臨機応変に迅速な判断ができる二人が指揮の最前線にいたことは、不幸中の幸いともいえる。そして、岩手山噴火危機や2008年宮城・岩手内陸地震での教訓も踏まえ、自衛隊の現地本部が県の災害対策本部の一画を占め、指揮を執る第9特科連隊の指令が当日から指揮官として常駐していた。

　当面、緊急に求められることは、被災者の救出である。多くの住民が流された家屋の中に、がれきの間に埋もれている。3月という東北の厳しい寒さの中で、一刻も早い救出が求められる。その主力は自衛隊であり、関係機関はその活動をフォローしなくてはいけない。そして、避難しえた多くの人々が生きながらえるための支援も不可欠である。ガレキで埋まった道路の開削も行わなければ救援もままならない。

　現地の大学の研究者として、学術的な研究のための現地調査を希求する気持ちは強くあった。浸水域や津波の高さ、遡上高、被害の地域特性など実態を明らかにしなければならない。そして、いずれ、地域の復興をどう進めるのか、復興計画の立案に大学の知見を活かすために、研究者の目線で現地を調査し実態を把握しなければならない。しかし、今は人命優先、災害対策本部で協議を続けながら、時期を待った。

第1章　発災時（2011.3.11）から発災月末（2011.3.31）まで

　発災から2週間、救命活動も区切りを迎え、被災者への支援体制も道筋が見え始めた。そこで、越野危機管理監に、大学研究者による現地視察を打診した。越野氏は自衛隊に連絡し"いつでもいいです。自衛隊がマイクロバスで案内します。必要なメンバーを集めて下さい。"と快諾を得た。

　岩手山の火山防災での戦友でもある土井宣夫教授（教育学部）と岩手県内の地質に詳しい越谷信准教授（工学部）は、被災直後から現地調査の相棒と考えていた。壊滅的被害を受けた沿岸地域の復興には、街づくりの知見が必要になる。都市計画を専門とする南正昭教授は、工学部旧社会環境工学科での同僚で、旧田老町の地域づくりにも関わっている。以前から都市環境関係の公的委員会で話し合うことが多かった地域計画を専門とする廣田純一教授（農学部）は欠かせない。また、前社会環境工学科で海岸工学を専門とする小笠原敏記准教授には、若手として今後長く津波から命を守るために取り組んでもらわなければならない。岩手大学としての初めての公的な現地入りになることから、故藤井克己学長、各学部長に連絡を取り、教員派遣の了承をとりつけた。

　3月28日午前8時、達増拓也県知事の激励を受け、県庁前から陸前高田市に向けて調査団は出発した。調査には岩手大学の教員に加えて、県立中央病院災害医療科の真瀬智彦科長（県DMAT統括）も参加した。また、岩手日報社とIBC岩手放送の記者に全コースの同行取材を依頼した。調査のようすは翌日の新聞紙上やニュース番組で詳しく報道されたが、これらの教員を今後復興支援に全力を傾注することになる岩手大学の顔として、世間に広く認知してもらう意図もあった。

　10時半過ぎ、気仙川沿いに竹駒町に向かうと、河口から数kmも上流の気仙川の河原に破壊された家屋の木材などが散乱し、津波が河川を遡上し内陸部まで達したことを伺わせた。海が見渡せないのに、竹駒町はガレキが散乱し、平地のすべての建物が倒壊し流失している。市街地に入ってバスを降り初めて被災地の地に立つ。はるか遠くの海岸が見通せ、浜風はさやさや、温かい日差しと青い空。見知っている明治・昭和三陸地震津波の被災映像とも重ならず、何か非現実的な空間に立っているような感覚にとらわれた。これが現実の津波災害なのだとわが身に言い聞かせ必死で周囲を見渡した。

　木造の家屋はすべて流失し、鉄筋コンクリートのビルがまばらに点在している。道の駅タピック45は特徴ある三角屋根が形を留めているが内部は破壊尽くされ、4階建ての県立陸前高田病院は4階までの窓ガラスが割れ、津波高が十数mと巨大であったこと示している。高台にある介護老人保健施設松原苑の屋上に登らせていただき、市街地を見まわした。低地には形を留めたビルが数件点在するのみで、平地には建物の姿はなく、引き波に流されたのかガレキも少ない。町の象徴であった高田松原の松の緑はなく、はるかに穏やかな海が広がっている。一つの町が喪失した、そうなんだと衝撃もなく受け入れさせられた、そんな記憶が残っている。

　大船渡市は、比較的標高の高い国道沿いは被害が少ないが、市街地は流された家屋が折り重なり、家財道具や生活用品が開削された道路の両側に積み上げられている。流された多数の車両の中には原型を留めない物もある。鉄道の線路も木材やガレキに覆われ、レールはところどころしか確認できない。

　三陸町越喜来は、何度も釣りに訪れたなじみの地であるが、国道から下の住宅はほとんどが破壊されている。津波防災の講演会を行ったことのあるレンガ色の三陸公民館のみが原型を留めて陽光を浴びている姿が印象に残っている。高台の国道から見下ろした唐丹の小白浜漁港の強固な防潮堤

41

は大きく傾き、津波の巨大な力を目の当たりにした。たまたま通りかかった住民の方が、命からがら高所に逃げた恐怖をぽつぽつと語ってくれた。

　釜石市の大町商店街は1階部分まで水につかり、建物は残っているものの、個人商店の再興は困難であろうとの想いを抱いた。釜石市の両石町、鵜住居町そして大槌町、山田町などの低地はほとんど壊滅状態、風光明媚であった浪板海岸も津波に洗われ浪板海岸観光ホテルも低層階が破壊されていた。

　2階まで浸水した宮古市役所脇を通って、17時過ぎに田老町に入った。高さ10m、総延長2,330m、ギネスブックにも載っている世界最大の防潮堤に囲まれた田老も、高さ16mを超える津波に街並みは壊滅していた。防潮堤の一部は破壊されたがほとんどは原型を留めたままであったので、破壊された家屋は堤防内に折り重なって残存していた。堤防の上に立って周辺を見渡すと、何事もなかったような波のさざめき、山際に傾いた太陽の残照、そして茫漠たる街並みの残骸。自然の息吹きともいえる災害に人は改めて「畏怖」と「畏敬」の念を持たなければならない、人は今まで生かされてきたし、今も生かされている、これからも生かされていくという想いがよみがえった。それにしても、明治三陸地震津波は高さ15mで、この堤防では守りきれない実績があり、港の脇の崖面には大きく「明治15m」と白ペンキで表示までしているのである。気象庁の大津波警報高さ3mが咎であったのか、それにしてもあれだけ大きな揺れは、逃げろという号砲が耳元で響いたに等しいのに、なぜ率先避難しなかったのか、様々な想いと共に、ハードだけでは守りきれないことを改めて痛感させられた。

　強行日程ではあったが、被害の著しい南三陸沿岸の惨状を直視し肌で感じることができた。百聞は一見にしかずである。被害は想像していた通り甚大である。明治三陸地震津波以降、ハード・ソフト思いつく防災対策はほとんど行ってきたはずなのに、なぜこんなに多くの犠牲者を出したのか、何が足りなかったのか。それでなくとも疲弊していく地域が、これだけ広域に潰滅的ともいえるダメージを受けて、復興の姿をどう描けばよいのか…暗闇の106号線を重苦しい想いでバスに揺られた。

　現地調査の結果については、3月29日に小山雄士県防災室長へ、30日に藤井克己岩手大学長へ報告した。その後、土井宣夫教授・佐野剛技術職員らと、4月3日に北三陸（岩泉町小本、田野畑村島越・平井賀・羅賀、普代村、野田村、久慈市）、4月14日に宮城県（気仙沼市、南三陸町、石巻市）、4月29日に仙台市仙台港、名取市閖上、亘理町荒浜、松島町、東松島市野蒜・宮古島の現地調査を行った。

第 1 章　発災時（2011.3.11）から発災月末（2011.3.31）まで

まとめ

編集委員会

　1000 年に一度とも言われる大災害が発生し、想定外の事態に見舞われた時に岩手大学はどのように対応できたのか。対応状況、そこから得た学びと教訓、今後の課題について、編集委員会の立場からまとめました。各項目冒頭に価値判断を込めた記号を付けています。

【対応状況】

○　発災後、定められていた危機管理規則に従い直ちに危機対策本部が設置され、停電により情報が不足する中で、当日の一般教職員への帰宅指示や、翌日の後期日程の入試の延期など、迅速な対応がなされた。

△　外国人留学生についても、希望者を避難所へ誘導するなどきめ細かな対応がなされた。ただし、一部の留学生は一時的な避難所とした学内の学生センター棟の講義室で一晩を過ごし、寒い思いをした。

○　翌 12 日には前期入試の入学手続きの延期、14 日には後期入試の中止、学生の安否確認を始めること、15 日には卒業式の中止、新学期は 5 月 9 日開始などが矢継ぎ早に決められた。

○　16 日には大学のウェブサイトを携帯電話対応のテキスト形式に変更し、学長メッセージと共に新入生へのお知らせを告知した。

○　22 日には「震災対応・大家様説明会」を開き、引っ越しができない卒業生の住居の無料延長を依頼するなど、きめ細やかな学生支援ができた。

○　発災後まもなく、教員有志による緊急支援や復興に向けた取り組みへの働きかけが始まっており、動き始めた教員が後に大学としての復興支援活動の中心的メンバーとなっていった。

○　大学としての公式沿岸被災地調査は、28 日に自衛隊の協力のもと、各分野の専門家が集められて実施され、その後の大学での取り組みに貴重な情報をもたらした。

○　学生のボランティア活動については、被災地の状況調査の後に、PTSD 対策等を踏まえ、ボランティア支援体制を整えてから実施することを決めた。

○　学生の安否確認は学務課が中心に行い、3 月中にほぼ 6,000 人全員の安否が確認できた。

【学びと教訓】

▽　発災当日学内の教室で夜を明かした留学生用に運び込んだストーブと灯油が、給油方法等が分からず使われなかった。混乱の中にあっても、避難していた学生の国籍にかかわらず、対応した職員が実際にストーブをつけて問題がないか確認すべきだったと思われる。

□　福島での原発事故による混乱のさなか、各国の動きは速く、15 日から 16 日の深夜にかけて台湾、中国、キルギス、ロシア、マレーシアからの留学生が次々に日本を脱出するため盛岡を離れていった。それらの対応も含め、16 日に在籍留学生全員の安否確認がなされた。

43

○ 交通がマヒする中で、運送業者から引っ越しをキャンセルされた卒業生がおり、大家からは新入生受け入れのために退去を求められて困っていると大学生協経由で情報が入り、それが新学期開始延期などの判断材料になった。日頃のネットワークが活きた。

【今後の課題】

◇ 病院や放送局では停電と同時に予備電源に切り替わり、業務遂行に支障がでないようになっている。大学の司令塔である事務局にも同様の設備が欲しい。

◇ 同様に、災害時に一時的にも避難者がでることを想定し、数日分の水や食糧、救急医療品、発電機などの備えが必要であろう。

◇ 災害時等における学生・教職員の安否確認については、スマートフォンのアプリを活用するなど、迅速かつ効率的な安否確認システムを導入したい。

◇ 通常の授業時間中に大地震等の異常事態が起きたとすると、避難等がスムーズに行えるのか、想定外のことは起きないのかを確認するために、全学一斉の避難訓練はできないとしても、学部単位で実際にすべての授業を中断して大掛かりな避難訓練を試行してみる価値はある。

東日本大震災津波からの復興に係る岩手大学の取組と
今後岩手大学に期待すること

岩手県知事　達増拓也

この度、岩手大学が創立70周年を迎えられましたことを、心からお祝い申し上げます。

岩手大学におかれては、東日本大震災津波の発災直後から、「『岩手の復興と再生に』オール岩大パワーを」をスローガンに掲げ、全学を挙げた復興支援体制を構築し、教育支援や生活支援、産業支援など、被災地の復興支援に幅広く取り組んでこられました。

加えて、新入生全員が被災地において学修を行う教育プログラムを盛り込んだ「地（知）の拠点整備事業」などによる復興を始めとした地域課題の解決を担う人材育成のほか、釜石サテライトや陸前高田グローバルキャンパス等の拠点づくり、国際防災・危機管理研究岩手会議の開催等による国内外の連携強化や復興状況の情報発信にも積極的に取り組んでこられました。

岩手県では、東日本大震災津波からの復興に向けて、2011年4月に「東日本大震災津波からの復興に向けた基本方針」を策定し、一人ひとりの幸福追求権を保障すること、犠牲者の故郷への思いを継承することを、基本方針を貫く2つの原則と位置づけ、2011年8月に、「いのちを守り　海と大地と共に生きる　ふるさと岩手・三陸の創造」を目指す姿とする「岩手県東日本大震災津波復興計画」を策定し、2011年度から2018年度までの8年間を復興計画期間とし、復興の取組を進めてきました。

さらに、今年度からの10年間を計画期間とする県の総合計画「いわて県民計画（2019〜2028）」においても、復興を県の最重要課題として明確に定め、基本方針に位置づけた2つの原則や、東日本大震災津波復興計画に掲げた復興の目指す姿を引き継ぎ、切れ目ない復興の取組を進めることとしています。

また、この計画では、世界の頭脳、最先端技術等が結集する国際リニアコライダー（ILC）の実現など、復興の先を見据えた新しい三陸地域の創造に向けた取組についても進めることとしています。こうした先進的な取組を実現していくためには、進取の気性に富み、グローバル視点で考え、地域に密着した行動ができる人材の育成が欠かせません。

岩手大学は、このような有為な人材をこれまでも輩出されているところです。これからも、復興を進める大きな力となり、岩手の未来を切り拓き、日本を、そして世界をも変えていけるような人材が、岩手大学から数多く羽ばたいていくことを大いに期待しています。

東日本大震災を振り返って～復興、そして宮古創生へ～

宮古市長　山本正徳

　未曾有の人的・物的被害をもたらした東日本大震災から8年が経過しました。

　震災対応は一自治体で対応できるレベルではなく、早く何とかしなければという焦りともどかしさの中、震災直後から国や県、県内外の自治体、団体、ボランティアの方々をはじめ、全国そして世界各地から様々なご支援、ご協力をいただきました。

　あらためて深く感謝申し上げます。

　震災直後からこれまで、貴大学からも人的支援、物的支援など様々なご支援、ご協力をいただいています。

　震災発生直後は、被災者に対する支援として、教職員や学生ボランティアによる側溝汚泥の除去、家屋の清掃などのお手伝いをいただきました。

　その後は、応急仮設住宅団地での訪問活動や被災地域・学校・商店街などでのイベント支援、教員等による専門知識を活かした研修会や調査研究など継続して取り組んでいただいています。

　その中でも効果的であった取り組みのひとつとして、教育研究機能をもとに産学官連携を推進し、三陸沿岸地域の復興支援の取り組みを行うための現地拠点の設置があげられます。

　2011年10月に「釜石サテライト」が、その後、沿岸各地にエクステンションセンターが順次開設され、宮古エクステンションセンターは2012年10月に本市産業支援センター内に開設されました。

　エクステンションセンターの果たした役割は大きく、被災事業者等から支援ニーズを収集し、大学のシーズの情報提供とマッチングを行い、様々な支援を行っていただきました。

　水産業、コネクタ・金型産業や合板メーカー等に対する技術的支援、セミナー開催や個別指導による起業家支援など、本市の産業・経済復興に大きく寄与しました。

　しかし、各産業における人材不足、人手不足が産業振興の新たな課題となっています。

　貴大学が行っている地（知）の拠点大学による地方創生推進事業の取り組みや農学部への水産分野コースの新設などは、この課題解決にも繋がるものと考えます。

　これまで先人たちは、幾多の災害から立ち上がり、このふるさとを再生してきました。今を生きる私たちも震災で得られた教訓を次世代に伝えるとともに、未来を切り開き、後世に誇れる宮古市を築いていかなければなりません。

　震災からの復興は概ね終了し、将来に向かって新たな取り組みも始まっていることから、引き続き関係機関と連携を図りながら取り組みを進めてまいります。

　今後も貴大学の様々な取り組みやご協力に期待いたします。

東日本大震災からの復興へ向けた岩手大学の活動について

大船渡市長　戸田公明

　国立大学法人岩手大学の創立70周年にあたり、心からお祝いを申し上げます。

　貴学におかれましては、開学以来、本県の学術研究・人材育成の拠点大学として、高い専門性や総合的な判断力を有する多くの人材を輩出されるとともに、産業の発展並びに地域社会の文化の向上など各分野における多大なるご貢献に対し、深く敬意を表します。

　さて、三陸沿岸地域に未曾有の大災害をもたらした東日本大震災後、貴学では、「『岩手の復興と再生に』オール岩大パワーを」のスローガンのもと、被災地における教育支援や被災者へのこころのケア、企業との共同研究の推進による産業再生への支援など、全学をあげて三陸沿岸地域の復興支援に取り組まれました。

　当市におきましても、平成25年4月に現在の名称である岩手大学三陸復興・地域創生機構大船渡エクステンションセンターの設置に伴い、専門職員による市内のものづくり企業や水産加工業等への企業訪問を通じた交流機会が飛躍的に増大し、課題を有する企業への支援として、多くの教職員や学生の参画のもと、産学官連携による共同研究や業務改善の促進が図られたほか、地域イノベーション創出へ向けた試みとして、高校生や若者を対象とする起業者育成の取り組みなど多くのプロジェクトが実施されたところです。

　このことは、震災からの復興、とりわけ地場産業の再生・発展を軸とする地域経済の復興を重点の一つと位置付けている当市にとりまして非常にありがたく、あらためて貴学の震災復興への姿勢と取り組みに対し、心より御礼を申し上げ、引き続き、当市を含めた三陸沿岸地域のより一層の発展にご支援とご協力をお願いするものであります。

　また、人口減少・少子高齢化の到来、AIなどのさまざまな技術の革新など、これまでにない社会構造の変化が予見される今後において、持続可能な地域社会の構築のためには、次代を担う人材の育成が重要であり、当市といたしましても、地域志向教育、地域課題解決および起業家教育などの地域リーダー人材育成へ向けた取り組みを進めて参りますので、引き続き貴学のご協力を賜りますよう、よろしくお願い申し上げます。

　結びに、輝かしい伝統を築いてこられました貴学の今後ますますのご発展を祈念申し上げます。

岩手大学創立70周年へ向けて

久慈市長　遠藤譲一

　まずは、岩手大学が70周年を迎えられたことに対しまして、心よりお祝い申し上げます。岩手大学は本県の中心的な大学として学術文化を創造しつつ、幅広く深い教養や高い専門性を備えた人材の育成と、地域社会に開かれた大学として、文化の向上や国際社会の発展に多大なる貢献をいただいていると認識しております。

　当市とも2006年に「相互友好協力協定」を締結し、当市が抱える産業振興や教育といった様々な諸課題に取り組んでいただくとともに、2012年には当市庁舎内に「岩手大学三陸復興推進機構久慈エクステンションセンター」を開設していただき、常駐のプロジェクトマネージャーを中心に東日本大震災後の水産資源の調査なども行っていただいております。

　これらの震災復興へのご支援や産学官連携の取り組みは、当市にとって非常に貴重なものであり、市政の発展に対し多大なる貢献をいただいているものであります。

　当市は2011年3月11日の東日本大震災により大きな被害を受け、その復興が見え始めた2016年8月に、台風第10号による豪雨災害という、重ねての被災を受けました。東日本大震災の被害額は約311億円、台風第10号の被害額は約195億円と、過去に例を見ない被害に見舞われ、住民生活や経済への影響は非常に大きなものがありました。

　これらの大災害からの復興は、市民の方々の努力はもとより、県内、国内外の皆様からのさまざまな温かいご支援、ご指導があってのことであり、特に岩手大学からは、物資の支援から復興計画の策定、地域産業の復興支援、さらにはボランティアの派遣など、多方面にわたる多大な支援をいただきました。これらの支援なくしては、早期の復興は成しえないものと、改めて深く感謝申し上げます。

　これらのご支援を更なる市政発展に繋げて行くため、当市では「子どもたちに誇れる笑顔日本一のまち　久慈」という基本理念を掲げ、子どもたちを安心して育てられるまち、笑顔あふれる新しい久慈市の実現を目指しております。人口減少対策や地域活性化など、目の前にある課題は山積しておりますが、市民の声に耳を傾け、市民参加と協働の理念を基本に、対話重視の市政を継続し、知恵を出し合い、共に汗をかきながら、課題解決へ向け全力で取り組んでまいります。

　そのためには、岩手大学との更なる連携は必要不可欠なものであると考えており、今後も多方面においてお力添えをいただきたく、お願い申し上げる次第です。

　結びになりますが、岩手大学がこの創立70周年を契機として、今後より一層充実、発展されますことをご祈念し、ご挨拶とさせていただきます。

第2章　新年度（2011/H23.4.1）から
　　　　新年度前期終了（2011/H23.9.30）まで

　3月11日の発災後も余震は続いていたものの、内陸部で当初の混乱が収まりかけていた4月7日（木）23時32分、マグニチュード7.4（後に7.1に修正）、最大震度6強（宮城県）の余震が起きた。東北地方はまたも広範囲にわたってほぼ一日停電し、この地震・災害はいつまで続くのかと恐怖と腹立たしさがよぎった（震度5弱以上の余震は、4月に17回、5月に2回、6月に4回、7月に3回、8月に2回、9月に2回起きており、いつしか震度5強にも驚かなくなっていた…）。

　4月に入ると、3月末までに不足していたガソリンの供給量が発災前に近づき、被災県にも宅配便が届き始め、物流が回復してきた。とはいえ、卒業や就職、転勤に伴う人の移動や引っ越しは容易ではなく、年度の切り替えは、実質的に5月になっていた。学生の安否確認が落ち着いてきたのも同じ頃だった。

　発災後は日本全土で慶事の自粛ムードが広がり、繁華街の飲食店・外食産業の売り上げが低迷した。4月になってもその傾向は続き、日本の経済は沈滞していた。その中で、南部杜氏の蔵元から「消費という形で東北の日本酒を応援してもらいたい」（日経ビジネス：2011.3.25）との声が上がり、首都圏等でも被災地のお酒や食品を消費して応援しようという機運が盛りあがり始めた。

　テレビのCMも当初はスポンサーが通常のCMを自粛したため、ACジャパン制作のCMが延々と流され（約3カ月）、非常時であることを示していたが、世論が自粛ムードから被災地応援ムードへ移るにつれて、いつしか通常のCMに戻っていった。

　東北新幹線は、一ノ関〜仙台〜福島間に被害が多く、部分的にしか運行できなかったことから、JALが花巻〜羽田間で臨時便を飛ばして被災地の窮状を救っていた。その後、4月25日に仙台〜福島間が、4月29日に一ノ関〜仙台間が繋がって、ようやく全線復旧となり、なんとかゴールデンウイークを迎えることができた。

　ゴールデンウイークには、被災地を応援しようと各地からやってきたボランティアの数がピークを迎えた。全国社会福祉協議会によれば、岩手県・宮城県・福島県に入ったボランティアの数は、発災年の5月に3県で182,346人であった（ちなみに2011年は957,830人、12年は257,339人、13年は117,509人、月別では、発災月の3月と、夏休みの7〜9月が多かった）。

　復興庁によれば、発災後の避難所生活者数は3月14日の約47万人をピークに、発災1カ月後で約15万人、3カ月後には約9万人に減少した。応急仮設住宅の入居は早いところで4月上旬（陸前高田4.9）から始まったものの、必要戸数ができあがったのは7月〜8月にまでずれ込んだ。

　発災後直ちに首相を本部長とする東北地方太平洋沖地震緊急災害対策本部（4月11日までに15回、9月11日までに19回）が組織され、4月14日には東日本大震災復興構想会議（4.11閣議決定）が開催されて、被災地域の復興に向けた指針の策定が始まった。そして6月24日には東日本大震災復興基本法が公布・施行され、各自治体の復興計画の策定が加速された。

　発災当初から被災者の救出やがれきの撤去など多方面で支援活動を行った自衛隊は、岩手県（県庁12階に第9師団司令部が入っていた）では7月24日に、宮城県では8月1日に活動を終了した。

第1節　岩手大学東日本大震災復興対策本部（4月1日設置）

理事（地域連携・国際連携担当）・副学長　　岩渕　明
総務企画部企画調査課長　　晴山　均

1　学長の決断

　前述（第1章第1節）したように、東日本大震災からの早期復旧及び復興を、全学体制で支援し推進するために、岩手大学東日本大震災復興対策本部（以下「復興対策本部」）を立ち上げた。復興対策本部は危機対策本部から独立した組織であり、学長を本部長、地域連携担当理事を副本部長として5部門から構成された（図2-1-1）。

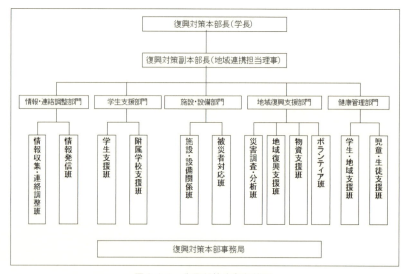

図2-1-1　復興対策本部組織図

　5部門の内訳は、①情報・連絡調整部門、②学生支援部門、③施設・設備部門、④地域復興支援部門、⑤健康管理部門であり、その下に12の班を置いた。①情報・連絡調整部門は外部からの支援要請等の窓口とそれに対する学内対応者の調整、また本学が行った支援事項の把握や学内外への情報発信等を行い、情報を一元（情報の収集、要請依頼の窓口、配信、活動報告等）的に集約した。この調整に基づき、②学生支援部門は本学学生や附属学校の児童生徒への支援、③施設・設備部門では被害調査に基づく対応、④地域復興支援部門では災害調査・分析、被災地の「人・街・仕事」に関わる地域復興支援、物資支援の収集・配分、学生や教職員のボランティア派遣先の調整と派遣、⑤健康管理部門ではPTSDへの対応として、本学学生や附属学校の児童生徒、地域住民も対象として対応した。

　また、総合的に事務を所掌するために、4月26日に復興対策本部事務局を設置した。また、復興対策本部が活動するための予算として、当初1,500万円を措置した（2011年度復興支援経費の決算においては最終的に約2,500万円を計上した）。

第2章　新年度（2011.4.1）から新年度前期終了（2011.9.30）まで

　4月4日に藤井克己学長をはじめとする役員、事務職員等8名で公用車により釜石市の視察を行った。市内に入ると道路は瓦礫の山で、その被害の大きさに改めて驚いた。野田武則釜石市長に面会して状況の説明を受けた後、旧釜石第一中学校の避難所に入った時、その雑然とした状況に愕然とした。そこでは情報は手書きにより掲示されていた。一方、平田地区の旧釜石商業高校体育館の避難所は整然としており、その差にも驚いた。また途中、海に面した石村工業（株）の事務所を訪ね、2階でも人の胸まで水が来たことを聞き、想像を絶する高さの津波であったことを実感した。帰りの車中において、「岩手の"大地"と"ひと"と共に」を校是とする岩手大学として、沿岸地域の壊滅的被害状況に接し、これまで大学として経験はないが、その基盤産業の「水産業」の支援に取り組むことを決意した。

　5月16日に、6,000人の学生と800人の教職員が一丸となって復興支援に取り組む決意を込めた「『岩手の復興と再生に』オール岩大パワーを！」というメッセージを正門前の看板に掲げた（写真2-1-1）。現在（2019年8月）、当時を振り返ると、4月から5月にかけて復興対策本部で行った決断および行動は、大学にとって非常に重要な意思決定だったと言える。大学のミッションは、教育、研究、社会貢献であるが、組織としての大学は、教育・研究の復旧を最優先にし、被災地の支援は、教職員や学生の個人的な活動に委ねられるケースが多い。しかし、今回の大震災は、1000年に一度と言われるほど大規模な自然災害であり、復興支援活動は教育研究活動と同様に重要なことである、との認識を大学構成員が共通に感じたものと言える。従って、「『岩手の復興と再生に』オール岩大パワーを！」と復興活動を優先するメッセージは構成員に受け入れられたと判断している。

写真2-1-1　岩大正門前に掲げられた看板

2　復興支援活動の計画

　4月19日に復興支援に関わる教員等を対象に「岩手大学は今、何をするべきか？」と研究調査・支援活動等の提案を募集した（岩手県沿岸復興プロジェクト事業提案書）。その結果49件が提案され、4月26日に開催した地域復興支援班会議及び復興対策本部会議において、そのうち緊急性が認められた28件に対し、総額400万円の活動支援の決定と現地への移動のためのレンタカー3台を配置することを決定した。また、別途、学内公募型の研究支援として、3件（地域課題1件、学系プロジェクト2件、総額550万円）の研究プロジェクトを採択した（表2-1-1）。

51

表 2-1-1　岩手県沿岸復興プロジェクト事業および学内公募型研究型プロジェクト

●岩手県沿岸復興プロジェクト事業（28件）

	部局名	事業名	事業期間	実施場所	代表者	担当者	担当者（外部所属）（分担）
1	人文社会科学部 教育学部	被災者の長期的な心のサポートプロジェクト	平成24年4月～平成27年3月（3年間）	岩手大学と協定を結んでいるいずれか一箇所の市町村ないしは被災が手薄な一市町村	山口浩	阿久津洋巳 山木奨	神常雄／松岡和生（外部所属：岩本信晴／佐藤正恵）（分担：表妻明／織岡信男）
2	教育学部	被災児童生徒の心のケアにおける学校音楽鑑賞会の役割	未定（要望により複数回実施）	被災した、又は被災児童生徒を多く抱える小中学校等	牛渡克之	山口哲人	（いわてプラスリステン）
3	農学部	わんにゃんレスキュー号による被災動物の移動診療	平成23年4月～平成23年6月（3ヶ月）	大船渡市合同庁舎、陸前高田第一中学校避難所、サンビレッジ高田避難所	佐藤れえ子	小林沙織	大石明広（岡田啓司）（安田準）
4	教育学部	地域文化財の救出と修復	平成23年4月～平成24年6月（1年3月）	被災地現地全体及び岩手県立博物館、岩手県埋蔵文化財センター、花巻市文化財センターなどの文化財の修復設備を完備した施設	佐藤由紀男（考古資料）	菅野文夫（歴史資料）	中村安宏（歴史資料）
5	人文社会科学部、教育学部、国際交流センター等	住民・地元自治体の意見を反映した地域復興計画づくりの支援	平成23年4月～平成26年3月（3年）	盛岡市、陸前高田市、大船渡市、住田町ほか	井上博夫	菊池孝美（経済） 竹村祥子（コミュニティ） 佐藤眞（雇用・社会保障）	田口典男（経済）／姜會哲（コミュニティ）／佐々木良博（雇用・社会保障）（外部所属：横山英信（地域産業）／南正昭（地域計画）／千田万平（岩手弁護士会・法務））（分担：杭田俊之（経済）／早川智津子（雇用・社会保障）／小笠原基也（岩手弁護士会・法務））
6	教育学部	沿岸地域の復興とコミュニティの再建ならびに持続可能な社会の構築に関する研究－主として大槌町、山田町を対象として－	平成23年4月～平成26年3月（3年）	岩手県沿岸地域（主として宮古市から、山田町、大槌町のエリア）	姜會哲（コミュニティ）	竹村祥子（家族・ジェンダー） 梶原昌五（環境と経済の持続的発展策） 飯坂正弘（（独）農業・食品産業技術総合研究機構主任研究員）	探択後に調整（調査・分析）
7	農学部	震災復興構想・復興計画策定の支援と検証	平成23年4月～平成25年3月（2年）	田野畑村、山田町、大槌町、大船渡市、陸前高田市など	広田純一	三宅諭（建築）	南正昭（コミュニティ）
8	農学部	山田町集落再編計画案の作成	平成23年6月～平成24年3月	山田町	三宅諭	三宅諭（コミュニティ）	
9	農学部	田野畑村漁村集落再編立画案文援	平成23年4月～平成24年3月	田野畑村羅賀地区、島越地区	三宅諭	古谷誠章（早稲田大学・建築設計）	吉田道郎（㈱まちづくり研究所）
10	農学部	机浜番屋群再生プロジェクト	平成23年6月～平成24年3月	田野畑村机浜	三宅諭		
11	人文社会科学部 教育学部 農学部 （岩手医科大学、岩手県水産技術センター）	生態系復興のための基礎調査～河口域生態系と養殖漁業～	平成23年4月～平成27年3月（4年）	津軽石川河口域（宮古）、織笠川河口域（山田）、鵜住居川河口域（釜石）、北上川河口域（石巻追波湾）	牧陽之助（糀活・調査、微生物学、水域生態学、微生物学）	梶原昌五（水棲動物学・付着生物学担当、調査）	松政正俊（岩手医科大学共通教育センター）（調査、水域生態学、底生物物学一般） 煙山彰（岩手県水産技術センター）（水産学一般）

No	部局名	事業名	事業期間	実施場所	代表者	担当者（外部所属）（分担）
12	人文社会科学部 農学部 岩手県立大学 （小岩井農牧）	津波による河口域生態系復興のための生態学的基礎調査（2）沿岸域生態系とエコパーク構築の構築	平成23年4月 ～ 平成33年3月 （10年）	陸中海岸国立公園を主体とする沿岸域、それに隣接する地域	竹原明秀	遠藤 教昭 原科幸爾 青井 俊樹 東 淳樹 辻 盛生（株小岩井農牧）
13	農学部 保健管理センター 地域連携推進センター	東日本大震災復興のための桑と水を基盤とした産業振興と環境修復のベルト構築（第1期）	平成23年6月 ～ 平成28年3月 （4年10ヶ月）	農学部、保健管理センター、釜石市の参加機関	鈴木一一（H23年度のみ）	松木佐知子 立身政信（健康）木村 毅（構造）他12名 平塚 明（岩手県立大学総合政策学部）河合成直（元素） 島田直明（岩手県立大学総合政策学部）小藤田久義（機能）
14	農学部 人文社会科学部	釜石の企業と連携した空気清浄機能を有する畜産用換気装置の開発と実用化による畜産振興	平成23年6月 ～ 平成25年5月 （2年）	農学部附属寒冷フィールドサイエンス教育研究センター（御明神牧場）人文社会科学部環境科学課程	平田統一	河田裕樹 赤坂 茂 佐々木修一 千田広幸 桃田優子
15	農学部FSC （獣医学課程）	久慈の酪農業と連携したウシ胚の定時受精と超早期妊娠診断技術の開発と実用化による畜産振興	平成23年6月 ～ 平成25年5月 （2年）	農学部附属寒冷フィールドサイエンス教育研究センタ（御明神牧場）農学部獣医学課程	平田統一	橋爪一善 佐々木修一 赤坂 茂 千田広幸 桃田優子
16	農学部	バイオマス植物による津波に伴う塩害土壌汚染除去技術の開発	平成23年6月 ～ 平成28年3月 （4年10ヶ月）	陸前高田市	松嶋卯月	広田純一（地域連携）岡田益己（環境計測・官学連携）武藤純一（農作業システム学） 下野裕之（作物学）武藤由子（土壌物理）加藤 幾（園芸栽培学） 築城幹典（環境負荷計算）
17	農学部	木材関連産業の復興と一体化する地域森林整備（林業事業体）の維持・発展に関する調査と具体的事業の	平成23年7月 ～ 平成26年6月 （3年）	沿岸地域の木材関連と一体化に木材を供給してきた森林地域とそれを取りまく沿岸地域を中心に	岡田秀二	関野 登（林産）國崎貴嗣（森林計画）小藤田久義（林産）伊藤幸男（経営体・事業体）立川史郎（生産システム）澤口勇雄（生産システム）
18	農学部	震災廃木材再資源化した「復興ボード」の生産・活用支援プロジェクト―岩手沿岸地域の木材関連産業の復興と雇用創出を目指して―	平成23年4月 ～ 平成26年3月 （3年）	岩手県立大学、宮古ボード工業株式会社、株式会社ヤマウチ、岩手県内の沿岸各市町村の仮設住宅予定地	関野 登	堀江尚哉（廃木材の分別）内田信平（岩手県立大学盛岡短期大学部）小藤田久義（林産）伊藤幸男（廃棄物燃料利用）
19	農学部	津波被災地に残留する微量生育阻害物質の生物検定技術開発（Phytoassay）の開発	平成23年7月 ～ 平成24年3月 （1年）	農学部内の圃場・施設、沿岸各地の津波被災農地など	庄野浩資	
20	農学部	岩手県における放射線量分布の実態解明	平成23年7月 ～ 平成24年3月 （1年）	県内牧草地	築城幹典	
21	教育学部 工学部	津波の防災計画を踏まえた観光客誘致のための新三陸地域のデザインの提案	平成23年5月 ～ 平成28年3月 （4年10月）	岩手大学内、岩手県、未来づくり機構、被災地各地	田中隆充	堺 茂樹（海岸工学）齋藤 貢（景観デザイン評価）齋徳美（防災計画）南 正昭（都市計画）今野晃市（地形シミュレーション）
22	教育学部 工学部 技術部	「岩手三陸沿岸津波浸水域マップ」の作成	平成23年4月 ～ 平成25年3月 （2年）	研究室及び現地調査	土井宣夫	土合信高 越谷 信 佐野 剛
23	工学部（社会環境工学科）都市計画学研究室	三陸沿岸の防災まちづくりへの継続的支援	平成23年4月 ～ 平成24年3月 （1年）※継続有	岩手大学、岩手県、三陸沿岸市町村、その他	南 正昭	平井 寛

53

	部局名	事業名	事業期間	実施場所	代表者	担当者（外部所属）（分担）			
24	農学部	河川を遡上する津波の被害実態調査に基づく政策提言	平成23年5月～平成24年3月（10ヶ月）	沿岸12市町村	広田純一	三宅諭（北部）	原科幸爾（南部）	山本清龍（南部）	伊藤幸男（北部）
25	人文社会科学部	河川を遡上する津波被害の実態調査に基づく政策提言	平成23年7月～平成24年3月	大船渡市、陸前高田市等の各河川の河口付近から上流地域	松岡勝実				
26	農学部	土砂災害の発生原因と二次災害危険度評価及び防潮林の効果把握	平成23年7月～平成24年3月	岩手県沿岸市町村	井良沢道也	大河原正文			
27	農学部	復興期間中の地域コミュニティの維持支援	平成23年4月～平成24年3月（10ヶ月）	被災者を受け入れている内陸市町村	広田純一	三宅諭（盛岡）	原科幸爾（県北）	山本清龍（県北）	松木佐和子（女性）
28	教育学部	「岩手・クラスノヤルスク ひとつの世界ひとつの家族」事業の家族の学習会開催および参加	平成23年7月～平成23年8月（2ヶ月）	岩手大学、釜石中学校、モスクワ、クラスノヤルスク（シベリア連邦大学）	浅見 裕（団長）	國學院大学教授 植原吉朗（副団長） ロシア剣道連盟顧問 岡田邦生（マネジメント）			

●地域課題研究支援事業（1件）

	学系名	事業名	事業期間	実施場所	代表者	担当者（外部所属）（分担）		
1	環境科学系	東日本大震災における地震・津波による岩手県の被害の全容解明に関する調査	平成23年5月～平成24年3月	岩手県内	越谷 信			

●学系プロジェクト経費事業（2件）

	学系名	事業名	事業期間	実施場所	代表者	担当者（外部所属）（分担）		
1	芸術・スポーツ学系	新たな地域アイデンティティと活力創出に向けて－被災地の芸術文化及びスポーツ活動の再起動に関わる調査・活動支援－	平成23年7月～平成24年3月	岩手県内	薫谷 収			
2	社会科学系	住民・地方自治体の意見を反映した地域復興計画づくりの支援	平成23年7月～平成24年3月	岩手県内	井上博夫			

第 2 章　新年度（2011.4.1）から新年度前期終了（2011.9.30）まで

　教員から提案された 49 件のテーマは、地震・津波による河川、湾、農地等の環境調査と復旧支援、農漁村のコミュニティ再生、被災者の心のケア、防災まちづくり等に分類できる。しかし水産業に関係する提案は 2 件であった。

　前述のように、沿岸地域においては、主産業である水産業の復興なしに地域の復興は難しいという認識のもと、水産業の復興を本学の産業支援の最重点課題の一つとして取り組むこととした。大船渡市に拠点を置いていた北里大学海洋生命科学部が神奈川県相模原市へ避難したことや、釜石市平田地区の北里大学海洋バイオテクノロジー釜石研究所や、大槌町の東京大学大気海洋研究所の被害が壊滅的であったこともあり、水産業支援はまさに地域に根差す国立大学が地域貢献として行うべき責務と言える。
　5 月 9 日に北里大学海洋生命科学部（大船渡市）や北里大学海洋バイオテクノロジー釜石研究所や岩手県水産技術センター、（公財）釜石・大槌産業育成センター（釜石市）、東京大学大気海洋研究所（大槌町）を改めて訪問した。特に北里大学は津波により損壊した釜石研究所の再建を見送るということから、馬場剛事務局長が中心となり、その後、岩手大学がそこを水産業復興の拠点にできないか検討を始めた。また、水産業に関わる研究実施計画は、従来の水産業を見直し、今後の水産業の 6 次産業化を狙った支援を行うこととし、水圏環境、漁業・養殖、水産加工や新商品開発、マーケティングと、水産業の流れに関わる学内の教員の組織化を行うとともに、教育面では 6 次産業化を担う人材育成が必要とのことから、大学院の設置を計画した。計画の概要は地域連携推進センター小野寺純治教授が中心となって作成し、文部科学省に説明した。図 2-1-2 は水産業振興を目指した

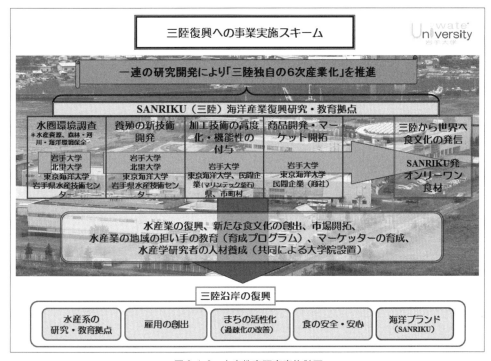

図 2-1-2　水産教育研究実施計画

概略図である。

　本学は岩手県内の水産業界における新参者故に、東京海洋大学など他大学や岩手県、各市町村、水産技術研究センター等との連携や拠点形成について検討し、また「いわて海洋研究コンソーシアム」（東京大学、北里大学（海洋生命科学部及び海洋バイオテクノロジー釜石研究所）、（独）水産総合研究センター宮古栽培漁業センター、岩手県水産技術センター、岩手県）に新規加入した。

　また5月9日の視察で、釜石市平田地区にある（公財）釜石・大槌産業育成センターも大破し、手付かずの状態にあることを確認した。釜石市は、被災者の生活支援を優先し、研究開発施設の再建は後回しということで、本センターの再建は岩手大学が全面的に支援することとし、地域連携推進センター小野寺純治教授が中心となり、岩手大学の復興支援計画の中に、本センターの再建計画をまとめた。

　また、地域での復興支援活動を行う場合、特に岩手県との連絡調整が重要である。そこで県庁に強いネットワークを持つ小野寺純治教授を岩手県との「橋渡し役」として任命した。岩手県から受けた最初の依頼は、各自治体が復興計画を作成する際に助言を行う専門家の推薦であり、30名ほどの教員をリストアップして県庁復興対策本部に届けた。

3　地域復興支援部門の概要

　各班等の活動の詳細は後述の本章各節で述べるので、ここでは概要を述べる。

①物資支援班（第8節、第9節参照）

　岩手県内の津波被災地では、首長や職員が犠牲になった自治体や、庁舎が壊滅的な被害を受けて仮庁舎で業務を行っている自治体があり、自治体職員のマンパワー不足の問題の他に、パソコン等のICT環境の復旧も早急に解決すべき問題の1つとなっていた。そこで本学工学部では、学内はじめ学外の教育機関に対してICT機器の無償提供を呼びかけた。提供されたパソコンは、本学工学系技術職員や学生ボランティアの手で、1台ずつ、OS・ソフトウェアの再インストール、動作確認、ウイルスチェック等を行った上で、約600台のパソコンと90台のプリンターを各自治体、学校等に提供した。

　また、卒業した学生から不要になったと提供された自転車21台を修理、整備し、リサイクル自転車として盛岡市へ提供した。これらの自転車は、沿岸被災地から盛岡市へ避難移住した方に贈られた。なお、構内の放置自転車は毎年100台を超えるが、沿岸被災地に提供するためには、所有者の同意に基づく防犯登録の解除が必要であり、所有者の多くがすでに卒業していたため、同意書の回収ができなかったことから、提供台数は限定された。

　さらに、夏を迎えるにあたって、健康管理部門の指導で「震災復興うちわ」（写真2-1-2）を作成し、宮古市、大槌町、釜石市、大船渡市、山田町の避難所に計2,500本を届けた。うちわには、被災者が夏の健康トラブルから身を守り、猛暑を乗り切ることができるよう、粉じん、伝染病、熱中症の予防法について、健康コラムを掲載した。

　そのほか、教員が中心となって辞書、参考書の提供の呼びかけを行い、集まった学用品を仕分け

第 2 章　新年度（2011.4.1）から新年度前期終了（2011.9.30）まで

写真 2-1-2　震災復興うちわ

た上で、大槌町、陸前高田市の学校等へ届けた。また、教育学部附属幼稚園でも絵本や遊具等の支援を行った。

②災害調査・分析班（第 7 節参照）

　釜石市内では 2 つの避難所が異なった状況であったことを述べたが、大槌町や山田町を中心に、被災調査と地域コミュニティの実態調査を行った。調査結果では、新たな環境下でのコミュニティ形成の難しさを指摘している。同じ町内の被災者から成る避難所や仮設住宅は、お互い顔見知りのため良好な秩序が保たれるが、異なった町内の出身者から成る避難所等では、リーダー不在で無関心者が多いこと、また同じ町内出身者同士でも、被災者と非被災者間のコミュニケーションの継続・維持は難しいことを指摘している。公平性を保つために、仮設住宅の入居者はくじで選考しているが、コミュニティの崩壊と再生は被災者にとって大きなストレスとなる。

　また、農学部教員を中心に、塩害を受けた圃場の土壌サンプリング採取と分析、発芽・生育の作物適応性試験、福島県での緊急スクリーニング調査や県内の牧草のセシウム検査等の放射線に関する調査、三陸沿岸の湾ごとの津波浸水域マップの作成、廃木材の塩分調査、コミュニティの現状調査などを行った。

　4 月 1 日には農学部獣医学課程や農学部附属動物病院の教職員が、診療車にて被災動物のケアに出向いた。

③ボランティア班（第 5 節参照）

　4 月 6 日、7 日、第 1 回ボランティア派遣として、運動部の学生を中心とした学生ボランティア約 100 名を被災地である大船渡市へ派遣した（写真 2-1-3）。大船渡市災害ボランティアセンター、大船渡小学校、大船渡中学校の 3 か所に分かれてそれぞれのニーズに合わせた活動を行った。この後もボランティア活動は継続的に行われ、陸前高田市、大船渡市、釜石市、大槌町、山田町、宮古市などに、2011 年 12 月までに延べ 1,081 名の学生ボランティアが、家屋・学校の清掃や避難所の運営、市街地の泥上げ作業などに従事した。

　また、2 つの震災学生ボランティア団体「天気輪の柱」、「もりもり☆岩手」が公認団体として意

写真 2-1-3　ボランティア活動

欲的に活動したほか、他大学と連携してボランティア活動を行った。後述する「いわて高等教育コンソーシアム」では、国立大学協会「震災復興・日本再生支援事業」による支援を受けて、学生の地域参加型プロジェクト「きずなプロジェクト」を立ち上げ、釜石市、宮古市へボランティアを派遣した。現地では他大学の学生と協力しながら、物資整理のほか、クリスマス会や、支援物資を支給する青空市の運営補助活動を行った。

夏季を中心に教職員によるボランティア活動も行われ、延べ385名の教職員が、職務出張とした上で、宮古市でガレキ撤去や市街地の泥上げ作業、避難所の運営補助などのボランティア活動に従事した。男女共同参画推進室では、避難した妊婦を対象とした専門スタッフによる相談会を八幡平市で実施した。

加えて、本学以外の団体等が被災地でボランティア活動を行うにあたり、要望に応じてコーディネート活動も行った。岩手大学スポーツユニオンは、テニスプレーヤーの錦織圭選手と松岡修造氏の希望を受け、陸前高田市と大船渡市でのテニス交流をコーディネートし、約700人の小中学生や高校生が参加し指導を受けた。また、(財)日本アスリート会議の大運動会の開催に本学の運動部員も協力し、グラウンド等が使えない被災地の中学生を本学に招き、バレーボール、剣道、ソフトテニス、バスケットボールの講習会を実施した。8月にはロシア剣道協会の招待により、釜石中学校の剣道部員が本学の剣道部員と共にモスクワ、クラスノヤルスクを訪問し、交流を深めた。さらには宇宙航空研究開発機構（JAXA）が「宇宙子どもワークショップキャラバン in 盛岡」を主催し、宇宙飛行士・星出彰彦氏の講演や模擬ロケットの打ち上げ実験を行う際、本学学生が協力し、被災地の子どもたちを招待して行われた。

④**地域復興支援班**（第6節参照）

自治体への支援として、本学の多くの教員は国、岩手県、野田村、田野畑村、山田町などの復興計画の作成にも携わってきた。藤井克己学長は、「岩手県東日本大震災津波復興委員会」の委員長を務め、県の復興計画の策定に取り組み、堺茂樹工学部長は岩手県東日本大震災津波復興委員会の

第 2 章　新年度（2011.4.1）から新年度前期終了（2011.9.30）まで

下部組織である「津波防災技術専門委員会」の委員長として、復興に向けたまちづくりのグランド
デザインを取りまとめた。

⑤いわて高等教育コンソーシアムでの連携

　岩手県内 5 大学（岩手大学、岩手県立大学、盛岡大学、岩手医科大学、富士大学）で構成される「い
わて高等教育コンソーシアム（iHEC）」は、6 月 15 日、5 大学の学長による「学長宣言」を発表した。
その中で、震災からの復興という課題に対し、大学進学を断念する高校生が出ないこと、学生ボラ
ンティアの派遣や専門家による調査研究や提言、さらには長期的な復興を担う人材育成を分野の異
なる学部を持つ 5 大学の連携の力で進めていくことが謳われた。

4　学生支援の概要（第 4 節、第 13 節参照）

　学生支援部門（学務部）では、学生の安否確認に加えて被災状況調査を継続的に行った。学生 1
名が犠牲になったが、負傷者はなかった。実家が全半壊又は浸水の被害を受けたり、家計を支えて
いた保護者を亡くしたり、福島原子力発電所事故の影響で実家が警戒区域内等に指定されたことな
どの事由に該当する者を被災学生とし、2012 年 3 月時点で 377 人の学生が該当した。

　本学では、これらの被災学生の入学料、授業料の免除等様々な修学支援の措置を講じた。そのほか、
被災学生への入学試験の検定料の免除措置も行っている。

　そのほか、2012 年度推薦入試において、東日本大震災による被害を受け、将来、被災地域の復興
に熱意を有する高校生を対象とした被災者特別選抜を実施した。

　また、震災直後の 3 月 24 日「岩手大学被災学生募金」を設けたところ、学生に直接届く支援と
いうことで、学内・学外を問わず、多くの支援が集まった。募金額は 2012 年 4 月時点で約 3,000 万
円となり、申請のあった被災学生 290 名に対し、一律 10 万円の修学支援金を渡すことができた。

　さらに、民間奨学団体等から返済義務のない奨学金の申し出が 10 件近く寄せられ、104 名の学生
が単年度あるいは在学期間の奨学給付生となっている。

5　広報活動
①岩手大学創立記念講演会

　6 月 4 日、岩手大学創立記念行事として、震災復興をテーマに講演会「がんばろう岩手」を開催
した。劇作家の平田オリザ氏が、震災等により、突如地縁・血縁でつながるコミュニティ機能が壊
れても、別のコミュニティでつながることができるよう、重層性のある社会の必要性について語る
とともに、文化によって都市を再興するには、自分たちの地域の強みを知り、さらに何を付加すれ
ば人が集まるのか自分たちで決定する「文化の自己決定能力」が重要であると講演した。また、「天
気輪の柱」代表の萩原亜弥香さん（当時工学研究科 1 年）が、「現代社会が学生に求める責務と奉仕」
と題して震災直後からの活動報告を行い、続いて、人文社会科学部の山口浩教授が「災害被災者の
心のケア」と題して被災地でのカウンセリングの事例を紹介するとともに、被災者とコミュニティ
の回復プロセスについてアドバイスを行った。

②岩手大学工学部防災フォーラム

　7月2日、工学部が防災フォーラム「東日本大震災について考える」を開催した。今回の震災の特徴について海野徳仁東北大学大学院教授、津波について元岩手県立大学教授の首藤伸夫東北大学名誉教授が講演した。自治体、防災機関関係者のほか学生や一般の約450名が参加し、防災に関する高い関心が窺えた。

③岩手大学フェア

　7月6日〜10日、東京・銀座にある岩手県のアンテナショップ「いわて銀河プラザ」において、「がんばろう岩手！岩手大学フェア2011」を開催した。このフェアは、岩手大学の研究成果をもとに開発した商品の展示・販売会であり、2009年度から実施しているが、2011年は従来の大学関連商品に加え、東日本大震災により被害を受けた地域の復旧・復興への支援となるよう沿岸企業の商品も一堂に展示した。売り上げの一部は岩手県（岩手県災害義援金募集委員会）に義援金として寄附した。

④広報誌等

　本学の復興活動は学内・学外の人に広く理解されているとはいえない状況だった。そこで、本学総務広報課では、学内広報誌「岩手大学通報」、「Hi！こちら岩手大学」等を通し、活動の広報活動を行ってきた。

　またJST震災復興シンポジウム（6月29日）、文部科学省中央教育審議会におけるヒアリング（7月4日）、国大協サービスのリスクマネジメントに関するシンポジウム（8月1日）、などで担当者が講演等を行い、岩手大学の活動を紹介した。

　これまで述べてきた復興支援活動をマップとして図2-1-3に示す。

6　復興活動経費の確保（第12節参照）

　復興活動を遂行するために、2011年度第3次補正予算により文部科学省が実施した大学改革推進等補助金（大学等における地域復興のためのセンター的機能整備事業）について、「いわての教育及びコミュニケーション形成復興支援事業（代表機関：岩手県立大学）」、「三陸沿岸地域の『なりわい』の再生・復興の推進事業」を申請し、また2012年度運営費交付金の特別経費（地域貢献機能の充実）について「SANRIKU（三陸）海洋産業復興教育研究拠点形成事業」、として文部科学省に対し概算要求として7月6日に提出した。

　また復興に関係する政府及び民間等の公募型研究支援に学内の研究シーズの調整を行い申請し、科学技術振興機構（JST）、三井物産、東北活性化研究センター、国立大学協会等から助成を受けた。

第2章 新年度（2011.4.1）から新年度前期終了（2011.9.30）まで

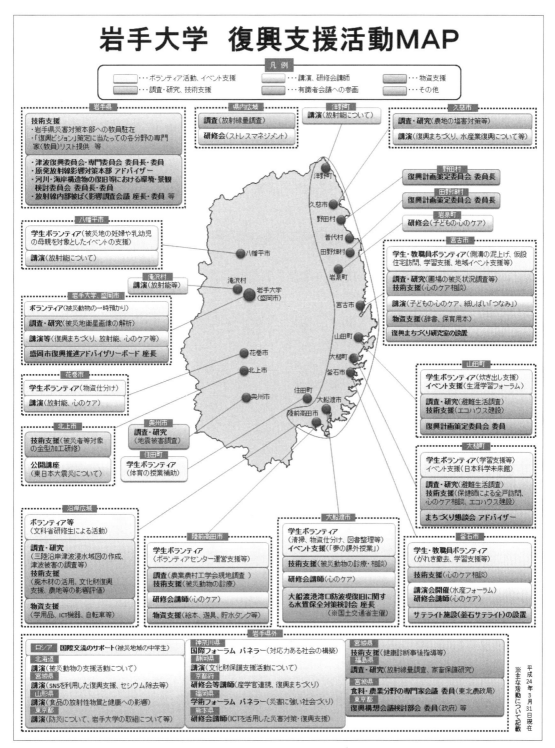

図 2-1-3 復興支援活動マップ

第2節　情報・連絡調整

副学長（評価・情報統括管理担当）　西崎　滋

総務企画部総務広報課広報・文書グループ　濵田　秀樹

1　ICT 関連の被害と復旧状況

　ICT 関連の震災に伴う被害状況については、停電により情報処理システム及びキャンパスネットワークが停止したが、設備が設置されている建物が壊れるなどの被害はなかった。一方で、モニタが落下し、ファイルサーバのハードディスクが破損するなどの一部の物的被害があった。

　また、復旧情報については、3 月 12 日に東北電力からの電力供給が可能となり、3 月 13 日から復旧作業を開始した。ネットワーク機器、メール、グループウェアなどの業務上必要な最低限のシステムを稼働させた。3 月 16 日には、携帯電話対応の Web ページを立ち上げるなどの情報発信のためのシステム復旧に努めた。

　なお、被害及び復旧状況の詳細は以下のとおりである（ICT 関連設備設置場所等：情報メディアセンター情報処理部門、図書館電子計算機室、キャンパスネットワーク）。

【被害関係】

ー地震発生時に起きた停電により、情報処理システム及びキャンパスネットワークが全停止。

ー情報処理システムを収容した建物が大きく壊れるような被害はなかった。

ー情報処理センター端末室で、モニタが机上から落下。宙吊り（盗難防止ワイヤで）。

ー情報処理センターのファイルサーバのハードディスクが破損。

ー図書館電子計算機室、固定していなかったサーバラックが定位置よりずれた。

3 月 11 日（金）

ー危機対策本部設置（本部長：藤井学長）。

ー地震直後の停電で業務系システム及び情報処理センターのシステム及びキャンパスネットワークが停止。

ー図書館電子計算機室（業務系システムの設置場所）入室禁止措置。

ー情報処理センター電子計算機室は被害軽微。

3 月 12 日（土）

ー図書館電子計算機室の状況確認。

　・サーバラックの定位置からの移動、机上の機器、マニュアル等の落下が確認された。

【復旧関係】

3 月 13 日（日）

ー情報システムの復旧作業を開始（8:00 ～ 21:00）。

ー図書館、情報処理センター棟、通電。

ーネットワーク機器と Web,Mail,DNS サーバ、グループウェアなどを稼働。

　・余震による停電を考慮し、情報発信とメールの受信など、業務上必要な最低限のシステムだけ

稼働させた。
- 大学のトップページの Web サーバは、電源が壊れたため、予備機と交換し稼働させた。
- 工学部は、漏水が発生したため、通電が 14 日（月）になる。キャンパスネットワークの復旧も 14 日にずれ込んだ。

3 月 14 日（月）
- Web サーバ復旧、学長メッセージを掲載。
- 工学部の学生委員から携帯電話で閲覧可能な緊急用 Web ページの作成依頼が総務広報課へ入る。
- 広報委員長が、緊急用 Web ページの作成を決定。
- 業務系システムを全面稼働。

3 月 16 日（水）
- 携帯電話対応の Web ページに差し替え。
- 総務広報課の意見を聞きながら修正。

3 月 23 日（水）
- 節電のため稼働を見合わせていたサービスの起動作業（情報処理センター）。
- 東北電力の計画停電が 3 月 16 日〜 18 日の予定だったため。

3 月 24 日（木）
- 情報処理センターのサービス全面再開。

4 月 7 日（木）
- 23 時 32 分頃最大余震発生、盛岡市は震度 5 弱、停電発生。

4 月 8 日（金）
- 15 時頃停電復旧
- 16 時からネットワークの復旧作業。
- 事務用ネットワークの F/W 故障。9 日（土）丸一日を復旧に費やした。
- Web、Mail、DNS サーバ等のサービスを再開。

4 月 11 日（月）
- 情報処理センター及び業務系システムのサービスを再開。

5 月 23 日（月）
- 通常版の Web ページに戻す。
- 新学期を迎え学生が大学発の情報を携帯電話以外の方法で確認できるようになった。
- 学生支援募金のお願いや震災復興活動を周知。

2 ICT による情報収集支援

　開発支援として岩手大学復興対策本部の依頼により、復興支援記録システムを構築し、4 月 28 日より運用を開始した。なお、復興支援記録システム利用の案内とシステムの概要については、資料 2-2-1 および資料 2-2-2 のとおり全職員に通知した。

　また、学生支援課の依頼により学生被災状況確認システムを構築し、4 月 4 日より運用を開始した。このシステムは被災学生の被害状況を確認するためのものであり、迅速かつ正確な情報を集約する

平成23年4月25日

各　位

復興支援記録システムの概要について

1. はじめに

　　本システムは東日本大震災に係る提供可能な復興支援（シーズ）および各団体からの復興支援要請（ニーズ）の情報を取りまとめ、情報共有をはかることを目的としています。提供可能な復興支援一覧または依頼内容の一覧を表示する機能と、依頼に対して責任者を割当てる機能と、割当てられた責任者が業務遂行後に行動記録の報告書を提出する機能があります。加えて自発的に支援を行った行動記録の報告書も提出することができます。

　　情報の入力および一覧は、Webアクセスをベースとしており、ガルーンから行うことができます。

2. 本システムでの作業の流れ

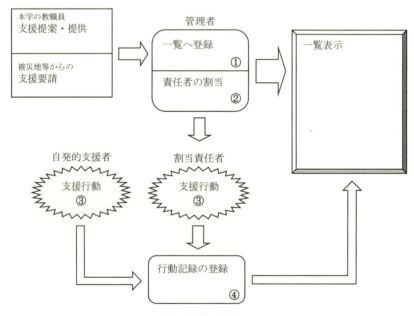

図1　作業の流れ

① 本学の教職員からの「支援提案・提供」情報と、被災地等からの「支援要請」情報を管理者が登録します。その内容は一覧表示されます。
② 「支援要請」に対して、管理者は派遣する責任者を割当てます。割当て状況も一覧表示されます。
③ 上記②で割当てられた責任者は、支援行動終了後に行動記録を登録します。また、上記②以外で、自発的に支援を行った教職員についても支援行動終了後に行動記録を登録します。
④ 行動記録を登録すると一覧に表示されます。

資料2-2-1　復興支援記録システムの概要についての通知

第2章　新年度（2011.4.1）から新年度前期終了（2011.9.30）まで

平成23年4月28日

各　　位

岩大復興対策本部
情報・連絡調整部門総括責任者
副学長（評価・情報統括管理担当）
西　崎　　滋

復興支援記録システムの利用について（お願い）

　この度、被災地域からの支援要請等を一元的に集約するために、『復興支援記録システム』を開設いたしました。このシステムは、"震災に係る提供可能な復興支援"、及び"各団体からの復興支援要請の情報"等を取り纏め、構成員間で情報共有をはかることを目的としています。今後は本システムをご活用のうえ、復興支援活動に御協力ください。

　また、既に4月12日付けで行動記録提出のお願いをしているところですが、今後はシステムへの登録によりお願いいたします。（但し、4月28日以前の活動の行動記録についてはメールでの提出でも結構です。）

　なお、支援要請情報につきましては、引き続き　sienjoho@iwate-u.ac.jp　宛に情報提供をお願いします。ご協力よろしくお願いいたします。

【システム内容】
1.現在大学にきている"支援要請の一覧"、及び大学側からの"支援提案・提供の一覧"の表示
2.行動記録の登録、閲覧（途中経過も登録できます）
3.支援提案・提供の登録　（※管理者のみ登録可能）
4.支援要請登録　（※管理者のみ登録可能）
　　（※支援提案及び、支援要請登録は管理者で行います。）

【アクセス方法】
　ガルーンにログインし、トップページ（「ポータル」画面で）「災害復興支援」タブをクリックする。
　（ガルーン URL:http://iwjmcg.adm.iwate-u.ac.jp/）

※利用方法については、ガルーンにログインし、「災害復興支援」→「使用マニュアル」をご覧下さい。

資料 2-2-2　復興支援記録システムの利用についての通知

ことができるようになった。集約した被害状況のデータは被災学生の支援ニーズに応えていくうえで大きな役割を果たした。

　さらに、学生向け災害ボランティア情報のシステムを構築し、5月23日から運用を開始した。岩手大学公認の学生団体「天気輪の柱」がデータ更新等の運営を行い、学生が被災地でどのようなボランティア活動を行っているかの「見える化」がなされた。

65

第3節 新年度学事関係

理事（総務・教育・学生担当）・副学長　　玉　真之介

　通常であれば新年度となる4月だが、大震災を受けて新学期開始を連休明けとしたことにより、教育・学生担当理事として4月を通して取り組んだのは、学生ボランティアの活動支援とその単位認定の仕組み作りであった。学生ボランティアについては後の章でも詳しく扱われるので、この章では初期の対応と単位認定制度を中心にまとめることとする。5月の連休明けからは、大学教育はほぼ平常に戻り、震災の影響も徐々に薄れていった。そうした中でも、沿岸部被災地の復興支援ボランティア活動は、継続されていった。

1　ボランティア活動支援

(1) 被災地のボランティア受入状況

　岩手県内の沿岸部は、津波により深刻な被害を受けていた。亡くなった方も、住宅を失い避難所や後には仮設住宅での生活を余儀なくされる方も多数いた。そうした被災地への支援活動として最初に取り組んだことは、支援物資を集めることであった。特に、小中学生向けの文房具などを集め、被災地へ届ける活動がまず始まった。

　当然、学生ボランティアの派遣が次の課題となったが、ボランティアの受入れについて岩手県は当初、きわめて慎重で、本格的な受入れは4月以降という方針であった。そうした中で、3月30日に私と学生支援課長の佐藤祐一さん、そして学生2名（1名は後に「天気輪の柱」のリーダーとなる萩原さん）とで、被災地における学生ボランティアの受入可能性について情報を収集するために、私の車で宮古市のYMCAボランティアセンターに出かけた。まだガソリンが不足している時期であったが、幸い私は震災の直前に満タンとしていたため、私の車で出かけることとなった。

　宮古市に入ってしばらくは普通の光景であったが、突然、風景が変わり津波の爪痕が残されていた。どこまで津波が来たかは一目瞭然だった。市内に入ると道路の真ん中で漁船が道を塞いでいるなど、想像を絶する光景が広がっていた。YMCAボランティアセンターは、宮古市で最も早く立ち上がったボランティアセンターで、阪神淡路大震災や新潟中部地震でも多数のボランティアをコーディネートした経験を持つ方が対応してくださり、様々な話をして下さった。

　話を聞いた私たちの誰もが災害ボランティアに取り組んだ経験はなく、基本的な姿勢から始まって注意すべきこと、学生ボランティアの役割など、長い時間お話を聞くことができた。印象に強く残っていることを記すと、ボランティア活動は"助けてあげる"といった上から目線であってはかえって被災者を傷つけること、被災者に"寄り添う"という姿勢が重要であること、そのためにも事前学習が重要であること、また、被災地の復興は短期間では不可能で、一時的な支援ではなく長期にわたる継続的な支援が必要であり、そうした覚悟をもって取り組む必要があることなどである。

　また、被災者の中には他人であるボランティアを受け入れることに抵抗を感じている人もおり、その点で岩手大学生は岩手県内では信頼があるので受け入れられやすいという話もあった。こうし

第2章　新年度（2011.4.1）から新年度前期終了（2011.9.30）まで

た情報を得て盛岡に帰り、学生ボランティア派遣の準備を進める中で、岩手県立大学の山本克彦准教授がすでに陸前高田市に学生とともに入り、ボランティア活動を開始していることも知った。山本先生には、2010 年 6 月 30 日に岩手大学 ESD 銀河セミナーで「ボランティアと地域と学びをいかに結びつけるか」という講演をお願いした経緯もあり（『学生ボランティアと大学教育』岩手大学大学教育総合センター参照）、山本先生と連携することが近道であると判断した。

(2) 学生ボランティアの派遣とボランティアの単位認定

　山本先生を介して、大船渡市災害ボランティアセンターから届いたボランティア要請の情報に基づいて、岩手大学震災復興対策本部として最初に学生ボランティアを募集したのが、資料 2-3-1 のとおり 2011 年 4 月 4 日である。

災害地支援緊急ボランティア募集（暫定）

2011. 4. 4

　大船渡市災害ボランティアセンターからからボランティア要請が来ています。学生諸君の積極的な参画を期待します。サークルを母体としたチームでの参加を歓迎します。引率する教職員の参加も要請します。

岩手大学震災復興対策本部

〇支援先：大船渡災害ボランティアセンター

〇活動内容：

　（1）被災された住宅のうち、被災後も修理して住み続けたいという方々の住宅内の片付け作業

　（2）避難所の子どもたちの遊び相手

〇活動日時：

　4 月 6 日（水）～8 日（金）、1 日だけの参加でも構いません。日帰りです。

〇必要人員：

　3 日間それぞれ 10 人から 20 人

〇移動：

　大学からチャーターバスが毎朝 7 時に出ますので、それに乗ってください。帰りも同じバスで午後 7 時頃に大学へ戻ります。

〇作業時間：

　10 時～15 時。一軒あたり、3 時間～4 時間の作業時間を見込んでいます。

　3～5 人のチームで作業します。

〇食事：

　昼食を準備します。

〇申し込み：

　ボランティア団体協議会（中央食堂 2 階）に、3～5 人のチームで申し込んでください。

〇現地の連絡先：大船渡市災害ボランティアセンター

　伊藤様（伊藤様携帯：090－7320－6504）

　大船渡市社会福祉協議会職員

資料 2-3-1　ボランティア募集の通知

平成23年4月6日

岩手大学教員　各位

大学教育総合センター長　　　玉　真之介

学生ボランティア活動への修学上の配慮について（依頼）

　このたびの東日本大震災に伴う被災学生等への修学上の配慮から、今年度の授業開始を5月9日（月）に変更するなど、例年とは異なる対応をお願いしています。未曾有の災害であることを踏まえ、なにとぞご理解とご協力をお願いいたします。

　さて、東日本大震災への対策が救援から復興に重点が移ることに伴い、被災地等からのボランティア支援の要請が増えると共に、それに応えボランティア活動へ参加を希望する学生も増加してくることが見込まれます。

　本学は、被災地等への復興支援に全力で取り組むという観点から、4月1日付文部科学省通知（別紙）も踏まえ、学生がボランティア活動に参加しやすい環境作りはもちろん、組織的なボランティア活動を支援する取組についても進めて行きたいと考えています。

　ついては、学生が安心してボランティア活動に参加できるように、下記の諸点についての修学上のご配慮を何とぞよろしくお願い申し上げます。

記

１．ボランティア活動参加による授業の欠席について

　授業出席は科目履修における大原則ですが、被災地支援の緊急性やボランティア活動の意義についてご考慮いただいて、事前に申し出た者に対しては、レポートや補講、追試等を活用した学修評価により、欠席に代替するご配慮をお願いいたします。

２．授業へのボランティア活動の組み入れについて

　授業の目的がボランティア活動と密接に関わる科目については、ボランティア活動への参加を実習・演習等の授業の一環に組み入れた学修評価や単位認定を行うことができますので、担当教員の判断で適時進めてください。

3．ボランティア活動の単位認定について

　今回の災害ボランティア活動そのものの単位認定については、これまでボランティア活動を「コミュニティーサポート実習」として単位認定してきた実績を踏まえ、それに組み入れることを大学教育総合センターで検討します。

以上

資料 2-3-2　修学上の配慮についての通知

　この募集には、早速、ラクビー部やサッカー部、バスケット部などの運動部の学生が応募してくれて、4月6日より大型バス1台で大船渡市への学生ボランティア派遣が始まった。運動部の学生は体力もあり、瓦礫片付けや泥さらいなどの重労働も苦にせずに取り組んで、大変に感謝された。また、学生だからこそ、被災地の子供たちにとってのお兄さん、お姉さんとして、楽しく遊んであげることができた。ちなみに、まだ十分な体制がとれず、準備された昼食は、大きめのおにぎり2個だけだった。しばらくして少しでも現地にお金が落ちるように、現地調達に換わった。

　こうした学生ボランティアに対して、政府の災害ボランティア担当内閣総理大臣補佐官の辻元清美名で、学生のボランティアへ単位認定をはじめ修学上の配慮を行うことについての通達が届いた（末尾に掲げた文部科学省ウェブサイト参照）。

第 2 章　新年度（2011.4.1）から新年度前期終了（2011.9.30）まで

東日本大震災に伴う学生のボランティア活動について

2011.4.14　復興対策本部

　東日本大震災への対策が救援から復興に重点が移ることに伴い、被災地等からのボランティア支援の要請が増えると共に、それに応えボランティア活動へ参加を希望する学生も増加してくることが見込まれます。

　本学は、被災地等への復興支援に全力で取り組むという観点から、4月1日付文部科学省通知（別紙）も踏まえ、学生がボランティア活動に参加しやすい環境作りはもちろん、組織的なボランティア活動を支援する取組についても、下記の点に留意しつつ進めます。

　1．ボランティア登録・保険加入の義務づけ

　　　被災地という特殊な環境での活動であることを踏まえ、ボランティア活動に参加する学生に対し、事前に岩手大学が定める様式に沿ってボランティア登録と保険加入を義務づける。その業務は、学生支援課と連携して学生の自主組織である岩手大学学生ボランティア団体「天気輪の柱」が窓口となって進める。

　2．心構えや装備、緊急連絡方法等に関する事前指導の徹底

　　　学生の心身の安全を確保する観点から、わかりやすい資料を用いた研修会等を通して、ボランティアに臨む心構えや装備、緊急連絡方法等に関する事前指導を徹底する。

　3．適切な情報提供と意思確認

　　　被災地等からのボランティア要請は、大学で一元的にとりまとめた上で、学生に対して適切に情報提供を行うとともに、参加する際のボランティアとしての意思並びに保護者への連絡についても確認する。

　4．大学で支援するボランティア

　　　被災地等からの要請を受けて、大学で交通手段や昼食を支援する組織的なボランティアに学生の参加を呼びかける場合も、ボランティアとして参加する意思並びに保護者への連絡についても確認する。

　5．心のケアへの配慮

　　　ボランティア活動という非日常的な体験により、精神的なストレスを伴う場合も想定して、事前のみならず事後にも心のケアについて十分に配慮する。

　6．修学上の配慮等

　　　文部科学省通知（4月1日付け）を踏まえ、ボランティア活動に参加しやすい環境作りの観点から、代替措置等の修学上の配慮について、副学長より授業担当教員に依頼する。授業の目的がボランティア活動と密接に関わる科目についての取り扱いについてもその中に含める。

　7．ボランティア活動の単位認定について

　　　平成19年度から「コミュニティーサポート実習」として行ってきたボランティア活動の単位認定を、今回の東日本大震災のボランティア活動にも適用できるよう検討する。

以上

資料 2-3-3　ボランティア活動についての通知

　これを受けて、学生ボランティア募集と合わせて、教職員に対して学生ボランティアに対する理解と配慮を求める文書（資料 2-3-2）を4月6日に大学教育総合センター長として出した。そこでは、①学生が被災地のボランティア活動に参加した場合の配慮、②被災地へのボランティア活動を授業内容に取り入れることの検討、③単位認定についても検討の方針、の3点について記している。

また、4月14日に復興対策本部として、資料2-3-3にあるように、学生がボランティア活動をしやすい環境を整えるための基本的な方針を提示した。その中では、登録・保険加入の義務づけや、事前学習の徹底、心のケアへの配慮など7点にわたって基本的な考え方を示している。このような内容をまとめるにあたっては、教育学部の名古屋恒彦教授が力を貸して下さった。この第7点目にも、被災地でのボランティア活動の単位認定について「平成19年度から「コミュニティーサポート実習」として行ってきたボランティア活動の単位認定を、今回の東日本大震災のボランティア活動にも適用できるよう検討する」とした。

その検討の場は、コミュニティーサポート実習の単位認定を担当していた大学教育総合センターの学生支援部門会議である。すでに、4月7日には大学教育総合センター長として、資料2-3-4の原

2011.4.7

復興支援ボランティアの単位認定について（案）

大学教育総合センター長　　玉　　真之介

1. 本学におけるボランティア活動の単位認定

本学は平成19年度より、大学で認めるボランティア活動に対して「コミュニティーサポート実習」という名称で単位認定を行ってきた。大学が認めるボランティアとは、①ピアサポート、②図書館サポーターズ、③ボランティア・チューターの3つである。

また、認定の要件は、①事前研修に参加していること、②活動時間が記録され、一定時間（研修時間も含めて45時間）を超えていること、③活動の振り返りや提言を内容とするレポートが提出されていること、の3点であり、担当する教員が要件を満たしていることを確認して1単位を認定した（2年間継続した場合は、1年ごとに1単位として、2単位まで認める）。

その場合、成績の評価は行わず、「認定」のみで、かつ卒業要件単位には含まれない。

2. 復興支援ボランティアの継続実施

現在、復興支援のためのボランティア要請が増えており、それに応える学生のボランティア活動も始まっている。ただし、復興支援は長期の課題であり、学生によるボランティアも一時的にではなく、継続されていくことが望ましい。

一方、文部科学省は、「将来の社会の担い手となる学生の社会への移行促進の観点から意義がある」として、学生のボランティア活動に対して参加しやすい環境作りや授業に組み込んだ単位認定について配慮を求める通知を出している（別紙）。

このことから、被災地への継続的な支援とその教育的意義の両面から、学生の復興支援ボランティアを単位として認定する道を開くことが求められている。

3. 単位としての認定方法

復興支援ボランティアの単位認定にあたっては、ボランティア活動を単位認定してきた実績に基づいて、「コミュニティーサポート実習」の対象に復興支援ボランティアを含めることがもっとも有効な方法と考えられる。

すなわち、復興支援ボランティアについても、認定の3要件（①事前研修、②活動時間、③レポート）を教員が確認し、「コミュニティーサポート実習」として1単位を認定する。具体的には、別紙の様式に学生が必要事項を記入して、レポートと一緒に学生支援課に提出する。その際、活動時間や活動内容を確認できる資料等があれば、添付する。提出資料に基づいて、学生支援部門会議で3要件を確認し、単位認定を行う。

以上

資料2-3-4　ボランティアの単位認定についての通知（案）

第 2 章　新年度（2011.4.1）から新年度前期終了（2011.9.30）まで

平成 23 年 4 月 28 日

岩手大学生のみなさんへ

副学長　　玉　真之介

復興支援ボランティアを「コミュニティーサポート実習」
として単位認定します。

　岩手大学は、今回の東日本大震災に対して、多くの学生のみなさんが被災地の復興支援のために自発的な活動を
はじめたことを本当に誇りに思っています。

　岩手大学は、みなさんの被災地に対する復興支援に向けた活動を、みなさんが学生時代に行った活動として学籍
簿に記録し、また社会に対しても証明できるように、「コミュニティーサポート実習」として単位認定することと
しました。

　これまで岩手大学は、大学が認定したボランティア活動について、①事前研修、②活動時間の記録と一定の活動
時間（45 時間）、③ふり返りレポート、の 3 要件を確認して「コミュニティーサポート実習」1 単位の認定を行っ
てきました（1 年間に 1 単位、2 年間で 2 単位まで）。

　今回の措置は、この「コミュニティーサポート実習」の対象ボランティア活動に、東日本大震災に対する復興支
援ボランティアを加えるものです。よって、これまでと同様に、3 つの要件を満たすことが求められます。

　みなさんは、ボランティア説明会などへの参加や活動の記録を忘れないように行ってください。また、活動のふ
り返りをメモしておいてください。そして活動時間が 45 時間を越えたら、ふり返りレポートをまとめて、別紙の申
請書に必要事項を記入し、学生センター学生支援課の窓口に提出してください。

　提出された申請書とレポートは、大学教育総合センター学生支援部門で決める担当教員が確認し、「コミュニテ
ィーサポート実習」1 単位として認定します。その他、詳しいことは、学生支援課の窓口で聞いてください。

　復興支援は、これから 1 年、2 年と長期にわたって必要です。ぜひ、さらに多くのみなさんが復興支援の活動に
参加してくれることを期待しています。

（*ボランティア活動による欠席届は学務課でもらえます。）

資料 2-3-5　ボランティアの単位認定についての通知

案を学生支援部門に提示していた。この案では、岩手大学ではボランティア活動を単位認定して来
ていること、復興支援のボランティアは一時的ではなく、今後継続されていくこと、単位認定には
認定の 3 要件（①事前研修、②活動時間、③レポート）を学生支援部門会議で確認すること、の 3
点を示した。

この案に基づいて、学生支援部門会議で直ちに検討に入ったが、実際に方針が定まるのには思いのほか時間がかかった。各学部から選出されている委員が学部へ案を持ち帰り、意見を聴取する過程で様々な意見が出されたからである。基本的な論点は、自主的なものであるボランティア活動が正課としての単位にふさわしいのか、という点である。おそらく、全国の大学で必ず議論となる点である。この論点に対して本学は、すでに2年ほどをかけて、「ESD 学びの銀河プロジェクト」の一環として、サービスラーニングについてのセミナーを連続で開催し、『学生ボランティアと大学教育』というレポートもまとめていた。

　こうした経過もあって、4月28日には、学生に向けて、資料2-3-5にあるようなメッセージを発することができた。ただし、多くの学生が復興支援のボランティアに参加したが、単位認定を申し出る学生は必ずしも多くなかった。学生の中にも単位認定のためにボランティアをしているのではないという意識が多く見られたことが理由の1つであった。そうした日本的な奥ゆかしさは大切にしたいが、大学教育が目指す方向は学生時代の有意義な活動をすべて学籍簿に記録として残し、学生もそれを自らのキャリアとして示し、社会もそれを評価していく方向であると私は考えている。

3　まとめ

　新学期を5月の連休明けと決めた時点から、在学生には4月の春休み期間を被災地の復興支援ボランティアに使ってほしいと考えていた。この私たちの期待に応えて、後の章で紹介される「天気輪の柱」や「もりもり☆岩手」などを中心に、多数の学生がボランティアに参加してくれた。5月から新学期が始まり、ほぼ大学における教育・研究が平常に戻った後も継続して続けられた。職員の人たちも宮古市を中心に計画的にボランティア活動に参加した。私自身も陸前高田市のボランティアセンター（VC）を中心に、学生とともにボランティア活動に繰り返し参加した。

　私のファイルに残っている「ボランティア活動報告」から6月25日（土）の活動を紹介すると、午前5時半、私の車で農学部学生3名（及川さん、田中君、芦川君）と大学出発。陸前高田市 VC に7時45分着。「もりもり☆岩手」のメンバーである及川さんと田中君はセンタースタッフとして活動開始。私と芦川君は、米崎地区で米とソバ作りをする K さんの農作業のお手伝いに行く。K さんは今回の震災で家が全壊。奇跡的に助かったお母さん82歳と避難所暮らし。自然農法にこだわった農業の再開を目指している。時々、流木でたき火をたいて休憩を取りながら午後4時半まで作業。休憩のたびに被災前の自宅の話、震災当日の話、自然農法の話、ソバの話、復興の話などを聞く。VC に戻って、スタッフのまとめミーティングに参加。この日のボランティアは873名で史上最高と報告され歓声が上がる。中には金沢大学（金曜の夕方出て車中泊で土曜日の朝到着、土・日と作業して、日曜の夜から車中泊で金沢へ戻る）や日本体育大学の学生・教職員も参加していた。VC スタッフも、毎日入れ替わりがあり、その都度、陸前高田 VC の3つの約束（走らない、大声をださない、すぐ言わない）が確認されていた。午後7時15分出発、途中で明日も参加する及川さん、田中君を大股宿泊所に降ろして、私と芦川君で午後9時30分大学着。

　こうした学生による岩手県沿岸部の被災地でのボランティア活動は、基本的には学生自身の自発的な活動として取り組まれたものであるが、大型バスの手配や教職員の支援と配慮など岩手大学が大学として積極的に関与・支援したものであることも重要な側面であった。とりわけ、単位認定の

72

第2章　新年度 (2011.4.1) から新年度前期終了 (2011.9.30) まで

取り組みについては、全国の大学の中でも最も早く取り組んだ大学の1つである。それは、岩手大学が2006年から「ESD 学びの銀河プロジェクト」に取り組む中で、ボランティア活動をサービスラーニングとして大学教育に位置づけ、「コミュニティーサポート実習」として単位認定してきた実績があったからである。

　私自身も、徳島大学に移ってから徳島県と協働して「ボランティア・パスポート」(40 時間のボランティア活動により、パスポートの色が緑→赤→青へとステップアップしていく) という仕組みを作り、教養科目に「ボランティア・パスポート入門」という科目を立ててボランティア活動の単位認定を行った。これも、岩手大学での経験に基づいたものである。

［参考ウェブサイト］
文部科学省　東北地方太平洋沖地震に伴う学生のボランティア活動について（通知）
　http://www.mext.go.jp/a_menu/saigaijohou/syousai/1304540.htm

第4節　被災学生への支援

学務部学生支援課長　　佐藤　祐一

　これまでに経験したことのない大地震と津波による被害により、多数の在学生が被災したことを受け、本学では地震発生直後に危機対策本部を設置し、2011 年 4 月 1 日には岩手大学東日本大震災復興対策本部を設置して被災学生への支援を本格的に開始した。

　岩手大学東日本大震災復興対策本部には 5 つの部門が設置され、その中の学生支援部門が被災学生を中心とした学生を支援する部門とされ、さらに部門の中に学生支援班が設置され、被災学生への修学支援、生活支援及び就職支援等を任務として活動することになった。

1　学生への支援内容

岩手大学が行った被災学生を含む学生への主な支援は次のとおりであった。

① 卒業式・入学式の中止、前期授業開始時期の変更
② 入学料及び授業料の免除
③ 入学料及び授業料の 6 カ月間徴収猶予
④ 被災学生支援募金の呼びかけ
⑤ 修学支援金の貸与
⑥ 緊急貸付（災害特別援助）の募集周知
⑦ 就職内定取り消し者を研究生として受け入れ（授業料等全て免除）
⑧ 経済的援助が必要な学生や内定取り消しを受けた学生、更に心のケアが必要な学生への相談窓口の設置
⑨ 卒業生の引越荷物の一時預かり
⑩ 引越が困難な卒業生への支援を不動産業界へ要請
⑪ 新入生への入寮追加募集
⑫ 復興支援ボランティアを「コミュニケーションサポート実習」として単位認定
⑬ ボランティア活動へのバスの借り上げやボランティア用品の支給、ボランティア研修会の実施及びボランティア保険への加入手続きの代行等

2　経済的支援

　特に被災学生への経済的支援に関しては喫緊な課題であったことから、支援内容の検討は、大学教育総合センターの学生支援部門が担うことになり、部門の構成員である栗林徹部門長（教育学部教授）、白倉孝行人文社会科学部教授、菊池孝美人文社会科学部教授、菊地悟教育学部教授、上濱龍也教育学部准教授、一ノ瀬充行工学部教授、土岐規仁工学部准教授、溝田智俊農学部教授、伊藤幸男農学部助教、学生支援課長の佐藤が、前例のない支援に取り組むこととなった。

　2011 年 4 月 21 日に開催した 2011 年度第 1 回学生支援部門会議では、被災学生への経済的支援

第 2 章　新年度（2011.4.1）から新年度前期終了（2011.9.30）まで

策の検討及び、学生が行う大震災へのボランティア活動への支援を中心に本部門会議で検討を行うことを確認し、鋭意検討を開始し、年度内に 12 回の会議を重ねた。

なお、2011 年 5 月 16 日現在での学生の被災状況は次のとおりであった。

① 　主たる家計支持者の自宅が全半壊した者　155 名

② 　主たる家計支持者が死亡した者（①との重複者除く）　3 名

③ 　主たる家計支持者が震災等の影響により失業又は就業の見込みが立たない者（①と③の重複者除く）　174 名

④ 　福島第一原発事故の影響により、主たる家計支持者の自宅が警戒区域内にある者（①〜③の重複者除く）　2 名

①〜④の合計　334 名（要支援学生数）

学生支援部門会議では、被災学生への経済的支援を喫緊の課題として検討を進め、入学料の免除、授業料の免除、学生寮の寄宿料免除を被災の程度に応じて免除額を決定することとし、具体の免除基準を次のとおり定めた。

【入学料の免除】

次のいずれかに該当する場合は、全額免除とする。

① 　実家が全壊、大規模半壊、半壊又は床上浸水の被害を受けた場合

② 　主たる家計支持者が死亡した場合

③ 　家計支持者の勤務先又は就業の場・手段（田畑や船舶等）が被災し、収入が大きく（概ね 3 分の 1 以上）減じる場合（一時的な場合を除く）

④ 　福島第一原子力発電所事故の影響により、実家が警戒区域内又は計画的避難区域に指定された場合

【授業料の免除】

上述の入学料免除事由と同様の場合、授業料を 1 年間免除する。

次のいずれかに該当する場合には、前期授業料を半額免除とする。

① 　家計支持者の勤務先が被災したことにより、一時的（数カ月から半年以内）に就業日数等が減り、収入が減じるという影響を受けた場合

② 　実家の被災状況が、入学料の免除事由には該当しないが、それに準ずる被害があった場合

【学生寮の寄宿料免除】

次のいずれかに該当する場合には、寄宿料を 6 カ月間免除する。

① 　寮生の実家が全壊、半壊又は床上浸水の被害を受けた場合

② 　主たる家計支持者が死亡又は職場が被災する等により、収入が大幅に減る見込みである又は収入の見通しが立たない場合

※免除額と被災の程度の算定には、2007 年の新潟県中越沖地震及び 2008 年岩手・宮城内陸地震での被災学生への支援内容も参考とした。

【2011 年度経済的支援実績】

① 　検定料免除（学部検定料 17,000 円、大学院検定料 30,000 円）

　　免除者 156 名　免除額 2,873,000 円

② 2010 年度授業料納付期限の延長　31 名

③ 2011 年度入学料免除（入学料 282,000 円）

　　93 名　免除額 26,226,000 円

④ 2011 年度授業料免除（年額授業料 535,800 円、半期半額授業料 133,950 円）

　　年間全学免除者　309 名

　　前期又は後期半額免除者　61 名

　　免除額合計 172,045,380 円

⑤ 2011 年度寄宿料免除（新入生月額 14,000 円、2 年次以上月額 4,700 円）

　　免除者 24 名　免除額 1,122,500 円

⑥ 各種奨学金給付

　・（財）本庄国際奨学財団岩手大学奨学金　16 名

　・（財）尚志社岩手大学奨学金　30 名

　・その他の民間財団等奨学金　59 名

⑦ 東日本大震災岩手大学被災学生募金支給（支給単価 100,000 円）

　　支給者 290 名　支給額 29,000,000 円

　被災学生への経済的支援にあたり、予算を確保する手立ての一つとして 2011 年 3 月 24 日付けで学長名で学内外に被災学生支援募金の呼びかけを実施し、その結果、2012 年 4 月時点では、学内外から延べ 689 名、37 団体から 45,580,486 円の募金が集まった。

　※ 2012 年度以降も上記に準じて経済的支援が実施された。

3　ボランティア活動への支援

　被災地出身の学生も多くいたことから、震災直後から学生たちは街頭での募金活動に始まり、盛岡市内に被災者を応援する横断幕を飾るなど活発な支援活動を行った。また、日を追うごとに被害状況が明らかになると、学生には一日も早く被災地での復旧活動に参加したいとの機運が高まり学生支援課には多くの学生からボランティア活動に関する相談が寄せられた。

　学生支援課としては、学生の心情を考えれば被災地の国立大学生として早く被災地での復旧支援に手伝わせたいとの思いがあったが、今までテレビや映画の世界では見たことがある戦場や災害現場の様子とは異なり、壊滅的な街並みを現実の世界として自分の目で見ることや遺体と遭遇する可能性もあり、警察官、自衛隊員や消防団員でも精神的・肉体的ダメージが大きい被災地でボランティア活動を行わせるには、現時点では活動時の安全の確保が万全ではないことと活動後の精神的影響（特に　PTSD：心的外傷後ストレス障害）を考慮して自粛させることにした。

　2011 年 3 月 29 日にこれまでも様々な災害地での支援活動実績がある盛岡 YMCA から、本学に学生ボランティア募集の要請があり、玉真之介理事、佐藤学生支援課長と学生代表の工学研究科 2 年坂本龍さんと工学研究科 1 年萩原亜弥香さん（後の「天気輪の柱」初代代表）とが 2011 年 3 月 30 日に宮古市の YMCA に出向いてボランティア活動に関する情報収集を行い、ボランティア活動の開始に向けて準備を開始した。

　そして YMCA や保健管理センター等からの情報を基に、岩手大学として正式に学生のボランティ

第2章　新年度（2011.4.1）から新年度前期終了（2011.9.30）まで

ア活動を実施することを決定し、2011 年 4 月 6 日を最初とするボランティア活動の募集を開始し、講習会やボランティア保険への加入、活動に必要な用具の支給、送迎バスの借り上げ、ボランティア後の学生へのケアとして保健管理センター主催の振り返りの会の開催など、活動に必要な支援を行った。

　当初のボランティア活動への支援は、学生支援課が中心となり行っていたが、その後は本学のボランティア公認団体である「天気輪の柱」と「もりもり☆岩手」が中心となり、中央学生食堂 2 階の一角にボランティア活動の拠点を設け、情報の発信、活動の受付等を行わせた。

　ボランティアの主な活動内容は、被災地家屋の片付け、避難所での炊き出しや支援物資の仕分け、学習支援活動、各種支援団体活動への支援、被災者の話し相手など多岐にわたり、2011 年度は判明しただけで 21 件、参加学生は延べ 1,276 名に上った。

　この他に、2011 年 4 月 30 日には「天気輪の柱」が主催して、宮古小学校に避難していた住民等ら約 130 名が参加して宮古市長沢川桜づつみでお花見を開催し、おにぎり、豚汁、お菓子等の提供やサークル団体の「岩手ストリートパフォーマンスクラブ」、「岩手大学管弦楽団」、「民俗芸能団体ばっけ」が日頃の練習成果を披露し、避難所での不自由な生活を強いられている被災者に若者からの癒しとパワーをプレゼントした（資料 2-4-1）。

　ボランティア活動は、強制されて行うものでもなく、また押し付けで行うものでもなく、支援を受ける方に寄り添いながら、その時その時に求められることを、支援を行う者ができる範囲で行うことが大切である。ほとんどの学生にとって初めて行うボランティア活動が大震災の被災地という過酷な環境下で行われたこともあり、戸惑いや達成感、未達成感など人により様々な思いを抱くことになったが、どの思いもボランティアを経験したことで得られたものであり、その経験が学生のその後のキャリアに少なからず良い影響を与えたと考えている。

　最後に、東日本大震災で学生支援課の一員として被災学生への経済的支援とボランティア活動に携わり、微力ながらできる限りのことは行ったつもりであり、その効果は検証できるものではなかったものの、ボランティア活動で被災者と話して思ったことは、被災地の復興支援は一過性の支援ではなく「細く長い支援＝いつまでも被災地を忘れないでほしい思い」であった。経済的支援もボランティア活動支援も時間の経過と共に充てられる予算と支援の気持ちは薄れて行くが、住居や道路、港湾等のハード面の復旧は金を注ぎ込めばいずれは完成するが、被災者の心の回復は金で解決できるものではないことを「細く長い支援」の言葉から学び、この言葉の大切さをこれからも強く思い続けて行きたい。

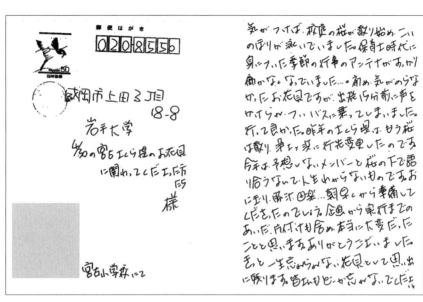

資料2-4-1 2011年4月30日に宮古市で開催した花見参加者からのお礼のはがき

第5節　学生ボランティア

教育学部教授　　名古屋　恒彦

1　ボランティア事前指導

(1)　ボランティア班の発足

　2011年4月1日、岩手大学に東日本大震災復興対策本部が設置された。その下にボランティア班が置かれ、学生、教職員それぞれのボランティア活動を所掌することとなった。

　初期のボランティア班の活動は、全くの手探りであったが、被災地域に対して有効な活動ができ、かつ参加する学生・教職員に対して安全であることを前提にしたボランティアの推進に努めた。

(2)　最初の被災地派遣と事前指導

　4月6日〜8日の3日間、体育会系学生団体を中心として大船渡市でのボランティア活動が計画された。これが、大学として派遣した学生ボランティアの最初の活動である。

　体育会系学生団体にボランティアを依頼した理由は、急ごしらえの派遣であることから募集期間が取れなかったこと、集団活動を求められることから、すでにチームができあがっている団体に依頼することが効果的であることなどの判断によった。

　すでに大学では、ボランティア派遣に当たり、①大学が開催する事前事後指導への参加、②ボランティア保険への加入、③保護者等家族への事前の参加報告、④活動時の「岩手大学」ネーム入りジャケットの着用、⑤長靴、軍手、昼食の持参、⑥無理をしない、といった6条件を設定していた（詳細は第1章第1節）。

　今回の大船渡市への第1回派遣においても、この条件を満たすこととなり、派遣に先立って、北桐ホールを会場に、ボランティア事前指導が行われた。この後、ボランティア派遣に当たり必ず実施されることになる事前指導（ボランティア説明会）の第1回である。

　ここでの事前指導では、上記6条件の周知徹底が主な内容とされたが、事前指導としてのボランティア心得の説明に多くの時間が割かれた。

　ボランティア心得には2つのソースが活用された。一つは東日本大震災復興対策本部が入手した、他地域ですでに実施されていたボランティア活動で用いられていた心得である。これは、発災直後の被災地域の厳しい状況を踏まえた内容であり、ボランティアが被災地域に物的負担をかけないことや、言動に対する詳細な注意などが盛り込まれていた。もう一つは、教育学部特別支援教育科が障害のある人へのボランティア活動のために作成していたボランティア心得である。本学にはボランティア活動に関する専門教員がいなかったが、障害のある人への支援にはボランティアに関する高い専門性が求められる。その知見を生かしたものである。

　また、事前指導では学生の心のケアに対する最大限の配慮も図られ（上記条件⑥はそのことも含む）、保健管理センターからは特に、事後の心の変化に対する気づきを促す説明、またセンターとしての支援体制の紹介が行われた。

かくして、大学がバスをチャーターし、第1回の派遣が行われたが、実際の派遣は、4月6日、7日、14日の3日間となった。これは4月7日に大きな余震が発生したことにより8日の派遣を14日に延期したためである。未曾有の震災での安全なボランティア活動のあり方を深く学ばされるスタートであった。とはいえ、3日間で延べ138人の学生が、大船渡市における復興支援活動にあたり、大きな成果を収めた。

(3) ボランティア心得の見直し

　大船渡へのボランティア派遣は大きな成果を収めたが、使用されたボランティア心得は早速に見直しが求められた。先行する他地域での心得では、被災地域の限られた食糧をボランティアが消費しないことという趣旨の内容が示されていたが、その点に関しては、活動を行った避難所で、寄付されたものの数が少ないために避難されている方々には配布できない菓子を学生に食べてほしいという要望があった。当初は心得通りに辞退したが、強い要請によりいただくことにした。食べることもボランティアである場合があることを早々に認識したことであった。また笑顔の自粛のような心得もあったが、学生の笑顔が被災地域の方々を励ます場面にも少なからず接することがあった。

　これらの経験から、基本のプロットは変えないものの、被災地域の事情に寄り添い、柔軟に対応していくことの必要性を認識した。その後の活動において、経験知を積み重ねながら、随時ボランティア説明会に反映させていくこととした。

2　支援体制の構築
(1) 事後指導

　事前指導は、ボランティア説明会という形で、学内において頻回行われることとなったが、事後指導については、即時性と悉皆性を重視し、帰りのバスの中で行うこととした。保健管理センターの指導の下、引率した教員によって事後指導は行われたが、そこでは学生たちが率直な感想を語り合った。その語り合いの中で、特に学生の心のケアに努めた。その後、学生派遣が回を重ねる中で、必ずしも教員が引率できない場合等もあり、「天気輪の柱」等の学生団体によっても事後指導は行われるようになった。このことは、その後の学生主体のボランティア活動につながるものとなった。

(2) その他の支援体制の構築

　上記6条件のうち、いくつかはボランティア班、学生支援課を中心に支援体制を構築した。具体的には、以下の通りである。「①大学が開催する事前事後指導への参加」については、事前指導の会場・資料準備は学生支援課で支援した。「②ボランティア保険への加入」は各自が行うのではなく、学生支援課で一括して行った他、経費も大学負担とした。「④活動時の『岩手大学』ネーム入りジャケット」は学生支援課で貸与した。「⑤長靴、軍手、昼食」も軍手は学生支援課で貸与、昼食は人数の多い派遣の場合等、大学で手配した。他にマスクの配布も行った。

　以上の支援を行い、初年度前期の段階で、ボランティア活動のための研修等の体制構築を図ったが、ボランティア班でのこれらの活動と並行して、学生団体の成長がめざましく、自主的な事前準備等が充実していったことも特記しておきたい。

第2章　新年度（2011.4.1）から新年度前期終了（2011.9.30）まで

第6節　国・県・市町村の震災復興に関する委員会への参画

①東日本大震災復興構想会議検討部会

農学部教授　　**廣田　純一**

　2011年4月9日に東京大学で開催された農村計画学会春期大会の数日後、当時の内閣官房副長官であった福山哲郎氏より私の携帯電話に電話があった。電話を受けたのは、ちょうど大学生協の中央購買店に向かう路上だった。復興構想会議の下に設置する検討部会への参画依頼だった。福山氏とは面識がなく、なぜ私に声がかかったかもわからぬまま、その場で承諾した。被災地の大学人として、復興政策に関われるチャンスだと考えたからである。

　第1回検討部会が開催されたのは4月20日、会場は永田町の総理大臣官邸であった。当時は新幹線がまだ復旧していなかったため、東京までは夜行バスだった。早朝に東京駅に到着し、時間待ちのあと、丸ノ内線で国会議事堂前に向かった。駅からは徒歩である。官邸の通用口のようなところで身分確認を受け、官邸の建物の中に入った。すぐに広いエントランスに出た。テレビでよく映る場所である。エントランスを横切り、エレベーターで会議室のある4階に上がった。

　細長い会議室には、会議テーブルが横長のロの字型に配置されていた。そのちょうど真ん中辺りに、仙谷由人民主党副代表と枝野幸男官房長官が着席していた。向かいには、五百旗頭真復興構想会議議長と御厨貴議長代理、飯尾潤検討部会部会長が並んでいたように思う。部屋に入りきれないほどのカメラが並んでいた。開会の挨拶が終わり、取材陣が退室すると、いよいよ議事が始まった。

　本稿では、筆者が参画した検討部会での議論の様子を紹介するとともに、被災地の大学の教員としてどのように貢献しえたかについて述べることとする。なお、検討部会の議事録は内閣府東日本大震災復興構想会議のウェブサイト（https://www.cas.go.jp/jp/fukkou/kentou.html）にそのすべてが掲載されており、筆者も参考にした。

1　東日本大震災復興構想会議と検討部会

　東日本大震災復興構想会議（以下「復興構想会議」という）とは、東日本大震災の被災地の復興に向けた指針策定のための復興構想について幅広く議論を行うために設置された有識者会議であり、2011年4月11日に閣議決定された。議長は五百旗頭真防衛大学校長（神戸大学名誉教授）、議長代理として建築家の安藤忠雄氏（東京大学名誉教授）と御厨貴東京大学教授、そのほかに12名の委員が任命されている。また、特別顧問（名誉議長）に哲学者の梅原猛氏が就任している。

　他方、検討部会は復興構想会議の下に設置された「専門的知識を有する者」による部会であり、19名で構成されている。部会長は飯尾潤政策研究大学院大学教授、部会長代理が森民夫全国市長会会長（長岡市長）である。

　表2-6-1に復興構想会議と検討部会の開催状況を示す。復興構想会議は4月14日から6月25日

表 2-6-1　復興構想会議と検討部会の開催状況

2011 年		復興構想会議	検討部会	広田現地等
4月9日	土			東京（農村計画学会）
4月10日	日			
4月11日	月			
4月12日	火			大船渡市
4月13日	水			
4月14日	木	第1回：諮問、会議の運営、今後の進め方		
4月15日	金			陸前高田市～石巻市
4月16日	土			陸前高田市
4月17日	日			
4月18日	月			
4月19日	火			
4月20日	水		第1回：運営要領、今後の進め方	
4月21日	木			
4月22日	金			
4月23日	土	第2回：委員からの発表1		田村市
4月24日	日		第2回：専門委員からの発表1	
4月25日	月			大船渡市～陸前高田市
4月26日	火			
4月27日	水			
4月28日	木			田野畑村復興計画策定委員会（盛岡）
4月29日	金		第3回：専門委員からの発表2	
4月30日	土	第3回：有識者・関係者からのヒアリング		
5月1日	日			
5月2日	月	現地視察（福島県）		
5月3日	火			宮古市～山田町～大槌町
5月4日	水	現地視察（宮城県）		大槌町
5月5日	木			岩泉町
5月6日	金			
5月7日	土	現地視察（岩手県）	第4回：自由討議	
5月8日	日			
5月9日	月			
5月10日	火	第4回：現地視察報告，委員からの発表3、「復興構想7原則」を決定・公表		田野畑村
5月11日	水		第5回：自由討議	水産庁面談（東京）
5月12日	木			
5月13日	金			宮古市長、山田副町長
5月14日	土	第5回：自由討議		釜石市長、大槌副町長
5月15日	日			陸前高田市長、大船渡市長
5月16日	月	「市町村復興構想意向調査」を開始。		
5月17日	火			
5月18日	水		テーマ別の「ワークショップ」開始（6月7日まで全16回）。○ワークショップ（防災地域づくり）	国交省面談（東京）
5月19日	木		○ワークショップ（地域産業・経済）	
5月20日	金			田野畑村復興計画策定委員会(盛岡)、農水省面談(東京)
5月21日	土	第6回：自由討議		
5月22日	日			
5月23日	月			

日付	曜		
5月24日	火	第6回：「復興構想会議」からの指示事項等の検討について1	
5月25日	水		宮城県庁〜亘理町〜山元町
5月26日	木	○ワークショップ（土地利用等）	
5月27日	金		
5月28日	土		
5月29日	日	第7回：「これまでの審議過程において出された主な意見」を決定・公表、検討部会における検討の状況について1	
5月30日	月		
5月31日	火		岩泉町
6月1日	水		農水省面談（盛岡）
6月2日	木		
6月3日	金		
6月4日	土	第8回：検討部会における検討の状況について2	石巻市
6月5日	日		陸前高田市〜宮古市
6月6日	月	○ワークショップ（土地利用）	
6月7日	火	○ワークショップ（防災地域づくり・土地利用）	仙台市
6月8日	水		
6月9日	木	第7回：「復興構想会議」からの指示事項等の検討について2（欠席）	
6月10日	金		
6月11日	土	第9回：検討部会における検討の状況について3、「提言骨子（たたき台）」を討議・公表	
6月12日	日		
6月13日	月		
6月14日	火	第8回：「復興構想会議」からの指示事項等の検討について3、「復興への提言」骨子（たたき台）について	
6月15日	水		中小企業庁面談（東京）
6月16日	木		
6月17日	金		
6月18日	土	第10回：提言（案）について1	
6月19日	日		亘理町、山元町
6月20日	月		
6月21日	火		田野畑村復興計画策定委員会（東京）
6月22日	水	第11回：提言（案）について2	
6月23日	木		
6月24日	金		
6月25日	土	第12回：「復興への提言　〜悲惨のなかの希望〜」を決定、内閣総理大臣に手交	

までに12回の会合を開いており、その間に岩手・宮城・福島県への3回の現地視察と被災市町村への復興構想意向調査を実施している。検討部会は4月20日から6月14日までに8回の会合を開くとともに、5月18日から6月7日にかけて、少人数の専門家と関係省庁の職員でテーマ別ワークショップを開催している。ちなみに筆者は、全8回の検討部会のうち第7回を除く7回に出席し、

またワークショップには 4 回参加した。

　第 1 回の検討部会で任務の確認、顔合わせと自己紹介を行った後、第 2 回と第 3 回で各委員からの意見発表、第 4 回と第 5 回で自由討論を行った。その後、テーマ別のワークショップに入り、論点整理と提言に盛り込む中身が議論された。その結果は復興構想会議に諮られ、そこで内容が詰められた上で、改めて復興構想会議から検討部会に宿題が投げられた。その検討を行ったのが検討部会の第 6 回と第 7 回である。

　以上のプロセスを経た後、最終回である第 8 回で「復興への提言」の骨子（たたき台）を検討した。その後、復興構想会議の第 10 回と第 11 回において、「提言」の骨子（たたき台）の最終的な詰めが行われ、第 12 回で「復興への提言〜悲惨のなかの希望〜」を決定、当日内閣総理大臣に手交された。政府はこの「提言」を受けて、「東日本大震災からの復興の基本方針」をまとめ、7 月 29 日に公表している。

　なお、「提言」の提出後、2011 年 11 月 10 日に第 13 回復興構想会議が開催されており、復旧の現状と復興への取り組みについての説明と自由討議が行われている。

2　検討部会での議論

(1) 第 1 回検討部会（2011 年 4 月 20 日）

　冒頭の黙祷のあと、枝野内閣官房長官より挨拶があった。その中で、検討部会を立ち上げたねらいとして、専門分野の知識・知見を十分に生かしたいという趣旨を述べられた。そして、復興構想会議と検討部会への政府の関わり方として、まだ迷っているとしながらも、直接議論に加わることはせず、会議・部会で議論されたことをしっかり受け止めた上で、それを実行するという姿勢で臨みたいとされた。挨拶の最後には、自分が 5 年間仙台に住んでいたことに触れ、今回の被災地は地域のきずながまだ残っていて、地元への愛着が強い地域であること、そうした長所を生かした復興ビジョンを期待している旨を述べて、退席された。

　続いて、飯尾部会長から検討部会のミッションについて改めて詳しい説明があった。検討部会の基本的な任務とは、復興に向けた検討課題を国内外からの様々な提言も受け入れながら抽出・整理した上で、専門的見地から議論を深め、その内容を復興構想会議に報告することであった。その際、被災地が非常に広範で多様な地域であり、一律の復興手法は馴染まないこと、様々なオプションを示す必要があること、まだ事態が進行中の原発被災地についても復興の将来像を考えておかねばならないこと、被災地は人口減少や高齢化といった日本全体の課題を抱える象徴的な地域であること、国全体が厳しい財政状況の下で復興財源を捻出しなければならないこと等に言及された。

　また、飯尾部会長に続いて、五百旗頭議長から挨拶があった。阪神淡路大震災で自宅が全壊した経験を持つ議長は、阪神淡路では犠牲者が多かったものの身元不明はほとんどなかったのに対して、東日本大震災ではいまだに行方不明者の数が減らない悲惨さを述べられたあと、配布された議長メモを補足された。特に強調されたのは、「被災者主体の復興を基本としつつ、国としての全体計画をつくる」ということだった。そして被災者主体ということと国の全体計画の 2 つが、二律背反的な側面を持つことに言及した上で、検討部会に期待することとして、専門性に基づいて（問題の）全体構造にアプローチすることを挙げられた。

第2章　新年度（2011.4.1）から新年度前期終了（2011.9.30）まで

ここで報道関係者が退室し、議事が始まった。

はじめに飯尾部会長から政府側出席者と検討部会委員の紹介が行われた。そして検討部会の運営方法として、非公開とすること、発言者を特定しない議事要旨を公開すること、会議後に部会長が詳し目のブリーフィングを行うことが提案され、承認された。

続いて事務局より、被災地の状況とこれまでの取り組み、および復興構想会議の模様が報告された。

これらが終わったあと、「自由討議」として委員全員に発言の時間が与えられた。委員はそれぞれの視点で、被災地の現状と課題や復興に当たっての留意点等を述べた。

私からは、事前に送った資料を基に、都市行政機能の損傷に基づく被災地分類（4月9日の農村計画学会春期シンポジウムで報告したもの）を紹介するとともに、現時点での被災地の現状と課題を述べた。そして、復興に当たっての地域と国の役割について、復興プランの策定は被災地自ら行うべきだが、プラン策定のための前提条件は国が示す必要があることを主張した。これは地域が夢を描ける舞台を整えるということで、そのために国は、資金と制度と情報提供（専門的知識の提供）を行うべきだと述べた。あとでわかったことだが、被災地全体を俯瞰しうる被災地分類は、復興構想会議の議長をはじめとする運営スタッフに評価されたようで、最終の提言の中にも盛り込まれることになった。

(2) 第2回検討会（4月24日）・第3回検討会（4月29日）

第2回と第3回は、各専門委員からの発表とそれに対する質疑だった。筆者は第3回で発表を行った。

第2回検討会では、五十嵐、今村、西郷、森、大武、河野、池田、植田、玄田の各委員から発表があった。個々の発表内容についてはここでは省略する。

私は、玄田委員、西郷委員、池田委員の発表に関連して、今後の復興の様々な場面において、ファシリテーターやコーディネーターが重要であること、ただし、これらの専門家と地域・市町村とのマッチングやペアリングの仕方に工夫が要ること、また派遣する専門家の人件費を確保しなければならないことを述べた。

第3回検討会では、佐々木、竹村、白波瀬、團野、荘林、神成、馬場、広田、藻谷の各員の発表だった。10分の時間をあたえられたので、配付資料（資料2-6-1）を基に以下のような内容を発表した。

まず、第1回検討会で簡単に触れた被災地分類の改訂版をより詳しく紹介し、類型ごとの課題を述べた。次いで、復旧・復興に向けた課題を9つに整理して説明した。すなわち、

①当面の生活確保のために仮設住宅の建設が目下の最大の課題。平場が限られ用地確保が難航。コミュニティ入居が好ましいものの抽選入居が主流。本格復興までの間のコミュニティ維持が課題。

②避難所は生活環境の格差が大きい。岩手県では約350カ所。行政もNPOも全体を掌握し切れていない。公的な避難所調査が必要。

③復興という共通の目標の達成に向けて、地域コミュニティの結束を高めるような機会・場の設定が重要。コミュニティ連絡員の設置が求められる。

④集落・市街地再生プランは地元主導で。ただし計画策定をコーディネートできる専門家は不可欠。住宅移転に要する費用（造成費と建築費）に国の支援を。

⑤仕事の確保の重要性。施しよりは稼ぎを。やることがないことが最大のストレス。緊急対策と

85

資料2-6-1　復興構想会議第3回検討部会配付資料

して瓦礫撤去、海域清掃、仮設住宅建設、事務業務等。復興対策として、一村一品運動、農林漁業連帯出稼ぎ（内陸との労働交換）など、復旧対策として復旧建設事業と関連業務、まちづくり関連事業、市民生活・保健福祉業務等。コミュニティ請負方式の導入等。地元に金が落ち、それが回ることが重要。

⑥復興プランと復興ビジョンについて、復興プランの策定は被災地域自らが行うべき。ただし市町村の機能復旧状況に合わせた段階的スタートを。2階層の復興プラン（市町村レベルと地区レベル）が必要。復興プラン策定のための前提条件は国・県が示す必要あり。地域が夢を描ける舞台を整えるということ。その前提条件を含む復興の大枠を示すのが復興ビジョン（復興構想）。具体的には、資金、制度、専門的知識の3つ。国がどこまで金を出し、使いやすい制度を整え、専門的知識・人材を供給するかということ。

⑦市町村レベルの復興プランについて、策定の事務局体制の充実が必要。臨時職員の採用、専門家・

第 2 章　新年度（2011.4.1）から新年度前期終了（2011.9.30）まで

資料 2-6-1　復興構想会議第 3 回検討部会配付資料（つづき）

アドバイザーの参画を。参画したい希望者は大勢いる（都市計画・農村計画・建築・土木等の諸学会、諸大学・研究機関等）。ペアリングをどう行うかが課題。

⑧地区レベルの復興プランについて、計画単位（範囲）は地域コミュニティの歴史的経緯を踏まえた設定が必要。昭和の大合併前の旧町村や小学校区ぐらいが適当ではないか。プラン策定の前提条件（国／県の支援）の整理が必要、プラン策定への専門家・アドバイザー派遣は必須。地区への丸投げではうまく行かない。プラン策定の体制づくりや策定プロセスのデザインが極めて重要。ただし、膨大な地区数をこうした参加型方式でこなせるか課題（旧町村で63、明治町村で141、漁業集落で194）。

⑨当面の支援体制の構築について、多様な主体の参加（災害復興ガバナンス）が必要だが、まだ体制ができていない。被災自治体に余裕がない、協働に慣れていない。NPOが行政・地域に十分に認知されていない。各支援主体による連絡調整が必要、かつ各主体をつなぐコーディネーターが必

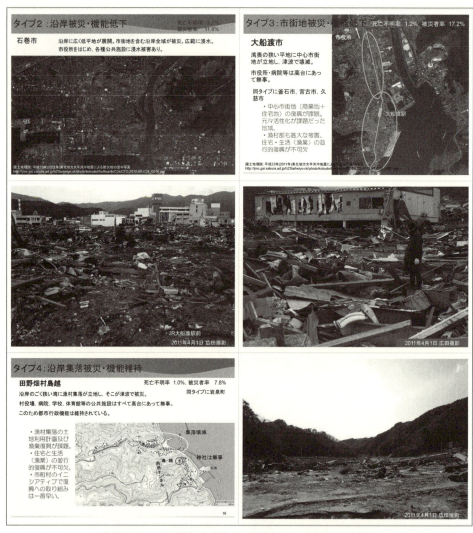

資料 2-6-1　復興構想会議第 3 回検討部会配付資料（つづき）

要。フォーマルな支援（公平・平等）とインフォーマルな支援（個別・柔軟）の双方が必要。

　今から振り返っても大きく的を外したコメントはなかったとは思うが、市町村や地区レベルの復興プランの策定に関しては実現できなかったことが多かったように思う。日頃からこうした計画策定の経験がない市町村・地区では難しかったということだろう。

(3) 第 4 回検討会（5 月 7 日）・第 5 回検討会（5 月 11 日）
　この 2 回の会合では、復興構想会議での議論の紹介のあと、飯尾部会長と事務局がまとめた討議メモ（非公開）を基に、自由討議が行われた。飯尾部会長からは、見落としている論点や十分に議論できていない論点の洗い出しが求められた。事前に資料を提出された委員もいて、まずそこから討議がスタートした。第 3 回以降に現地を訪問した委員も多く、それを踏まえた発言が目立った。2 回の検討会とも委員の発言が途切れることはなく、活発な討議が行われた。

第 2 章　新年度（2011.4.1）から新年度前期終了（2011.9.30）まで

資料 2-6-1　復興構想会議第 3 回検討部会配付資料（つづき）

　第 4 回では、全体として創造的復興を支持する意見が多かったように思う。被災地を国全体の課題である人口減少・少子高齢化の典型的な地域と位置づけ、被災地での課題解決が全国のモデルになる、あるいはモデルとすべきという意見である。被災地の多くは衰退しつつあったのだから、元のまちにそのまま戻すのではなく、より効率的なまちに作り直すべきというのが共通認識としてあったわけである。

　ただ個人的には、その基本認識は共有するものの、国全体としての課題解決を被災地に求めるのは酷ではないかという意見を述べた。すなわち、震災前からある程度先進的な取り組みをしようとしていたところであれば創造的復興も可能かとは思うが、被災地域全体を我が国が抱える諸課題への対応のモデル地域にするというのは余り現実的ではないのではないか、ということである。

　これに対しては、震災前の（衰退しつつあり、非効率的な）町に戻しても仕方ないという反論を受けた。こちらの発言の趣旨がうまく伝わっていない感じがしたので、改めて補足させてもらった。

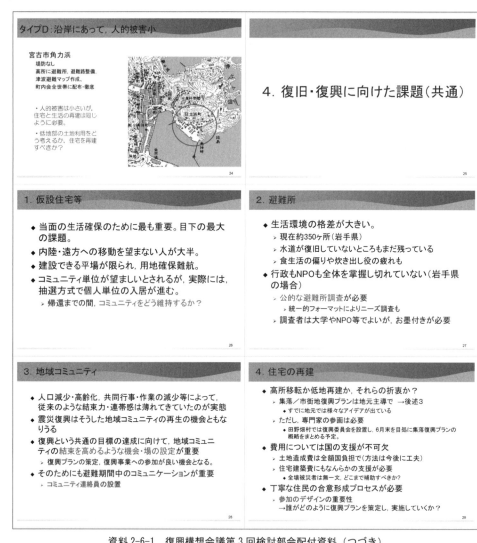

資料2-6-1 復興構想会議第3回検討部会配付資料（つづき）

　元の町をそのまま戻すという意味ではなく、まずは生活を取り戻すところを最低限確保してやるというような姿勢が必要ではないかということである。仮に創造的復興に取り組むのであれば、そのための人材育成や人材投入が必要であること、それがないままで創造的復興を進めようとしても難しいということも述べた。

　今から振り返ると、当時被災地や被災者の現実を見ていた立場からは、創造的復興の議論がやや観念的に感じたのだろうと思う。ただ、被災者の中にも、生き残った自分たちができることは、以前よりも良い地域を創ることだという思いを持っている人が大勢いたわけだから、被災県から参加している専門家としては、もう少し前向きな発言をすべきだったという気はしている。ただ、創造的復興のための人材育成や人材投入の必要性を訴えたことは的を得ていたとは思う。その影響ではないとは思うが、実際の復興政策においても、後の復興庁が、起業化支援や人材派遣支援、モデル事業支援等、かなり充実したプログラムを用意している。

第2章　新年度（2011.4.1）から新年度前期終了（2011.9.30）まで

5. 生活の再建（仕事の確保）

- 施しよりは稼ぎ（自活）が必要
  - やることがないことが最大のストレス
- 復旧・復興への段階的対応を
  - 緊急対策：瓦礫撤去、海域清掃、仮設住宅建設、市民生活・保健福祉・教育業務等。
    - ★復興一村一品運動、農林漁業連帯出稼ぎなど
  - 復旧対策：復旧建設事業と関連業務、まちづくり関連事業、市民生活・保健福祉業務等。
    - ★コミュニティ請負方式の導入
  - 復興対策：漁業・農業、商工業の再興が鍵。
- 地元に金が落ち、それが回ることが重要
  - 発注方式等に特段の配慮を

6. 復興ビジョンと復興プラン

- 復興プランの策定は被災地域自らが行うべき
  - ただし市町村の機能復旧状況に合わせた段階的スタートを
    - 先発＝タイプ4,5、次発＝タイプ2,3.
    - 後発＝タイプ1
- 2階層の復興プランが必要
  - 市町村レベル
  - 地区レベル（旧町村、大字、集落など）
- 復興プラン策定のための前提条件は国・県が示す必要あり
  - 地域が夢を描ける舞台を整えるということ
- その前提条件を含む復興の大枠を示すのが復興ビジョン（復興構想）
  - 具体的には、資金、制度、専門的知識の3つ。
  - 国および県がどこまで金を出し、使いやすい制度を整え、専門的知識・人材を供給するかということ。

7. 復興プランの策定（市町村レベル）

- プラン策定の前提条件の整理
  - 国・県の支援の内容と規模
- プラン策定への体制づくり
  - 親委員会と専門部会
  - 事務局体制の充実を
    - 臨時職員の採用も
  - 専門家・アドバイザーの参画を
    - 希望者は大勢いる（都市計画・農村計画・建築・土木等の諸学会、諸大学・研究機関等）
    - ペアリングをどう行うかが課題
- プラン策定のプロセス
  - 被災者等の生活状況や感情に配慮しつつ、注意深いデザインが必要

8. 復興プランの策定（地区レベル）

- 計画単位（範囲）の設定
  - 地域コミュニティの歴史的経緯を踏まえた設定が必要。
- プラン策定の前提条件（国・県の支援）の整理
  - 国・県・市町村の支援の内容と規模
- プラン策定への専門家・アドバイザー派遣は必須
  - 地区への丸投げではうまく行かない
- プラン策定の体制づくりや策定プロセスのデザインが極めて重要
  - 地域コミュニティについての丁寧な事前調査が不可欠。
- 膨大な地区数をこうした参加型方式でこなせるか？
  - 旧町村で63、明治町村で141（要確認）、漁業集落で194

9. 当面の被災者支援体制

- 多様な主体の参加（災害復興ガバナンス）が必要だが、まだ体制ができていない。
  - 行政に余裕がない、協働に慣れていない
  - NPOが行政・地域に十分に認知されていない
- 各支援主体による連絡調整が必要
  - かつ、各主体をつなぐコーディネーターが必要
- フォーマルな支援（公平・平等）とインフォーマルな支援（個別・柔軟）の双方が必要

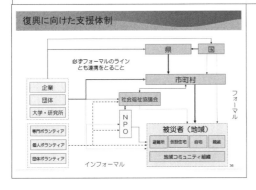

資料2-6-1　復興構想会議第3回検討部会配付資料（つづき）

　第5回検討会においても、冒頭に復興構想会議での議論が紹介され、検討部会への宿題が示された。また、復興構想会議に諮られた五百旗頭議長の「復興構想の7原則」も披露された。検討部会への宿題としては、子ども等の弱者が安心して生活・学習できる環境の整備、復興特区の内容・イメージ、土地の権利調整のあり方等が例示された。また、前回に引き続き、事務局側でまとめた自由討議の

ための資料が配布された。

　今回の検討会での一番のトピックスはエネルギー問題だった。とくに、短期的には原発と火力発電所の被災による電力不足への懸念と、それに伴う海外企業の撤退の不安、そうした懸念の払拭の必要性が表明された。また中長期的には、クリーンエネルギーへの転換の促進を促す意見が多かった。クリーンエネルギーは既に事業として採算ベースに乗るところまで来ているという現状も披露された。

　これらと関連して、復興政策を短期、中期、長期に分けて考えることの必要性・重要性を訴える主張も多かった。あらゆる施策について、国として見通しを示すことが大切ということである。

　また、被災地の子どもや障がい者の問題については、現状に詳しい委員からの解説もあり、その対応の必要性が共有された。

　もう一つ強調されたのが雇用問題への対応である。被災市町村の首長からの話として、仕事がなければ人が残れないという切実な訴えが紹介された。

　さらに、農業の復興に関連して農村コミュニティの意義と復興支援の必要性についても、前回同様意見があった。個人的にも、その重要性、必要性は大いに同感するところであり、その旨を述べた。

　自分からは、復興計画・調査における総合性の担保の必要性、そのための関係機関・関係部署の連携の重要性、地元企業の再建の重要性を述べた。また、具体的な被災地をモデルとして部会として復興オプションを示してはどうかという提案も行った。

　検討会の最後には、飯尾部会長からテーマごとのワークショップの提案があった。専門性の高いテーマについて、少数の専門委員と関係省庁の担当者が集まって集中的に討議するというものである。実際ワークショップは、5月11日の第5回検討部会の1週間後の5月18日（水）からスタートし、6月7日（火）まで計16回実施されている（詳細は次項）。

(4) 第6回検討会（5月24日）・第7回検討会（6月9日）

　第6回検討会は、テーマ別のワークショップがスタートしてから初めての会合でもあり、これまでの検討会およびワークショップで出された論点や意見を事務局の方で整理した資料を基に、飯尾部会長が説明し、それに対する質疑を通して論点を深めるという形で討議が進んだ。

　冒頭、御厨議長代理から復興構想会議の様子が報告され、検討部会への宿題として、地域文化の復興、財源、震災の伝承のあり方の3つが示された。

　また、討議に入る前に、いつものように事前に資料を提出した専門委員から説明があった。今回は今村委員から、津波防災に関する委員会の検討状況の報告があった。数十年に1度程度発生する津波（レベル1）については、防潮堤などのハード対策で対応するのに対して、今回の津波グラス、千年に1、2度程度の津波（レベル2）に対しては、避難等ソフトを含めた総合的な対策を取るべきという基本方針が紹介された。

　次に、復興構想会議ならびに検討部会の審議内容についての情報発信のあり方について問題提起がなされた。政府が別途実施してきている対策も含めて、もう少し積極的な発信があってもよいのではないかという意見だった。しかし、飯尾部会長や御厨副議長からは、決まっていないことが決まったことのように受け取られてしまう懸念や、審議内容のつまみ食い、さらには悪意を持った批

第 2 章　新年度（2011.4.1）から新年度前期終了（2011.9.30）まで

判等も実際に出てきていて、慎重にならざるをえない旨の説明があった。

　また、ワークショップに提出された資料や発言内容の共有の要望も出されたが、関係省庁からの出席者については非公開（その場限り）を前提に資料提供や発言を依頼していることもあり、部会長の一存では決められないとのことだった。ちなみに、自分自身も 2 回のワークショップに参加したが、関係省庁は非常に協力的であり、個人的な意見と断りながらも本音で語ってくれる場面も多く、政策立案に向けた情報共有と意見交換の場としてはうまく機能していると感じた。

　ある委員からは、検討部会やワークショップに参加している関係省庁の職員がそこでの議論を聞いて、方向性を共有しながら自らの政策を立案したり修正したりしていく、そのプロセス自身に意味があるのでは、という発言があり、その通りだと思った。

　この後、飯尾部会長から 4 つのワークショップでの討議内容が資料を基に説明された。第 1 が社会保障・雇用・教育、第 2 がエネルギー・環境、第 3 が防災・地域づくり、第 4 が地域産業・経済である。それぞれにワークショップ参加者からの補足や質疑があったが、ここでは詳細は省略する。ちなみに、防災・まちづくりの報告の際に、飯尾部会長から地域類型の検討を行っていることが紹介され、私が提案した地域類型にも言及されていた。

　以上、第 6 回の検討会では、ワークショップでの議論の説明に時間を取ることとなり、冒頭御厨副議長が述べられた復興構想会議からの 3 つの宿題については議論する時間がなかった。

　第 7 回検討会も、第 6 回に引き続き、ワークショップでの意見交換の内容をテーマごとに整理した資料を基に、飯尾部会長の説明とそれに対する質疑という形で進められた。残念ながら私は大学の校務のため欠席した。

　テーマとして取り上げられたのは、順番に、医療・介護・福祉、雇用、農業の復興（低コスト化、高付加価値化、6 次産業化）、漁業の復興（沿岸・沖合・遠洋漁業）、製造業の復興、文化の振興、災害の記録・伝承、財源確保（復興債、増税等）である。産業に関しては、電力供給制限の長期化に伴う産業の空洞化の懸念が改めて指摘された。また、財源に関して、公的債務が積み上がっている中で、次世代の負担につながる建設公債への否定的な意見が述べられている。さらに、復興構想会議や検討部会で原発問題への言及が少ない点も指摘されている。

　いずれにせよ、取り上げるべき論点はかなり詰まってきているように思えた。

(5) 第 8 回検討会（6 月 14 日）

　第 8 回検討会は第 7 回から 5 日後に開催された。議題は「復興への提言」骨子案についての意見交換である。提言のとりまとめに当たって最後の検討部会になる可能性が高いとのことで、委員全員が最後に意見を表明することになった。実際、検討部会は今回が最後になった。なお、今回の検討会に先立って、委員全員に被災地の現状と若干の私見についてメールを送っておいた。当時の被災地の様子を知れる参考資料として添付しておく。

　検討会の前半では、これまでのワークショップで提出された資料がまとめて配布され、飯尾部会長から簡単な説明があった。それに対して、検討部会での意見が反映されていないという声が多数上がり、部会長が釈明する場面があった。部会長からは、今回配布した資料はワークショップで主に関係省庁から提出された資料が中心で、そのまま提言に盛り込まれるものではないこと、検討部

93

会での各委員の意見は議事録にしっかり記録されており、その都度各委員から提出された資料とともに復興構想会議メンバーにも伝えていること、重要なのは発言であり、言い足りないことはこの場で発言してほしいことといった説明があった。

後半は委員全員が最後の発言を行った。ここまでの検討部会で発言してきたことを要約して話す委員もあれば、今後に向けた新たな提案を行う委員もいた。私からは次の4点を述べた。

第1は、今回の津波被災地の特性を踏まえた国の強力な復興支援措置を講じてほしいことである（とくに住宅と産業の再建）。被災から3カ月を経た被災地ではこれといった動きが見えず、見通しが立たないことへの不安や焦りが見られること、最寄りに頼るべき都市がない三陸地方では、これまで雇用を支えてきた地域産業の早急の復興が不可欠であること、都市行政機能が広範に被災した自治体では、当面は地域主導の復興が難しいことなどを述べた。

第2は、農業・漁業者への支援は施設・設備・用具等の生産手段をフルセットで貸与する方式でないと復興がうまくいかないということである。すべての生産手段を失った農漁業者は自己資金を必要とする方式では十分に救えないことを強調した。

第3は、復興支援施策の順応的管理である。実施した施策をモニタリングし、想定した効果が認められない場合の迅速に見直すという対応が必要であることを述べた。

第4は、部会が解散した後にも、関係省庁による政策立案・制度設計に継続的に関与できる道を残してほしいということである。今回のワークショップでの関係省庁との意見交換は非常に有意義であったので、引き続き関わりが持てればという思いからの発言だった。

全委員の発言が終わった後、会議の〆として森部会長代理より以下の発言があった。

「私には、一貫した一つの理念がありまして、制度とか支援の仕組みづくりも大切ですけれども、その目的というのは、あくまで被災者が意欲を持つ、自らの力で立ち上がるためのものにすべきだという理念です。そう言う意味からすると、今、皆さんのご発言を伺っていて、基本的に同様なコンセンサスがあるのではないか。（中略）。皆さんがいろんなことを先に気がつく、世の中が3カ月ぐらい後についてくる、そうお思いになった方がいいと思うのです。今、実現してないとか、今、動いていないとしても、私は、必ず現地は自ら、あるいは皆さんのアドバイスで、そういったことを考えつくだろう。これは私の経験から言えることです。（中略）。それが現地ですぐに消化できないという問題があるとしても、必ず時間が解決すると思っていますし、広田先生のあのメーリングリストに書かれた文章を読んでも、そういうニュアンスが私は感じられました。（中略）。中越地震を経験した市長としてみれば、立派な検討部会で、立派な検討があって、あと親委員会でそれがどれだけ生きるかという心配はありますが、世の中、歩留りというものはありますから、必ずまた、ここでの検討結果が生きてくる時期があるだろう。時間が解決すると思っております。」

復興の理念を再確認しつつ、筆者も含めて前がかりになりがちだった議論をやさしく受けとめ、今後の復興の見通しで締めくくる、素晴らしいまとめだった。

最後に、飯尾部会長より簡潔な挨拶があり、森部会長代理が部会長の苦労をねぎらう提案があって、拍手を持って会議は終了した。

3 検討部会ワークショップ

前述のように、検討部会のワークショップは、5月18日から6月7日までの間に16回開催されている。ワークショップには毎回、飯尾部会長が進行役で参加し、そのテーマに関心のある検討部会の専門委員数名が参加した。また、各ワークショップのテーマに関係する関係省庁の職員も加わり、資料を基に情報提供を行って、それに対して参加者全員で質疑を行った。

筆者は、土地利用と防災まちづくりをテーマとしたワークショップを中心に5回参加した。5月18日（水）の「防災地域づくり」、5月19日（木）の「地域産業・経済」、5月26日（木）の「土地利用」、6月6日（月）の「土地利用」、6月7日（火）の「防災まちづくり・土地利用」である。このうち後半の2回については、復興むらづくりに関する資料を提出し、説明を行った。

まず、6月6日（月）に、「総合的な復興土地利用計画に基づく被災地域の復興事業について」という資料を提出した。これは、被災地域を含む広域的なエリアを対象に総合的な土地利用計画を策定し、それに基づいて必要な土地基盤整備や土地の権利調整を行うという手法を提案したものである。

ポイントは3つあった。

第1は、土地利用計画・土地基盤整備・土地の権利調整の一体的実施である。少し専門的になるが、要するに、被災地域を含む一定の区域を対象に復興土地利用計画を策定し、土地利用計画の実現に必要な復興土地基盤整備と土地の権利調整を一体的に実施するというものである。復興土地基盤整備とは、新たな土地利用に見合った基盤整備を行うもので、被災農地の圃場整備や、新たな集落用地の造成、防潮林の造成などが想定される。また、土地の権利調整とは、土地利用計画に合わせた土地所有を実現するために行うものである。たとえば従前が水田であった場所を新規の集落用地にする場合、所有者を、集落用地を必要とする人に変更する必要がある。土地改良法の換地制度でこれを行えばスムーズな調整が可能となる。

第2は、上記の一体的実施を実現するために、相対的に条件が有利な土地（条件有利地）をいかに土地利用計画区域に編入するかということである。仙台湾岸の被災地の場合、海側の土地は被災の程度が大きく、かつ市街地から離れているため、所有者にとっては不利な土地と認識されているのに対して、内陸側の土地は被災の程度が小さく、かつ市街地に近いため、相対的に有利な土地と認識されている。そして海側の土地（条件不利地）は、計画区域に入ってこの事業に加わらなければ現状復旧が不可能なので、事業に参加する積極的な動機があるのに対して、内陸側の土地（条件有利地）は、現状復旧が容易なこともあって、この事業に参加するメリットが相対的に小さい。このような相対的に条件が有利な土地を計画区域に編入して事業に参加してもらうには、何らかのインセンティブを与える必要がある。たとえば、条件有利地が未整備農地の場合であれば、この際に圃場整備を行いたいというニーズもあるので、これがインセンティブになりうる。また、圃場整備費用の農家負担を軽減、もしくは無償にするということになれば、大きなインセンティブになるだろう。

第3は、計画区域（事業区域）内の公共用地の取得は、実質的な「共同減歩」方式で行うということである。計画区域内では、道路や水路、防潮林や避難施設等の公共的な用地を確保する必要があるが、これらの土地を個々の所有者から取得（買収）するのではなく、区域内のすべての所有者から一定の比率で負担してもらう方式（土地改良法が定める特別減歩という方式）を取れれば望ま

しい。個々の土地所有者との交渉が省け用地取得の手続きが楽であるし、より多くの所有者に土地代金が行き渡るからである。

　翌6月7日（火）にもワークショップがあり、今度は「復興むらづくりの計画と事業」という資料を提出して、より詳しい説明を行った。主に市街地を対象とした「復興まちづくり」については、その理念や目標、計画、事業（手法）等が詰められてきているのに対して、農村・漁村集落を対象とした「復興むらづくり」については検討が立ち後れている現状を踏まえた提案だった。内容としては、①復興むらづくり計画の構成、②復興土地利用計画、③復興土地基盤整備、④土地の権利調整、⑤土地利用規制、⑥計画策定体制という構成で、総合的・包括的な復興むらづくり計画の全体像を示した。

　その後、この資料に対して農水省から換地制度について一部修正のコメントをもらい、その部分を訂正して、6月14日の第8回検討部会に提出した。

4　復興構想会議「復興への提言」（2011年6月25日）

　前述のように、12回の復興構想会議（親会議）と8回の検討部会、および16回のワークショップを経て、2011年6月25日に「復興への提言〜悲惨のなかの希望〜」が内閣総理大臣に手渡された。筆者が検討部会を通してどれだけの貢献ができたかを知る手がかりの一つは、この「提言」の中身にどれだけ寄与できたかということであろう。ここでは公表された「提言」の内容を精査することで、筆者の果たした役割を見ておきたい。なお、筆者に限らず、検討部会の委員はみな広範なコメントを残しており、「提言」の文言がそれらのコメントと似通うことは当然あり得る。それらを一つ一つ拾ってみてもあまり意味がないと思うので、ここでは自分の発言や資料が採用されている可能性がある部分を指摘するだけにとどめたい。

（1）地域の類型

　提言第1章の（3）「地域の類型と復興のための施策」に5つの地域類型が示されているが、これは筆者が第1回検討部会で提出した資料、ならびに第1回と第3回検討部会での説明が下敷きになっている。「提言」に示されている地域類型は次の5つである。
【類型1】平地に都市機能が存在し、ほとんどが被災した地域
【類型2】平地の市街地が被災し、高台の市街地は被災を免れた地域
【類型3】斜面が海岸に迫り、平地の少ない市街地および集落
【類型4】海岸平野部
【類型5】内陸部や、液状化による被害が生じた地域
これに対して、第3回検討部会で示した地域類型は次の5つである。
①全域被災＋都市行政機能麻痺
　　主要居住域のほぼ全域が被災し、都市行政機能が麻痺した自治体
　　このほかに沿岸漁村部が広範に被災
②沿岸被災＋都市行政機能低下
　　沿岸平地部の市街地・集落・農地が広く被災し、都市行政機能の低下が見られる自治体

このほかに沿岸漁村部が広範に被災

③市街地被災＋都市行政機能低下

主として湾口の市街地が被災し、都市行政機能の低下が見られる自治体

このほかに沿岸漁村部が広範に被災

④沿岸集落被災＋都市行政機能維持

沿岸集落のみが被災し、都市行政機能は維持されている自治体

⑤沿岸被災＋都市行政機能維持

沿岸の市街地・集落・農地が被災したものの、都市行政機能は維持されている自治体

【類型1】は①、【類型2】は②、③、【類型3】は④、【類型4】は⑤に対応している。【類型5】は内陸被災地で筆者の類型にはない。ちなみに、この地域類型については、提言を取りまとめられた五百旗頭議長、御厨議長代理、および飯尾部会長からも参考にさせてもらった旨のコメントをいただいている。

このような地域類型が求められるのは、今回の被災地が極めて広域で、多様な地域を含むため、被災地の全体像をつかむのに必要であるためである。筆者は震災直後から学生の力も借りて被災地の情報収集に当たったが、全体像の把握はその時点からの課題だった。とりあえずの類型化を、2011年4月9日の農村計画学会春期大会（東京）で発表したわけだが、それが検討部会でも大いに役に立った。ちなみに、3月28日に岩手大学チームとして自衛隊車両で岩手県の沿岸全域を回れたことも大きかった。現地を見ていたからこそ、自信を持って被災類型を示すことができたのである。

(2) 土地利用計画・土地利用調整・土地改良事業

「提言」第1章（5）に「土地利用をめぐる課題」が示され、その中に「②土地区画整理事業、土地改良事業等による土地利用の調整」という項目がある。短い文言ではあるが、土地利用に関するワークショップや第8回検討部会で筆者が示した「復興むらづくりの計画と事業」に関わる記述がある。本件については、他の委員も言及されているので、筆者だけの貢献とは必ずしも言えないが、一定の寄与はしえたかと思う。

(3) 地域主体の復興と国・県の役割

「提言」第1章（6）の「復興事業の担い手や合意形成プロセス」の中で、「①市町村主体の復興」が述べられている。これについては多くの委員が言及しているが、筆者も第1回検討部会から一貫して主張してきた点である。とくに、国の役割として、地域が夢を描けるように、財源、人材・情報、制度を整えるべきであることを早い段階から主張してきた。

「提言」では、「復興の主体は、住民に最も身近で地域の特性を理解している市町村が基本となる。それぞれの市町村は、住民、NPO、地元企業等とも連携して復興計画を策定するとともに、自主的かつ総合的にきめ細やかな施策を推進しなければならない。国は、ビジョン・理念、支援メニューを含む復興の全体方針を示し、復興の主体である市町村の能力を最大限引き出せるよう努力すべきである。その際、現場の意向を踏まえ、人材、ノウハウ、財政などの面から適切な支援や必要な制度設計を行う。（後略）」とあり、筆者の主張がほぼそのまま組み込まれている。

もっとも、市町村主体、国の支援というのは、ごく常識的な対応であり、誰が考えてもそのような方針になるはずのものである。したがって、これは筆者の主張が採用されたというよりは、委員全員が共有する常識的な線が示されたと判断すべきだろう。

　ちなみに、上記の記述の後に、「被災地の復興は、市町村、県、国の相互協力関係の下、それぞれが分担すべき役割・施策を明確にし、諸事業を調整しつつ計画的に行う。事業実施のために関係者協議会組織の活用も検討する。」として、関係する主体の連携と総合性の担保の文章があるが、これも第5回検討部会で筆者が強調した点であった。

　次に、「②住民間の合意形成とまちづくり会社等の活用」の後半に、「また、農村部では、集落のコミュニティなどを活用して、関係者の徹底的な話し合いを通じて、農地だけでなく宅地利用を含めた土地利用調整を行うことも考えられる。」という一文があるが、これは庄林委員が繰り返し主張してきた内容であり、筆者も同意見であった。前述の「復興むらづくり計画」の提案を要約した内容となっている。

　さらに、「③復興を支える人的支援、人材の確保」において、「住民の合意形成を支援するコーディネーターやファシリテーターと呼ばれる『つなぎ』の役目を果たす人材は、住民との円滑な人間関係の構築の面からも、地形や地理についての知識の面からも、できれば住民内部から育成されることが望ましい。」という記述や、その後の「さらに、住民主体の地域づくりを支援するためには、まちづくりプランナー、建築家、大学研究者、弁護士などの専門家（アドバイザー）の役割が重要である。」という部分、また、「地域づくり計画全体を統括する『マスタープランナー』の役割も重要である。」とか、「被災市町村に居住しながら、被災者の見守りやケア、集落での地域おこし活動に幅広く従事できる復興支援員などの仕組みについて、積極的に支援する。さまざまに『つなぐ』役割を果たす人材こそ、コミュニティの復興においてなくてはならないからである。」といった記述も、筆者が第1回、第3回で述べた被災地の現状と課題に含まれる部分である。ただし、これらの記述も、他の複数の委員が何度も言及しており、決して筆者だけの貢献とは言えない。

（4）地域コミュニティの活用・活性化

　地域コミュニティに関しては、「提言」の様々な箇所で言及されている。筆者も地域コミュニティの必要性や重要性、およびについては断片的に指摘したが、「提言」の中では、第2章「くらしとしごとの再生」「(2)地域における支えあい学びあう仕組み」の「①被災者救援体制からの出発」で、「また、地域住民が支えあい学びあうなかで、地域の将来を話しあう拠点を設けることも有効である。」という記述に少しだけ痕跡を見いだせる程度である。ちなみに、第1回検討部会で筆者は、地域コミュニティについて、「人口減少・高齢化、共同行事・作業の減少等によって、従来のような結束力・連帯感は薄れてきていたのが実態。震災復興はそうした地域コミュニティの再生の機会ともなりうる。復興という共通の目標の達成に向けて、地域コミュニティの結束を高めるような機会・場の設定が重要。復興プランの策定、復興事業への参加が良い機会となる。」としている。また、「そのためにも避難期間中のコミュニケーションが重要」として、コミュニティ連絡員の設置を提言している。繰り返しになるが、この点は前述第1章(6)の「③復興を支える人的支援、人材の確保」の中で「さまざまに『つなぐ』役割を果たす人材こそ、コミュニティの復興においてなくてはならな

いからである。」として反映されている。

（5）農業の復興

　農業の復興については、第2章「くらしとしごとの再生」の中に記述がある。

　筆者の発言と多少でも関係する箇所としては、第1に、「（4）緊急雇用から雇用復興へ」の「②産業振興による本格的雇用の創出」において、「農漁村地域においては、自営の農漁業者が、兼業として観光業や製造業などに雇用労働を提供するパターンも少なくない。そうした「合わせ技」で安定的な就労と所得機会を確保することも地域によっては有効な手立てとなる。」という記述がある。「合わせ技」という部分がそれである。

　第2は、「（5）地域経済活動の再生」の「②農林業」の部分である。「すみやかな復旧から復興へ」という項目の中に、「農地や水利施設の1日も早い復旧を目指すとともに、営農を再開するまでの間、その担い手を支援する観点から、復旧に係る共同作業を支援する必要がある。復旧の完了した農地から順に営農を再開しつつ、市町村の復興計画の検討と並行して各集落において将来計画を検討する必要がある。」とあるが、営農再開までの間における復旧作業への従事や、集落ごとの将来計画の検討の部分が筆者の主張に沿ったものである。

　また第3として、「3つの戦略」の項目の中に、「被災地は、地形、風土、文化などの実態が多様であり、それに伴って、農業復興の方向も地域により多様である。集落単位での徹底した議論を行い、地域資源を活かした農業再生の戦略を考えていく必要がある。そこで、そのような議論を促すために、地域の類型別に下記の3つの戦略を組み合わせた将来像を示す必要がある。」として、

a）高付加価値化：6次産業化（第1次産業と第2次、第3次産業の融合による新事業の創出）やブランド化、先端技術の導入などにより、雇用の確保と所得の向上を図る戦略

b）低コスト化：各種土地利用計画の見直しや大区画化を通じた生産コストの縮減により、農家の所得向上を図る戦略

c）農業経営の多角化：農業・農村の魅力を活かしたグリーンツーリズム、バイオマスエネルギー等により、新たな収入源の確保を図る戦略

が示されている。「3つの戦略」自体はとくに目新しいものではないが、「地域の類型別に」として、「平野部」と「三陸海岸沿いほか」に分けて戦略を述べているところに、多少筆者の寄与があるかもしれない。

（6）復興と新しい公共

　第4章「開かれた復興」の「（4）人々のつながりと支えあい」の中に、「②復興と「新しい公共」」という項目がある。その中で「今回の大震災では、災害支援関係のNPO・NGOの全国横断的なネットワークの発足、被災地への後方支援活動の実施、県・災害ボランティアセンター・自衛隊・政府現地対策本部による「被災者支援4者会議」の定期開催など、これまでの震災とは異なる新しい動きがあり、NPO、ボランティア活動が一段高い水準に達したことを示した。」という一文があるが、第1回の検討部会が開催された4月下旬の段階では、まだ支援者間の連携は必ずしも十分ではなかった。

筆者は第1回および第3回の検討部会の席で、支援者間の連携の必要性をいち早く述べてきた。すなわち、多様な主体の参加（災害復興ガバナンス）が必要だが、まだ体制ができていないこと、それは行政に余裕がない、協働に慣れていない、そしてNPOが行政・地域に十分に認知されていないことが背景にあること、各支援主体による連絡調整が必要であり、かつ各主体をつなぐコーディネーターが必要であること、またフォーマルな支援（公平・平等）とインフォーマルな支援（個別・柔軟）の双方が必要であることを述べた。これには福祉分野から現地に入っていた池田委員が同調してくれたことが印象に残っている。

筆者の主張が直接「提言」に採用されたわけではないが、「復興ガバナンス」という用語を用いて、支援者の連携体制の必要性を早い段階から主張できたことは良かったと思っている。

5　検討部会以降の動き

「復興への提言」が公表された後、復興構想会議の議長であった五百旗頭真氏が理事長を務める公益財団法人ひょうご震災記念21世紀研究機構は、東日本大震災の検証および復興に対する政策提言のために研究組織を立ち上げ、調査研究を継続してきた。議長代理の御厨貴氏、および検討部会長の飯尾潤氏等も参画されており、筆者もそのすべてに関わった。

(1)　東日本大震災生活復興プロジェクト（2013年度）

公益財団法人ひょうご震災記念21世紀研究機構が復興庁から委託を受けて実施した大型研究プロジェクトである。中心メンバーは同機構の2人の副理事長、清原桂子氏と室﨑益輝氏であり、東北の復興を担う現地の識者やリーダー24名に呼びかけて委員会が組織された。筆者は14名の東北委員として加わり、委員会全体の共同代表を務めた。

本プロジェクトの特徴は、福島県、宮城県、岩手県の3県で、被災者や支援者、市町村・県・国の行政職員が一堂に会して意見交換を行う「復興円卓会議」を44回開催（延べ参加者1,100名）したことである。また、併せて被災地の行政職員等を対象とした「復興まちづくり学校」も実施した。24名の委員は手分けして復興円卓会議等に参加し、そこで出された意見を委員会に持ちかえって議論した。その結果は『生活復興のための15章』（2014年3月：104ページ）としてまとめられ、復興庁に提出されている。筆者は主に、地域コミュニティの再建、復興まちづくり、農林水産業の6次産業化、および新たな仕事づくりの部分を担当した。

この成果は、復興庁の「被災者に対する健康・生活支援に関する施策パッケージ」（2013年12月）や、復興の加速策の具体化・推進（2014年度補正予算、2015年度予算等）にも反映されていると思われる。

(2)　災害時の生活復興に関する研究－生活復興のための12講－（2014年度）

2013年度の「生活復興プロジェクト」の成果を研究面から深めたものである。共同代表は「生活復興プロジェクト」と同じく、公益財団法人ひょうご震災記念21世紀研究機構の副理事長の室﨑益輝氏と清原桂子氏である。13名の委員と8名の協力委員による研究体制が組まれ、筆者は協力委員として加わった。

研究報告書は『災害時の生活復興に関する研究－生活復興のための 12 講－』（2015 年 3 月：196 ページ）としてまとめられ、筆者は、「恒久住宅への移行とコミュニティづくり」を執筆した。

(3) 東日本大震災復興の総合的検証～次なる大災害に備える～（2016 ～ 2018 年度）

公益財団法人ひょうご震災記念 21 世紀研究機構の五百旗頭理事長を委員長として、同機構研究戦略センターの御厨貴センター長をプロジェクトリーダとする大型研究プロジェクトである。2 人を含む 16 名の委員から構成され、研究分科会として「教育復興研究会」も設置されている。

プロジェクトの目的は、「東日本大震災の復旧・復興プロセスを、国、県、被災自治体や、それらに関与する様々なアクター（応援自治体、民間支援団体、商工会・商工会議所等の各種団体、大学・研究機関等）を含めて総合的に検証」し、「今後の被災地の復興上の課題とその解決方策として、南海トラフ地震をはじめ来るべき巨大災害から国家や地域社会の衰退に陥らせないための将来のあるべき社会像を見据えた「創造的復興」の実現に向けた知見の創出と政策提言を行う。」こととしている。

検証にあたっては、文献調査、実地調査とともに、被災市町の首長および復興担当部局を中心にヒアリング調査を行ったことが大きな特徴である。ヒアリングの対象は、北から、岩手県宮古市、釜石市、陸前高田市、宮城県南三陸町、石巻市、東松島市、福島県新地町、南相馬市、双葉町、楢葉町、富岡町の 11 市町、および岩手・宮城・福島 3 県の知事である。

なお、本研究は文部科学省の科学研究費助成事業として実施したものでもある（研究課題 / 領域番号 16H03586、研究種目・基盤研究 (B)、研究機関・公益財団法人ひょうご震災記念 21 世紀研究機構、研究代表者・五百籏頭 真）。

筆者は岩手県のヒアリング調査を主導したほか、被災地の類型化や農業の復興に関する検証を担当した。

(4) 一般社団法人「チームまちづくり」への参画（2012 年度～現在）

公益財団法人ひょうご震災記念 21 世紀研究機構が主体の（1）～（3）とは別に、復興構想会議のメンバーであった大西隆東大教授を中心に，検討部会の委員の約半数が参画して立ち上げた団体が一般社団法人チームまちづくりである。本法人は、主に市街地の復興と活性化に関わる調査研究と実践に関わってきた。実践の場としては、事務局を中心に、気仙沼市の災害公営住宅や共同商業施設の計画・設計に直接的に関与してきた。現在は、被災地だけではなく、まちづくり全般について、情報集約・情報発信、研究会の開催、調査研究等を行っている。

筆者は理事として、主に立ち上げ当初に、東日本大震災の被災地の現状と課題を定期的に報告した（現在はあまり関わりがない）。

6　おわりに

いま振り返ってみても、復興構想会議の「提言」が公表されるまでの 3 ヶ月半は嵐のような忙しさであった。毎週のように被災地と東京に足を運び、国内外からの問合せや取材に応じ、被災地の現状と課題をその都度まとめ、国や県や市町村の復興計画に関わり、学生らとともに現地での復興

支援活動に関わるという生活が続いた。大学の講義等の日常業務が再開されたのが5月からであったことは幸いであった。少なくとも4月いっぱいは、震災対応に多くの時間を割くことができたからである。

翻って復興構想会議検討部会での自分の役割は、被災地の現状と課題、およびそれを踏まえた復興への提案を自分の言葉で伝えることであった。ある程度できた部分もあれば、できなかったことも少なくなかったというのが正直なところである。もう少し積極的に発言し、もっと多くの資料を提出しておくべきだったと思う。発言の内容についても、被災地の現状を間近に見ていることが徒となって、中長期的な視点での考察や主張があまりできなかったことが悔やまれる。たとえば、いわゆる創造的復興については、他の委員がかなり踏み込んだ地域の将来像に言及しているのに対して、どちらかと言えば消極的な意見に終始してしまった感がある。震災後8年を経た被災地の現状を見ると、人口減少を見据えた、より思い切った地域像を示してもよかったように思う。

ともあれ、検討部会の経験は、広い視野で災害や防災を見る目を確実に養ってくれた。この経験は次の自然災害に生かさなければならないと自覚しているつもりである。

最後に、私が所属していた農学部共生環境課程共生環境学コースの教員・学生は、復旧・復興支援に実に積極的だった。しかも行動が素早かった。彼らからもたらされた情報は被災地の現状把握や分析に大いに役立ったし、自分のモチベーションの維持にもつながった。こうした同僚や学生達に敬意と感謝を表して、本稿を締めたいと思う。

【参考資料】第8回検討部会の前に部会メンバーに送ったメール（2019年6月10日）

みなさま
広田です。

明日の復興構想会議で第1次提言の素案が審議されるとのことで，今更ながらではありますが，被災地の現状をかいつまんでご紹介しつつ，復興支援に向けた自分なりの考え（といっても感想めいたことも入っていますが）をまとめてみました。メール本文に載せるとさすがに長いので，添付ファイルにさせていただきます。また論拠となるデータや事例は省いて，要点のみの記述としてあります。

この2週間で，北は岩手県の田野畑村から，南は宮城県の山元町まで，一通り被災地の現状を見て回りましたが，瓦礫がだいぶ片付いて，当初の悲惨さはかなり薄れています。海岸や河川沿いは，高潮や洪水に備えて応急の堤防工事が進んでいますが，崩れたままの防波堤もたくさんあります。概して風景は「静か」で，人気を感じません。そういう風景をいくつも見ていると，このままの状態でもはや戻らないのではないかという気持ちに襲われることもあります。縁起でもありませんね。

添付ファイルに書きましたが，被災地（岩手と宮城）の現況を大雑把にまとめれば，仮設住宅への移動が本格化する一方で，仮設店舗での商店の営業なども少しずつ始まり，市町村の復興計画の策定作業もスタートして，復興に向けた動きが出てきているといったところでしょうか。ただし，漁業や農業については，ようやく瓦礫の撤去（海も含めて）が始まったところで，被災の相対的に小さかった地域の一部で，とりあえず操業を再開しているところもあるといった感じです。被災した水産業や商工業，観光業についても同じような状況で，大局的に見れば，ほとんど動いていないと言っていいと思います。生産手段をすべて失った漁業者・農業者が多いことを考えれば，ある意味で当然のことではあります。

○添付ファイル
被災地の現況と復興に向けて思うこと　（2011 年 6 月 10 日現在）

1.　概況
　被災地（岩手と宮城）の現況を大雑把に言えば，仮設住宅への移動が本格化する一方で，仮設店舗での商店の営業が少しずつ始まり，市町村の復興計画の策定作業もスタートして，復興に向けた動きが出てきているといったところでしょうか。ただし，漁業や農業については，ようやく瓦礫の撤去が始まったところで，被災の相対的に小さかった地域の一部で，とりあえず操業を再開しているところもあるといった感じです。大局的に見れば，ほとんど動いていないと言っていいと思います。生産手段をすべて失った漁業者・農業者が多いことを考えれば，ある意味で当然のことではあります。
　被災者はと言えば，瓦礫撤去や漁港・漁場の清掃等の作業に従事したり，地元を離れて稼ぎに出たり，とりあえずの収入を得るためにご苦労されています。これは漁業者や農業者だけに限ったことではなく，雇用者全般にも言えることです。大震災以降，失業手当の受給手続きをした人は，岩手・宮城・福島の 3 県で 11 万人を超えたそうで（5/26 まで），これは前年同時期の 2.3 倍に上るとのことです。
　それとも少し関係するのですが，浸水地域に仮設の事務所や店舗を建てる動きも見られるようになってきました。国や自治体の方針が決まらない中で，「待っていられない」ということのようです。現在はまだごく一部ですが，今後増えていく可能性はあります。
　なお，冒頭に仮設住宅への移転が本格化したと書きましたが，住宅建設自体がまだ 48.5%（6 月 2 日時点，国交省調べ）に過ぎず，お盆までの入居は難しいと見込まれます。被災者はなるべく遠く（たとえば他市町村）には行きたくないと考えるものの，それに応えられる建設用地は限られるので，対応する市町村は大変だと思います。

2.　市町村の復興計画
　他方，市町村の復興計画は，最後まで残っていた大槌町がようやくスタートの目処が立ったことで，岩手・宮城県沿岸のすべての市町村で策定に向けて動き出しました。早いところでは 7 月上旬にも，集落・市街地移転を含む土地利用構想が被災住民に示される予定です。復興計画の策定でも，市町村間の震度の差が目立ってきている感じですが，これはやむを得ませんね。
　復興計画の策定に当たっては，以前から申し上げているように，被災住民を含む地域の意向をどのように計画に反映させていくかということが重要なポイントになります。これも市町村によって対応が違ってくることが予想されますが，個人的には，地区ごとに専門家の手助けを得ながら，住民参加型で復興プランを作れればよいと考えています。黙っていてもそのようなやり方を選ぶ市町村もあるでしょうが，従来のような懇談会方式で済ますところもあるでしょうから，できれば市町村に対する何らかの働きかけ，もしくは枠組の提示ができるとよいのですが。
　実は，私のところにも，市町村を通さず，ある地区から復興プラン作成の協力要請がきていまして，手弁当でもお手伝いしようと思っているところです（本来であれば，こういうところに国交省の直轄調査の金が回るといいのですが）。いずれにしても，今後市町村ごとに試行錯誤が続くと思います。

3.　集団移転
　住宅の集団移転を住民自らが検討しようとしてする地区も出始めています。森市長からの情報提供があったように，気仙沼市唐桑町無根（むね）地区では，長岡市に視察に行っていますし，名取市の北釜地区や東松島市の矢本立沼地区では，地区内の会議で集落ぐるみの移転を検討しているとのことです（日本農業新聞 5/14）。
　市町村の復興計画にも，当然集団移転の計画が盛り込まれることになるわけですが，高台移転は意外に限られるように感じています。それは高台の土地が少ないという物理的な制約もありますし，あ

まり離れたところに移動したくないという被災者の心情もあります。あるいは，少し落ち着いて浸水地域を眺めてみると，多少土盛りすれば，それほど遠方に退かなくても住宅の再建ができそうだという判断（行政，住民とも）もあるようです。また，仙台湾岸南部の農業地帯では，ハウスのイチゴ栽培が盛んですが，自宅とハウスはなるべく近くに置きたいという農業者の要望もあると聞いています。なので集落移転については，こちらで心配するほど多額のコストはかからないかもしれません。もっとも市街地の移転となると，ちょっと話は別でしょうが。

4. 復興ビジョンに向けて

　被災地の復興にとって，住宅と仕事の再建が不可欠であることは言うまでもありません。また被災地に近いところにいる人間ほど，この2つの重要性に対する切迫感が強いのもまた道理です。私は被災者でもありませんし，少し距離のある人間ではありますが，相対的に地元に近いこともあって，3ヶ月も経つのに，この二つの見通しが立たない現状には正直焦りを感じています。

　それはともかく，津波被災地，とりわけ三陸地方の津波被災地における，住宅と仕事の再建に当たって，改めて確認しておきたい点を以下に述べます。

(1) 第一は，地震被災地との違いです。よく言われるように，地震の場合は瓦礫を片付ければ，その土地は使えますし，貴重品や生産資材等（動産）の一部は取り戻すことができます。これに対して津波の場合は，すべてが流されてしまい，取り戻せる動産がないことに加えて，跡地にもう一度住宅や事業所を同じように建てるわけにはいきません。したがって，もし津波被災者が地震被害者と同じように元の生活を取り戻す権利があり，国がその責務を負うとすれば，地震被害地よりも手厚い動産の補償が必要であり，かつ土地の復旧（内陸や高台に移転したり，現地で土盛りすること）についても，一段上の支援が必要であると言うことになります。

(2) 第二は，三陸地方の立地条件への配慮です。どういうことかと言えば，三陸地方には，通勤可能な範囲に雇用力のある大きな都市がありません。したがって，被災者が仕事を得るには，なによりも地域産業（農林水産業を含む）の復興を急がなければなりません。これが仙台湾岸であれば，地域産業の本格復興までの間，仙台の雇用力にある程度期待することができます。また，かつての中越地震の際には長岡や新潟がありましたし，玄海島の地震の際は福岡がありました。三陸には，このような寄るべき都市がないのです。小さいながらも雇用を生んでいた中心都市や水産業が被災してしまった以上，それらの都市（内の中小企業や個人事業者）や水産業を大至急復興しなければ，地域の復興はありえないわけです。

(3) 第三は，少し趣が違いますが，農林水産業のいわゆる「集約化」についてです。検討部会でも何度か言及したかと思うのですが，私自身はこの「集約化」について少々違和感を持っています。「集約化」が地域の課題として地元の農林漁業者の共通理解となっており，今回の震災復興に当たって，（規定路線である）その方向での改革を一気に進めようということであれば，大変結構なことだと思います。しかし，すべての地域で「集約化」が必要であるわけでもありませんし，それが望まれているわけでもありません。したがって，「集約化」については，その是非や方法などを，しっかり時間をかけて地域が話し合える余裕を与える必要があります。国や県が，そういう機会や時間を与えずに，復興ビジョンに盛り込んで「押しつける」としたら，それは地域主導という理念にもそぐわないと思います。

　実際，私が出会った漁業者や農業者の中には，「集約化」を「切り捨て」と捉える人が少なからずいました（むろん，前向きな受け取り方をする人もいましたが）。百歩譲って「集約化」が将来の地域のためになるとしても，それが「切り捨て」と捉えられてしまうとしたら，それは被災地へのメッセージとしてはふさわしいとは言えないのではないでしょうか。

　さらに言えば，「集約化」の中身も問題です。もしそれが競争力のある一部の漁業者・農業者だけを残そうという発想だとすれば，それは地域の復興にはつながりません。荘林さんが繰り返し指摘されているように，たとえば農業の場合であれば，担い手農家を支える地域コミュニティがなければ，

担い手自身も立ちゆかないのです。詳しい議論は省きますが、「集約化」が真の意味での効率化につながり、そこで浮いた労働力を他部門（たとえば、加工や販売など）に振り向けて、地域全体の雇用力を高めることに結びつくのでなければ、「集約化」は単なる「人減らし」に成り下がってしまいます。いずれにせよ、「集約化」という言葉を使うに当たっては、細心の配慮が必要かと思います（私は使わない方がいいと思っています）。

(4) 第四は、集落や市街地の集団移転についてです。前述のように、津波被災地の特性を踏まえると、集団移転に関わる費用（土地取得や土地造成）については、出来る限り国が面倒を見るというのが筋ではないかと個人的には思います。ただし、そこまで踏み切るのに躊躇があるのは、費用が膨大に掛かるのではないかという懸念があるためです。実際、すべての市町村の復興計画が定まり、集落と市街地移転の全容が明らかにならないと、正確な数字は算定しにくいでしょう。ただ、少なくとも集落移転については、盛り土材料の調達などを工夫しながらやれば、心配するほどの費用はかからない可能性もありえます。

しかし、被災者の最大の関心時の一つが住宅の再建である以上、国としては何らかのメッセージを発信しなければなりません。私は、ワークショップでは回収されてしまいましたが、国交省が検討されている「防災まちづくり」の新たな制度（の骨子）を全面に出していけばいいのではないかと思っています（ただし、農山漁村にも合うようにバージョンアップは必要）。多重防災の考え方に基づく総合的な津波防災のあり方を示し、その最初の適用地域として今回の被災地を位置付けて、そこに手厚い支援を行っていく用意があることを提言に盛り込められれば、被災地への良いアピールになるのではないでしょうか。

(5) 第五は、漁業と農業の復興の方法についてです。ひと言で言えば、二重債務の問題を解決（緩和）した上で、生産手段のフルセット貸付方式のようなやりかたを採らないと、壊滅的な被害を受けた農漁業者は救えないように思います。とりあえず施設・設備・道具類は貸すから、これで稼げというやり方です。よくわかっている農漁業者は、たいてい同じようなことを言われます。また、その前提として、生産の場である農地と漁場の復旧も不可欠です。逆に言うと、こうした方法が採れないとすれば、相当数の農漁業者の脱落は覚悟しなければならないようにも思います（結果として「集約化」が進むかもしれませんが、あまり明るい未来のような気はしません）。

(6) 第六に、復興後の地域のイメージなのですが、西郷さんがよく言われるように、地域というのは、様々年代、様々な職業、様々な立場の人が、それなりに自分の居場所を持って暮らしているところであり、震災前の被災地でも、いろいろ課題はあるにせよ、そういった地域があったのだと思います。そこには「合理的な」行動を取れる人ばかりが住んでいたわけではなく、いさかいや争いもあったことでしょう。それなりの危機感をもって過ごしていた人もあれば、こんなもんだと割り切って暮らしていた人も少なからずいたはずです。いろいろな人が暮らしているからこそ、そこに出逢いが生まれ、また助け合いが必要になるのだとも思います。計画論としては目標にしにくいかもしれませんが、自分としては、そうした愛すべき地域を復興することが、なにより大切ではないかと思っている今日この頃です。

最後になりますが、我々がお会いするような被災者の方々はみなさん大体お元気です。こちらがパワーをもらうような方々も少なくありません。援助を待つのではなく、自助で何とかしようとするような方々です。ただ、その一方で、家族を亡くされたり、高齢や病気であったり、とりあえず生活費にも不自由していたり、それぞれの事情で元気を出せない人も数多くおられます（私は間接的に話を聴くだけですが）。白波瀬さんがおっしゃっておられたように、復興支援に当たっては、こうした方々への目配りは欠かせません。被災者に優しい復興ビジョンでありたいものです。

②岩手県東日本大震災津波復興委員会

前学長、名誉教授、独立行政法人科学技術振興機構 JST イノベーションサテライト岩手館長　　平山　健一

1　東日本大震災津波からの復興に向けた岩手県の基本方針

　東北地方太平洋沖地震とそれに伴う巨大津波から 1 カ月を経過した 4 月 11 日、岩手県は「被災者の人間らしい暮らし、学び、仕事を確保し、一人ひとりの幸福追求権を保障する」、「犠牲者の故郷への思いを継承する」という 2 つの原則のもとで復興に向けた基本方針を示した。

　基本方針では、①緊急的に取り組む内容、②復興ビジョン及び復興計画、③復興に向けた体制整備、④国との連携などを挙げ、復興に向けた具体的行動を明らかにしている。

2　東日本大震災津波復興委員会の設置

　2011 年 4 月 11 日、復興に向けた基本方針に基づいて、岩手県東日本大震災津波復興委員会(以下「復興委員会」とする）が設置され、震災復旧、復興の現状と課題を分析し、岩手県としての復興の理念や方向、施策の柱等のビジョンの策定、復興計画の策定など復興に向けた提言を行うほか、復興施策の推進に必要な事項を審議することとなった。

　本復興委員会は、関東大震災後に帝都復興院を立ち上げた岩手県出身の後藤新平先生が、徹底的な調査と緻密な分析により大胆な復興策を提案したことに倣い、県内の学識経験者や農林水産業、商工・金融業、建設・流通業、福祉・医療関係団体、教育・文化関係団体、NPO 等、各界、各層を代表する委員と被災地代表者を加え 16 名の委員で構成されている。また国、県議会の代表者よりなるオブザーバーを置いている。

　復興委員会は津波について専門的・技術的な知見に基づいた防災型の都市、地域づくりについて検討するため「津波防災技術専門委員会」、及び多分野にわたる復興事業について総合的な見地から横断的に調整、整合を図るため「総合企画専門委員会」を設置した。2 つの専門委員会はそれぞれ 2011 年 4 月 22 日、4 月 30 日に第 1 回の委員会を開催し、活動を開始している。なお 2014 年度より「女性参画推進専門委員会」がさらに設置され、2014 年 7 月 11 日に第 1 回委員会が開催された。

　また岩手県では、震災からの地域の「再生・復興」に向けたまちづくり・産業再生・被災者生活再建などの部局横断的課題に向けた施策を全庁で一体的かつ迅速に推進するため、知事を本部長とする「復興本部体制」を整備すると共に、2011 年 4 月 22 日、各部局を統括する専担組織として「復興局」を設置した。本復興委員会の 2 回目以降、事務は政策地域部政策推進室から復興局企画課が担当することになった。

3　審議経過

　復興委員会は、表 2-6-2 のように 2018 年 7 月 31 日の第 23 回復興委員会まで開催されている。第 1 回の 2011 年 4 月 11 日より、続集中的な審議が連続行われ、さらにパブリックコメントや地域説明会等での意見等を踏まえ、2011 年 8 月 5 日までの 6 回の復興委員会において復興基本計画・復興実施計画の原案について合意が得られた。2011 年 8 月 11 日、発災後 5 カ月を経て県議会において

第 2 章　新年度（2011.4.1）から新年度前期終了（2011.9.30）まで

表 2-6-2　岩手県東日本大震災津波復興委員会の開催状況

回	開催年月日	審議内容	岩手大学関係の委員等	
1	2011 年 4 月 11 日	委員会の設置、復興の基本方針、被害状況、復興の論点、現地調査（4 月 14、15 日）	藤井克己（委員長）	平山健一
2	2011 年 4 月 26 日	専門委員会の報告、委員からの提言、復興の論点	藤井克己（委員長）	平山健一
3	2011 年 5 月 13 日	専門委員会の報告、8 名の委員・県から具体的取組紹介	藤井克己（委員長）	平山健一
4	2011 年 5 月 25 日	専門委員会の報告、復興の基本目標、復興の原則	藤井克己（委員長）	平山健一
5	2011 年 6 月 7 日	専門委員会の報告、市町村・関係団体との意見交換、復興計画（素案）の審議	藤井克己（委員長）	平山健一
6	2011 年 8 月 5 日	専門委員会の報告、県民など意見交換、復興基本計画（案）合意、復興実施計画（案）合意	藤井克己（委員長）	平山健一
7	2011 年 10 月 20 日	専門委員会の報告、復興計画の進行管理	藤井克己（委員長）	平山健一
8	2012 年 3 月 28 日	専門委員会の報告、復興計画の進捗状況、各界の取組状況	藤井克己（委員長）	平山健一
9	2012 年 7 月 30 日	専門委員会の報告、復興特区の取組状況、復興実施計画の見直し、各界の取組状況	藤井克己（委員長）	平山健一
10	2013 年 3 月 28 日	専門委員会の報告、第一期復興実施計画の進捗状況、各界の取組状況、第二期復興実施計画の策定スケジュール	藤井克己（委員長）	平山健一
11	2013 年 7 月 18 日	専門委員会の報告、いわて復興レポート 2013、第二期復興実施計画の方向性（案）	藤井克己（委員長） 星野勝利	平山健一
12	2014 年 1 月 14 日	専門委員会の報告、第二期復興実施計画（素案）	藤井克己（委員長） 星野勝利	平山健一
13	2014 年 3 月 27 日	専門委員会の報告、県民意見の聴取実施状況、第二期復興実施計画（案）	藤井克己（委員長） 星野勝利	平山健一
14	2014 年 7 月 22 日	専門委員会の報告、いわて復興レポート 2014	堺　茂樹（委員長） 菅原悦子　星野勝利	平山健一
15	2015 年 3 月 25 日	専門委員会の報告、第二期復興実施計画の進捗状況	岩渕　明（委員長） 菅原悦子　星野勝利	平山健一
16	2015 年 7 月 14 日	専門委員会の報告、いわて復興レポート 2015 の報告、岩手県人口ビジョン（案）、三陸復興振興方策調査、ふるさと振興総合戦略	岩渕　明（委員長） 菅原悦子	平山健一
17	2016 年 3 月 25 日	専門委員会の報告、第二期復興実施計画の進捗状況、第三期復興実施計画の策定、三陸復興振興方策調査報告	岩渕　明（委員長） 菅原悦子	平山健一
18	2016 年 7 月 22 日	専門委員会の報告、いわて復興レポート 2016	岩渕　明（委員長） 菅原悦子	平山健一
19	2017 年 1 月 19 日	専門委員会の報告、第三期復興実施計画一次案	岩渕　明（委員長） 菅原悦子	平山健一
20	2017 年 3 月 24 日	専門委員会の報告、第三期復興実施計画案	岩渕　明（委員長） 菅原悦子	平山健一
21	2017 年 11 月 20 日	専門委員会の報告、第三期復興実施計画の取組状況、次期総合計画の策定	岩渕　明（委員長） 菅原悦子	平山健一
22	2018 年 3 月 26 日	専門委員会の報告、第三期復興実施計画の取組状況、次期県総合計画の策定の審議状況の報告	岩渕　明（委員長） 菅原悦子	平山健一
23	2018 年 7 月 31 日	専門委員会報告、復興推進計画（復興プラン）の策定	岩渕　明（委員長） 菅原悦子	平山健一

復興基本計画・復興実施計画が議決された。

　2011 年 10 月 20 日の第 7 回以降の復興委員会は、年 2 ～ 3 回のペースで開催されているが、復旧・復興の進捗状況の確認と総括、新たな課題への対応等について審議を行ってきた。また復興計画期間毎の進捗状況を総括して、次期の復興実施計画への反映や、シンポジウムなどを開催して県民へ

の広報に努めてきたところである。

　本復興委員会は 2018 年度末をもって廃止の予定であったが、2019 年度以降も継続し、岩手県総合計画審議会と協働して、課題が残っている復興関連事業の推進等を引き続き担当することとなった。

4　岩手県の復興計画の特徴

　岩手県の復興計画の特徴として、以下の点が挙げられる。

・岩手県の復興計画の基本方針にも盛られているように、被災者の人間らしい「暮らし」「学び」「仕事」を確保し、一人ひとりの幸福追求権を保障する」、「犠牲者の故郷への思いを継承する」を掲げている。

・復興委員会は、岩手の実情に通じた農林水産業、商工・金融業、建設・流通業、福祉・医療関係団体、教育・文化関係団体、高等教育機関、NPO 等、県内の学識経験者、産業界・関係団体等の各界、各層の代表者、県内の学識経験者、及び被災地市町村の代表等、全員地元委員で構成されている。

・復興委員会の下部組織として、総合企画専門委員会、津波防災技術検討専門委員会、女性参画推進専門委員会が置かれており、計画策定における突っ込んだ議論や計画の進捗管理に於いても住民意見が反映される開かれた組織によって復興プロセスが進行している。

・また防潮堤や漁港の整備における地元首長の意見聴取や漁業施設の復旧や水産業の復興における漁業協同組合の意向尊重など被災地域の意向が反映された復興計画となっている。

・進行管理は指標とした事業の進捗状況を示す進捗率管理だけでなく、被災者や県民の聞き取り調査なども参考にして実施されており、数値だけでは見えない県民の復興意識や被災者の心の悩みや地域コミュニティの現状についても反映されており、復興事業の「開かれた実施」に繋がっている。

5　岩手大学関係者の関与

　復興委員会では、第 1 回委員会で委員長に岩手大学長の藤井克己氏を選んだ。その後も復興委員会の委員長は岩手大学長が選任され、藤井学長は 2011 年 4 月 11 日から 2014 年 6 月 10 日まで、堺茂樹学長は 2014 年 7 月 22 日から 2014 年 11 月 16 日（逝去）まで、岩渕学長は 2015 年 3 月 25 日から現在に至るまで委員長を務めている。

　藤井氏は発災後極めて短期間に、集中的・効率的に審議を進め「復興基本計画（案）」に盛り込むべき事項を取りまとめ、復興計画の早期策定に極めて大きな貢献があった。また、堺氏、岩渕氏においても計画の順調な進捗に復興委員会委員長として貢献した。

　筆者は 2011 年 4 月 11 日の復興委員会設置より現在まで、岩手大学名誉教授星野勝利氏は 2013 年 4 月 11 日から 2015 年 4 月 10 日まで、岩手大学副学長菅原悦子氏は 2014 年 7 月 22 日から現在に至るまで委員を務めている。

　また復興委員会の下に置かれた 3 つの専門委員会における岩手大学関係者は以下の通りであり、筆者と菅原氏は親委員会と専門委員会の双方に所属し、相互理解の推進と情報の共有に努めた。

第2章　新年度（2011.4.1）から新年度前期終了（2011.9.30）まで

総合企画専門委員会：齋藤徳美（委員長）、平山健一、南正昭、広田純一

津波防災技術専門委員会：堺茂樹（初代委員長）、南正昭（二代目委員長）、平山健一、山本英和、

　小笠原敏記

女性参画推進専門委員会：菅原悦子（委員長）

◎参考　岩手県東日本大震災津波復興計画の概要

【はじめに】

　岩手県東日本大震災津波復興基本計画は「復興基本計画」（第4回委員会までは「復興ビジョン」と呼んでいた）と「復興実施計画」よりなり、前者は復興に向けての目指す姿や原則、具体的取組等を明らかにするものであり、後者は復興のために行う施策、事業及びその工程表等を明らかにするものである。

【復興の計画期間】

　復興の全体計画期間は、2011年度から2018年度まで8年間であり、第1期（基盤復興期間3年間）、第2期（本格復興期間3年間）、第3期（連結期間2年間）の3つの期間に区分されている。2019年度からは新しい岩手県総合計画がスタートするため、復興に関わる継続事業は新県総合の中で引き続き扱われる予定である。

【復興基本計画】

　復興基本計画の構成は、(1)被災状況、(2)復興の目指す姿と3つの原則、(3)復興に向けたまちづくりのグランドデザイン、(4)復興に向けた具体的取組、(5)三陸創造プロジェクト、(6)復興の進め方　である。

　「復興の目指す姿」として、『いのちを守り　海と大地と共に生きる　ふるさと岩手・三陸の創造』を掲げている。また復興を進める上での三つの原則は、「安全の確保」、「暮らしの再建」、「なりわいの再生」とした。

【復興街づくりのグランドデザイン】

　復興に向けたまちづくりのグランドデザインでは、津波対策の基本的な考え方として、「再び人命が失われることがない多重防災型まちづくり」と「防災文化を醸成し継承することを目指す」としており、海岸保全施設、まちづくり、ソフト対策を有する多重防災型まちづくりを進めて「安全の確保」を図り、被害を最小化する「減災」の考え方をとることとしている。

【復興の具体的取組】

　復興に向けた具体的取組では、「安全」、「暮らし」、「なりわい」の3つの原則のもとに「防災のまちづくり」、「交通ネットワーク」、「生活・雇用」、「保険・医療・福祉」、「教育・文化」、「地域コミュニティ」、「市町村行政機能」、「水産業・農林業」、「商工業」、「観光」の10分野の取組を「緊急的な取組」、「短期的な取組」、「中期的な取組」「中期を越える取組」に分類整理して取組を進めて行くこととしている。

【三陸創造プロジェクト】

　長期的な視点に立ち分野横断的で県民に夢と希望をもたらし、三陸地域らしい地域資源や特性を最大限活かした取組を「三陸創造プロジェクト」として進めるとしている。「三陸創造プロジェクト」

は「国際研究交流拠点形成プロジェクト」、「さんりくエコタウン形成プロジェクト」、「東日本大震災津波伝承まちづくりプロジェクト」、「さんりく産業振興プロジェクト」、「新たな交流による地域づくりプロジェクト」の5つのプロジェクトで構成されている。

【復興の進め方】

　復興の進め方では、(1) 被災・内陸市町村と連携、(2) 県民・関係団体、企業、NPO、高等教育機関等、県内外の多様な主体との連携、(3) 国家プロジェクトとしての国への提案、(4) 他の地方公共団体との連携、(5) 専門家の意見・提言の反映、(6) 復興財源の確保、(7) 計画の進行管理について述べている。

【復興実施計画】

　復興実施計画は、復興基本計画のもとで実施される施策・事業等を具体的に示すものであり、当初掲載した事業等は、計画策定時に想定したものであり、計画の期間毎に社会経済情勢の変化や復興の状況などを踏まえ、必要に応じて所要の見直しを行うものである。

【進行管理と情報公開】

　被災者に対する「いわて復興ウォッチャー調査、沿岸12市町村の被災者と一般県民に対する「復興に関する意識調査」、県内で県民5,000人に対して年1回を継続的に実施する「定点観測」等の県民の意識調査を実施して復興の到達感や復興に対する意識、行動等を把握している。

　また各種統計データを活用し、本県全体及び沿岸部12市町村における被災後の復旧・復興状況の推移を示すため「安全」「暮らし」「なりわい」の復興状況を示す統計データを取りまとめ客観指標としての「いわて復興インデックス」を年4回公表している。

　復興実施計画の施策態系と構成事業から復興に向けた3つの原則に基づき、10分野の取組、22の取組項目、441（再掲事業を除き354）事業について進捗状況を公表する進捗管理を年2回行っている。

　さらに「いわて県民計画」次期アクションプランに基づく政策評価・事務事業評価に反映されている。また開かれた復興の観点からNPO等との共働による復興施策の評価があり、復興委員会、同総合企画専門委員会、県議会、復興本部員会議において計画の進捗状況を報告している。復興委員会では復興計画期間の第一期、第二期、第三期毎に進捗状況を総括して、各期の復興実施計画を見直し、またシンポジウムなどを開催して県民への広報に努めている。

第 2 章　新年度（2011.4.1）から新年度前期終了（2011.9.30）まで

③岩手県東日本大震災津波復興委員会総合企画専門員会

名誉教授、放送大学岩手学習センター所長　　齋藤　徳美

　震災発生から 10 日を過ぎると、救援や医療などの直接活動には一区切りがつき、復旧・復興の
あり方にも視点が向けられることになった。3 月 21 日、達増知事から県政策地域部に復興計画策定
の指示が出された。筆者は震災直後から、大平尚政策推進室政策監や職員と復興計画の立案に関し
て、意見交換を行っていた。すでに、県土整備部では、ハード施設の被害状況や防災効果の検証を
進めつつあり、防潮堤など海岸設備の整備に関する専門委員会を立ち上げることとしていた。また、
各部局もそれぞれ事業の推進を目指して委員会の設置を検討しており、縦割りでの事業が走り始め
ると、収拾がつかなくなる危惧も感じられた。そこで、各機関の代表からなり計画をオーソライズ
する役割を担う復興委員会の下に、各機関を束ねて全体の復興計画をとりまとめて起草する専門委
員会が必要と考えられた。

　大平政策監は、そのとりまとめを行う委員長の就任を齋藤に打診した。齋藤は震災の発生以降、
長年津波防災に取り組みながら多くの犠牲者が出たことに、"いったい何をやってきたのか" と忸
怩たる想いを抱いていた。既に定年退職を過ぎ第一線から退いており、長期にわたる復興事業は体
力も知力もある若い人に担ってもらうべきと考えていた。一方で、このまま退いたら悔いが残ると
の想いの逡巡の中で、委員長を引き受ける決断をした。

　委員には、岩手大学の現役教員から南正昭教授と廣田純一教授を推薦した。二人はこれまで地域
づくりの活動を広く展開し行政との関わりも深い。何よりも疲弊する地域をどう復興するか、住民
目線で事業を進めるべきとの視点を共有している。実は、自衛隊の引率による現地調査のメンバー
として 2 人に加わってもらったのは、復興計画の策定・推進をゆだねたいとの意味合いもあったの
である。県からは岩手県経済研究所首席研究委員で INS の仲間でもある谷藤邦基氏、岩手県立大学
総合政策学部の豊島正幸教授、そして水産関係に詳しく大槌町を拠点としていた北里大学海洋生命
科学部長の緒方武比古教授が推薦された。さらに、齋藤は親委員会の委員に決定していた前岩手大
学長の平山健一名誉教授に就任を依頼した。復興計画は実質的に起草委員会でもまれ、親委員会に
上げることになるが、その趣旨、いわばこころを説明して理解戴く手立てが必要である。副学長と
してお仕えした学長さんに、平の委員として加わってもらうことは僭越だと思ったが、趣意を訴え
て内諾を得た。こうして、総合企画専門委員会は 7 名の委員で発足した。

　震災から 1 カ月後の 4 月 11 日、「岩手県東日本大震災津波復興委員会（委員長：藤井克己岩手大学長）
が開催され、津波復興の取り組みがスタートした。「総合企画専門委員会」は 4 月 30 日に第 1 回委
員会が開かれ、齋藤が委員長に、豊島教授が副委員長に就任した。齋藤は、昭和三陸地震津波以降
の復興の取り組みから、復興の柱は安全の確保となりわい（生業）の再生であることを確信していた。
三陸沿岸では最近に限って言っても、明治三陸地震津波、昭和三陸地震津波そして今回の東日本大
震災と遡上高 30m クラスの大津波が、元号が変わるたびに、115 年に 3 度も襲っている。いつかは
定かではないが、また沿岸を大津波が襲うことは確実である。究極の津波防災と言われる町をすべ
て高台に移転することも、街を巨大な、例えば高さ 50m の堤防で囲うことも不可能である以上、ハー

111

ド・ソフトの複合対策での安全の確保が求められる。一方、その地に人々が集うのは、その地でなりわいを得ることができるからである。その地で生計がたてられ生活ができなければ、その地に住む理由はない。

人が集わなければ、堤防も道路も商店も病院もいらない。三陸沿岸のなりわいは主には漁業、水産加工、工業などであり、決してコンピュータでの株取引などではない。潰滅的になった多くの地域にどんななりわいを再興できるのか。そして、安全となりわいのもとに人々の暮らしが再建されるのである。

復興計画策定までの、専門委員会での主な議題は以下の通りである。

＊第1回　2011年4月30日、エスポワールいわて

互選で委員長として齋藤を、委員長指名で副委員長に豊島教授を選任

事務局が、復興に取り組むべき内容、復興への地域未来の設計図となる復興ビジョン及び復興計画の策定など基本的な方針について説明、復興について委員からの提言を受け、復興に向けての論点整理を行った。

＊第2回　2011年5月16日、エスポワールいわて

復興ビジョンの構成、復興に向けた具体的な取り組みについて協議が行われた。

＊第3回　2011年5月22日、エスポワールいわて

復興計画のフレーム、復興の基本目標、復興に向けた原則と具体的取り組み、新しい三陸地域の創造に向けた取り組みなどについて協議が行われた。計画は、「岩手県東日本大震災復興計画」とし、復興の基本方針を示す「復興ビジョン（復興基本計画）」と具体的に取り組む施策や工程表などを示した「復興実施計画」で構成する。復興に向けた3原則として、「安全」の確保、「暮らし」の再建、「なりわい」の再生が固まった。

＊第4回　2011年6月1日、エスポワールいわて

「復興基本計画」について協議が行われ、復興計画の期間を8年間とする、期間を3、3、2年の3期に分け、第1期を生活再建などの短期的な事業を重点的に取り組む「緊急推進期間」、第2期を中期的な事業を行う「本格復興期間」、第3期を長期的なプロジェクトを含む「更なる展開への連結期間」と位置付けた。

＊第5回　2011年8月4日、エスポワールいわて

復興基本計画について協議が行われ、サブタイトルを「いのちを守り海と大地と共に生きる、ふるさと岩手・三陸の創造」とし、復興の3原則「安全の確保」に2つ、「暮らしの再建」に5つ、「生業の再生に」に3つ、合計7つの具体的取り組みを掲げる基本計画の内容が固まり、親委員会に提言することとなった。また、第1期復興実施計画について協議が行われた

総合企画専門委員会では、県の各部局から出てくる細かい計画案について激しい意見交換が行われた。県の縦割り行政の弊害を排除するために、知事をトップとする復興局がつくられたが、構成員は各部の代表であり、トータルな視点でのとりまとめた提案は難しい。また、従来の総合計画に掲げられて10年たってもできなかったような事案がこの際とばかりに提案される。"日常にもできない話を非常時に持ち出すな、全部落とせ""ごちゃごちゃいうな、細かいことはたくさんあるが、今必要なことは安全となりわいの2つだ"と委員長の檄もとんだ。正規の委員会の他に、事務局と

第 2 章　新年度（2011.4.1）から新年度前期終了（2011.9.30）まで

の協議も繰り返し行われ、6 月には 3 期 8 年の岩手県復興計画の骨子が固まった。県民のパブリックコメントも取り入れ、最終的には 8 月 5 日の親委員会でも了承され、8 月 11 日県議会での議決を経て、決定した。

　計画の正式な名称は「岩手県東日本大震災津波復興計画」で、復興の基本方針を示す「復興基本計画」と、具体的に取り組む施策や工程表などを示した「復興実施計画」で構成されている。期間は、県の総合計画である「いわて県民計画」が 2018 年までであることから、次の県民計画につなげることへの整合性や、できるだけ急いで復興を進める姿勢の双方を込めて、8 年とした。第 1 期 3 年を生活再建などの短期的な事業を重点的に取り組む「緊急推進期間」、第 2 期 3 年を中期的な事業を行う「本格復興期間」、第 3 期 2 年を長期的プロジェクトを含む「さらなる展開への連結期間」と位置づけた。

　復興の目指す姿として「いのちを守り　海と大地と生きる　ふるさと岩手・三陸の創造」を、復興に向けた三原則として「安全の確保」「暮らしの再建」「なりわいの再生」が掲げられている。さらに、目指す姿の実現に向けた具体的取り組みとして、「安全の確保」には防災の町づくり、交通ネットワーク、「暮らしの再建」には生活・雇用、保健・医療・福祉、教育・文化、地域コミュニティ、市町村行政機能の取り組み、「生業の再生」には水産業・農林業、商工業、観光が挙げられている。なりわい（生業）という文言については、未来に向けての計画としてなじまない、産業とかイノベーションとかという意見が親委員会であったと聞くが、あくまで岩手ふるさとでの生き様を表すに代えがたいと専門委員会ではこだわり、了承を戴いた。その後、なりわいとの言葉は全国的に広く見聞きされるようになり、こだわりは的を得たものであったと考える。

　委員会の立ち上げから 3 カ月余での復興計画の策定は異例の速さである。復興に求められることは迅速さと実現性であり、高尚な理屈・議論に拘泥しすぎることなしに、実行できることをまず 1 歩ずつ前へとの思いで、復興局等県職員も委員も不休で協議を続けた成果であるといえよう。しかし、国会は菅おろしの政争に明け暮れ、復興事業の財政的裏付けとなるはずの復興の財源となる補正予算の審議は遅れ、復興基本計画とともに策定した実施計画も実行に移せない。計画の実施が遅れれば、どんどん被災地から人口は流出し、復興はおぼつかなくなる。〝国の三次補正が遅れているなら県が借金してでもやるぐらいの気概を示せ。平常時には物事の秩序を守るために規則があり、それが組織を動かす。しかし、今は非常時。規則・法律のしがらみを撤廃し、組織の壁を排除し、規則は後で作るとリーダーシップを発揮せよ〟と委員長は過激な？檄を飛ばしたことを印象強く記憶している。

　かつての行政には、計画を作れば役割は終わりという風潮があった。県は復興計画を作成し国から財源を得たら、実施するのは市町村といった姿勢では岩手県の復興はなしえない。総合企画専門委員会では施行管理の重要性が指摘された。県は各施策の体系や取り組み項目に基づく進展状況を公表、県民意識調査を実施し到達感を探るなどして、次年度の実施計画に反映させることとした。

　総合企画専門委員会は、復興計画の立案と進捗管理を実質的に担当する重要な委員会であるが、岩手大学の現役教授および名誉教授が 4 名と当初のメンバーの半数以上を構成し、これまで研鑽を積んできた専門知識や長年地域とかかわってきた経験が大きく寄与できたものと評価されよう。同委員会は県の復興計画の区切りとなる 2018 年度末まで 24 回開催され、現地視察をも踏まえて、計

画の見直しや年度ごとの実施計画の策定などに尽力した。

　東日本大震災の復興費用としてこれまで32兆円を超える国費が投入された。そのかなりの部分は、復興税として国民が所得税の2.1%を25年にわたって払い続ける特別税である。その資金は真の復興につながったのか、復興計画の区切りにおいては厳しく検証されねばならないと思う。当初の9兆円の補正予算は5省庁の40事業に限定され、地域が新たな町づくりを目指して考えた省庁をまたぐ事業は認められず、被災地にとっては使い難い資金であった。

　岩手県の復興計画に掲げた事業はどこまで進んだのか。安全の確保のための防潮堤・水門などの建設は遅ればせながらめどがたち、住宅地の嵩上げ、高台への移転も進行中、三陸縦貫自動車道や内陸と沿岸を結ぶ釜石道や宮古道も2020年の開通を目指している。漁港の修復や水産加工工場や養殖施設などの復旧も進んでいる。災害復興住宅の建設もほぼ達成されている。これらハード対策は形として見えているものの、地域のコミュニティは再興できず、高齢者は生きがいを喪失して孤立することが危惧されている。いまだ見なしも含めて仮設住宅に留まり生活再建のメドが立たない人も数千人に及んでいる。そして、街の将来像が描ききれず、沿岸市町村からの人口流出は止まらない。

　そもそも、東日本大震災が発生しなくとも、地方は人口減少が続き、疲弊する右肩下がりの中にあったのであり、元の現状に復旧しても未来は描けない。国は今更ながら「地方創生」との掛け声をあげるが、国策の転換がなければその流れを変えるのは難しい。鑑みれば、首都圏で使っている電気はほとんどが地方で作られ、米・肉・野菜は地方で生産され安価に首都圏に供給されている。"地方なかりせば首都圏成り立たず、首都圏なかりせば日本成り立たず。すなわち、地方なかりせば日本は成り立たず"なのである。

　それにしても、我々もみずから8年間の復興事業を総括し、三陸、岩手の町つくりのビジョンを改めて描き共有しなければならない。三陸はかつては隣の集落まで船で岬を回らねばならないという地理的な条件もあり、今なお地域の連帯感は薄い。しかし、三陸を縦貫する復興道路、三陸鉄道の一貫運営により、沿岸は一つの広域圏として生まれ変わる。三陸鉄道を動脈として位置づけ、公共施設を共有し、金平糖の角のような特徴あるなりわいを有するコンパクトタウンの連なる地域を目指せないか。気仙沼のフカヒレは別格としても、種市のウニ、釜石の泳ぐホタテなどなど金平糖の角はあちこちで芽生え始めている。

　発想を転換し、1万人の町の人口減を留めることにあくせくするのではなく、5千人が幸せに暮らせる町を目指す。人口減や高齢化を踏まえて、人がどう集うかの新しい形、生き様の未来像が岩手ブランド、そしてそれは宮沢賢治が唱えた「イーハトーブ」なのかもしれないと考えるのである。

第2章　新年度（2011.4.1）から新年度前期終了（2011.9.30）まで

④岩手県津波防災技術専門委員会

工学部教授　**南　正昭**

　2011年3月11日に発生した東日本大震災からの復興に向けて、岩手県においては2011年4月11日に基本方針の策定、2011年6月9日に復興計画（案）、2011年8月11日に「岩手県東日本大震災津波復興計画」の策定と歩んできた。

　岩手県では、復興基本計画の策定に当たっては、県内の学識経験者や各界の代表者らで構成する「岩手県東日本大震災津波復興委員会」を立ち上げるとともに、広く県民からの意見を踏まえ、科学的・技術的な論拠を積み重ねるという方法が取られた。

　岩手県の復興計画は、「復興基本計画」ならびに「復興実施計画」からなり、その策定に当たっては岩手県東日本大震災津波復興委員会、その下に設置された津波防災技術専門委員会ならびに総合企画専門委員会等における専門的、総合的な見地からの審議、ならびにパブリックコメントや地域説明会等における被災者を含む県民との意見交換を踏まえ、最終的には県議会での承認を経て岩手県として策定された。

　復興事業の実施においては、事業の進捗状況や「いわて復興インデックス」とよぶ全般的に復興状況を表す客観指標、ならびに県民意識調査結果や「いわて復興ウォッチャー調査」とよぶ被災地での復興に関する意識調査結果を公表しながら、復興の進捗状況を追跡、共有してきている。場合によっては見直しがあり得ることを明記した上でロードマップを公開し、復興事業が遂行されてきた。

　防潮堤の高さに関する方針は、岩手県においても震災から概ね半年後に示されるに至った。この間に、積み重ねられた調査や議論を踏まえ共有することは、復興を前に進めるに当たって重要である。限られた時間のなかで最善を尽くし、土地利用計画を含む復興計画の策定を急ぎ、次の生活や生業の再生に向けた決断をしなければならなかった。

　東日本大震災からの復興に向けては、想定する津波の高さを2つのレベルに分け、津波シミュレーションによる浸水域の再現と予測に基づき、土地利用計画を定めるという手順が取られた。そのため、防潮堤の高さを決めることが、居住地等の街の復興に向けた優先事項となっていた。

　岩手県における津波防潮堤の整備に関する具体的な策定経緯は、岩手県津波復興委員会の下に置かれた津波防災技術専門委員会での審議経過から読み取ることができる。2011年4月22日から2011年度内に8回の会議が持たれた。被災地の社会基盤の復興を進める上での基礎となる海岸保全施設の整備方針を中心に審議が重ねられた。

　津波防災技術専門委員会の目的は、規約に以下のように定められた。

　「第2条　委員会は、東日本大震災津波からの復興に向けた「復興ビジョン」及び「復興計画」を策定するにあたり、被害状況等の調査結果や技術的根拠等専門的な知見に基づき、地域の歴史や文化、産業等の地域特性を考慮し、津波対策の方向性、津波対策施設の整備目標、防災型の都市・地域づくりについて検討、提言を行い、まちづくりに資することを目的とする。」

　当初委員8名で設置され、岩手大学から堺茂樹工学部長（当時、第9回まで参加）、平山健一前

115

岩手大学長、山本英和准教授、小笠原敏記准教授（第10回より参加）と私が参画させていただいた。

第1回委員会において、地震および津波災害に関する被害状況に関するデータと技術的考察が示された。岩手県の津波対策は、過去の津波被害状況を踏まえ、各地域で確認されている最大津波高を計画津波高として防潮堤等の整備を進めてきたことなどが確認された。その上で、被災データに基づき津波シミュレーションによる今次津波の詳細な分析が必要と結論づけられた。

この時点で、岩手県としての復興計画立案に向けた概ねの方向性として、津波防災施設等の効果の検証、構造物や市街地の状況調査などを踏まえ、施設の復旧対策の方法や整備目標、防災型都市づくり等について検討を行っていくことが確認されている。

2011年5月23日に開催された第3回委員会では、「岩手県における津波対策の方向性等の考え方（案）」が示された。その内容は、以下のようなものだった。

基本方針として、津波対策は避難することを基本とし、再び人命がそこなわれることがない多重防災型まちづくりを目指す。津波対策手法の考え方として、地域の実情に応じて「海岸保全施設」「まちづくり」「ソフト対策」を組み合わせて実施する。想定を超える津波が発生し得ることを念頭に置き、自然との共生など持続可能な津波対策を進めることとされた。

海岸保全施設の整備目標の考え方として、過去に発生した最大の津波高さを目標とするのが望ましいとしながらも、地形条件や社会・環境に与える影響、費用等の観点から、海岸保全施設のみによる対策が必ずしも現実的でないことを認め、海岸保全施設の整備目標は、過去に発生した津波等を地域ごとに検証し、概ね百数十年程度で起こりえる津波を対象とすることとされた。

2011年7月4日の第4回委員会において、国の防潮堤の整備方針として、中央防災会議中間とりまとめ、ならびに第2回海岸における津波対策検討委員会資料が示された。同時に、岩手県における海岸保全施設の整備目標の考え方（案）が示され、同委員会では、岩手県としての整備目標の考え方について、概ね了承が得られるに至っていた。この整備目標の考え方に基づいた地区別の検討結果が示され、その後も地区別の整備目標について年内に整備目標を決定していくこととされた。

2011年9月5日に開催された第6回委員会では、国による整備方針として、「設計津波の水位の設定方法」について、また、地域海岸の設定についての説明がなされ、その方針に沿って整備方針を立案することとなった。その後、2011年10月15日に開催された第7回委員会において、個別の海岸における津波シミュレーション結果と検討結果が提示されるとともに、岩手県沿岸の海岸堤防高の設定案として提示されるに至った。公表経緯は以下のようである。

2011年9月26日 海岸堤防高さ公表　10地域海岸

2011年10月20日 海岸堤防高さ公表　14地域海岸

海岸保全施設の整備方針は、国土の保全への国や岩手県としての姿勢を表している。国土全体からみた公平性や国民への説明責任に配慮し定められなければならない。

岩手県は、津波防災技術専門委員会での議論を踏まえ、被災県として一刻も早く復興への道筋を示すべく、海岸保全施設の整備目標の考え方を示してきたことは銘記しなければならないだろう。

津波被害には、津々浦々の特性があること、漁業への影響のあること、津波避難への視覚的な障害になる可能性のあることなどは、岩手県においても併せて議論されてきた。立場により多様な意見のあり得るなか、復興を前に進めるべく方針を定めて公表するという舵が取られた。

第 2 章　新年度（2011.4.1）から新年度前期終了（2011.9.30）まで

　東日本大震災津波の後に整備された防潮堤や河川水門は、上述した経緯、考え方に基づいて高さ
が定められている。すべての津波を防ぐものではない。施設整備と避難を一体とした多重防御によ
り、大震災以降の復興まちづくりの基礎がつくられてきたことを忘れてはならない。津波避難をは
じめることを決して忘れてはならない。

⑤復興パターン検討調査の作業監理委員と2町2村復興計画策定委員会

農学部准教授　　三宅　諭

　国土交通省が行った被災市街地復興パターンの検討調査（いわゆる直轄調査）の作業監理委員と自治体が設置した復興計画策定委員会を複数務めた経験の概要を示す。

　直轄調査とは、国土交通省が都市計画コンサルタント業務を担う企業に被災状況調査と復興パターン検討を委託したものである。岩手県沿岸自治体の多くは技術者が少ないことに加えて職員も少ないことから、復興計画策定に必要な被災状況調査やパターン検討業務をコンサルタントが担うことで、負担軽減を図ったものである。直轄調査の結果を復興計画策定委員会で検討した自治体もあれば、直轄調査とは別で復興計画策定の取り組みを行った自治体もある。筆者はその両方を経験している。

1　作業監理委員の役割

　自治体単位毎の調査業務を受託したコンサルタントが作業を進めたのだが、東日本大震災は未曾有の災害であり、コンサルタントにも経験のない業務であった。また、人口減少社会に向けたこれからの都市計画のあり方が震災前に議論されていたこともあり、学識者が作業監理委員として加わることで、限られた時間の中で早期に現状把握と復興の指針を提示することが求められた。また、復興計画を推進するためには様々な事業が必要になることから、国交省からも自治体毎に担当職員が配置された。

　2町1村の作業監理委員を務めたが、2011年9月頃までは、隔週で復興担当部署、コンサルタント、国交省担当職員と調査結果と方針確認を行い、実現に向けた課題、現状の制度・事業の限界などについて意見交換を行っていた。午前と午後に2つの自治体で議論を行うことも度々あった。また、自治体内で複数の担当部署が関わるため、全体で計画調整を行う調整会議も毎月行っていた。

　議論内容のポイントは、移転を希望する住民の移転先とまちの将来像を含めた計画、それを実現する手段であった。特に移転先については、被災者の大多数が移転を希望している場合には移転を基本とし、複数の候補地を選定して様々なパターンを検討することが出来る。一方、被災後も従前地に居住継続を希望する住民が一定の割合でいる場合には、移転と居住継続を実現させる計画理論と方法が必要になる。何パターンも計画検討を行い、複数案の中から実現可能性の高いものを中心に検討するよう指示することが多かった。特に都市計画区域外の場合には都市計画区域内に比べて生活環境整備に関する事業が少なく、検討している計画案を実現させる方法確立が国交省担当職員には期待されていた。

　復興交付金制度の内容が固まってきた段階では、国交省担当職員と自治体職員、コンサルタントと制度内容の勉強会を複数回開催し、創設される制度を適切に運用することで、検討中の計画案がほぼ実現できそうな手応えを掴み、詳細な復興パターン検討へと進むこととなった。特に交付金という名称に、復興交付金制度が地方分権と自治の試金石となることを意識し、他の自治体の計画内容について情報収集も進め、過剰な計画とならないよう妥当性を慎重に検討しながら進めた。

第 2 章　新年度（2011.4.1）から新年度前期終了（2011.9.30）まで

その後、復興計画が策定され、復興整備計画、事業実現へと展開している。空き区画等の問題が指摘されるが、計画時点と造成工事完了時点での歳月の差が生む問題はある程度許容する必要がある。特に高齢者と若者の 3 年は異質である。むしろ、事業計画時点で変更を受入ながら進められたことは、直轄調査と担当職員を配置する取り組みが機能したと個人的には評価している。

2　復興計画策定委員会との調整

多くの自治体は直轄調査の結果を基にした復興パターンを復興計画策定委員会で検討して計画立案を進めた。しかし、中には独自の取り組みを行った自治体もある。特に都市計画区域外は都市計画事業を行うことができないため、国交省事業ではなく水産庁事業を基本とする自治体もあった。

水産庁が所管する事業には、北海道南西沖地震で被災した奥尻島の復興事業でも使われた漁業集落環境整備事業があり、防災集団移転促進事業と漁業集落環境整備事業の組合せを期待する自治体では、早い段階で独自の体制を設置し、復興計画立案を検討していた。一方で、調査の重複は被災者や自治体の負担となるため、直轄調査を進めるコンサルタントは難しい立場となった。筆者はその自治体の復興計画策定委員だけでなく、作業監理委員も務めることになったため、その両者の調整を図ったが、省庁間の縦割りと担当意識は強く、想定した最良の体制とすることはできなかった。そこで、妥協案として、復興計画策定委員会に資料を提出する作業部会および自治体担当者との調整会議等の水面下での不足している調査分析作業を依頼し、表には出ない縁の下の力持ちとして徹することを求めた。

省庁間の分担は必要な面もある。しかし、災害復興ではハード整備が必要なことも多く、有用な事業選択をすることも重要であることから、復興交付金制度が創設されるまでは実現への課題があった。特に造成計画等では地質や搬出土量計算など経験が重要で、表と裏で繊細な調整が必要であった。

3　様々な要望と合理性

復興計画の策定過程で、新しい移転先に関する要望について面識の無い人からメールが届くこともあった。時には、直接の被災者でない人からも要望が届いた。個々に対応すると際限なくなることと、それは不可能であることから、メールの受信と被災地を心配する気持ちへの御礼を返すに留めていた。ある時には、具体的な移転先の場所を示す図と、そこを住宅地にして出身者も居住できるようにすれば明るい未来が描けるような趣旨が書かれた文書が届いたこともある。ふるさとを思う気持ちが分かりつつも、その案を取り上げる合理性はないため検討することもなかったが、心苦しいばかりであった。

また、移転希望する被災者と移転先の土地を所有する地権者との間の調整も、辛く切ないものであった。被災者の要望を大切にすることも重要であるが、先祖代々受け継いできた大切な土地を提供する土地所有者の気持ちも大切にする必要がある。被災者のために断腸の思いで土地を売却した人がいることも認識しなければならない。幸い、合理的な理由により本当に大切にしている場所は手放さないで済むように計画を立てることができたが、バランスを保つ難しさも痛感した。

そして、何よりも大事なことは個々の利益よりも公益を考えることである。東日本大震災からの

119

復興では、復興交付金制度により、従来に比べて丁寧な対応が可能となった。要望と合理性で判断することも大事であるが、公益という視点での判断をもう少し取り入れる必要性があったのかもしれない。

4　おわりに

　筆者が携わった直轄調査の作業監理委員と復興計画策定委員会での経験を記した。個人的には、直轄調査があったことで復興計画策定が順調に進み、さらに復興交付金制度が出来たことで、予想より早く事業が完了していると評価している。一方で、自治体負担のない復興交付金制度の負の側面も明らかになったと感じている。今回の災害復興の経験が、今後も続く多種多様な災害復興に役立つことを願っている。

⑥宮古市東日本大震災復興計画検討委員会

工学部教授　　南　正昭

　宮古市では、未曾有の大震災による甚大な被害への緊急対応を続けながら、2011年6月1日に宮古市震災復興基本方針を策定した。

　基本方針には、復興に向けた基本的な考え方を「市民生活の安定と再建」および「安全で快適な生活環境の実現」とし、復興にあたって配慮して取り組むべき事項、復興計画の策定、推進体制、当面緊急的に取り組む内容がまとめられた。

　方針の段階で、市民と行政とのパートナーシップによる参画と協働を基本とすることを明記し、住民主体で望む復興への姿勢を明確化しており、少しでも快適な避難所生活の確保や仮設住宅の確保など、被災者となった市民に対して緊急に取り組むべき重要事項を掲げたものとなっていた。

　この宮古市震災復興基本方針に基づき、宮古市東日本大震災復興計画が策定された。その立案に当たっては、「宮古市東日本大震災復興計画検討委員会」が設置され意見交換がなされた。委員は26名で私も参画させていただいた。

　宮古市東日本大震災復興計画・基本計画は、計画全体の期間を2011〜2019年度の9年間とし、2011年10月31日に策定された。

　基本計画では、復興に向けた「3つの柱」として、「すまいと暮らしの再建」「産業・経済復興」「安全な地域づくり」を掲げた。復興計画の期間を、復旧期（2011〜2013年度）、再生期（2014〜2016年度）、発展期（2017〜2019年度）としている。

　その内容は、計画の概要、都市基盤づくりの方針、復興に向けた取り組み、復興重点プロジェクト、地区別復興まちづくりの方向性、復興を推進するための事項から構成された。直接の津波被害を受けた市として、都市基盤づくりを進めていくことを「3つの柱」の取り組みの前提と位置づけている点が特徴的といえる。基本計画の第2章には、以下の都市基盤づくりの方針を掲げた。

- ・減災の考え方に基づく多重防災型まちづくりの構築
- ・安心と活力を生み出す土地利用の促進
- ・地域の復興を支える災害に強い交通網の形成
- ・市民生活を支える公共施設の復興と防災力の強化

　宮古市東日本大震災復興計画・推進計画は、基本計画の達成につながる具体的な実現手段を示すものとして、「復興事業の推進」ならびに「地域別の復興まちづくりの推進」を内容に2012年3月30日に策定された。

　「復興事業の推進」には、基本計画を達成するために想定される事業が掲げられた。また、「地域別の復興まちづくりの推進」には、基本計画に沿って田老地域、宮古地域、重茂地域からなる3つの地域のまちづくりについて方向性が示された。

　復興事業は、復興に向けた3つの柱について、以下のように7分野、8分野、5分野からなる取

り組みの方向を示し、分野毎に整理されている。

・すまいと暮らしの再建

被災者の生活再建支援、雇用の維持・確保、保健・医療の確保・充実、福祉の充実、学校教育環境の確保・充実、生涯学習等の施設の復旧と文化財の保存・継承、地域コミュニティの強化・再生。

・産業・経済復興

農業の復興・再生、林業の復興・再生、水産業の復興・再生、商業の復興・再生、工業の復興・再生、企業・事業者の復興・再生、観光の復興・再生、港湾の復興・再生。

・安全な地域づくり

災害強いまちづくりの推進、災害に強い交通ネットワークの形成、地域防災力の向上、防災・危機管理体制の強化と再構築、災害記憶の後世への継承。

推進計画の実施にあたっては、適正な進行管理のもと、翌3年分の事業を毎年度見直すとともに、必要に応じて適宜見直しを行うこととしている。

また、復興計画の下位計画として、宮古市東日本大震災地区復興まちづくり計画が、推進計画の策定と同日2012年3月30日に策定公表された。地区復興まちづくり計画は、被災した市内33地区で推進する復興まちづくり計画の内容を示すもので、市民の意向を可能な限り尊重しながら、市としてまとめたものである。

土地利用の基本方針および公共施設の配置方針を記すとともに、地区別の復興まちづくりの基本的な方針や事業手法の概略等を示している。

宮古市では、基本方針に掲げられたように復興計画の立案過程において、住民への説明会の開催や懇談会の設置などを通して住民参加、意向の反映を重視してきた。

基本計画の策定の過程において、宮古市東日本大震災復興本部会議10回、宮古市東日本大震災復興計画検討委員会5回、被災地域およびその周辺の6,644世帯を対象とした復興に向けた計画づくりに関する住民アンケート、女性会議構成団体との意見交換会、パブリックコメント20日間、高校生との意見交換会、市民説明会市内7会場等が設けられた。

また、推進計画ならびに地区復興まちづくり計画の策定の過程においては、地区復興まちづくりの会3回（市内23会場、市内12会場、市内5会場）、意向調査2回、地区復興まちづくり検討会4回、宮古市東日本大震災復興計画検討委員会1回、意見交換会1カ月間が開催されている。

特に地区復興まちづくり計画の策定において、住民合意、住民参加を重視し、被災戸数が100戸以上の10地区では、自治会、消防団、PTA等から選出された住民代表を構成メンバーとして地区としての計画を取りまとめ、市長に対して提言する「検討会立ち上げ型」、被災戸数が40戸未満の23地区では、住民全員を対象とする意見交換会や個別の意向確認を行う「全体協議型」の2つの方式を用いた。

幾度もの住民とのコミュニケーションを積み重ねることで、防潮堤・水門の整備計画、浸水域の土地利用規制、高台・嵩上げ造成計画など、平常時では調整に長期間を要する課題を短期間で決定してきた。

第2章　新年度（2011.4.1）から新年度前期終了（2011.9.30）まで

第7節　被災動物診療「わんにゃんレスキュー号」の活動

農学部教授・附属動物病院長　　佐藤　れえ子

1　被災動物支援班

東日本大震災では多くの人命が奪われたが、家庭内で飼育されていた動物たちも飼い主と運命をともにした。また、一方では飼い主と離ればなれになったり、飼い主を失ってしまった動物たちも多かった。そのような状況の中で岩手県獣医師会の会員や地域の獣医師達が被災地に赴き、状況の把握と被災した動物たちの保護活動を実施した。

3月22日に岩手県では、岩手県獣医師会との間に締結した「災害時における動物の救護活動に関する協定書」及び「岩手県災害時動物救護本部設置要綱」に基づき、被災地における被災動物やその飼養者等に対して必要な支援を行う拠点として「県救護本部」を設置した。本学農学部附属動物病院においても、そのような被災地の惨状に対して手を打つべく「被災動物支援班」が臨床系教員と動物看護師、学生によって編成された。

震災後に岩手大学には三陸復興推進本部（本部長：岩手大学長）が設置され、教育支援部門・生活支援部門・水産業復興推進部門・ものづくり産業復興推進部門・農林畜産業復興推進部門・地域防災教育研究部門の6部門に分かれて様々な救援・支援活動が行われた。被災動物支援班は、これらの部門のうち生活支援部門に属するとともに、岩手県獣医師会岩手大学支会のメンバーとして、獣医師会からの被災動物救護活動要請を受け、救護活動を開始した。

2　わんにゃんレスキュー号と沿岸地域の被災動物事情

地震と津波の後の沿岸地域は、ライフラインや道路の遮断により盛岡市などの内陸部からは切り離された形で孤立していた。特に沿岸で宮城県との県境に近い陸前高田市や大船渡市は盛岡市からは遠く離れ、通常でも車で片道2時間半以上かかる道のりである。道路の寸断とガソリン不足により、一層支援の届かない状態が続いていた。そのような状況の中で、地域にある動物病院自体が津波被害に遭い、休診を余儀なくされていた。動物病院の診療休止により、その一帯の家庭飼育動物たちの診療や投薬、ペットフードの配給が途絶して、なかでも慢性病に罹患している動物の治療薬と療法食の枯渇が重大な影響を与えていた。

そのような状況を受けて被災動物支援班としては、岩手県内でも支援の届き難い陸前高田・大船渡地区への支援活動を実施すべく準備を整えた。移動手段と診療の場所を確保する意味で「移動診療車」を派遣することにし、3月中はその準備に追われた。移動診療車は、動物病院で産業動物実習用に使用していた診療車「モーモー号」を使用することにした。モーモー号は自家発電ができ、自動血液生化学測定装置を搭載した、「牛の」集団検診用の改造車であった。車体表面は白黒のホルスタイン柄に塗装されており、動物病院に備蓄していた小動物用の薬品と療法食などの機材を積み込み出発に備えた。3月中はガソリンが供給されない状態であったが、沿岸までの運行許可証とガソリンを大学で調達してもらった。

123

3 わんにゃんレスキュー号の活動

(1) 第1回出動：大船渡市合同庁舎前と大船渡中学校避難所：2011年4月1日

＜11時30分〜14時40分＞

　道路事情とガソリンの供給が行われて、わんにゃんレスキュー号が陸前高田・大船渡方面に出発できたのは、4月1日となった。同行したメンバーは、臨床系教員（獣医師）5名と動物看護師2名。この時点では被災地の状況が把握できていなかったため、学生の同行は行わないことにした。運転は岡田啓司准教授が担当した（写真 2-7-1 〜 2-7-5）。

　出発前の荷造りを終えて朝8時に出発し、11時半に大船渡市合同庁舎に到着。通信網が遮断されているため沿岸の地域振興局の飼育動物担当者に電話連絡し、かろうじて放送を続けているローカルラジオ放送にお願いして被災動物の診療を実施することをアナウンスしてもらう。出発前の時点では、どれくらいの被災者に情報が伝わっているか甚だ疑問であったが、到着してみると小雪が舞い散る寒風の中、多くの被災者が動物を抱えてわんにゃんレスキュー号の到着を待っていた。

　多くの人々が自分たちの動物を連れてきていた。彼等には、何らかの獣医療が必要であった。慢性的な疾患をもっていた動物では、その内服薬と特別な治療のためのフードが必要だった。わんにゃんレスキュー号には、薬品と処方食（特定の病気の時に食べるフード。これだけを食べるように獣医師が処方箋を書いて処方する。例えば尿石を溶かしたり予防するフードや、慢性腎臓病の動物用フード、アレルギーを持っている動物のフードなど）を搭載していたので、必要に応じて配給した。また、1カ月近く動物病院が閉鎖されていたので、外耳炎の治療や皮膚病の治療、肛門嚢の処置、爪切りなどを必要としていた飼育動物が多かった。この他に、ペットフードの供給がストップしてしまい、フードを取りに来た方もいた。事前に電話で予約のあった糖尿病の猫は、わんにゃんレスキュー号の中で点滴治療を受けた。また。ペットのハムスターの治療も行った。合同庁舎での診療頭数は、以下の通り。

　　◎犬　22頭
　　◎猫　5頭
　　◎ハムスター　1頭
　　◎相談とペットフード希望者　犬2頭、猫2頭分

写真 2-7-1　わんにゃんレスキュー号

写真 2-7-2　大船渡合同庁舎にて
多くの被災者が寒風の中診療を待っていた。

写真 2-7-3　わんにゃんレスキュー号の中で点滴を受ける糖尿病の猫

写真 2-7-4　大船渡中学校の校庭で

写真 2-7-5　後ろの坂道では避難所の子ども達が元気に遊んでいた

＜15時30分～16時50分＞

　その後、大船渡中学校の避難所へ向かい、ここではグラウンドで診療に当たる。避難所に避難している人が自宅に置いて飼っている慢性腎臓病の猫の治療などを実施。また、津波で受傷し、大腿骨の開放骨折（折れた大腿骨が体の外に突き出ている状態）となった臨月の猫を診察し、手術が必要と判断したため本学動物病院に入院させることにした。ここで診察した柴系の若犬は随分痩せていて、充分な栄養が得られていないのではと心配になった。グラウンドは風が強く、砂を舞上げるために、治療にたびたび支障をきたした。大船渡中学校での診療頭数は、以下の通り。

　　◎犬　4頭
　　◎猫　5頭（うち1頭は入院のため搬送）

　避難所の子ども達は、強風にもかかわらず元気に遊んでいて、石垣を登ったりしていた。どのような状況下でも元気な子ども達の存在は、かけがえのないものだと痛感して帰途に就く。

＜16時50分～23時45分＞

　帰りは釜石地区の被害状況を確認するために、釜石－遠野を経由して帰路につく。途中釜石で大

渋滞に遭遇。まだ電気の通っていない信号があり、手動で交通整理をしている箇所あり。頻繁に緊急車がサイレンを鳴らして走っている。被害は甚大で、想像を絶する。国道の両側はがれきの山で、家屋の大屋根だけが残っていたり、その上に船や車の残骸が乗っているなど、津波のすさまじさを物語っていた。釜石では遺体を集めて体を清め検死をするための大型テントが入り江の砂浜に無数に樹立しており、まだまだ続いている不明者の捜索と身元確認が行われていることを目の当たりにして言葉がなかった。

22時半に動物病院に帰還。荷下ろしと、薬品類を整理し、その日の診療の血液検査を実施した。4月4日には、大船渡合同庁舎前で診察した犬1頭、猫1頭が来院。精査の上治療をして、その後は地元の動物病院の再開を待って診療を受けるように指示した。

(2) 第2回出動：大船渡市熊谷獣医科医院～陸前高田サンビレッジ避難所：2011年4月7日

今回は7時50分に陸前高田市に向けて出発し熊谷獣医科医院を訪問。その後、陸前高田サンビレッジ避難所へ向かった。獣医師5名、動物看護師2名であった（写真2-7-6～2-7-10）。

＜11時30分～14時40分＞

大船渡市合同庁舎到着。担当の大船渡保健所獣医師の案内で合同庁舎裏の車庫に保管してあった動物用救護支援物資（犬猫用ドライフードが中心）をわんにゃんレスキュー号に積み込んだ。狂犬病予防技術員の案内により熊谷獣医科医院を訪問。本病院では被災動物の一時預かりをしているため、動物達の当時の被災状況や近況などを説明していただいた。保護されている動物の内訳は、猫5頭、犬4頭であった。中には波にのまれて泥だらけになった状態で保護された犬や、がれきの下から救出された猫がいた。すべての動物の引き取り手は近隣で確保されているとのことであった。現在、フード等の支援物資は届いているとのことであったが、ワクチンおよび関連物資（2.5mlシリンジ・23G針）が不足しており、早急に届けてほしいとの要望であり、シリンジと針を置いてきた。ワクチンについては対策本部の方へ連絡して対応した。

熊谷獣医科医院を出発。陸前高田市災害対策本部が設置されている陸前高田市給食センター避難所へ向かう。5分ほどで到着し、災害対策本部長より、今後のわんにゃんレスキュー号の活動については自由にしてよいとの許可をいただいた。本避難所は、警察や自衛隊車両で敷地内が埋まっており、車がすれ違うのがやっとというくらいの大変混雑した状況であった。

その後、スポーツドーム（サンビレッジ）避難所に到着。避難所の責任者へ挨拶。屋外の駐車場スペースに簡易受付と診療スペースを用意し、診療開始。釜石タカサワ動物病院より、酒井獣医師が応援に駆けつけてくれた。避難所には数頭の動物がいるとの情報であったが、周知不足で具合の悪い状態にあった動物の飼い主さんは不在の状態であった。膀胱炎疑いの犬1頭を診察した。また、犬用のドライフードが不足しているとのことで、救援支援物資（フードなど）を渡した。スポーツドーム避難所での診療頭数は、以下の通り。

◎犬　1頭

＜14時40分～16時10分＞

次に、陸前高田第一中学校避難所に向かう。ここは大きな避難所で、校庭には多くの車が駐車してあった。また、校庭に隅には自転車置き場が臨時の犬小屋となっており、犬6頭が外飼いされて

第 2 章　新年度（2011.4.1）から新年度前期終了（2011.9.30）まで

上左）写真 2-7-6　陸前高田一中避難所にて　多くのボランティア団体が慰問に訪れていた。このゴリラは熱があるので診察して欲しいと現れた。中身は金髪のお嬢さん。キリスト教団体の慰問チーム。

上右）写真 2-7-7　自転車置き場につながれていた犬たち　子ども達がかわいがっている。

中左）写真 2-7-8　陸前高田一中の避難所での診療

中右）写真 2-7-9　サンビレッジ・スポーツドーム避難所での診療　多くの被災者が犬や猫を連れて訪れた。

下左）写真 2-7-10　長い避難生活中、皮膚の脱毛が増えた

いた。すでにわんにゃんレスキュー号を待っていた飼い主さんが複数いた。避難所の責任者に挨拶。校内放送でわんにゃんレスキュー号が来た旨を周知してくれた。

　グラウンドにて診療開始。事前のお知らせで駆けつけた人のほかに、他の避難所から知人を訪ねてきていた際に偶然わんにゃんレスキュー号を見つけて立ち寄った人がいた。ここでは避難所に避難している人が車で飼っている乳腺腫瘍の犬や、他の避難所でやはり車で飼っている外耳炎の犬などを診察・治療。

　診察を受けた動物達は、津波の際、命からがら一緒に逃げてきた大事な家族だと話してくれた飼

い主さん達。飼い主さんへの要望を聞いたところ、フードなどの援助物資は比較的足りているが、動物を飼っていることで避難所や仮設住宅に入れないことが一番困っていることであり、なんとか一緒に家で暮らせるようにしてほしいというのが切実な要望であった。そのため、現在は、車の中で動物と暮している人がほとんどであった。車の中での飼育のため、動物のストレスを心配する相談も見られた。また、もともと室内飼いの動物が多く、トリミング（被毛のカットやシャンプー）できるところを探しているが近隣では見つからず困っているとのことであった。第一中学校は大きな避難所であり、情報は回っているようであったが、離れた避難所へ行くと、回ってくる情報が少なく横の連絡がうまくいっていないとの声も聞かれた。

　ボランティアの人達が多く、わんにゃんレスキュー号へ挨拶に訪れる人が多数いた。また、NHKやAPS通信社、新聞社の方々が集まり、取材や質問を多く受けた。避難所の子ども達が、動物が集まっているということで多く訪れ、興味深そうに診察を見ていた。ここでは避難している方から、実は診察が至急必要な動物を持っている人が複数いるのだが、わんにゃんレスキュー号が来ることを知らずにいるので、是非ともまた近いうちに来て欲しいという強い要望が出された。口コミで他の飼い主にも知らせたいという声も聞かれた。このことを避難所の副代表の横田さんと相談したところ、事前に次回の日程を連絡してもらえば、必ず皆に声がけをするので、次回是非来て欲しいとのことであった。陸前高田第一中学校避難所での診療頭数は、以下の通り。

　　◎犬　7頭
　　◎フード受け取り　犬2頭
　　◎相談　犬2頭（そのうち飼い主不在：1頭）、猫1頭　　　合計12頭

＜16時10分〜21時15分＞

　16時10分に撤収し、帰路につく。陸前高田市の沿岸部沿いは壊滅的な被害を被っており、がれきの山と津波が残した海水が残っている状態で、建っている建物はほとんど見当たらなかった。頻繁に緊急車がサイレンを鳴らして走っていた。被害は甚大で、想像を絶するものだった。

　20時に動物病院に帰還。荷下ろしと、薬品の整理・補充を行い、その後、本日の診療の血液検査と尿検査を実施。わんにゃんレスキュー号の車内清掃。

＜23時32分＞

　盛岡で震度5強の地震。停電。3月11日の大地震の余震であった。すでに活動終了していたため被害はなかったが、大きな地震で不安が残った。幸いに停電は短時間で復旧した。

（3）その後の出動

　その後も混乱する避難所の被災動物を救護し、被災飼育者を支援するために3回にわたってわんにゃんレスキュー号を出動させた（写真2-7-11）。

＜第3回出動：2011年4月14日＞

　獣医師3名、動物看護師2名、獣医学科5年生2名、運転手1名

　遠野市の「愛ラブ動物病院」院長多田洋悦先生（岩手県災害時動物救護対策本部副本部長）を訪問。支援物資のワクチン（犬用1箱、猫用1箱）を受け取り、激励を受ける。陸前高田第一中学校避難所とサンビレッジ避難所を訪問。診療頭数は以下のとおり。

第 2 章　新年度（2011.4.1）から新年度前期終了（2011.9.30）まで

写真 2-7-11　被災して休診していた高橋動物病院が診療再開
高橋獣医師と。

写真 2-7-12　動物病院の裏庭に長期避難していたアヒルのピー助
岩大職員さんから戴いた子供用プールでご満悦。

・陸前高田一中避難所

　◎犬　18 頭

　◎猫　7 頭　　　計：25 頭（この他にペットフードの希望 2 件　犬 1 頭、猫 1 頭）

・サンビレッジ避難所

　◎犬　22 頭

　◎猫　4 頭　　　計 26 頭　　合計 51 頭

＜第 4 回出動：2011 年 4 月 21 日＞

　獣医師 6 名、動物看護師 1 名、獣医学科 6 年生 1 名、運転手 1 名

　診療頭数

・陸前高田一中避難所

　◎犬　5 頭　　　計 5 頭（この他にペットフードの希望 7 件　犬 4 頭、猫 3 頭）

・サンビレッジ避難所での診療頭数＞

　◎犬　5 頭

　◎猫　1 頭　　　計 6 頭　　合計 11 頭

＜第 5 回出動：2011 年 5 月 18 日＞

　獣医師 2 名、動物看護師 2 名、臨床検査技師 1 名、運転手 1 名

　第 5 回目は、津波被害に遭って休診していた大船渡市の「高橋どうぶつ病院」が震災後 2 カ月を経て診療再開したとのことで、同病院を訪問し診察や画像検査による診断を補助した。診療内容は以下の通り。

　◎アトピー性皮膚疾患　犬 1 頭

　◎変性性脊髄症・下部尿路感染症　犬 1 頭

　◎慢性心疾患・顔面片側麻痺　犬 1 頭

　◎蛋白漏出性腸症・慢性心疾患　犬 1 頭

　◎急性腎不全・胆道炎・膵炎疑診　犬 1 頭

　◎外傷・皮膚欠損　猫 1 頭

以上の計 5 回のわんにゃんレスキュー号の出動により、診療した頭数は、犬 100 頭、猫 30 頭、その他 1 頭の合計 131 頭であった。

　被災動物支援班では、わんにゃんレスキュー号の出動の他に被災して避難所に避難した住民のアヒルを、自宅のアヒル小屋が再建されるまでの間、本学動物病院にて預かった。動物病院の裏庭のプレハブ内で飼養し、学内の有志から提供して戴いたビニール製のプールで水浴びをさせた（写真 2-7-12）。この話題は、岩手日報でも写真入りで報じられた。

4　活動の総括と課題

(1)　災害時の協力体制について

　混乱を来している被災現場での被災動物支援活動は、実に困難が多い。現場の情報収集もままならない。大震災の前から岩手県と岩手県獣医師会の間には災害時の協力体制を構築する取り組みが行われていたが、実際の災害においてそれを実施するには大変な困難があった。したがって、震災直後から支援活動が活発に行われたわけではなかった。それは、人命優先での救護活動とライフラインの確保が喫緊の課題であるのだから当然である。被災動物支援班の現地派遣も獣医師会からの情報と要請を待ちながらの活動であったので、第 1 回目は 4 月 1 日と被災後約 3 週間を過ぎていた。

　被災後、どのようにして活動してゆくのかは、平常時から具体的な取り組みについてのシミュレーションを関係各所と行うことが是非必要である。このような経験を経て、自治体と医療関係者、そして獣医師・動物看護師等が協力して災害時の救護活動を展開する「災害派遣獣医医療チーム : Veterinarian Medical Assistance Team;VMAT」の結成を実施する県が、少数ではあるが現れた。この VMAT は平常時にそれぞれの自治体と協定を交わしながら、医療従事者も交えて一緒に災害時のシミュレーションやそれに基づく訓練を実施するものである。日本獣医師会も、この活動を支援している。

　災害現場で実際に医療関係者と獣医師が共同で行う作業はないように思われるが、日頃から災害に備えて獣医以外の異業種関係者との連携を図っておくことが、実際被災した現場での初期救護活動には是非必要である。人命は医師が、動物の命は獣医師が責任を持って守っていくという根本原理を理解して戴くことが、被災直後からの時間をおかない被災動物支援活動に繋がっていくものと考えられる。それぞれの県で様々な形の活動パターンが用意されつつあると思われるが、VMAT という活動の形も有効な選択肢のひとつであると考えられる。わんにゃんレスキュー号の活動にもVMAT の考え方が必要であると思われ、今後の検討課題である。

(2)　東北の被災者と息の長い支援

　今回の震災では、災害直後から被災動物の里親・一時預かり募集をインターネットを通じて実施した。その結果、すぐに県内外から 349 件の申し出があった。県外では、遠く沖縄から北海道まで善意の申し出があったのである。

　しかし、このような善意の申し出に対して、岩手県内の被災者からは希望が寄せられなかった。その最大の理由は、「人様にご迷惑をかけたくない」「手元に置いておきたい」というものであった。この時期、よく新聞やテレビなどで、「避難所にいる東北の被災者の方々は本当に我慢強い、辛抱

第 2 章　新年度（2011.4.1）から新年度前期終了（2011.9.30）まで

強い」と賞賛する声があがっていた。自分の飼育動物に対しても、そのことで他の方々にご迷惑は
かけられないという奥ゆかしい気質が強く表れていたと思う。このような東北の方々の奥ゆかしさ
を全国の方々にも理解して欲しい、そして復興には長い時間がかかるので、末永く見守って支援の
輪を広げて欲しいと感じた。その後、集められた里親・一時預かり希望の方々のリストは、福島第
一原子力発電所事故の避難者と避難動物に対する救護活動に有効に利用された。福島の方々の避難
も長期化しており、支援活動が風化して忘れられないようにする必要がある。風化させないように
することが、今後の重要な課題である。

（3）非災害時の準備と同行避難の周知

　東日本大震災を契機に、災害時の飼育動物との同行避難が広く薦められるようになってきた。環
境省では、家庭内飼育動物の同行避難についての提言を出して、国民への啓発活動に努めている。
各地の自治体が作成する避難時のマニュアルの中にも同行避難について明記されるようになってき
てはいるが、実際の災害時に避難所に着いてみると動物を収容するスペースもケージなども何も無
い状態で、結局動物を同行できなかったという実態が、岩手県内でも台風の大雨被害の際に経験さ
れている。県の担当者の説明では、各自治体によって認識にかなりの温度差があるのは事実である
という。環境相の提言は誠に有り難いことではあるものの、実際に実行してゆくためには更なる啓
発活動が必要であることと、非災害時における関係各者の具体的なシミュレーションの積み上げが
欠かせないと思われる。時間がかかっても、粘り強く取り組み、自治体が避難所を作る際には動物
を飼っている人と飼っていない人のスペースを別にして、動物を収容するスペースとケージなども
一通り用意しておくことを理解してもらうことが必要だ。

　また、飼育者側も非常時に備えて動物たちに必要なマナーを覚えさせ、避難する際に必要なもの
をあらかじめ用意しておくことが重要だ。もし、動物が慢性病で内服薬や処方食を使用しているの
であれば、必ずその種類と名前を書いたものを用意しておく。動物の生年月日や治療歴を書いた動
物手帳を作っておくと便利である。今、日本獣医師会では、家庭内で飼育されて犬や猫などに対し
てマイクロチップの埋め込みを薦めている。これにより、災害時に飼い主と離れた場合でも個体識
別が出来て、正しい飼い主のものに帰ることが可能となる。このような日常における一つ一つの地
道な積み重ねが、災害という想像を絶する状況におかれたときの人と動物の助けになるものと信じ
る。

第8節　救援物資の調達と配布

①教員からの呼びかけ：学び応援プロジェクト

人文社会科学部准教授　　**五味　壮平**
情報メディアセンター准教授　　**吉田　等明**

　3月11日の地震発生後、盛岡市内は停電となり、盛岡市が運営していた地域SNS「モリオネット」はしばしサービス停止状態に陥った。このSNSは、盛岡市ゆかりの人々を中心とした交流の場として、2007年から運用されていたものである。岩手大学情報メディアセンターの専任教員であった吉田が運営立ち上げに関わり、その後、吉田とともに五味や梶原（教育学部准教授）も、このサービスが実質的な交流の場となるよう、様々な取り組みを行ってきていた。

　2011年3月の時点では実質100名以上からなる関係性の濃いコミュニティが形成されており、岩手大学の教員、学生の中にもそれなりの数の利用者が存在していた。総務省の後押しもあって、当時地域SNSは全国で数多くつくられていたが、災害時などに連携しあうことができるようにという和崎宏氏（株式会社インフォミーム代表取締役）の思想と取り組みにより、ユーザ同士はゆるやかにつながりを持っていた。

　3月13日、市内の停電は部分的に解除され始めていた。日曜日であったが、この日の朝、盛岡市役所によりモリオネットのサービスが再開された。そこで盛岡市のモリオネット担当職員に、この災害に関する掲示板（サービス内で「コミュニティ」と呼ばれる機能）を立ち上げてもらったところ、ユーザ同士の安否確認、沿岸部のユーザや状況に関する情報交換などがさっそく始まった。また、我々にいったい何ができるのか、という議論もオンライン上で始められた。以来、物資支援、経済的支援、人的支援、など様々な支援の可能性が検討された。SNS上だけではなく、モリオネットユーザが多かった岩手大学では、吉田、梶原、五味などが集まり、暗い中央食堂で話し合いを行い、それをSNS上での議論にフィードバックした。一方、五味のところには、他の地域SNSから支援の受け入れ窓口になるよう要請があった。実際に何かアクションを起こすかどうかの判断は我々自身で下すべきと一旦判断は保留した。

　当時、盛岡にいた我々には、沿岸の各市町村の状況はほとんど何もわからなかった。例えば物資支援をしようにも、物流もストップし、ガソリンもないという状況の中で、支援物資をいつ被災地に持っていくことができるかどうかの見通しも立たなかった。そもそも、どのような支援ニーズがあるかもわからなかった。

　そんな中、岩手県が支援物資の募集を開始した。そのリストには、食料や衣料品などとともに、「学用品」が含まれていた。これしかないと考えられた。仮にすぐに持っていくことができなくても、学用品であれば悪くなることはない。そしていつかは必ず役に立つであろう。このような判断と経緯を経て、3月17日、学用品の物資支援プロジェクトである「学び応援プロジェクト〜20年後の未来のために〜」が立ち上げられた。全国の地域SNSの力も借りながら、当時普及しつつあったツイッターなども活用して情報を拡散して物資を集め、岩手県に提供するという計画であった。

第 2 章　新年度（2011.4.1）から新年度前期終了（2011.9.30）まで

　モリオネット上には、このプロジェクトのための専用チームがつくられ、プロジェクトリーダーは五味が務めることになった。またプロジェクトのコアメンバーとして、学外からはモリオネットのユーザである紫波町の佐々木琢子氏や、震災直後に姫路市からモリオネットに登録し、情報支援を積極的にしてくれていた井内由美氏が参加してくれた。一方、大学にも相談に行き、物資の保管場所、および仕分けなどの作業場所として、屋内プールを貸してもらえることになった。ちなみに学用品は新品に限定して募集をかけた。どの程度集められるか皆目見当はつかなかったが、ひとまず目標を段ボール箱 200 箱と定めた。3 月に卒業が決まっていた学生にサポートしてもらい、3 月 23 日からの約半月間に期間を限定して受付を開始、またそれと前後して、物資の保管や仕分けのボランティアも募った。

　初日に届けられたのは、紙袋一つであった。しかし、徐々に協力・賛同してくださる人は増え、届けられる学用品の数も増加していった。YAHOO! ニュースなどに取り上げられたこともあって、3 月 28 日頃からは段ボール箱が急増、またたく間にプールサイドに積みあがっていった。3 月 30 日には、半月の募集期間は長すぎると判断し、期間を短縮する告知を行った。

　上述したように、集まった学用品については、すべて岩手県に届ける計画でプロジェクトを進めていた。しかし 4 月 1 日に県から連絡があり、当初目標とした 200 箱以上は受け入れられない状況であることが判明した。県側でも、予想以上に物資が集まるなかで保管場所が足りなくなるという事態が発生したのであろう。こうして、集まってきた物資の受け入れ先を探す、という大きな課題が浮上することになった。ボランティアの学生が沿岸地域の学校で勤務している恩師などに連絡をとり、ニーズを直接確認するなどの作業を行ってくれた。

　そんな中、全国の各地域 SNS では、学び応援プロジェクトに協力しようという動きが広がった。広島県尾道、兵庫県全域、姫路、宍粟、伊丹高校、佐用、三田、京都府宇治山域、愛知県春日井、静岡県掛川、東京都葛飾、千葉県山武、埼玉県熊谷、栃木県、群馬県桐生などの地域 SNS が参加。物流のコストを考え、トラックをしつらえ、参加地域各地を経由して支援物資を積み込み、盛岡の岩手大学まで届けようという「大震災【村つぎ】リレープロジェクト」が展開された。村つぎリレーのトラックは、大規模な仕分け作業を行う予定としていた 4 月 9 日に岩手大学プール前に到着した。また、秋田県鹿角市教育委員会は市を挙げて学用品を集め、仕分け作業前日の 4 月 8 日にやはりトラックで届けてくださった。

　この頃、陸前高田市の教育委員会より、同市の中学生全員分の学用品を届けてほしいという依頼がとどいた。我々のプロジェクトを役立てることのできる大きな機会と考えられた。

　4 月 9 日、10 日の仕分け作業時には、段ボールにしておそらく 700 箱以上の学用品が我々の元に届けられていた。モリオネットのメンバーや岩手大学生など多くの方々にボランティアとして協力してもらい、様々な種類の学用品を種類ごとにわける作業を行った。また陸前高田市の中学生用には、ビニールのキャリーバッグに様々な学用品をつめたセットを作り、1 人 1 セットずつそのまま手渡してもらえるようにした。このキャリーバッグには「わんこきょうだい」などのイラストレーターとして知られるオガサワラユウダイ氏が提供してくれたイラストのシールが貼付されていた。

　翌 4 月 11 日には、釜石市の鵜住居小学校、陸前高田市教育委員会に学用品を直接持ち込む形で届け、また 4 月 12 日には岩手県の支援物資受け入れ窓口に 200 箱を届けた。その後も唐丹小学校

133

写真 2-8-1　仕分け風景

写真 2-8-2　仕分け終了

や沿岸広域振興局などから連絡をもらい、届ける作業を行った。5月のゴールデンウイークにはそろそろ大学の授業も始まるということで、プールからは撤収し、人文社会科学部の教養室に保管させてもらうことにした。

　文部科学省が「子ども学び支援ポータルサイト」という支援物資のニーズとシーズをマッチングするサービスを立ち上げてくれたあとは、沿岸地域の学校からの「15マスの国語ノート17冊」というようなきわめて具体的なニーズが把握できるようになった（文部科学省からは、同サイトを活用したということでその後、感謝状をいただいている）。大学が郵送費を支援し続けてくれたため、必要に応じてパッケージ化して発送するという作業を繰り返した。学校などからニーズが寄せられることが少なくなってきてからは、沿岸部で開催されるイベントへの景品としての提供、南三陸町図書館への提供、フリーマーケット等での販売と寄付などの形で在庫を減らしていき、最後はリサイクル業者に買い取ってもらうことができた（2017年）。

　以下、このプロジェクトをふりかえり、得られた教訓について考えてみたい。学び応援プロジェクトは、インターネットとくにSNSの存在があったからこそ実施可能であった。とくに地域を基盤

第 2 章　新年度（2011.4.1）から新年度前期終了（2011.9.30）まで

にもち、密なコミュニティの形成が可能であった地域 SNS というサービスがなければ、おそらくこのような動きが起こることはなかったであろう。またそのメンバーの中に、比較的行動の自由度が大きい大学関係者が少なからずいたことも、プロジェクトを支える条件として機能したと言えそうである。さらに地域 SNS 同士の連携、ツイッターなどの全国レベルの SNS の存在はこの規模でのプロジェクトの成立には不可欠であった。

　一方で、学び応援プロジェクトは物資支援の難しさを教えてくれるプロジェクトでもあった。いま振り返ってみても、各時点でプロジェクトチームが行った判断はそれほど大きく間違っていなかったように思われる。しかし結果として支援ニーズをあとから探し出す形になってしまったところが大きな反省点である（特に初期段階において）。このような支援は「押しつけ」になる可能性を孕んでいる。また物資支援を行う組織団体同士で、ニーズの取り合いをするようなことにもなりかねない。様々な配慮をしたつもりではあったが、実際、現場ではどう受け取られたのか。もちろん、喜ばれたこと、役にたったこともあったであろう。一方で、過剰供給になっていたこともあったのでないか。そうした実態が十分に把握できていなかったこと自体、被災の現場と距離があったことを示している。（当時沿岸部に多くの知り合いを持たず、車の運転にも慣れていなかった五味にとって、避難所等に直接行くことはきわめて非現実的なことに感じられていた。）物資支援をしようとする際には、間接的ニーズに基づくのではなく、できるだけ現場の直接的ニーズを把握するところから始めるのがよい。

　様々な主体により、同様の物資支援プロジェクトが同時並行的に行われたことも教訓にすべきであろう。学用品、文房具に限っても、いくつかのプロジェクトがたちあがった。県内等で起きるかもしれない様々な種類や規模の災害に備えて、いざというときにどこが主体となって、どのように現場のニーズを把握しつつ、どのような物資支援を行うか、あらかじめある程度の役割分担や担当を決めておくことはできないだろうか。

　反省的なふりかえりが多くなったが、学びプロジェクトがきわめて多くの人々の協力によって成立し、新しい文具が被災地の子供達に届けられ、また一定のニーズを満たしたことは間違いないと言ってよいであろう。

　ご協力いただいたすべての皆様に、この場を借りて心より御礼を申し上げます。

135

②教員からの呼びかけ：沿岸被災高校生への辞書および参考書の物資支援

教育学部准教授　梶原　昌五

1　支援の概略

　本項では、陸前高田市の岩手県立高田高校からの要請で始めた沿岸被災高校生への辞書および参考書の物資支援活動について紹介する。

　活動は梶原研究室の卒業生からのメールにより始められ、当初は高田高校への支援のみ考えていたが、他の高校でも必要と考え、大学の復興支援課やNPO等の情報から当該学校に連絡し、結果的には大槌高校、山田高校、久慈高校、久慈東高校、久慈工業高校、陸前高田市立第一中学校避難所にも物資を届けることができた。その数は、辞書約2,300冊、参考書約4,200冊におよんだ。なお、このうち校舎が被災したのは高田高校のみで、それは全壊である。他は学校に置いていたものは残ったものの、生徒の家や親の職場が被災することにより物資および現金が家庭から失われ、特に新入生のための学用品の調達ができなくなったため、支援したものである。

　物資支援手法としては、大学関係者および一般の方々に締め切り日を決めて物資支援を要請し、五味先生の活動にならい、教育学部2号館1階「学生控え室」に受付を設け、お届けいただいたものは毎日屋内プールサイドに移動・施錠保管したのち、別途休日等に日を設けて教職員・学生に依頼してこれらを仕分けた。なお、送付方法は学校によって異なるため、以下個別に述べる。

2　初動

　2011年3月31日午前9時、卒業生から私あてに次のようなメールが届いた。

　「おはようございます。お願いがあります。高田高校の生徒に辞書や大学受験用の参考書を集めています。大学生に聞いていただけませんか？　無理ならいいです。よろしくお願いします。」

　これは、ご主人が岩手県立高田高校に勤務している当研究室卒業生からのメールである。これに応え、教育学部教職員用メーリングリスト、副学長玉真之介先生、岩手大学生協専務峰田優一氏に次のような依頼文を送った（以下、要点のみ）。

■必要なもの　辞書類：国語辞典、古語辞典、漢和辞典、英和、和英など、高校生用のもの
　　　　　　　参考書：比較的新しい年度のもの
■募集期間　　高田高校は5月から新学期の授業を始めるため、それに合わせる。
　　　　　　　郵送、宅急便の場合は4月28日必着。持参の場合は4月29日でも可。
■お送りいただく方法
　　　　　　　郵送、宅急便等の場合は梶原研究室の住所電話番号を明示（ここでは省略）。
　　　　　　　持ち込みは教育学部2号館1階学生控室（高校は自衛隊と同居のため受け取れない）。

　その他、個人契約のサーバで問い合せ用メールアドレスを作り、「岩手県立高田高校学習支援プロジェクト」専用アドレスとした。また、本活動を公務と捉え、玉副学長の許可を得て、周知と依頼および結果報告のためのホームページを大学の共通サーバ内に開設した（下記URL）。

　ホームページ：http://www.edu.iwate-u.ac.jp/rika/biology/kaji/takata-shien.html

3 調達

募集開始の翌4月1日には、玉副学長から学内復興支援用メーリングリストへの転載、復興支援課からプール使用許可が届いた。また、岩手大学生協の峰田専務からは、生協玄関内への辞書募集ボックスの設置、全国の大学生協連合会を通じての物資提供依頼済報告をいただいた。のちの募集・仕訳作業は、岩手大学教職員とご家族、岩手大学環境サークル「リユース」の学生たちに手伝ってもらった。さらに、都内の学生サークル「参考書宅救便」の方々にも物資調達のお世話になった。

物資支援は依頼翌日の4月1日の学内者から始まり、4月10日からは一般個人からの問い合わせや物資支援が増加した。配布予定先は他高校にも広がり、不足分を補うために4月19日からはTwitterで募集を開始し、被災地状況が見えない支援者の方々からの問い合わせ対応に忙殺された。最も困難だったのが被災地の教員との連絡である。彼らは避難所となった学校で公務員の一員として避難所運営に従事しつつ新学期の準備を進めなければならず、また、生徒の被災地からの移動等もあり、高田高校から物資必要確定数が得られたのは4月22日であった。また山田高校からは4月23日であった。必要概数が判明したため、さらなる調達のために募集期間を5月10日に延長した。

4 配布

届けられた辞書と参考書、特に参考書は学生の力を借りて仕分けし、以下の高校に配布した。

- 高田高校　　辞書約800冊、参考書約4,000冊。運搬は高田高校新田先生のトラックで2回。
- 山田高校　　辞書約400冊、参考書なし。運搬はNPO法人SAVE IWATEのトラックで1回。
- 大槌高校　　辞書約120冊、参考書なし。運搬はクロネコヤマトの宅急便（高校着払い）。

久慈の3高校へはNPO法人琥珀の泉の女沢理事長に依頼し、高田一中避難所へは一関の平野氏に依頼した。なお、古語辞典140冊は岩手大学地域連携推進センターに置いていただいた。

5 総括と課題

震災後は停電等が長引き、必要な方々と連絡が取れなかった。また、県立学校教職員は避難所運営も担い、さらに生徒の市外避難に伴う転校等もあり、生徒数把握に時間がかかった。調達については、辞書と参考書以外の物資が送られて来て困った。教科書も依頼していないが、教育委員会から新品が配布されるため不要であり、1,100冊を廃棄した。電子辞書は教諭に大変喜ばれた。また、某大学のロゴ入り新品ノートは、進学を諦めざるを得ない生徒には酷であり、学童にお贈りした。配布については、瓦礫撤去に伴う道路状況の変化や宅急便配送システムの変更等で手探りの状態が続いた。

なお、私的なことだが、教育学部は他学部に先行して専門講義を4月中旬に始めたため、3つの学内兼務教員を務めていた筆者には、支援して下さった方々に十分なお礼と記録をする余裕がなく、そのままになっている。これを個人での活動の限界と捉え、課題として挙げておかねばならない。

これらは、大学生協連合会加盟大学、また、多くの団体・個人の方々に無償でいただいた支援物資があってこその活動でした。おかげさまで被災高校に十分に物資支援を行うことができました。あらためて誌面を借り、深く御礼申し上げます。ありがとうございました。

③センターからの呼びかけ

地域連携推進センター准教授　　今井　　潤

　2010 年 12 月に、盛岡市産学官連携研究センター（以下「コラボ MIU」）に岩手県中小企業家同友会が入居した。3 カ月後の 3 月 11 日に東日本大震災が発生し、すぐに岩手県中小企業家同友会がコラボ MIU 内に対策本部を立ち上げるとともに、陸前高田市にある陸前高田ドライビングスクール内に、支援物資を配布する拠点を設置して、主に気仙地区の企業支援を開始した。また、全国の同友会からの支援物資を県内各地に発送するための二次的保管場所として、コラボ MIU 会議室の使用を打診され、盛岡市と協議の上、貸し出すこととした。

　食料等の緊急の支援物資が一通り行き届いた 3 月 20 日過ぎから、その情報が全国にテレビ等を通じて伝わったこともあり、古着など様々な衣類や日用品が全国から送られてきた。しかし被災地のニーズと、支援者が送付してくるものにかなりのずれがあり、不要品が倉庫を圧迫し、本当に必要な物資の支給に支障をきたす状況になってきた。

　そのような状況を打破するため、岩手県中小企業家同友会と岩手大学が連携して、古着を中心とした支援物資のバザーを開催することにした。震災発生から 1 カ月も経っていないことから、「まだ早すぎる」、「送ってくれた人に失礼だ」などの意見も出たが、次々送られてくる支援物資の行き場がなくなっており、岩手産業文化センター（通称アピオ）に開設された岩手県の物資受け入れ施設でも、古着の受け入れは断っていることがわかった。このままでは、古着がすべてゴミになってしまうことが判明したため、岩手県中小企業家同友会と岩手大学が連携して、コラボ MIU にて古着を中心とした東日本大震災被災者支援チャリティーバザーを 3 回（4 月 7 日、15 日、22 日、すべて金曜日）実施することにした。実施に当たっては、支援物資の送付元の全国の中小企業家同友会に趣旨説明の連絡を行い理解していただいた。また、売上金を日本赤十字に寄付して、復興支援活動に活用していただくことにした。

　この活動の大学側の母体としては、2011 年 4 月 1 日に発足した東日本大震災復興対策本部地域復興支援部門物資支援班の活動として実施されることになり、7 日に開催された物資支援班第 1 回の会合で確認された。

　岩手県中小企業家同友会には、10 トンを超える古着が届いており、バザーを実施するにあたり、古着の分類と分別が大きな課題となった。ほとんどが個人的な支援のため、雑多な古着が段ボールに入っており、それらをある程度分類しないと、バザーの開催が難しいことがわかった。衣類の分類については、地域連携推進センターの事務補佐員達や技術職員達の献身的なボランティア活動があり、大量の段ボールから衣類を出して、「男性用」、「女性用」、「子ども用」、「防寒着」という非常に大まかなではあるが分類を行い、使用できない古着は廃棄し、使用できそうな古着は、きれいにたたみ直して、バザーを迎えられることになった。

　しかし初回バザー前日（4 月 7 日）23 時 32 分に発生した最大の余震で、盛岡では本震と同じ震度 5 強が観測され、市内全域で停電したこともあり、予定していたバザーは中止せざるを得なかった。

　翌日の午後 5 時には市内でも停電は全面復旧したため、当初の予定通り、近隣の町内会などにも

第 2 章　新年度（2011.4.1）から新年度前期終了（2011.9.30）まで

写真 2-8-3　バザーの様子（2011.4.29）

周知を行い、4月15日にバザーを開催することになった。開催に当たっては、コラボ MIU で企業支援のアルバイトを行っていた学生たちがボランティアとして運営を補助してくれ、すべて1品50円という価格設定で販売を行った。

　平日開催で、またガソリンが十分に供給されていない中、どのくらいの来場者があるか心配していたが、近隣の方々を中心に多くの方々が集まって、大量に購入していただいた。中には個人的な沿岸の知り合いを拠点に支援を行いたいから、衣料品を分けて欲しいという依頼が数件あり、岩手県中小企業家同友会事務局と相談の上、希望する衣料品をすべて無償で提供することも行った。しかし中には、市内の古着屋が来て、手当たり次第売れそうなものを探していくようなこともあった。特にその人達は、振る舞いが悪く、片っ端から段ボールをひっくり返していくため、注意せざるをえない場面もあった。企画段階で転売の禁止の表示徹底などを検討するべきであったと思う。

　毎回バザー終了後1週間程度をかけて、ボランティアの女性職員達が、衣料品の整理整頓を行ってくれたため、2回目、3回目（追加で4月29日〈金・祝〉開催）も滞りなく、バザーを開催することが出来た。3回の売上の合計は27万円ほどとなった。さらに在庫があり、要望もあったので4回目（5月21日〈土〉）を開催することにした。

　4回のバザーの売上金額の合計は、322,366 円となった。端数が出ているのは、同時に募金も行ったためである。売上金の寄付については、当初は、東日本大震災義援金を予定していたが、地域や用途を指定することが出来ないため、寄付先を変更した方が良いという意見が出て、岩手県中小企業家同友会事務局と相談した結果、岩手県中小企業家同友会が支援している陸前高田の仮設住宅の照明設備の購入設置のための資金として活用し、Web にて周知した。

　岩手県中小企業家同友会のメンバーは、実際被災地に出向いての支援を忙しく行っている中、連携して、盛岡での支援活動としてバザーを実施した。取り組みとしては簡単なものであったが、技術部、事務補佐員、学生のボランティアがなければ実施できないものであった。チャリティーの結果が、実際目に見えるものになったこともあり、達成感を得ることができた。

第9節　地域への対応：工学部の取り組み

工学部教授　　西谷　泰昭

　岩手大学のある盛岡のインフラは震災の翌週にはほぼ復旧し、学内では様々な被災地支援活動が草の根的なものも含め立ち上がり始めた。工学部でも、震災現場での復旧に直接かかわるボランティア活動や、中長期的な視点に立った復興計画のための調査・研究など、地域の復興へ向けた活動が始まった。記録という意味で本書を捉えれば、それらの工学部の活動をすべて本稿で扱うべきであるが、ここでは、地域への直接的支援活動として当時の堺茂樹工学部長を中心として取り組んだ次の2項について述べる。

＊被災地へのICT機器の提供：被災地の自治体、学校、漁協等にパソコン、プリンタ等のICT機器を提供した取り組みである。ICT機器は、全国（主に大学等の教育機関）から無償で提供されたものである。これらのICT機器を本学に集積し、オペレーティングシステム・ソフトウェアの再インストール、動作確認、ウィルスチェックなどの整備を行い、最終的に、岩手県を中心に福島県・宮城県を含めて、延べ113カ所の被災地へパソコン602台、プリンタ90台を届けた。

＊被災企業への事務机・椅子の提供：東芝日野工場で不用となった事務机・椅子を岩手県内の被災地の企業に提供した取り組みである。工学部がもっていた様々な連携チャンネルによって地域企業、国土交通省、自治体、個人ボランティアなどの多く方々の思いをつなげることができ、需要確認、輸送、集積、保管、配布などの課題をクリアし、被災した企業へ机283台、椅子296脚が届けられた。

　上記の活動はどちらも、工学部としての正式な（教授会等で承認された）取り組みではなく、補助金等の予算も特にない草の根的なプロジェクトであった。しかしながら、技術的なマンパワーや地域ものづくり等の連携チャンネルなど、工学部の特性を活かした活動であったこと、工学部長を中心とした活動であり、工学系技術室（当時）、工学部事務、工学部教職員の全面的な協力を得て活動できたことなど、工学部の取り組みとして述べるに足る支援活動であった。

　なお、対外的には組織としての信頼が必要な活動であるため、工学部附属地域防災研究センター（当時はまだ工学部附属であり全学のセンターではない）のプロジェクトとして実施された。

1　被災地へのICT機器提供

　海岸工学研究者のメーリングリストで、岩手県沿岸広域振興局水産部の担当者から「パソコン、プリンタ等のICT機器を被災地へ提供できる、あるいはその相談ができる機関を求める」との要請文が発せられたのは震災の翌々週であった。3月26日には、工学部長がこの要請文の転載とともにこの要請を工学部として受け止めたいと工学部教職員にメールで伝えた。これを受け、3月28日には工学部附属地域防災研究センターがICT機器提供の活動を行うことになった。

　しかしながら、この時点では、パソコン（PCと略す）、プリンタなどのICT機器を被災地に提供するという目的だけがあり、具体的にどのような形で支援活動を進めていくかなど、詳細はまったく不明確な状態でプロジェクトは走り始めた。この立ち上げ時の活動計画（思惑）を強いて述べれば、

第 2 章　新年度（2011.4.1）から新年度前期終了（2011.9.30）まで

・ICT 機器の収集：岩手大学だけでなく他の大学にも PC 等の ICT 機器の提供を呼び掛ける、

・ICT 機器の整備：提供された ICT 機器を岩手大学に集積し、チェック・整備する、

・ICT 機器の提供：行政（岩手県）と協力して被災地に ICT 機器を提供する（必要であれば現地での設置・調整を行う）

という程度のものであり、この時点では、需要の内容・規模がまったく想定できないため、プロジェクトの全体像がほとんど見えない状態であった。

　これは「情報がない状態で判断／決定をしなければならない」という、阪神淡路大震災などでも報告されている困難さそのものであった。そこで、プロジェクトの規模を見通せないながらも、基本的な方針として次の 3 点を考えた。最終的にこれらの方針通りに支援が完全実施されたわけではないが、震災後数カ月の間に刻々と変化していく被災地の復旧・復興状況とこの基本方針に基づいて、その時点で可能なこと・必要とされていることを実施していった。

・機動的で柔軟な支援体制：ICT 機器の受け入れ、機器のニーズ等に対してできる限りスピーディな意思決定、柔軟な対応を行う。

・支援の公共性・公平性：国立大学であることを考慮して、自治体、学校、漁協等の公共的な組織の支援を優先する。また、岩手県内だけでなく宮城県、福島県などの被災地全体を支援の対象とする。

・支援する機器、活動期間等：復興の短期的なフェーズでとりあえず必要な ICT 機器（Web ブラウザー、メーラー、オフィスソフトウェアが使える PC、印刷のためのプリンタ等）を提供する。中長期的な支援はメーカーやベンダーに期待する。活動期間は 3 カ月から半年程度とする。

　以下では、プロジェクトの体制・予算等、ICT 機器の収集、整備、提供に分けて、活動内容、発生した課題、その対策などについて述べる。

(1) 体制・予算等

　スピーディな判断・対応ができる機動的で柔軟な支援体制のために、ICT 機器の受付（収集）・要望（提供）などの対外的なやりとりを一元的に扱う窓口機能を設けた。また、ICT 機器の受け取り・整備・提供を実際に行う実働チーム（情報管理班、PC 整備班、サプライ班の 3 班体制）を工学系技術室の全面的な協力を得て立ち上げた。対外窓口はこのプロジェクトの実施責任者が担当し、これに実働チームの班長を加えた少人数体制でほとんどの意思決定を行った。少人数のため情報共有がスムーズであり、意思決定を含めて様々な対応をシンプルかつスピーディに行うことができた。情報の共有には、メールの自動転送、アーカイブ、作業用 Web ページなどネットワークを活用したプラットホームを構築し、コアメンバーだけでなく学内の協力者もプロジェクト活動の情報を参照できるようにした。

　窓口機能のために外部向けの Web サイトを立ち上げ、ICT 機器収集の協力依頼、ICT 機器要望(ニーズ) の受付・連絡先などの被災地への呼び掛けをはじめ、プロジェクトの現状、活動予定など対外的に発信すべき情報を公開した。ICT 機器収集に協力いただいた方々のお名前、ICT 機器の提供先などは毎日更新した。Web サイトの存在はインターネットでの情報拡散につながり、大学以外の一般の方々や民間企業らも機器提供の協力をいただいた。

141

本プロジェクトの支援対象地域は、マンパワーなど考慮すれば岩手県が中心とならざるを得ないが、岩手県だけでなく宮城県、福島県への支援も考えるべきだとの意見は当然存在した。そこで、東北大学、福島大学、会津大学などと連携した支援の形も考えたが、被災地のニーズにスピーディに応えることを優先するという判断により、連携についてはプロジェクトの活動が軌道にのった時点で改めて考えることとした（最終的には、被災地の大学間で連携を行うまでにいたらなかったが、本プロジェクトとしては、福島県、宮城県の被災地にもプリンタや数十台の PC を直接的に支援した）。ICT 機器の集積スペース、整備のための作業スペースについては、地域防災研究センターが学外に対して開講していたコースの授業・実習のためのスペースをコース開始までの期間、利用することができた。

予算的には、被災地へ ICT 機器を届けるための宅配送料、メモリ、マウスなどのパソコン部品、プリンターインク、ケーブルなどの消耗品の購入費用が必要となり、大学の復興予算から支出した。約 100 万円であった。

(2) ICT 機器の収集

まず決めなければならないことは、どのような ICT 機器を収集するかであった。復興の短期的フェーズでとりあえず必要とされるつなぎの PC ということで、通常の事務作業が可能であるような程度の性能、具体的には WindowsXP と MS-Office が稼働できるような PC のスペックを最低条件とした。

どのような範囲・ルートに機器提供の協力依頼を行うかについては、大学等の教育研究機関としたが、大学間の正式な呼び掛けの場合、スピーディな対応が望めないと考え、研究者や技術系職員のネットワーク（メーリングリスト）などを利用して個人ベースの協力依頼とした。協力者の多くは研究室、学科などの比較的小さなグループであったが、技術センターなど大学の技術部に相当する部門で組織的対応をしていただいた例もあった。また、Web サイトを見た民間企業、一般の方々からも協力をいただいた。

収集した PC の整備として、ハードディスクのフォーマット、オペレーティングシステム、オフィスソフトウェアの再インストールを行うため、ソフトウェアのライセンスは重要な問題であった。大学等の教育機関では多くの PC がアカデミックライセンスを使用しており、教育機関以外の一般ユーザは使用できない。そこで、本学情報処理センターを通してマイクロソフト社と相談した結果、Windows、MS-Office 等のソフトウェアの期間限定ライセンス（90 日間）の提供を受けた。その趣旨は、90 日の間に、被災地の機関・個人が震災前から所持していたライセンスに切り替えることを前提とするというものである。メーカー製 PC、ノート PC など PC に付属したライセンスがあり、メディアが存在する場合は通常の一般ライセンスで提供した。

収集する PC 等の台数をどの程度にするかについては、本来なら需要に見合った台数とすればよいが、前に述べたように被災地との連絡が困難な状況や被災地の自治体の混乱などにより需要を取りまとめることは難しかった。そこで、ICT 機器の整備に必要なマンパワーを考慮して、400 台程度の PC を収集することを目標とした。機器の収集は順調であり、5 月中旬には 300 台の PC を確保できたため「5 月末で収集活動を終了する」ことを Web サイトで告知した。実際には 6 月以降にも

第2章 新年度 (2011.4.1) から新年度前期終了 (2011.9.30) まで

予め連絡のあった PC が送られてきて、最終的には 600 台を超える PC が収集された。

(3) ICT 機器の整備

収集した PC は、セキュリティ（ウィルス感染、個人情報漏洩）を考えて、ハードディスクのフォーマット、オペレーティングシステムの再インストール、MS-Office の（再）インストール、ウイルス対策ソフトウェアのインストールを行った。

ICT 機器の整備は、工学系技術室の技術系職員が中心となり、前に述べたように情報管理班、PC整備班、サプライ班の 3 班体制で実施した。実際の業務は、PC の整備だけでなく、ICT 機器の受け入れ、整備、サプライ品管理、配送などの実作業全般であった

作業の詳細は、村上らの報告書を参照されたい（村上武・那須川徳博・志田寛・庄司こずえ「被災地への ICT 機器提供業務における技術職員の対応」、『東日本大震災から 1 年間の取り組み』岩手大学復興報告書第 1 巻所収、岩手大学、2012、pp. 52-54）。

問題とその対処についても上記報告に述べられているが、大きな問題点をここでも述べておくと、ソフトウェアライセンス(前項で既述)とマンパワーの不足であった。マンパワー不足は、講義開始(5月）や研究再開による本来業務のため、技術系職員がプロジェクトに割ける時間が少なくなったことから生じた。学生のボランティアを募り、約 20 名の学生が、5 月中旬から 6 月中旬までの 1 カ月間、整備の作業に協力してくれた。個人作業であるため、学生それぞれの空き時間を本人の判断で作業に当てもらった。

(4) 被災地への提供

被災地のニーズ把握については、当初、ネットワークはもちろん電話さえも不通であり、また、被災地の自治体、教育委員会など現地の組織の混乱もあり、情報がなかなか集まらない状況が続いた。岩手県の復興部署もインフラ復旧活動がメインで、ICT 機器のニーズ取りまとめなどの余裕は当分無理な状態であった。4 月中旬には、市町村の災害対策本部に ICT 機器を提供する旨の文書を届けたが、4 月中は、大学の教職員を介した個別のニーズ情報、比較的被害が少なかった自治体からのニーズ情報に応える形で機器の提供を行った。

4 月末に、県の教育委員会から小中学校のネットワーク復旧のための PC 提供を求めるメールがあり、PC の提供を行った。その後、このときの実作業を担当した総合教育センターの担当者を通して、5 月、6 月と小中学校からのニーズ情報を得ることができ、機器提供が順調に進んだ。インターネットの復旧によりメールでのやりとりができるようになったことも大きな後押しとなった。

6 月後半には、ようやく、大きな被害を受けた地域についても自治体・教育委員会の担当者と直接連絡が可能になり、ニーズ情報が組織的に集約できるようになった。この時点で、十分な台数のPC、プリンタを確保できていたために、7 月はこれらのニーズにスピーディに応えることができた。7 月末までに提供した PC、プリンタの台数は、それぞれ、378 台（4 月 48 台、5 月 137 台、6 月 111台、7 月 82 台）、51 台となり、順調に提供が進んだ。

岩手県以外の被災地への支援については、5 月の段階で相当数の PC が確保できそうであったため、まずは、スポット的な個別の支援を試行してみた。具体的には、文部科学省が開設した「東日本大

143

震災・子供の学び支援ポータルサイト」を通じて、宮城県、福島県の教育機関からのニーズに個別に対応した（この活動により文部科学省生涯学習政策局長から感謝状をいただいた）。気仙沼図書館、高校、幼稚園などに十数台の PC やレーザプリンターを提供した。

　上記のように 7 月までは、岩手県を中心に ICT 機器の提供を進めてきたが、この 7 月の段階で岩手県の自治体、教育関係、漁業関係など公共的な組織への支援が概ね達成されたと判断し、岩手県以外の被災地に対する支援も進めることとした。この段階で、200 台規模の支援が可能であったので、宮城県、福島県の災害対策本部宛てに ICT 機器提供の申し出を行った。その結果、8 月には福島県庁に PC75 台、プリンタ 1 台を提供した。

　この時点で、プロジェクトの使命はほぼ達成されたと判断し、残った約 120 台の PC、約 40 台のプリンタを、岩手県沿岸の民間企業にも提供した。ニーズのとりまとめ・調整は、岩手県復興局、各市町村の商工会・漁協等にお願いした。

　10 月 27 日が ICT 機器発送の最後の日であり、この日をもってプロジェクトが終了したことをWeb サイトで宣言した。最終的な機器の提供台数は、PC が 602 台、プリンタが 90 台であり、提供先は延べ 113 カ所であった。3 月末から 10 月 27 日まで 7 カ月間のプロジェクトであった。

　なお、収集した物品のなかには、そのままでは被災地で使用できない／被災地からのニーズがないなどの理由で提供できなかった機器・消耗品が若干残っていた。せっかくの善意の品々であるため、学内を対象とした配布会を 12 月に開催し、同時に被災地への義援金を募った。集まった義援金は「日本赤十字社東日本大震災義援金」に寄付し、この時点で内部的にもプロジェクトは終了した。

(5) まとめ

　上記のようにまったくの手探りの状態で進めてきた取り組みであったが、ICT 機器の収集、整備、ニーズ把握と、多くの方々の尽力によって、なんとかプロジェクトを完遂することができた。

　窓口担当としての個人的な感想になるが、今回の取り組みで感じることは、多くの方々の被災地への思いであった。このようなことがなければ知り合うことがなかった人たちの思いを知ることができ、本当に貴重な体験であった。また、工学の研究者としては、豊かで安全な社会を作るための工学が実は無力だったという意味で、今回の震災が工学の分野にとってエポックであったように感じる。震災を経験した研究者・技術者として、復興・再生も含めて、これからの工学について考えていかなければならないと強く思ったことを付記する。

2　被災企業への事務机・椅子の提供

　本節の最初に述べたように本項は、東芝日野工場で不用となった事務机・椅子を岩手県内の被災地の企業に提供した取り組みである。前項の ICT 機器の提供とは異なり、実作業に工学部はほとんど係わっていないが、工学部がもっていた様々な連携チャンネルが活用された事例である。

　資料 2-9-1 に、当時工学部附属地域防災研究センターのセンター長でもあった堺茂樹工学部長がセンターの Web サイトに記載した報告文書「岩手県沿岸の被災企業への東芝日野工場、事務机・椅子の提供について」（2011.10.3）の全文を引用掲載する。

第2章　新年度（2011.4.1）から新年度前期終了（2011.9.30）まで

　計測器メーカーである（株）ケネック（東京都昭島市）、岩手県内のものづくり企業が加盟する岩手県機械金属工業協同組合連合会、国土交通省東北地方整備局岩手河川国道事務所が中心となり、多くの方々のご協力に支えられ、（株）東芝のご厚意のもと、大震災からの復興に向けて努力されている被災企業へ事務机・椅子を提供する活動が行われました。この活動が始まる段階で、当センターも幾分関わりましたので、ご紹介させて頂きます。

＊数百台の事務机、被災地のニーズは？

　東芝日野工場の移転に伴い不要となった多数の机・椅子があることをケネックが知り、これらの被災地への提供を東芝OB澤田氏を介して東芝にお願いしたところ、ご快諾を得ました。ケネックは、当センターが被災地へパソコン等の提供を行うために全国に協力をお願いした際に、いち早く協力を申し出て頂いた企業であり、そのご縁で当センターへ机・椅子の提供についての打診が6月中旬にありました。大震災から3ヶ月が経過した6月でも、被災地がどのような支援を必要としているかが把握できておりませんでした。そこで、岩手県機械金属工業協同組合連合会にどの程度の企業がこのような支援を必要としているかを調べて頂きました。被災地が広い範囲に及ぶことと、被災した企業との連絡が思うように進まないことなどのため、全体的なニーズを把握するのは大変な作業になりましたが、多くの企業が支援を必要としていることが分かりました。

＊輸送は？ 保管は？

　次に問題となるのが、輸送手段です。これには、国土交通省東北地方整備局岩手河川国道事務所がご尽力下さいました。岩手河川国道事務所及び胆沢ダム工事事務所が発注する公共工事を請け負っている企業にボランティア輸送への協力を呼びかけたところ、39社から申し出がありました。希望していた以上の申し出であったため、日程等の条件が合致した16社に協力をお願いしました。また、提供を希望する企業の所在地が岩手県沿岸の広い範囲に及ぶことから、3カ所の集積場所に輸送し、そこへ企業が受け取りに来ていただくこととしました。集積場所となったのは、釜石・大槌地域産業育成センター、久慈市文化会館アンバーホール、国土交通省三陸国道事務所宮古維持出張所ですが、これもそれぞれの機関のご厚意によるものです。

＊いよいよ発送作業!!

　東芝日野工場からの発送は9月6日〜8日に行われましたが、その作業にはボランティア輸送協力企業が派遣して下さった方々、ケネックの社員、東芝OBの方、日野市役所の職員、など多くの方が携わりました。また、発送作業に先立ち、東芝OBご夫妻やケネックの社員が机・椅子を念入りにクリーニングしました。3カ所の集積場所での荷下ろしと企業への受け渡しには、集積場所の提供機関の職員の方々が対応して下さいました。

　このように、多くの方々のご努力により、岩手県内の被災した企業へ机283台、椅子296脚が届けられました。今回の活動が終了して感じますことは、被災地の復興に少しでも役立ちたいという多くの方々の思いと、それぞれの思いを形にしてゆく人の輪の大事さです。いろいろな方がいろいろな役割を担って進められましたが、どなたが欠けても上手くいかなかったと思います。しかも、このようなことがなければ知り合うこともなかった方々が、一つの目標に向かって知恵を出し合い、周囲からの協力を得ながら、連携の輪を広げていった結果と言えます。多くの方々のご尽力に敬意を表すると共に、一日も早い被災地の復興を祈念いたします。

資料2-9-1　「岩手県沿岸の被災企業への東芝日野工場、事務机・椅子の提供について」（堺茂樹、2011.10.3）

第 10 節　地域への対応：情報メディアセンターの取り組み

情報メディアセンター准教授　　吉田　等明

情報メディアセンター准教授　　中西　貴裕

　東日本大震災当時の情報メディアセンター情報処理部門が行った活動は、震災時の初期対応と地域コミュニティ活動を通じた地域支援などである。その中でも特に、552 台の中古 PC を整備して被災地に送付した活動を中心に報告する。

1　発生直後の状況と、地域への対応の開始

　3 月 11 日 14 時 46 分地震発生、その後停電などのため、全学ネットワーク及び全サービス停止が停止した。幸いネットワーク系統の機器故障はほとんど無く、学内ネットワークは 13 日 15 時頃に復旧した（工学部は 14 日復旧）。サーバに関しては若干の故障や障害が発生したが、情報処理部門スタッフの懸命の復旧作業により 13 日 20 時頃にサービスを再開した。電子メール送受信及び Web/Webmail サービス以外は、東北電力からの節電要請及び、計画停電情報を考慮し一時停止させたが 24 日午前中にはすべてのサービスを再開した。ただし、高速計算サーバについては、節電などのため 7 月末まで 25% 減の縮退運転を行った。教育用端末やサーバ群の耐震環境についても注目すべき点があったが、ここでは詳細は述べない。

　情報処理部門による地域への対応、復興支援活動は、電源が回復した 13 日から開始した。その活動は、情報処理部門が力を入れていた地域コミュニティ活動の一環として、これまでに醸成した人のネットワークを通じて行った。主に当時支援していた地域 SNS である「モリオネット」を最大限活用した。13 日 14 時には、人文社会科学部の五味准教授らと共同で、震災対応のためのコミュニティとして「【緊急】東北地方太平洋沖地震に関する情報共有」を立ち上げた。これに呼応して全国の地域 SNS からの温かいご支援が集まったことに、改めて深い感謝の意を表したい。五味准教授とは、文房具を被災地に送る「学び応援プロジェクト」を立ち上げたが、その活動は本章第 8 節①で紹介する。

　初期には、情報処理部門及びモリオネットで集めた救援物資を緊急車両に積み込み、避難所に指定されていない寺に送付した。また、岩手県立大学の村山優子教授の「岩手震災 IT 支援プロジェクト」へ参加した。特に、避難所を衛星回線により IP 接続する活動を高田、宮古、山田などで行ったことは特筆すべきことである。

2　被災地に向けて中古 PC の送付

　さてここで、8 月にリース切れになる予定の岩手大学情報処理センターの PC 約 570 台を整備して、被災地に無償提供しようと思い立ったのであるが、これは大変な作業であり、多くの方々のご協力があって初めて実現できたことである。ここでは謝辞を兼ねてくわしく紹介していきたい。

　まずは、リース切れになった PC 約 570 台を快く無償提供していただいた、日本 IBM 株式会社に

深く御礼申し上げたい。次に、提供する PC に含まれているソフトウェアライセンスの交渉に応じていただいた日本 Microsoft 株式会社に感謝の意を表する。MS Windows については、PC に紐づくライセンスとして被災地への提供後も引き続き使用することをお認めいただいた。PC に紐づいたライセンスではなかった MS Office については、提供前に PC を使用される方を確定できない状況をご理解いただき、暫定的な 90 日間のライセンスで PC を構成し、被災地への提供後、Office を使用される方が確定した時点で、永続的なライセンスに切り替えられるよう柔軟なご対応をいただいた。

　岩手県振興局や復興局からは、どこに何を何台送るかなど送付先の調整を行っていただいた。あの極限状況の中でご対応いただいたことに心からの感謝を述べたい。岩手大学復興対策本部情報・連絡調整部門会議から、中古 PC を送る送料（90 万円）及び保守部品を購入する費用など、多岐にわたる資金援助をいただいたことに深く感謝の意を表したい。

　特に、中古 PC の整備作業の際、長時間にわたって根気強くご協力いただいた、情報処理部門スタッフの皆様及び情報企画室、工学系技術室、企画調査課の皆様には、心からの感謝の意を表したい。作業内容は、動作チェック、BIOS とディスク書き換え作業、PC のメモリ交換、起動チェック、クリーニングなど多岐にわたった。整備の結果、570 台中状態の良い 500 台が送付可能となった。1 台につき仮に 30 分かかるとすれば、30 分× 500 台 = 15,000 分 = 7,500 時間の作業が必要だったことになる。

　次に送付の際の梱包材であるが、既に購入時の箱などは一切残っていなかった。これを購入するとなると大変な事態が発生するところであったが、日本通運株式会社のご協力により、専用の梱包材を作成していただき、PC 本体、ディスプレイ、キーボード、マウス等を最小限の大きさのダンボール箱に収納し、送付時に衝撃から守ることが可能となった。8 月 9 日（火）〜 10 日（水）にかけて送りだしたが、梱包・搬出・運搬のために約 20 人の方々のご協力をいただいた。

表 2-10-1　PC の送付先と台数（第 1 便）

搬入場所	PC の台数	搬入日	搬入場所	PC の台数	搬入日
陸前高田市	58 台	8 月 10 日	大船渡市	108 台	8 月 10 日
釜石市	78 台	8 月 10 日	大槌町	35 台	8 月 10 日
山田町	39 台	8 月 10 日	宮古市	90 台	8 月 10 日
岩泉町	3 台	8 月 10 日	普代村	1 台	8 月末日
野田村	9 台	8 月末日	久慈市	79 台	8 月末日

　送付後、直ちに岩手県を通じて受け取った方々からの感謝の言葉が集まってきたことは大変励みになったが、同時にもっと欲しい、この台数では足りないというご要望をいただいた。そこでほっとする間もなく、整備時に除外した 70 台のうち、部品を交換すればまだ使える PC を選別・整備して送ることとした。実際には、故障が多かったマルチ DVD ドライブ 52 台を岩手大学の費用負担で購入して修理を行い、岩手県復興局を通じて 52 台の PC 及び 11 台のレーザプリンタ及びプリンタ用トナー 7 セットを提供した。合わせて被災地からの要望に基づき、3 極− 2 極プラグ変換アダプタ 104 個も提供した。被災地からの要望にはできるだけ応えたつもりではあるが、送付後しばらくたってから、提供した PC の故障時の個別対応を求められた。遠隔地ということもあり、力及ばず

表 2-10-2　　PC の送付先と台数（第 2 便）

搬入場所	PC の台数	搬入日	搬入場所	PC の台数	搬入日
陸前高田市	7 台（2 台）	11 月 17 日	大船渡市	15 台（3 台）	11 月 17 日
釜石市	10 台（2 台）	11 月 17 日	大槌町	4 台（1 台）	11 月 17 日
山田町	5 台（1 台）	11 月 17 日	宮古市	11 台（2 台）	11 月 17 日

注：カッコ内はプリンタの提供台数

要望に応えることはできなかったことは悔やまれる。

　このような活動ができたことは、多くの方々の善意に支えられてのことであったが、その善意は日常的に構築していたネットワーク上の繋がり、地域コミュニティの絆によって集まったものと考えている。11 月 18 日には、情報処理部門が地域コミュニティ活動として行っているネットワーク連絡会において、東日本大震災復興支援と地域ネットワークの未来をテーマとして 4 件の講演と数件の報告を実施し、地域コミュニティの絆を深めた。その他、東日本大震災対応・復興支援の事例を、第 6 回情報系センター研究交流・連絡会議（三重大学）、東京農工大学総合情報メディアセンターシンポジウム、地域 SNS 全国フォーラム in 姫路 防災分科会など日本各地で講演を行うことにより紹介した。

　以上紹介してきた我々の震災時の経験が、今後の自然災害時にわずかでも皆様のお役に立つことを願って結びとする。

第 2 章　新年度（2011.4.1）から新年度前期終了（2011.9.30）まで

第 11 節　産学連携による復興支援

地域連携推進センター准教授　　小川　薫

　本稿では、岩手ネットワークシステム（INS）の人的ネットワークを活用した岩手大学の震災復興支援を紹介する。

　3 月 13 日（日）早朝、被災地である久慈から一報が入った。INS「海洋と社会」研究会のメンバーからである。「田畑が津波で浸水してしまい、塩害が心配だ。これからどうしたら良いか困っている。」というものであった。次の日、農学部河合教授と連絡を取り、すぐには現地に入ることは無理であったが、その後、農地の土壌調査を行い、本学の復興プロジェクトとして塩害被害を受けた農地の生産力回復の支援を行うことになる。

　震災から約半年後、学内では、地域復興に向けた 27 のプロジェクトの取り組みが始まり、塩害農地の復旧・生産力回復、現地企業・農家と連携した新技術実用化による農畜産業振興、がれき廃材を活用した建築資材開発等、農林畜産業の再生に関する支援が本格化した。そのきっかけとなった活動は、じつは震災後すぐに始まっていたのである。

1　がれき廃木材の再資源化システムの確立と木質バイオマス社会構築プロジェクト

　ここで、岩手県沿岸地域の木材関連産業の復興のため、本学農学部関野登教授が中心となり、産学官で取り組んだ「がれき廃木材の再資源化システムの確立と木質バイオマス社会構築」のプロジェクト事例を紹介する。

　東日本大震災によって、沿岸地域は大津波による家屋倒壊・流出等の壊滅的な被害を受け、街はがれきの山と化した（写真 2-11-1）。その被災地域のがれき総量は、環境省による推計で、震災年 5 月 12 日現在、岩手、宮城、福島の 3 県で約 2500 万トン、うち岩手県は 600 万トン（可燃物 100 万トン、木屑 20 万トン）であった。また、産業活動も工場等の被災（倒壊・流出・浸水等）により、活動が停滞するなかで雇用問題が顕在化し、地域住民にとって生活の基盤を失う等の問題が発生した。具体的には、岩手県宮古市にある合板工場とその原料単板供給工場が壊滅的な被害を受け、岩手県北部を中心に原木丸太の出荷が止まり、林業関係者に大打撃を与えた。また、この合板工場を含め三陸沿岸の 6 合板工場が壊滅的な被害を受け、これにより我が国の合板供給能力の 4 分の 1 が失われた。

　このままで行くと、岩手県宮古市の主要産業である木材関連産業の罹災と日本経済への甚大な影響が懸念されることから、関野教授は、学内教員や岩手県立大学内田信平准教授とともに、がれき廃木材の再資源化プロジェクトチームを立ち上げた。復興の足がかりとして、がれき廃木材の再資源化により、宮古市の基幹産業である木材関連産業を早期に復興させる道筋をたてるため、震災直後の 3 月 25 日から関係機関と共に活動を開始した。

　しかし、まず問題となったのが、がれき廃材の入手であった。幸いなことに、岩手県の廃棄物処理の担当者が INS メンバーであったことから、すぐに対応策についてのアドバイスがもらえた。こ

149

写真 2-11-1　震災がれきの山　　　　　　　　　　写真 2-11-2　仮設集会施設の建設

れにより、本プロジェクトチームと宮古市との震災がれきに関わる検討の課程で、4月早期に震災がれきの処理に関して可能な限り分別し再資源化する方針を決定することができた。宮古市管内の震災がれきについては、5月より一次集積所において分別作業を開始し、比較的良質な廃木材を収集・チップ化してボード原材料用と燃料用の2種類に分けて供給する体制を整えることができた。なお、再資源化製品の品質を確保するため、廃木材の塩分汚染濃度の測定を定常化し、良質なボード用原料供給体制も整備した。

　被災していた宮古の木質ボード工場も4月末までにプラント復旧が完了し、岩手大学の技術指導により、がれき廃木材によるチップを活用したパーティクルボード（以下、「復興ボード」という。）の試作生産が開始された。5月上旬には、地元建築業者が「復興ボード」を用いた復興住宅の試作を行い、その後、岩手県から宮古・下閉伊モノづくりネットワーク林産部会へ仮設住宅団地内に建設する集会施設としての建設依頼を受け、宮古市内の地区にまず1棟建設することが決まり、6月末には完成した（写真 2-11-2）。

　一方、地域連携推進センターリエゾン部門としては、本プロジェクトの推進支援と並行していち早く公募開始になった、三井物産環境基金「2011年度　東日本大震災　復興助成（活動助成）」の外部資金の獲得支援（5月30日申請）を行い、無事採択された。

　このように、宮古市の沿岸地域にある木材産業は大津波で壊滅的な被害を受けたが、震災から2カ月半で、「復興ボード」及び「復興住宅」として、生産（供給）体制が確立され、各企業の自助努力と本活動の連携が復興への"呼び水"的機能を果たすこととなった。このように緊急時にもかかわらず迅速な復興活動へとつながったのは、震災早期にがれき廃木材の再資源化サイクルを関係者の理解と協力体制が構築出来たことであり、日頃からのINS会員同士の顔の見える関係が、その背景にあったと考えている。

　この活動はすぐに、7月16日開催のINS公開講義にて情報発信された（図2-11-1）。当日は県内外から約100名の参加があり、活発な意見交換がなされた。

　さらに岩手大学では、岩手農林研究協議会（AFR）「岩手・木質バイオマス研究会」、および震災時本学に来学されていた岡山大学が事務局を務める「さんさんコンソ」とともに、がれきや震災以前から問題となっていた間伐材のエネルギー利活用および木質バイオマス社会構築による林業再生を岩手県に提言し、その後議論される被災地域の復興計画に盛り込まれることを願って、林業関係

第 2 章　新年度（2011.4.1）から新年度前期終了（2011.9.30）まで

図 2-11-1　INS 公開講義ポスター

者、行政、地域住民の理解を得るべく活動を行った。

2　東日本大震災における産学官連携への影響調査～産業支援の観点から～

　2011 年 5 月 31 日、文部科学省の科学技術・学術審議会では、「東日本大震災を踏まえた科学技術・学術施策の検討の視点」が決定され、これを受けて、6 月 21 日、産学官連携推進委員会は「東日本大震災からの復旧・復興と産学連携施策（提言）」を発表した。その提言では、大学の使命のひとつである社会貢献への期待や、これまでの産学官連携活動で築いてきた成果と経験やネットワークを東日本大震災からの復旧・復興に最大限に活かしていくことが求められ、岩手大学における活動も被災地域の実情やニーズに立脚し、産学官連携活動や技術移転活動への東日本大震災の影響を的確に把握するとともに、すでに行われている自発的活動とも連携をとりつつ取り組むべきであるとした。

　これらのことにより、8 月末には 2011 年度大学等産学官連携自立化促進プログラム【機能強化支援型】の事業の一環として、「東日本大震災における産学官連携への影響調査」を地域連携推進センター知的財産移転部門が中心となって実施することになった。本調査は、東日本大震災津波被災地域の企業の事業再開に向けた現状やニーズを産業支援の観点から検討を行い、今後の産学官連携活動をさらに活発なものとし、一日も早い復興への足がかりにすることを目的としたものである。

　調査項目は、①自治体の被災状況調査、②産学官連携活動への震災の影響調査、③岩手県沿岸部の被災企業へのヒアリング調査、④東北の被災地大学へのヒアリング調査、⑤岩手県内指定産品をキーワードにした国内の技術開発状況から見た新製品・新事業展開の可能性調査、であった。本稿では②と③について概要を紹介する。

(1) 産学官連携活動への震災の影響調査結果

　まずは、岩手大学における東日本大震災前後の共同研究契約件数から産学官連携の活動状況を概観した。震災が年度末に発生した 2010 年度の岩手大学の合計共同研究契約数は 226 件で、そのうち岩手県内は 77 件（内陸 66 件＋沿岸 11 件）で全体の 34％に相当する。一方、震災後の 2011 年度の共同研究契約件数は、全体で 212 件と前年度より 6.2％減少し、県外が 129 件（全体の 61％）と前年度より 5％減少し、県内が 83 件（同 39％）と前年度より 5％増加した。また、2011 年度全体の共同研究契約件数が減少しているにもかかわらず、県内をみると、内陸部は 69 件、沿岸部は 14 件と、いずれも前年度を上回った。

　2011 年度は震災直後とあって大手企業の工場が操業できない状態が長く続いたため、研究内容自体を見直した企業も多数おり、全体の共同研究契約数は減少した。しかし、自治体との震災津波対応の共同研究に関するテーマのほかに、被害を免れた沿岸部の企業からの共同研究の申し入れがあり、全体的に共同研究数が増えた。平成 24 年度以降、JST 復興促進プログラムをはじめとする、震災復興関連の新技術開発プロジェクトの公募が各省庁から開始され、その後も共同研究のアクティビティはしばらく増加した。

(2) 岩手県沿岸部の被災企業へのヒアリング調査

　岩手県沿岸部に位置し、岩手ネットワークシステム（INS）、いわて産学連携推進協議会（リエゾン -I）、岩手県沿岸広域振興局及び（財）釜石・大槌地域産業育成センターが支援している企業 66 社にヒアリングを行った。業種は、製造業 40 社（61％）、食品加工業 19 社（29％）、建設業 4 社（6％）、その他 3 社（4％）。ヒアリング企業 66 社中、流失や操業不能な浸水などの被災ありが 33 社（50％）、操業復帰容易・装置位置ズレ等のような被災無し・軽微が 33 社（50％）と同数だった。

　図 2-11-2 に全ヒアリング企業のニーズを示す。新商品等の研究開発ニーズが高く、次いで技術指導ニーズが高い。これを「被災企業」と「被災無・軽微企業」別に見ると、前者のグループでは、新規事業分野進出支援ニーズが相対的に高く、後者のグループでは、歩留り向上・不具合解析等のコスト低減ニーズが高いことがわかった。また、業種別に見ると、製造業、食品製造業（水産加工を含む）では新商品等の研究開発ニーズが高く、さらに、製造業は歩留り向上・不具合解消などのコスト低減ニーズも高かった。なお、建設業では人材育成支援ニーズが高い。

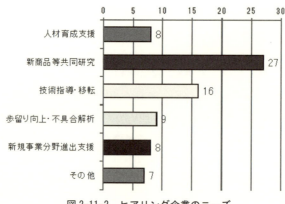

図 2-11-2　ヒアリング企業のニーズ

第 2 章　新年度（2011.4.1）から新年度前期終了（2011.9.30）まで

本調査の総括として、以下、大学等に求められる産学官連携活動の方策について述べる。

（3）震災復興のために求められる早期に成果が得られる産学官連携方策

本調査から、被災企業において新規事業分野進出支援ニーズが相対的に高い結果となった背景には、操業停止の間に生じた取引上のマイナスを埋めていくために、従来よりも高品質で斬新な新商品を市場に投入するなど、何らかの飛躍が必要であるとの意向があることがわかった。

今後の産学官連携の進め方は、従来よりも多様で広範な技術・知識をより短期間に提供することが求められる。新規事業分野に進出するためには、さまざまな可能性を追求する必要があり、また操業停止で生じたマイナスをカバーするためには長い時間と経費は費やせない。そのため、今後の産学官連携においては、従来の地域の枠にとどまらない即効性のある広域の産学官連携が必要であり、既にある技術・知識を効率よく見いだし、フィージビリティスタディによりリスクを低減させつつ、活用できる技術は県外あるいは海外からであっても導入すべきであると考える。

そのために、以下の方策を提案したい。

①被災企業「支援カルテ」の共有化と地域内コーディネーター間のネットワーク強化

被災企業のニーズ・課題は、事業経営全般から新商品開発・人材育成等と幅が広いことから、被災企業のニーズ調査結果等を「支援カルテ」化し、地域内における役割の異なる官・学のコーディネーター間で情報共有する支援ネットワークを早急に作る。

②被災企業への新事業提案やニーズ解決のための技術案件を国内外の大学等から探し出す人的ネットワークの活用

被災企業は大学と長い時間をかけて共同研究をしている余裕は無く、成功実績のある案件や低コストで事業開始ができる案件を積極的にマッチングさせていく。既に岩手大学のコーディネーターのネットワークを活かして、食品系（2011 年度イノベーションジャパンで見つけた大学の技術案件）と機械系（特許先行調査で見つけた国立大学の特許案件）で各 1 事例を他大学の技術案件を活用し、被災企業は十分な外部研究資金も獲得できた事例等がある。

そこで、全国にあるコンソーシアム同士がさらに連携し、企業ニーズ・課題に対する情報交換が緊密にできる場の提供や、それぞれのコンソーシアムに所属しているコーディネーター間の情報交換をさらに緊密にできる体制の構築が必要である。また、被災企業向けの技術移転の際には、知的財産の観点から、初年度あるいは数年間は実施料を無償または極めて低率にする"ボランタリーライセンス"のポリシーも必要である。

③「イノベーション」の定義を明確化し、被災企業目線での技術の提案

被災企業は確実に成功する技術やビジネスモデルの導入を希望している。それほど最先端の技術でなくとも確実に事業化を可能とするためのガイダンスツールや技術説明用の試作機等の作成支援を行うべきである。

④被災した沿岸地域と内陸部との取引拡大に向けた大学の支援

沿岸地域と内陸部の企業間の取引拡大に向けて、大学は沿岸地域企業への技術指導等を強化し、技術力や商品力の向上の支援を行う。沿岸地域に設置する、大学のサテライト機能の活用も必要である。

153

⑤ JST の「産から学へのプレゼンテーション」の被災地での開催

東京で開催している JST「産から学へのプレゼンテーション」のような、被災企業ニーズの発表とマッチングを被災地で開催する。その際、大学側は上記の観点から自校でのニーズ解決のための技術案件を探す。以上、本調査内容については、2012 年 5 月 21 日に、知的財産移転部門・対馬教授より文部科学省産学官連携推進委員会にて報告を行っている。

表 2-11-1　JST 復興促進プログラム

連番	課　題　名
タイプ I 【 ～ 1,000 万円 / 年（マッチングファンド方式）】	
1	樹脂フィルムと金属部品の新規接着技術による高信頼性音響部品の開発（工学部　平原英俊）
2	新型ミツバチ巣礎の開発とその活用によるミツバチ巣箱におけるダニ発生率の減少効果の実証（農学部　佐原健）
3	食品加工機械用高強度・厚肉樹脂成形技術の開発（金型技術研究センター　亀田英一郎）
4	表面改質技術を利用する発泡スチロールの機能化（工学部　芝崎祐二）
5	新規機能成分 kujigamberol を含む久慈産琥珀抽出物を配合した付加価値化粧品の開発研究（農学部　木村賢一）
6	様々なワークニーズ形状に対応できるマグネットチャックの開発（工学部　吉野泰弘）
7	顔センシング技術を活用したビューティーエキスパートシステムの開発（工学部　明石卓也）
8	浮腫軽減を目的とした他動的中手骨間コンディショニング装置の開発（工学部　三好扶）
9	環境低負荷型新規バイオガス脱硫処理装置の開発（工学部　伊藤歩）
10	インプラントの精密鋳造法および細胞接着性を考慮したその表面研磨技術の開発（工学部　内舘道正）
11	地熱活用型堆肥舎を用いた高品質馬ふん堆肥の開発（農学部　前田武己）
12	透気係数を用いたコンクリート構造物の凍害劣化評価システムの検討（工学部　小山田哲也）
13	摂食・嚥下機能評価及び訓練を実現する高齢者向け舌運動センシング技術の開発（工学部　佐々木誠）
タイプ II 【 ～ 2,000 万円 / 年（マッチングファンド方式）】	
14	DL 方式による金属と樹脂のインサート成形技術の開発（工学部　平原英俊）
15	レアメタルフリー酸化亜鉛系紫外線発光ダイオードの実用化（工学部　長田洋）
16	溶射用超硬質皮膜形成能を有するレアメタルレス新規鉄基合金の開発（東北大　横山嘉彦、工学部　末永陽介）
17	低酸素気流を利用した粉体殺菌の研究および連続式殺菌装置の開発（農学部　三浦靖）
18	ネットワーク型遺跡調査システムの開発（工学部　今野晃市）
19	災害現場における救急救命用スタンドレス輸液装置の開発（工学部　廣瀬宏一）
20	風味豊かな岩手県産乾燥食品の製造方法、製造装置及び競争力のある新商品の開発（農学部　三浦靖）
21	高齢化社会における障害者と健常者の共生自立支援－小さな力で人の心と身体を豊かにする新レバー式車いす駆動装置の開発（工学部　佐々木誠）
22	「金属 / 絶縁性放熱複合シート / 金属」三層積層体及びその熱特性測定評価装置の開発（工学部　廣瀬宏一）
23	スラリーアイスを活用した三陸の水産物の長期鮮度保持技術の開発（高知工科大　松本泰典、アドバイザー　農学部　三浦靖、地連センター共同研究員）
24	国際化に対応するグリーン表面処理技術による南部厨房鉄器製造システムの開発（工学部　八代仁）
25	イサダ由来の脂肪酸代謝物を活用した抗肥満機能を有する機能性食品素材開発（岩手生物工学研究センター　山田秀俊、農学部　木村賢一）
26	さんまの仕分け・箱詰め工程における先進的自動化装置の開発（工学部　明石卓也）
27	電源事情に依存しない光学式ロータリエンコーダの小型化及び低価格化の開発（工学部　小林宏一郎）
28	"久慈琥珀" 粉末の高品位・高効率的な新成形技術の実用化（工学部　清水友治）
29	全固体型電気化学発光素子の開発（工学部　土岐規仁）
30	イカ加工自動機開発による生産加工機メーカーとしての確立（工学部　萩原義裕）
31	高付加価値鋳鉄製品の開発（工学部　平塚貞人）
32	ブロイラー鶏舎情報及び養鶏の健康状態を 24 時間遠隔監視するシステムの開発（農学部　御領政信）

第 2 章　新年度（2011.4.1）から新年度前期終了（2011.9.30）まで

　本学の提案を踏まえ、JST では、JST コーディネーターが全国の大学等研究者のシーズと被災地企業のニーズとのマッチングを行い、被災企業の復興を支援する JST 復興促進プログラム（表 2-11-1）の公募を開始し、本学としてもこの事業の採択を受け、様々な被災企業の支援を行うことができた。

3　女性起業家・事業化セミナー　〜起業活動ステップアップ支援〜

　先の被災地調査をふまえ、岩手大学では、東日本大震災後の地域産業復興において、従来の産業復旧・復興だけでなく、新しい視点からの地域課題・ニーズ解決型の産学連携による産業育成を支援してきた。特に新たな地域産業活性化の担い手である地域を支える女性のためのセミナーが必要であると考え、「岩手大学 女性起業家・事業化セミナー 〜女性の起業家・新規事業参加で地域産業活性化〜」を 2012 年 2 月 15 日に釜石、同年 7 月 18 日に久慈、同年 12 月 20 日に宮古で開催した。

　釜石のセミナーには、大槌町の「よってったんせぇ」のお母さんたちから、震災以前から製造販売していた海産物等加工品の包装方法・表示シールの改善や新たな販売方法を確立するための取り組みについて相談があり、地域連携推進センターとしても、起業活動ステップアップ支援を行った。当センターの五日市知香客員准教授（食農コーディネーター）が度々現地に出向いて直接指導し、「浜っ娘母さんセット」が完成した（写真 2-11-3）。その他にも、岩手県職員 OB ボランティアが中心となって設立した「大津波にも負けず頑張る母ちゃん！応援隊」とともに、農山漁村女性による震災復興の支援を行った。

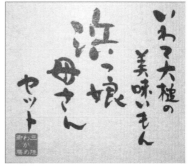

写真 2-11-3　「浜っ娘母さんセット」と「よってったんせぇ」のお母さんたち

第12節　文部科学省等への対応：震災復興関連予算

理事（財務・労務担当）・事務局長　　馬場　　剛

財務部長　　佐々木　強

財務部財務課経営企画グループ主査　　小野寺　学

1　岩手大学震災復興支援プロジェクト

(1)　復興支援の方向性と新たな取り組み

　2011年4月、学長、理事が被災地である三陸沿岸すべての市町村を回り被災状況を把握するとともに、可能な限り被災者と話し合い、岩手大学が震災復興のために何ができるか検討をはじめた。復興支援で最も重視したのは、「大学や研究者がやりたいこと」ではなく、「被災地域や被災者が求めていること」をすべきということだった。

　学内教員に震災復興のために何を支援できるかを照会したところ、全学から41の事業が提案され、これらをもとに文部科学省等へ予算要求する具体的事項の精査をはじめた。提案された事業は、被災者支援、まちづくり支援、産業復興支援、教育文化支援など多岐にわたっていたが、三陸沿岸の主たる「なりわい」である水産業の復興に関する事業は少なくかつ内容も限られた分野であった。これは岩手大学が水産系の学部や研究センターなどを有しておらず関係（研究）する教員もわずかしかいなかったためである。

　しかし、学長、理事の被災地での体感として、水産業を震災前の水準に戻すだけではなく、新たな知見を加えた水産業の高度化とそれを担う人材を育成することが地域に根ざした岩手大学の使命と考え、新たに水産業に関する研究と人材育成を行うことを決断した。なお、1949年の岩手大学設置計画書の将来計画には水産学部の設置が記されており、創立当初から岩手県の水産業を支えるという意志を有していたことがうかがえる。

　また、三陸沿岸は過去から津波により何度も大きな被害を受けていることから、復興にあたってまずは津波災害に強い施設づくり、まちづくり、ひとづくりを行う必要があると考え、地域住民、自治体、他大学と連携協力したボトムアップ型の地域防災システムをつくることを計画した。この計画は従来から地域防災に取り組んできた工学部附属施設の地域防災研究センターが立案した。

(2)　予算要求事項

　学内教員から積極的に提案された多岐にわたる事業をまとめた「生活復興支援」、学長・理事のリーダーシップのもと検討した新たな水産業の高度化研究・人材育成及びものづくりや農林畜産業の復興に資する事業をまとめた「産業復興支援」、これまで取り組んできた地域防災の研究成果をベースに被災地とともに防災システムを立案・実装していく事業の「地域防災拠点形成」、を「岩手大学震災復興支援プロジェクト」（図2-12-1）として2012年度予算に向けて要求を行うこととした。

　予算要求事項のうち、新たな取り組みである水産業の高度化事業は「SANRIKU（三陸）海洋産業研究拠点形成事業」（図2-12-2）と名付けた。6次産業化をキーワードに水産資源調査・保全、養殖

第2章 新年度（2011.4.1）から新年度前期終了（2011.9.30）まで

や水産物加工の高度化、水産資源からの機能性素材の創出、品質管理向上、流通システム開発、人材育成などを一貫して実施するもので、他の大学や岩手県水産技術センター等との連携協力のもと立案した（本章第1節の図2-1-2参照）。

　岩手大学震災復興支援プロジェクトの予算要求事項には盛り込めなかったが、将来の水産業を担う人材（水産プロモーター）を育成する教育体制やプログラム等を検討するため、2013年には三陸水産業の将来予測や海外大学の水産系の教育研究内容等の調査を行うための予算要求を行った。

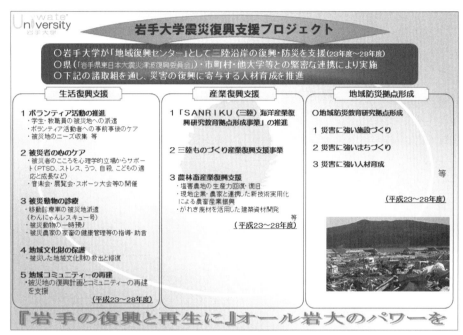

図 2-12-1　岩手大学震災復興支援プロジェクト

図 2-12-2　SANRIKU（三陸）海洋産業復興研究教育拠点形成事業

2　岩手県や被災市町村の理解・協力と他大学との連携

(1) 岩手県や被災市町村の理解・協力

　予算要求にあたっては、岩手大学が計画した案が、真に岩手県、被災市町村や被災者が求めているものなのかを確認する必要があった。2011 年 6 月、岩手県知事に岩手大学のプロジェクトの詳細を説明したところ、岩手県は復興支援に関する国への要望書に岩手大学の取り組みを盛り込んで提出した。2011 年 8 月には沿岸の被災市町村が連携協力して復興に取り組むためにつくられた岩手県沿岸市町村復興期成同盟会において岩手大学のプロジェクトを説明し、さらに 10 月には学長、理事が被災市町村を回り説明し理解を得た。

　市町村から数多くの協力をいただいたが、特に新たに計画した水産業の高度化に関する研究については釜石市から多大な協力と期待を受けた。研究のためには沿岸地域で拠点を整備する必要があったが岩手大学にはその土地も建物もなかった。そういったなかで釜石市から土地と建物を提供するとの申し出を受けたことから、実現性が高まり予算要求もできることとなった。建物は北里大学海洋バイオテクノロジー釜石研究所が使用していたが、津波被害により同研究所は釜石市から離れることとなった。この建物を改修する予定だったが、津波によるコンクリートの中性化が進み耐久性がないことがわかったため取り壊して新たに建物を整備することとした。

　また、後に釜石市の協力のもと設置した岩手大学釜石キャンパスにおいて水産系教育を実施することになったが、これに必要な教育研究施設を整備するにあたり、2018 年に岩手県と釜石市から補助金をいただいた。

(2) 他大学との連携

　SANRIKU（三陸）海洋産業研究拠点形成事業の計画立案は岩手大学のみでは困難だった。このため、東京海洋大学、北里大学、東京大学などと連携して、研究の分野やステージごとに各機関の知見を活かした計画としてまとめていった。文部科学省への予算説明にあたっても岩手大学、東京海洋大学及び北里大学の 3 大学の理事や副学長で精力的に行った。2011 年 10 月、岩手大学、東京海洋大学及び北里大学の 3 大学で連携協力し本格的に事業をすすめるため「三陸水産業の復興と地域の持続的な発展に向けた 3 大学連携推進に関する基本合意書」（図 2-12-3）を締結し、あわせて釜石市でキックオフシンポジウムを開催した（写真 2-12-1）。

3　文部科学省への予算要求

　文部科学省より、被災地域にある国立大学として全学をあげて復興支援に取り組むよう要請を受けるとともに、被災地域で真に必要で効果的かつ実効性のある事業については強く支援するとの激励を受けていた。2011 年 4 月には、高等教育局長が岩手大学を視察し被災地域の状況などを詳しく聴いていかれた。

　予算要求の説明にあたっては文部科学省内の関係する部署にすべて説明に回り支援を訴えた。どの部署も真摯に対応してくれるとともに、より良い事業にするためのアドバイスを数多くいただいた。しかしながら、なかなか採択されない事業もあったため、概算要求のまとまる 8 月ぎりぎりまで調整を行った。12 月末の予算閣議決定までの間、文部科学省の担当部署と事業内容の精度を高め

第 2 章　新年度（2011.4.1）から新年度前期終了（2011.9.30）まで

```
三陸水産業の復興と地域の持続的発展に向けた
　　　　3大学連携推進に関する基本合意書

　平成23年3月11日の東日本大震災により甚大な被害を受けた
三陸水産業の復興と地域の持続的発展に寄与することを目的とし
て、岩手大学、東京海洋大学及び北里大学（以下「3大学」という。）
は互いに連携し、復興・発展に資する研究開発の企画・実施及び
高度専門人材の育成のため、下記の基本事項を合意する。

　　　　　　　　　　　　記

1　この合意における三陸水産業の復興と地域の持続的発展に寄与
　する研究開発及び人材育成に関する基本的事項は、3大学で協議
　のうえ定めること

2　この合意における三陸水産業の復興と地域の持続的発展に寄与
　する研究開発及び人材育成にあたっては、他の高等教育機関、
　岩手県・沿岸市町村、民間団体等とも積極的に連携すること

3　この合意における三陸水産業の復興と地域の持続的発展に寄与
　する研究開発及び人材育成にかかる組織及びその運営等に関する
　ことは、別に定めること

4　3大学はそれぞれの法人の理念及び目的を相互に理解し、平等
　互恵の精神の下、自主性及び自律性を尊重すること

5　3大学連携推進の幹事校は、岩手大学とすること


　　　　　　　　　　　　　　　　　平成23年10月30日


　　　　　　　　　　　　岩手大学長　　藤井克己

　　　　　　　　　　　　東京海洋大学長　松山優治

　　　　　　　　　　　　北里大学長　　柴　忠義
```

図 2-12-3　3 大学連携推進に関する合意書

写真 2-12-1　3 大学連携推進シンポジウムにて

て財務省に説明を行った結果、2011 年度補正予算及び 2012 年度予算において岩手大学震災復興支援プロジェクトすべての事業が認められた。また、震災直後から構想していた将来の水産業を担う人材育成の教育系組織を整備するための調査費も 2014 年度予算で措置され、これが 2016 年度から水産系教育組織を設置する大きなステップとなった。

　震災復興支援初動期の 2011 年度から 2014 年度に措置された主な予算は下記のとおりである。
○ 2011 年度補正予算（第 3 号）
　大学等における地域復興のためのセンター的機能整備事業（大学改革推進等補助金）において、
　　「生活復興支援」と「産業復興支援（水産に関するものを除く）」　　200,000 千円

釜石サテライト（水産研究施設）建物新営　　　1,900 ㎡（2013 年 3 月竣工）
○ 2012 年度予算
　　国立大学法人運営費交付金の特別経費において、
　　「SANRIKU（三陸)海洋産業研究拠点形成事業」（他大学分を含む）　　　1,194,070 千円
　　「地域防災拠点形成」　　66,917 千円
○ 2014 年度予算
　　国立大学法人運営費交付金の特別経費において、
　　「三陸沿岸の資源を活かした新たな水産系教育組織の設置に係る調査」　　　18,688 千円

4　復興から地域創生へ

　予算要求は岩手大学が復興に取り組む姿をわかりやすく現すものである。岩手大学震災復興支援プロジェクトが認められ実行できたのは、被災地域の理解と協力、他大学等との連携、文部科学省の支援があったからであり関係各位に感謝したい。

　2019 年現在、これまで措置された予算をもとに整備した組織（三陸復興・地域創生推進機構、三陸水産研究センター〈釜石市〉、地域防災研究センター）は精力的に活動している。

　また、人材育成については、2016 年 4 月に農学部食料生産環境学科に水産システム学コースを開設し、さらに 2017 年 4 月に地域創生に資する高度人材養成のため、大学院修士課程を総合科学研究科に再編して地域創生専攻を設置し、水産業の活性化を担う水産プロモーターを育成する「水産業革新プログラム」や防災・危機管理等へ対応できる人材を育成する「防災・まちづくりプログラム」等の教育プログラムを開設し、地域創生を先導するリーダーの育成をはじめている。

　創立当初の構想でもあった水産系人材の育成を学部及び大学院で実現するとともに、学生、教職員が被災地である釜石市に設置した岩手大学釜石キャンパス（写真 2-12-2）で教育研究活動に励んでいることは震災復興の歩みを示すシンボル的なことであり、また、復興から地域創生へ移行している証でもある。

写真 2-12-2　釜石キャンパス

「岩手の"大地"と"ひと"と共に」を校是とする岩手大学は、今後も地域の要請に応え、大学のすべての資源をフル稼働させ全力で取り組むとともに、将来にわたり地域が持続的に発展できるよう新たな取り組みに挑戦し続ける、という大学の使命と責任をあらためて心に刻み、これを継承していきたい。

第13節　義捐金・寄附・募金

総務企画部企画調査課長　　晴山　均

震災直後の3月24日に設けた「東北地方太平洋沖地震岩手大学被災学生支援募金」であったが、呼び掛け開始直後から、多くの方々から募金が寄せられた。これは、"学生に直接届く支援"ということとともに、東日本大震災による壊滅的な被災に対し、大学の総力を挙げて復興に取り組む本学の姿勢に共鳴いただいた多くの方々からの心強い支援であった。

事務的には、総務企画部総務広報課を募金事務局として、郵便振替、銀行振込、現金書留及び直接持参により募金を頂戴し、収支管理、お礼状や寄附金控除申告用の領収書の発送等の業務にあたった。

始めは学内教職員からの募金が中心であったが、その輪は徐々に拡がりを見せ、名誉教授、OB/OGの方々、そのご父兄はもとより、これまで本学とは関わりのなかった方々からも、個人的に多くの募金が寄せられた。

団体からの寄附としては、学部後援会・同窓会、岩手大学同窓会連合、大学生協を始め、各教員の所属学会、琉球大学・長岡技術科学大学・鹿児島大学・岡山大学など交換講義や男女共同参画等で交流のある大学からの支援があった。また、海外からも学術交流や卒業生の縁で繋がりのある大学から募金の申し出があった。外国から振り込む場合の口座を連絡し、西北農林科技大学信息工程学院（中国）、群山大学校（韓国）、ブリティッシュ・コロンビア大学（カナダ）、オカナガン大学（カナダ）、シカゴ大学（米国）などから多くの募金があった。

そのほかにも、震災復興をテーマにした講演会「がんばろう岩手」における募金活動、シニアカレッジ同窓会、宮沢賢治・保阪嘉内生誕110周年記念実行委員会を受け継ぐ団体として設立されたアザリア記念会、東京都北区・板橋区の方々が設立した岩手大学学生支援の会から支援が寄せられた。

北区・板橋区とは震災前より産学官連携で繋がりがあり、北区タウン誌「きたシティ」等を通じて広報いただき、北区内に事業所を置く会社で構成される建設業労働災害防止協会東京支部北分会や、北区職員有志一同、東京都立産業技術研究センターからも募金があった。

募金を頂いた北区・板橋区の方々には、「岩手大学被災学生支援の集い」を8月25日に北区の渋沢栄一記念財団渋沢資料館で岩手大学の復興支援の取り組みを報告するとともに、支援を受けた被災学生の生の声を支援者に届けた。

募金は、当初2011年9月を締め切りとして3,000万円を目標に始めたが、9月末までに目標を大きく上回る4,200万円余りの支援をいただき、その後も多くの方々から善意が寄せられ、2011年度末には延べ700名、38団体から総額45,550,486円の募金が集まることになった。

これらの募金を原資に、「東日本大震災岩手大学被災学生支援募金」として、7月7日に167名、8月10日に38名の被災学生に対し計20,500,000円を給付することができた。その後、年度内に4回に分け85名に8,500,000円を給付し、年度内に合計290名、総額29,000,000円を給付することができた（表2-13-1）。

162

給付にあたっては、「被災学生支援募金給付に係る要項（2011.6.13学長裁定）」を定め、「入学料及び授業料減免対象者の基準」に準ずる学生を対象に、学生1名につき

表 2-13-1　募金総額（2011 年 9 月 30 日まで）

	人数、団体等	募金額
学内教職員（非常勤を含む）	延べ 558 名	19,231,557 円
学外（個人、団体等）	延べ 121 名、29 団体	23,437,434 円
合　計	延べ 679 名、29 団体	42,668,991 円

10万円を学長・副学長会議において選考することを決め、その事務は、財務部財務管理課及び学務部学生支援課の協力を得て総務企画部総務広報課において処理することとした。また、給付残額は、「東日本大震災被災学生支援募金岩手大学奨学金」を創設し、返済義務のない給付型の奨学金として活用を図っていくことにした。さらに、2012年度以降も、様々な形で一般の方々、卒業生、スターダスト・レビューなどから寄附が寄せられ、後の「イーハトーヴ基金」に繋がった。

これらの募金とは別に、各種奨学金として、日本学生支援機構を始め、日揮・実吉奨学金、三菱商事緊急支援奨学金、野崎わかば会奨学金、野村財団復興支援奨学金、三菱 UFJ 信託奨学財団給与奨学金、（財）野村学芸財団奨学金、双日復興支援教育基金、（財）森下仁丹奨学会奨学金、東芝東日本大震災奨学基金、（財）本庄国際奨学財団奨学金、（財）尚志社奨学金など、多くの民間団体、財団等から被災学生を限定とした返済義務のない奨学金の申し出があり、これらの奨学金は奨学金運営要項を定め運営した（表 2-13-2）。

表 2-13-2　民間団体等からの奨学金

奨学金名称	給付額等	2011 年度募集数	2011 年度採用数
1. 日揮・実吉奨学金	年額 30 万円給付（1 年間）	15 人	15 人
2. 三菱商事緊急支援奨学金	月額 10 万円給付（1 年間）	4 人	14 人
3. 野崎わかば会奨学金	月額 3 万円給付（1 年間）	1 人	1 人
4. 野村財団復興支援奨学金	月額 10 万円＋一時金 5 万円給付	4 人	4 人
5. 三菱 UFJ 信託奨学財団給与奨学金	月額 3 万円給付（卒業まで）	3 人	3 人
6. （財）野村学芸財団奨学金	月額 2 万円給付（卒業まで）	－	1 人
7. 双日復興支援教育基金	月額 7 万円給付（卒業まで）	2 人	4 人
8. （財）森下仁丹奨学会奨学金	月額 3 万円給付（卒業まで）	2 人	2 人
9. 東芝東日本大震災奨学基金	月額 10 万円給付（卒業まで）	14 人	14 人
10. （財）本庄国際奨学財団奨学金	月額 5 万円給付（1 年間）	16 人	16 人
11. （財）尚志社奨学金	月額 5 万円給付（1 年間）	33 人	30 人
合　計		94 人	104 人

また、2011年8月には公益社団法人経済同友会から、被災県の大学に対し支援の申し出があり、2012年2月以降「IPPO IPPO NIPPON プロジェクト」として5年間の継続的支援を受けることになった。

募金等とは別に、弘前大学、秋田大学、山形大学、大阪大学、新潟大学、弓削商船高専、（社）全国ビルメンテナンス協会、（社）岩手県薬剤師会、岩手県環境生活部など、多くの大学や他機関の皆様から、反射式ストーブ、灯油、スコップ、くまで、玄米、飲料水、乾電池など沢山の支援物資を頂戴した。

実に多くの方々から募金や物資の支援をいただいたが、その際に添えられていた手紙などに込められていた共通の想いは"これからの未来を担う学生さんたちに、この震災のせいで勉学を諦めさせることがあってはならない"というものであった。

まとめ

編集委員会

【対応状況】

○ 東日本大震災による災害からの早期復旧および復興を全学体制で推進するため、学長を本部長とする「岩手大学東日本大震災復興対策本部」を立ち上げ、5つの部門を置くと共に総合的に事務を所掌する復興対策本部事務局を設置し、活動費として当初予算1,500万円（年度決算額は2,500万円）を措置した。

○ 4月1日に本学附属動物病院のメンバーが移動診療車「わんにゃんレスキュー号」で大船渡市に入り、治療を必要とするペットを診療するとともに、必要に応じてペットフードを配布した。その後も、5月18日までに、大船渡と陸前高田方面で5回の出張診療を実施した。診療を受けた動物たちも、津波から命からがら一緒に逃げてきた家族なのに、動物を飼っていることで避難所や仮設住宅に入れないという窮状を認識した。

○ 教員独自の活動として、地域SNS「モリオネット」でのつながりをもとに、3月17日に学用品の物資支援を行う「学び応援プロジェクト〜20年後の未来のために〜」が立ち上がり、集まった学用品は4月10日には段ボール700箱以上になり、学生も協力して物資の搬入・仕分け・発送などを行った。全国から届けられた学用品の分配には文部科学省の「子ども学び支援ポータルサイト」でのマッチングが有益であった。

○ 同様に教員のネットワークを介して、3月末に被災した高校生向けに辞書や参考書の支援要請があり、全国の大学生協連合会も協力していただき、沿岸の高校へ辞書約2,300冊、参考書約4,200冊を届けることができた。なかでも電子辞書は大変喜ばれたという。

▽ 学内にあるコラボMIU（盛岡市産学官連携研究センター）に入居している岩手県中小企業家同友会が陸前高田ドライビングスクール内に支援物資を配布する拠点を作り、同時に全国の同友会からの支援物資を県内各地に発送するための二次的保管場所としてコラボMIUを使うことになった。3月20日頃から、古着などの衣類や日用品が届いたが、不用品が倉庫にあふれることになった。そのため中小企業家同友会と岩手大学とで連携して、古着を中心としたバザーを開催し、売上金は最終的には陸前高田の仮設住宅の照明設備購入経費に充てた。

○ 学生のボランティア活動については、3月30日に宮古市のYMCAボランティアセンターで被災者に寄り添うという意識や事前学習の重要性などを学ぶなど、十全を期した準備のもと、大型バスの手配や教職員の支援を行い、4月6日に学生約100名を大船渡市に派遣したのを皮切りに、陸前高田市、釜石市、大槌町、山田町、宮古市などへも継続的に学生ボランティア派遣した。また、夏季を中心に教職員によるボランティア活動も職務出張として行われた。

○ 4月8日に藤井克巳学長や役員等で釜石市を視察し、野田市長から状況説明を受けた後、避難所を訪ねると共に、沿岸地域の壊滅的被害状況を確認した。その帰りの車中において、岩手大学に教育研究領域がない「水産業」の支援に取り組むことを決意した。

第 2 章　新年度（2011.4.1）から新年度前期終了（2011.9.30）まで

○　大学の使命は、教育、研究、社会貢献であるため、被災地への支援は個人にゆだねられる場合が多いが、岩手大学では、復興支援活動は教育研究と同じくらい重要であるとの認識を持って、教職員が一丸となり復興支援に取り組む決意を込めたメッセージを掲げた。

○　復興対策本部では、復興支援にかかわる教員等を対象に研究調査・支援活動等の提案を募集し、緊急性が認められた 28 件に活動支援経費の支出並びにレンタカーの配置を 4 月 26 日に決定した。

○　藤井克巳学長は「岩手県東日本大震災津波復興委員会」の委員長を、齋藤徳美本学名誉教授はその下部組織である「総合企画専門委員会」の委員長を、堺茂樹工学部長は「津波防災技術専門委員会」の委員長を務めるなど、本学関係者が国や県の復興計画の策定に関わった。

○　とりわけ廣田純一農学部教授は、東日本大震災復興構想会議の下に設置された「東日本大震災復興構想会議検討部会」に参画し、被災地の現状と課題を提示すると共に、被災地域自らが復興プランを策定するための前提条件となる国の役割や支援体制等について検討部会で見解を示し、復興構想会議の「復興への提言 ～悲惨の中の希望～」（2011 年 6 月 25 日）策定に貢献した。

○　岩手県の東日本大震災津波復興計画は 8 月 11 日の県議会で決定した。委員会の立ち上げから 3 カ月あまりで復興計画を策定することができたのも、本学関係者の寄与するところが大きい。

○　また、地域での復興支援活動を円滑に行うために必要な岩手県との連絡調整を行う中で、岩手県から各自治体が復興計画を作成する際に助言を行う専門家の推薦依頼があり、30 名ほどの教員をリストアップし県庁の復興対策本部に届けた。その結果、本学の教員が沿岸自治体の野田村、田野畑村、山田町などの復興計画の策定に関わることになり、専門的知見をもとに迅速な対応を行った。

○　5 月 23 日から学生向け災害ボランティア情報システムを稼働し、大学公認の学生団体「天気輪の柱」がデータ更新等の運営を行うことで、ボランティア活動の見える化がなされた。

○　被災学生支援の募金から被災学生へは一律 10 万円を支給したのをはじめ、被災状況に応じて、入学料、授業料、学生寮の寄宿料などの免除等の経済的支援を迅速に行った。

○　工学部では、学部長を中心に被災地の自治体や学校、漁業協同組合等へパソコンとプリンタを届けるなどのプロジェクトを行った。収集したパソコンは Windows マシンで MS-Office が稼働できるものとし、ハードディスクのフォーマット、OS やソフトのインストールを行い、MS-Office のライセンスはマイクロソフト社から 90 日間の期間限定ライセンスの提供を受けた。こうして約 600 台のパソコンと 90 台のプリンタを提供することができた。

○　情報メディアセンターでも、8 月にリース切れになる 570 台のパソコンを IBM 社から無償提供してもらい、MS-Office については工学部同様 90 日間の期間限定ライセンスをマイクロソフト社から提供を受けた。パソコンは動作確認、必要に応じてメモリの交換、クリーニングなどを行い、8 月 9 ～ 10 日にかけて 500 台を沿岸自治体へ送り、その後も 52 台のパソコンと 11 台のレーザプリンタ等を岩手復興局を通じて被災地へ送った。

○　産学連携の実績としては、がれき廃木材の再資源化プロジェクトチームを立ち上げ、5 月より震災がれきの集積場で分別作業を開始し、比較的良質な廃木材を収集・チップ化してボード原材料用と燃料用に区分して供給する体制を整えた。それを原料としてつくられたパーティクルボード（復興ボード）が仮設住宅団地内の集会施設などの建設に使われた。

○ 復興事業を引き続き継続して行うため、被災地域や被災者が求めていることを中心に検討を重ねた。とりわけ水産業を震災前の水準に戻すだけでなく、新たな知見を加えて水産業を高度化し、それを担う人材を育成することを中心に、他の事業を加えて「岩手大学震災復興支援プロジェクト」の全体像を構想し、これらが 2011 年度第 3 次補正予算と 20123 年度の予算においてすべての事業を認められた。

○ 3 月 24 日に設けられた「東北地方太平洋沖地震岩手大学被災学生支援募金」には、学生に直接届く支援ということで多くの方々に賛同いただいた。当初予定では 9 月末を締め切りに 3,000 万円を目標としたが、9 月末までに 4,200 万円あまりの支援をいただき、2011 年度末には延べ 700 名、38 団体から総額 45,550,486 円の募金が集まった。これらを原資に「東日本大震災岩手大学被災学生支援募金」として、7 月と 8 月に計 205 名の被災学生に 20,500,000 円を給付し、その後も 85 名に 8,500,000 万円、年度内に総計 290 名、29,000,000 円を給付することができた。また残額は「東日本大震災被災学生支援募金岩手大学奨学金」を創設し、返済義務のない給付型の奨学金として活用することとした。

【学びと教訓】

○ 被災県にある大学として、またその大学の研究者として、被害状況の把握や被災地の復旧・復興への展望を持ち合わせておいたことが、復興構想会議等の復興計画に活かされることになった。緊急時に必要なのは何か。支援物資のみならず、大学人だからこそできる支援のあり方を常に考えておきたい。

▽ 被災者への支援物資を集める際には、物資が必要な時期や期間、量などを見極める必要がある。全国から善意で送られてくるものもの中には、必ずしも支援ニーズに合致しないものもあるし、受付期間を長くすれば、必要以上の物資が集まり、保管さえもできなくなる。善意が善意を呼んで広がって行くため、その見極めは難しい。

□ 被災した高校生へ届ける辞書と参考書の提供を募ったところ、必要のない教科書や、某大学のロゴ入り新品ノートが送られてきたりした。教科書は廃棄となり、ロゴ入りノートは、震災により進学をあきらめざるを得ない生徒がいることを考慮し、高校生には配れなかった。

△ 古着等のバザーを開催した時、市内の古着屋が来て、手当たり次第売れそうなものを物色し、段ボールをひっくり返していった。こうしたバザーを開催するときには、あらかじめ転売禁止などの措置を講じておく必要がある。

△ 学生が被災地でのボランティア活動をしやすい環境を整えるための一環として、ボランティア活動を「コミュニティーサポート実習」として単位認定する旨を 4 月 28 日に学生に向けて掲示したが、単位認定を申し出る学生は多くはなかった。学生には、単位認定のためにボランティア活動をしているのではないとの意識が多かったのだろう。学生時代の有意義な活動をすべて学籍簿に記録として残すという考えが十分に伝わらなかった。

□ ボランティアは自給自足で活動するため、避難所での限られた食料を消費することは想定していなかったものの、寄付されたものの数が足らないため配布できないお菓子を学生に食べて欲しいという強い要望があり、食べることもボランティア活動であること、学生の笑顔が被災者

の方々を励ますということもあるため、被災地域の事情に応じて柔軟な対応をする必要がある。

□ 避難所へ送られた食料のなかには、そのままでは食べられないもの（たとえばカップラーメン等もお湯が必要）があり対応に苦慮したと言われている。緊急支援物資や食料などについては、送る人々の善意とはいえ、被災地の状況に応じた支援が望まれる。非常食の種類や味なども改良されており、ローリングストック的発想で日常の中に非常食を取り入れていけば災害時に活用できる。

○ 大震災の被災地という過酷な環境下で行われたボランティア活動で、学生には戸惑いや達成感などさまざまな思いを抱くことになったと思われる。そうした経験は、その後のキャリア形成によい影響を与えたであろう。

□ 発災直後から被災動物の里親や一時預かり募集をインターネットで実施したところ、県内外から多くの申し出があった。とはいえ、岩手県の被災者からはそれに対応した希望が寄せられなかった。被災者には「人様に迷惑をかけたくない」という奥ゆかしい気質がある。こうした東北の方々の考え方を理解する必要がある。

○ 地域連携推進センターが沿岸部に位置する企業 66 社に行ったヒアリングから、被災企業において新規事業分野への進出支援ニーズが高く、その背景には、操業停止の間に生じた取引上のマイナスを埋めていくために、従来よりも高品質で斬新な新商品の投入など、何らかの飛躍が必要であることがわかった。

【今後の課題】

◇ 三陸沿岸に点在する市町村は、それぞれが特色を持ったコンパクトタウン・シティになれないものか。人口減や高齢化を受け入れ、それぞれが幸せに暮らせる町を目指したい。

◇ 災害時には人命救助が最優先されるとはいえ、家族の一員ともなっているペットなど被災動物の救護活動も必要であり、今後は「災害派遣獣医チーム」（Veterinarian Medical Assistance Team：VMAT）の結成と災害時のシミュレーションに基づく訓練の実施等が求められる。

◇ 東日本大震災を契機に災害時の飼育動物との同行避難が勧められるようになってきたものの、避難所には動物を収容するスペースやケージなどが用意されていないことが多々ある。自治体が避難所をつくる際には、動物を飼っている人とそうでない人のスペースを分けるなどの対策が求められる。

◇ 支援物資の援助をお願いする際には、必要なものが必要なだけ必要としている人へ届けられるシステムの構築が求められる。西條剛央氏の実践をまとめた『人を助けるすんごい仕組み』（ダイヤモンド社、2012 年）が参考になるが、公的機関の対応が望まれる。

地方創生の原動力へ－陸前高田グローバルキャンパス－

陸前高田市長　戸羽　太

　岩手大学創立70周年おめでとうございます。

　岩手大学の皆様には東日本大震災後、様々な形で御支援を頂いて参りました。陸前高田市民を代表し心から感謝と御礼を申し上げます。

　岩手大学からのたくさんの御支援の中で、特筆すべきは何と言っても「グローバルキャンパス（たかたのゆめキャンパス）」の創設です。空校舎を利用し、国立大学である岩手大学と私立大学である立教大学、そして地元自治体である当市が提携し、未来志向の復興を模索していくという試みは日本でも珍しい取り組みであると思います。

　震災後取りざたされた言葉として『復旧』と『復興』という二つの言葉があります。この似て非なる二つの言葉をどのように捉えていくかによって、まちづくりの方向やスケールは大きく変わります。

　『復旧』とは壊れたものを元通りに戻すことであり、『復興』とは原型復旧に留まらず、さらに良いものを創っていくこと。即ち、被災以前から存在していた課題も併せて解決していこうとするものです。そう考えた時に、岩手大学のグローバルキャンパスに関する指針は『真の復興』『創造的復興』を目指したものと言えると思います。

　もともと人口規模も経済規模も小さく、全国的な知名度もない陸前高田市がどのように創造的復興を果たせるのか。少子高齢化などを含め、『課題先進地』とも言われる我々の地域において、日本中に先駆けて社会問題の解決に取り組むことこそが真の復興であると考えています。

　グローバルキャンパスはその課題解決にチャレンジする拠点ともなり得る施設であることから、今後の展開に大いに期待しているところです。

　また当市では全国、全世界の皆さんに東日本大震災の教訓や反省をどう生かすかについて学んで頂くフィールドとしてのまちづくりを進めていくことにしています。

　そこでグローバルキャンパスにおいては大学生たちが震災復興について学んだり、国内はもとより海外の大学と共同で研修したりして頂いています。

　その他にもボランティア活動や緊急時・被災時にどのような行動をとるべきかなど実習体験をしていただくプログラムも行われており、内容も日々充実してきていると感じています。

　今後においても自治体関係者向けの『防災・減災プログラム』の構築などを目指すこととなっており、陸前高田市の果たすべき役割の明確化に対しても大きく寄与して頂いております。

　グローバルキャンパスが、今後も市民を巻き込みながら様々な活動を通して復興に、課題解決にそして地方創生の原動力となるよう大いに期待しています。

三陸から新たな岩手の発展へ

釜石市長　野田武則

　岩手大学が創立から70周年を迎えられ、ここに記念誌が発行されますことを心から
お祝いを申し上げます

　東日本大震災（以下、震災）から8年が経過しました。当市をはじめとする被災自治
体では、震災以降、岩手大学をはじめとした全国そして世界中の各種団体や自治体から、
多くの支援を受けてまいりました。いまだ道半ばではありますが、ここまで復興が進展
できたことは、皆様方のご支援の賜物であり、改めて厚く御礼申し上げます。

　当市と岩手大学の連携の歴史は古く、2001年3月に自治体として初めて相互友好協
力協定を締結する以前から岩手ネットワークシステムによる産学官連携・異業種交流の
活動を展開してまいりました。協定締結後は、生涯学習全般にわたる連携のほか、環境、
福祉などの課題への対応や科学技術の振興に向けた共同研究を推進しているところです。

　こうしたご縁もあり、震災後は、岩手大学内に三陸復興に係る専門部署を立ち上げる
と共に、2011年10月には「岩手大学釜石サテライト」が設置され、被災地に寄り添い
ながら、多方面にわたる復興支援活動を展開していただいております。

　水産分野においては、2013年5月に釜石サテライト内に「岩手大学三陸水産研究セン
ター」が設置され、三陸の水産業復興へとつながる研究開発とこれからの地域の発展
を担う人材の育成に注力いただいております。

　このような一連の流れを受けまして、2017年4月に釜石サテライト内に「岩手大学
釜石キャンパス」が開設されました。

　大学キャンパスの開設は、高等教育機関を持たない当市にとって長年の悲願でありま
した。水産業の発展と次世代への継承に大きく寄与することとなる岩手大学のご勇断に
は、改めて深く敬意を表します。

　現在、農学部食料生産環境学科水産システム学コースの学部生及び大学院総合科学研
究科地域創生専攻の大学院生が、当市を拠点として講義の履修や研究活動を行っており
ます。若く優秀な学生の活力が、水産振興のみならず、当市全体のにぎわいの創出に繋がっ
ていくものと、大いに期待しております。

　岩手大学を通じて、沿岸部と内陸部との結びつきが一層強まることが期待されますの
で、社会貢献的観点においても、岩手県全体にとって歴史的な転換点となるでしょう。
今後は、この釜石キャンパスを核としまして、当市のみならず三陸地域全体の水産業
の発展を担う優秀な人材を多く輩出していけるように、岩手大学とさらなる連携強化を
図ってまいりたいと考えております。

　岩手大学と地域の益々のご発展を祈念し、結びの挨拶といたします。

住田町の被災者支援と岩手大学との関わり

住田町長　神田謙一

　はじめに、国立大学法人岩手大学が創立70周年を迎えられ、ここに記念誌が発行されますことを心からお祝い申し上げます。また、今回の記念誌は、東日本大震災発災以降、貴学が多岐にわたり取り組まれた復興プロジェクト等の記録でもあり、被災地復興に多大なるご尽力をされてきましたことに深甚なる敬意を表すると共に、これまでのご苦労に感謝申し上げます。

　さて、先の震災の際に被害の少なかった本町では、当時の町長であった多田欣一前町長のもと、発災当日からの給水支援に始まり、多数の支援団体やボランティアへの宿泊所や活動拠点の提供、受け入れ先の見つからない支援物資のお預かり、沿岸自治体への職員の派遣、遺体安置所となる場所の提供などを行いました。

　また、それらの支援と並行して、発災直後の2011年3月13日に町単独での木造戸建て応急仮設住宅の建設を決定し、町内3カ所に設けた仮設住宅団地に261名の被災者を受け入れました。全国に先駆けて建設したこの木造戸建ての仮設住宅については、プライバシーの確保や再利用が可能である等の観点から入居者を含め多くの方々から高い評価をいただいた一方で、入居者を町外から広く募集したことにより入居者同士の関係性が薄いという課題がありました。そこで、本町では支援団体等からもご協力いただきながら、団地内のコミュニティ支援について重点的に取り組んでまいりました。

　貴学からも、文部科学省の「学びを通じた被災地の地域コミュニティ再生支援事業」により、2012年2月から約4年間、地域スポーツコーディネーターを本町へ配置いただき、入居者が気軽に参加できる体操教室の開催やサークル活動の支援を定期的に行っていただきました。外部からの一時的な協力ではなく、町の支援グループの一員として主体的に、そして長期に渡って活動していただいたことは、町と被災者の両方の立場で有益であったと捉えております。

　そのほかにも、町内施設を利用した広域のスポーツ交流会やこころのサポートに関するセミナーを開催していただくなど、被災者に寄り添った復興支援に多大なご貢献をいただきましたことに改めて感謝申し上げます。

　結びに、未曾有の震災に発災当日から復旧・復興にご尽力されてきた教職員をはじめとした関係の皆様方に心から感謝を申し上げますとともに、被災者の方々が1日も早く安定した生活を取り戻すことができますよう祈念申し上げ、創立70周年記念誌に寄せる言葉とさせていただきます。

岩手大学 70 周年記念誌発行を記念して

大槌町長　平野公三

　2018 年 7 月 29 日、大槌町で、震災後、2 回目となる末広町商店街夏まつり「よ市」が開催されました。たくさんの来場者があり、出店する側もお客様側も笑顔に溢れていました。震災後、新たに整備された末広町商店街、震災前の最盛期に劣らないほどのにぎわいにより、町が明るく希望に満ちておりました。

　さて、8 年前の東日本大震災津波により、当町は甚大な被害がありました。町民の生活基盤・生活環境の整備を最優先に考え、土地区画整理事業、防災集団移転促進事業、災害公営住宅建設、公共施設整備等を進め、その中で新たに発生したコミュニティ形成構築など、復興が進むからこその様々な課題が山積みでありました。特にも、震災による人的被害の影響は大きく、人口減少問題は、新たなまちづくりの核となるにぎわい再生に、震災前からの少子高齢化に併せ一層深刻化し、復興事業とともに、人口減少対策のための施策に本格的に取り組む必要がありました。

　そこで、当町は、2016 年 3 月に岩手大学広田純一教授を検討委員会座長にお迎えし、人口減少対策、地方創生の羅針盤となる大槌町地方創生総合戦略を策定しました。同戦略においては、現在も大槌町で暮らす「定住人口」、町外にいる地元民「交流人口」、定住人口と交流人口を合わせ「活動人口」と定義し、若い世代の「活動人口」を増やし、これに併せ、結婚・出産・子育て・教育支援、また、雇用・産業振興対策を組み合わせ、UI ターンの増加に繋げ、出生者数の維持から人口増加に結びつけることを目標としております。

　現在、復興後の 10 年先を見据えた大槌町総合計画を策定中であります。各方面からの皆様と懇談しご意見を伺いながら、より良い大槌町となるべく、この計画においても、人口増加による、まちのにぎわい再生を目指して参ります。

　日々、時代や状況は変化しますが、その変化に柔軟に対応していくためにも、行政と町民はもとより、岩手大学様を始め、企業・NPO・関係団体の皆様の知識と経験のご教示が必要であります。

　今回のこの記録誌は、震災からの復興に向けた岩手大学様の取り組みを記録したものではありますが、災害や復興事業による当町と岩手大学様とのご縁ではなく、今を生きる同士として、地域のにぎわいを活性化させ、より充実した時間を過ごす仲間として、これからも繋がっていきたいと思います。

　結びに、あらためまして、創立 70 年を迎えられましたことを心より御祝い申し上げ、これからも多方面でのご活躍と大槌町との絆が深まることを祈念いたします。

岩手大学の創立70周年に寄せて

岩泉町長　中居健一

　岩手大学は、新制大学として70年、その源流にまで遡れば140年以上の歴史を通じ地域の中核を担う研究・教育機関として、学術研究、人材の育成、地域の発展に多大な貢献を積み重ねてこられました。

　2011年の東日本大震災にあたりましては、いち早くその人的・知的資源を総動員し復旧・復興に尽力され、2012年には復興推進のための専門組織も学内に創設されました。

　被災した三陸沿岸の各市町村におきまして、岩手大学が有する豊富な知識と経験の蓄積を基に農業・林業・畜産業・水産業の復興、教育支援、コミュニティ再生、ものづくり、地域防災力の強化といった多方面での活動と教職員や学生によるボランティア活動により、大震災からの復興に大きく寄与されました。

　他方、岩泉町では津波による沿岸部の被害は甚大でありましたが、町全体の広がりからは限定的とも言え、岩手大学による復興支援の活動の場としては大きな位置付けはされて来なかったようにも考えられます。

　ところが、2016年8月、嘗てない進路を辿った台風10号が岩手県に襲来し、岩泉町は大震災をはるかに上回る規模の被害を町全域に受けました。おりしも三陸復興のための組織が改組拡充された時期にあたり、早速、岩手大学は岩泉支援チームを立ち上げ、台風災害からの復旧・復興にご助力いただくことになりました。被災家屋の泥出しや災害廃棄物の運搬集積等のボランティア活動にも直ちに着手いただきました。洪水被害調査、顕著であった流木被害調査、土石流等の土砂災害の実態調査も迅速に実施され、報告をいただいたところです。また、町内小中学校の被害調査、台風時の学校の対応や防災教育に関する調査を実施いただき、この活動は更に岩手大学と県教育委員会、町教育委員会との学校防災に関する協定締結へと結実しております。これにより、学校版タイムラインの作成、防災教材の開発等の成果を既に挙げていただいております。今後も引き続き、教育分野でのご支援を願いますとともに、大学ならではの知見を踏まえた町の災害の特性の解明、今後も発生が懸念される洪水、土砂災害、津波等に対する効果的な防災対策に対するご助力も期待するところです。更には、台風災害を契機に強化されました岩手大学と本町との連携が、今後、町の持続的な発展に資する多方面での連携にと拡充されますことを切望いたします。そのためにも、岩手大学の研究・教育力の一層の充実強化が図られることを願ってやみません。

第3章　新年度後期（2011/H23.10.1）から
　　　　新年度末（2012/H24.3.31）まで

　9月末までには応急仮設住宅への入居がほぼ完了し、被災者にとってこの時期は避難所生活から仮設住宅での生活が始まった時期といえよう。

　10月7日に2011年度の第3次補正予算が閣議決定（成立は11月21日）され、復興が加速し始める。総額12.1兆円のうち、東日本大震災関係経費は11.7兆円となり、本格的な復興予算という位置づけになった。ちなみに第1次補正予算（4兆153億円）は5月2日に、第2次（通称1.5次）補正予算（2兆円弱）は7月25日に成立しているが、それらは大震災後の早期復旧にのみ向けた経費とされていた。

　この復興予算（第3次補正）によって、災害復旧等事業などの公共事業、東日本大震災復興交付金、その他の東日本大震災関連経費などが賄われることになり、復興の歩みが本格的に始まった。たとえば、三陸沿岸道路（三陸縦貫自動車道、三陸北縦貫道路、八戸・久慈自動車道）が「復興道路」として位置づけられ、宮古盛岡横断道路、東北横断自動車道釜石秋田線、東北中央自動車道路（相馬～福島）が「復興支援道路」として事業化された。また、文科省では「大学等における地域復興のためのセンター的機能整備事業」（公募は11月16日）が進められた。

　復興庁設置法は12月16日に成立し、翌2012年2月10日に施行され、「一刻も早い復興を成し遂げられるよう、被災地に寄り添いながら、前例にとらわれず、果断に復興事業を実施するための組織として、内閣に設置された組織」（復興庁の役割：復興庁サイト）としての復興庁が開庁した。

　ただし、復興予算がつき、復興庁が設置されたからといって、被災地の様子がすぐに変わるということではなかった。道路は通行できるようにはなっていたものの、骨組みがむき出しになった建物が数多く放置されたままで、積み上げられた自動車は、どうすればこのような形に変形してしまうのかと思われるほど原型を留めていなかった。津波被害の大きかった場所は、まるで戦場を思わせるように破壊されていた。

　この時期においても被災地では各地から応援に駆けつけた車両が行き交い、パトカーも同様に他県からの応援であることがわかった。日本各地から、息の長い支援が続くことになり、それらが被災地での励みとなっていた。

　発災後数カ月で営業し始めた仮設店舗（2011.5.15宮古市田老地区に野外テントで開始など）も、年明け頃には各地に広まり、日々の生活リズムがもどってきた。

　野田第1次改造内閣では、「東日本大震災一周年追悼式の当日における弔意表明について」（2012年2月24日閣議了解）を出し、震災の一周年追悼式当日には哀悼の意を表するため、午後2時46分に黙とうを捧げるよう要望した。それにより、2012年3月11日は政府主催の追悼式参列者のみならず、各地で行われた追悼式の参列者はもとより、追悼式に参列していない人も含め国民全体で犠牲者への哀悼を表すことになった。

第 1 節　岩手大学三陸復興推進本部

理事（地域連携・国際連携担当）・副学長　　岩渕　明

1　新たな展開へ

　震災発生から半年ほどは、ある意味で非常時の対応が求められたが、それ以降は、復興に向けた長期的な取り組みへとシフトさせる必要があった。夏には2011年度第3次補正予算案により政府や各府省が展開する復興事業の方向性が明らかになったほか、文部科学省への2012年度概算要求の目処がたったことから、復興対策本部会議では、これに対応した復興推進活動を本格的に開始する状況にある、と判断した。そこで、10月1日、復興推進のための新たな組織として、復興対策本部を改組し、図3-1-1に示すように、学長を本部長、地域連携担当理事を副本部長として、教育支援部門・生活支援部門・水産業復興支援部門・ものづくり産業復興支援部門・農林畜産業復興支援部門・地域防災教育研究部門の6つの部門体制で構成される「岩手大学三陸復興推進本部」（以下「復興推進本部」）を設置した。

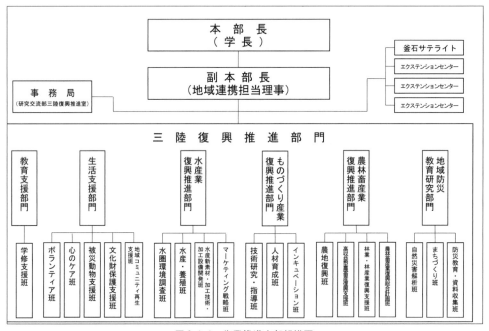

図 3-1-1　復興推進本部組織図

　当初、組織の名称は「復興支援本部」と復興対策本部会議に提案したが、支援という言葉は被災者に対して上目線である、被災者とともに復興を推進するという立場を明確にすべきという意見が出され、「復興推進本部」と称することにした。

　復興推進本部の部門構成は、第2章第1節で述べた復興プロジェクトで提案された49件の事業をグループ化したものをベースとした。6つの部門はトータル20の班から構成され、各部門・班に

は、それぞれ部門長と班長を置いた。全教員の約半数の200名ほどの教員がいずれかの班に所属したが、後述するように、水産業復興支援部門については、水産学を専門とする研究者がいなかったことから、復興推進本部がトップダウンにより班の構成を考え、メンバーを指名、依頼した。

また、復興推進本部の事務局を担当する事務組織として「三陸復興推進室」を新たに設置し、鈴木一寿三陸復興推進室長、濱田秀樹主査などを配属した。さらに三陸沿岸部の復興活動の拠点として10月1日付けで「釜石サテライト」を開設し、釜石市出身の佐藤貢三陸復興推進特任課長を配置するほか、沿岸地域の事情に詳しい職員を新たに雇用した。釜石サテライトの詳細は本章第2節に述べる。

復興推進本部を構成する各部門は、部門長が中心となってそれぞれプロジェクトを取りまとめ、2011年度第3次補正予算により文部科学省が実施を決定した大学改革推進等補助金（大学等における地域復興のためのセンター的機能の整備事業）に岩手大学として各部門から複数の申請を行った。教育支援部門はいわて高等教育コンソーシアムとの連携により「いわての教育及びコミュニティ形成復興支援事業（代表機関は岩手県立大学、岩手大学は分担者として参画、実施。事業期間：2011年度～2015年度、2011年度分担額：30,500,000円）」、生活支援部門、ものづくり産業復興推進部門及び農林畜産業復興推進部門の3部門は「三陸沿岸地域の『なりわい』の再生・復興の推進事業（事業期間：2011年度～2015年度、2011年度交付決定額：200,000,000円）」が12月9日付けで選定され、交付決定を受けて取り組みを実施した。

また、岩手県沿岸地域の13市町村で組織する岩手県沿岸市町村復興期成同盟会に連携を打診し、11月7日に「岩手県沿岸市町村の復興と地域の持続的発展に向けた連携・協力書」を締結し、三陸沿岸の復興と地域の持続的発展に向けて、岩手大学が取り組む復興支援事業について連携・協力することを確認した。このことはのちに、沿岸各自治体からの要望に対処するために、釜石サテライトの出張所として釜石市以外へのエクステンションセンター設置の必要性が高まることにつながった。

2　6部門のミッションと活動

6部門の活動概要は下記の通り。ただし水産業復興推進部門については次の第2節に記すため、ここでの記載は省略する。

(1) 教育支援部門

仮設住宅は狭く、学習環境は劣悪であるため、被災地の児童生徒の学習支援は重要な課題であった。被災地域の教育委員会やいわて高等教育コンソーシアム（iHEC）、NPOと共同して、学生による学習支援ボランティアを派遣した。派遣先は大槌町である。また、iHECを構成する5大学の学長宣言に従って、5大学が共同して地域再生のリーダーとして活躍できる中核人材の育成を行うためのカリキュラムの作成やその実施を行った（本章第4節参照）。

(2) 生活支援部門

東日本大震災で被災した「人」と「地域文化」に焦点を当て、推進本部設置以前の支援事業を継続し、

ボランティア活動、被災者の心のケア、伴侶動物から産業動物までのケア、文化財の保護、地域コミュニティの再生等、長期的視点に基づく復興支援を行った。特に被災者の心のケアは重要なテーマであり、県のこころのケアセンターと連携し人文社会科学部の臨床心理学系の教員が対応するとともに、10月の釜石サテライトの開設と同時に特任准教授として臨床心理士を新たに雇用し常駐させ、被災沿岸の被災者やスクールカウンセリング、教員や公務員、NPO職員などの被災支援者などの支援を実施することにした。

また被災地では動物病院もまた甚大な被害を受け、それまで定期的に通院していた動物や、新たにケガや病気に罹患した動物は、診療施設がなくなってしまったため、農学部附属動物病院や共同獣医学科のメンバーが中心となり、もともと大型動物用の移動診療車として保有していた「モーモー号」を「わんにゃんレスキュー号」と改名して沿岸部に向かい、被災した動物病院に代わって、犬、猫等の伴侶動物を診療した。2012年3月にはマース ジャパン リミテッドより小型診療車の提供を受け、それを活用して被災地に出かけた。

文化財の保護では、各地の海水を被った古文書については岩手県立博物館と協力して、洗浄等を行い修復と保存に努めた。

被災地では、同じ地域内で被災者と非被災者の間に心情的な壁が生じたこと、仮設住宅での入居者間の融和等、コミュニティの崩壊と新たなコミュニティ再生が課題となった。これについて専門的立場から支援を行うほか、地域防災拠点事業と連携して、まちの再生計画づくりに貢献した（ボランティア活動については本章第3節参照）。

(3) 水産業復興推進部門

詳細は本章第2節に記載。

(4) ものづくり産業復興推進部門

被災者の生活基盤の安定のためにはものづくり産業の復活が必要不可欠であるとの認識のもと、被災した（公財）釜石・大槌産業育成センターの再建をベースに、5年間を目途にして、津波で大打撃を受けた沿岸地域の食品加工業、IC産業、自動車部品産業の復興支援に取り組んだ。具体的には、釜石市と共同で釜石・大槌産業育成センターの建物の復旧を復興庁に申請するとともに、本学は、CADシステム、5軸マシニングセンター、形状測定機など機械装置等の新規導入を文部科学省に申請した上で、これらを進めた。これにより、沿岸地域における製造業のニーズと本学における研究シーズとのマッチングを行い、企業における技術開発・製品開発を推進することが可能となった。特に、岩手大学ではこれまで千葉晶彦東北大学教授（前岩手大学教授）を中心にCo-Cr-Mo合金の実用化研究を図ってきた実績があり、事業化へ向けて展開した。

加えて、北上川流域（北上市、奥州市、花巻市）で実施している高度ものづくり技術者養成（岩手マイスター事業）を三陸沿岸地域にも展開していくことをめざした。

(5) 農林畜産復興推進部門

地震・津波により被災した農業・林業・畜産業に対し、本学のこれまで培ってきた研究成果を活

かし、農林畜産業の復旧・復興を推進する取り組みを行った。具体的には、津波により冠水した田畑における塩害からの復旧や作物の生育への影響、三陸沿岸の特徴的な気候を活用して高付加価値を持つ新たな農産品の開発などを行うとともに、県内の牧草地等の残留放射線量測定を実施した。また、岩手県産農作物や自然資源（観光）を活かし、ジオパーク構想と連動したブランディング戦略を策定し、三陸沿岸の復興、活性化を推進した。加えて、被災による経済活動の停滞により、畜産業から木材加工、林業までが影響を受けており、その振興のために本学の知的ポテンシャルを活用して新たな生業を創成する必要があると考えた。たとえば、畜産業は一見震災と無関係のように見えるが、震災後、乳牛の乳房炎が発生した原因は、被災した製材工場の操業停止にあり、産業間の連関を早急に回復しなければならないことが分かった。

　また大量に発生した瓦礫中の廃木材をチップ化し、「復興ボード」として新たな建材として合板の実用化の検討を進めた。復興ボードを用いた集会所をモデル住宅として宮古市に建築し検証したところ、特に塩水を被った木材表面の除去が必要であることが分かった。

(6) 地域防災拠点形成部門

　ここでは、災害に強い施設、まちづくり、防災人材育成にかかる取り組みを行った。工学部附属地域防災研究センターは、震災以前より自然災害に対処する地域の防災研究を展開するとともに、社会人の学び直しに相当する防災リーダーやエコリーダーの養成を長年にわたり行ってきた実績がある。震災後、堺茂樹センター長（工学部長）を中心に、被災状況調査、分析などを行ってきたが、さらに活動を強化するため、全学センター化を計画し、文部科学省への 2012 年度概算要求に盛り込んだ。当初、文部科学省は、今回の災害に関する防災研究センターは東北大学一校のみに設置する方針であった。しかし、津波の被害はリアス式海岸の各湾で異なり、湾に面する集落毎に個別に対応策を策定する必要があるため、東北大学が計画している防災研究センターと岩手大学のセンターでは目的が異なることを説明した。12 月、2012 年度復興特別予算として措置されることが決定し、2012 年 4 月に開設する準備を始めた。専任の教授や研究員の配置が認められ、地域における防災教育、防災体制を推進するとともに、地域における防災活動を担う人材の養成を推進し、将来的にはアジア地域等と連携した国際研究教育拠点として展開することとした。

　防災、減災を考慮した街づくりは、居住地、商工地域、緑地などそこに住む人々の同意なしに一律には設計できない。自治体や住民の街つくり復興計画の資料として、被災からこれまでの被害調査研究と津波シミュレーション技術の成果を活用する。

　過去 5 年間にわたって実施してきた「エコリーダー・防災リーダー育成事業」により育成した防災リーダーを核に、地域のコミュニティで防災訓練をしてきたところは被害が軽微だったという事実は今後の防災リーダーの育成の重要性を示すもので、防災リーダー養成を引き続き行っていく。

　また、文理融合により、小中学校で使用する防災教育教材を岩手県教育委員会と共同で作成するとともに、防災教育の実施、また、防災教材を使用する小中学校の教員を対象とした講習会等を実施する。

　この期間までの地域防災部門の大きな仕事は、県をはじめとして各自治体が策定する復興計画に学識委員として貢献したことであろう。その中で、多重防災の方針で防潮堤や防波堤の大きさや各

種建物の配置、各地の地形の特性や産業構造、歴史、文化などを考慮した計画案策定にあたった。

3 広報等の活動

　岩手大学の活動を学内構成員や学外者へ紹介するために、広報紙の発行やフォーラム等の開催を行った。教員の約半数が復興推進本部の6部門に兼務教員として所属し、各部門、各班で活動を開始したが、大学全体の活動内容の情報共有は不十分であるとの反省から、学生を含む構成員へ十分に周知するとともに、県内の各機関をはじめ学外者にも広く知られるために、ニュースレター「岩手大学震災復興推進レター」を発行することを決め、2012年1月から毎月末に発行した。

　また、全国的なフォーラム等も開催し、学内関係者が講演やパネラーとして参加して本学の活動を広く発信した。主な広報活動を以下に記す。

(1) 日中大学フェア＆フォーラム

　科学技術振興機構が上記フォーラムを北京で開催し、10月9日〜11日にかけて岩渕明理事（地域連携・国際連携担当）・副学長、尾中夏美准教授、国際課のメンバーらが参加し、岩手大学のブースを出展した。ブースでは法被を着て「岩手大学はもう大丈夫」と留学生の勧誘を行ったほか、北京近郊に住む元留学生が応援に来てくれて、留学希望者へ自分の経験をもとに岩手大学の良さを説明した。この際、NHK北京支局の取材があり、フェアへの参加目的などがインタビューされ、その日の夜12時のNHKのニュース番組で放送された。

(2) 調査研究報告会

　10月23日、具体的活動を学内外へ発信するために、大学祭の一環として、工学部テクノホールを会場に復興への取り組みについての調査研究報告会を開催した。第2章第1節で述べた28の沿岸復興プロジェクトのうち、「河口域の生態系調査」（牧陽之助人文社会学部教授）、「地域コミュニティの維持支援」（廣田純一農学部教授）、「廃材の活用プロジェクト」（関野登農学部教授）の3件と、「ボランティア活動」（名古屋恒彦教育学部教授とボランティア参加学生）について報告をした。中でも、廣田純一教授の報告の中で紹介された、被災を免れた人が「私も被災すればよかった」と発した言葉は、コミュニティの崩壊の現状を象徴するものであり、特に大きなインパクトをもたらした。

(3) 全国生涯学習ネットワークフォーラム2011「まなびぴあ2011」

　11月5日、6日に文部科学省主催により開催された上記フォーラムには、多数の教職員や学生が参加したが、震災学生ボランティア団体「天気輪の柱」代表の萩原亜弥香さんが、唯一の学生シンポジストとして、被災地でのボランティアを通じて感じた仲間との絆や、被災者の切実な思いを発表した。また「学びの場を核にした地域の絆づくり」をテーマとした2日目の分科会では、山田町と東京都をネットで結んだワークショップが行われ、被災した山田町と大槌町の小中学生が参加した。その際、教育学部の学生らがファシリテーターを務めるなど、子どもたちのワークショップのサポートを行った。

第 3 章　新年度後期（2011.10.1）から新年度末（2012.3.31）まで

(4) 日本学術会議東北地区会議公開学術講演会

11 月 11 日、北桐ホールを会場として日本学術会議東北地区会議公開学術講演会を開催した。「東日本大震災からの復興と科学技術」をテーマに、石川幹子東京大学教授による中国四川大地震後の再建を前例にしたまち作りの取り組みに関する特別講演や、パネル討論を通して、今回の震災について科学技術の視点から分析するとともに、科学者としての今後の使命について認識を深めた。

(5) 岩手大学地域連携フォーラム in 久慈

2 月 13 日、相互友好協力協定を結ぶ久慈市とともに、久慈市内のグランドホテルを会場として久慈市・岩手大学地域連携フォーラムを開催した。フォーラムでは、岩渕明理事（地域連携・国際連携担当）・副学長が、「岩手大学震災復興支援プロジェクトについて」と題して、岩手大学の復興推進の全学的取り組みや、久慈琥珀を活用した新製品開発、水田の塩害対策等を報告し、続いて、釜石サテライトの田村直司産学官連携コーディネーターが、「釜石サテライトを拠点とした三陸復興への取り組み」と題して、漁業関係者からのニーズや今後想定される研究課題などを紹介するとともに、水産振興に向けた大学の役割について紹介した。フォーラムの参加者には高校生も含まれており、高校生から「いま私たちは何をすればよいでしょうか？」という質問を受け、「震災からの復興には長い時間がかかるため、長期的な目線で復興に取り組むことが必要です。今は勉強して、目指す大学に入ることが君たちの使命です。大学卒業後、様々な職業のプロとして久慈に戻ってくることが一番効果のある貢献です」と答えた。

(6) 防災講演会

2 月 19 日、北東北国立 3 大学連携推進会議（北東北国立 3 大学（理工学系）専門委員会防災ワーキンググループ、課題別専門委員会（地域連携））と工学部附属地域防災研究センターは、宮古市総合福祉センターにおいて「防災講演会　東日本大震災を考える－北東北国立 3 大学の防災に関する連携例－」を開催した。講演会の第 1 部では、「北東北 3 大学分野別（理工学系）専門委員会防災ワーキンググループ研究成果報告」として、堺茂樹工学部長らが、2011 年 3 月 11 日に発生した東北地方太平洋沖地震津波および同 4 月 7 日に発生した余震による被害に関する研究成果の報告を行った。第 2 部では、「防災・減災と三陸復興」と題し、岩渕明理事（地域連携・国際連携担当）・副学長が、岩手大学の震災復興への取り組みを紹介した。

4　復興推進本部会議等

10 月 1 日に発足した復興推進本部であるが、復興推進本部会議は 2011 年 10 月から 2012 年 3 月までの間に 4 回開催されている。発足間もない 10 月、11 月は、実働組織である各部門において部門会議が開催され、具体的活動を企画・開始した時期であったため、全体を調整し総括する復興推進本部会議を開催する必要はなく、各部門の具体的活動が開始された。12 月になり、各部門の活動において課題が顕在してきたこともあり、情報の共有や課題に対して部門単位ではなく全学として対応することが必要となったため、以降は月 1 回のペースで復興推進本部会議を開催した。特に、2 月以降の会議では、大学改革推進等補助金（大学等における地域復興のためのセンター的機能の

179

整備事業）の審査結果が公表され、本学が申請した 2 事業の採択が明らかになったことで、事業計画の確認と最終調整、専任スタッフの雇用、設備調達の仕様策定などの補助事業開始に伴う業務を遂行するほか、2012 年 4 月の開設が決定している地域防災研究センターの準備、さらに三陸水産研究センターの新設を念頭に置いた釜石サテライト棟の建設計画策定やエクステンションセンターの設置検討など、大学を挙げて取り組むべき大規模な事業が多々あったことから、2012 年 4 月、復興推進本部を「三陸復興推進機構」に発展的に改組すること、併せて、岩手大学学則に三陸復興推進機構の組織名称と復興推進事業の遂行を明確に記載することなどについて、検討を行った。

　また、復興推進本部マターの案件ではないが、関連するできごととして 2 点付言したい。2011 年度人事院勧告で、復興経費 26 兆円を確保するため、今後 2 年間、公務員の給与は約 10％の削減が示されたが、最終的に岩手大学もこの勧告に準拠することを決定した。その議論では、「通常の仕事に復興活動が付加されるのだから、給与は逆に上げるべきだ」という意見が出されたが、「全国の大学教職員みんなが勧告に従い、それで我々の復興活動が支えられるのだから、我々も削減を受け入れよう」と提案し、大学構成員の理解を得た。

　また、2008 年に設立された岩手県の地域社会の総合的な発展を目指す産学官による連携組織「いわて未来づくり機構」では、岩手県知事、岩手大学長と岩手県立大学長、経済団体の代表者等 6 名の有識者が、ラウンドテーブルにおいて岩手県の直面する重要な課題について意見を出し合い、それを企画委員会や作業部会で議論し対応策を提案する形で運営が進められてきた。2011 年の震災後、企画委員会事務局を担っていた岩手県庁から、復興活動に注力するため、いわて未来づくり機構の活動を休止したいと申し出があった。岩手大学は、この大規模災害時だからこそ産学官連携で岩手県の復興を進めることが必要である、岩手県庁が企画委員会事務局業務を遂行できなければ、岩手大学が代わりに務めることを提案し、本学が復興活動に対して強い使命感を持っている姿勢を示した。議論の結果、企画委員会事務局は岩手県庁が継続することになったが、いわて未来づくり機構の活動が停滞したことは事実であろう。

第3章　新年度後期（2011.10.1）から新年度末（2012.3.31）まで

第2節　釜石サテライト及び水産業の復興

理事（地域連携・国際連携担当）・副学長　　岩渕　　明

産学官連携コーディネーター　　田村　直司

1　釜石サテライトの設置

　2011年4月に設置した東日本大震災復興対策本部は、釜石市をはじめとする沿岸部に、ボランティア派遣や被害状況調査を行ってきた。内陸部の盛岡市から沿岸地域への移動は、大学の所有する公用車（約10台）に加え、レンタカー3台を借り上げることで対応してきた。しかし、移動時間に往復5時間ほど要するため、宿泊施設を含む沿岸地域の活動拠点設置を求める声が教職員から寄せられた。そこで、本学が初めて2001年に相互友好協力協定を締結した自治体である釜石市に、スペースの貸し出しを依頼することを決めた。交渉の結果、従来協定に基づき岩手大学釜石教室として使用していた釜石駅前の釜石市教育センター5階の一室を借用する合意を得て、10月1日付で「釜石サテライト」を開設した。また、当時釜石市内で利用可能であった宿泊施設は、被災者の避難所や、復興事業関係者の宿泊所として活用されており、我々が利用できる宿泊施設は不足していた。そこで、これも釜石市と交渉し、釜石病院に勤務する医師向けの宿泊施設の使用許可を得て、支援活動や調査のために釜石市を訪れる教職員・学生用の宿泊施設として、釜石サテライトが管理を行った。

　釜石サテライトは三陸復興推進本部の下部組織として設置され、常駐する職員が、被災現地における支援ニーズの収集や岩手大学のシーズの情報提供とマッチング、沿岸市町村・学校・漁協・企業などとの連絡調整、各種支援の企画立案や復興プロジェクトを推進した。被災地の視察調査のために釜石サテライトを訪れる政府関係者や他大学の研究者等も多く、釜石サテライトの職員は、受入対応や被災地調査のアテンド、また首都圏で開催されるフォーラムで被災地の状況報告等を行った。サテライトの常駐職員の一人である田村直司産学官連携コーディネーターは、元岩手県庁職員として水産業振興に従事した経験を活かし、サテライトの活動をPRするチラシを持って被災企業等を訪問した。しかし、水産業施設や加工施設が被災し、今は大学との共同研究どころではないと言われることも多く、本学の知見や研究シーズを活用してもらうことが困難な状況が続いた。そのような状況の中、水産業関係者を支援する座談会方式の研究成果報告会等を開催し、岩手大学ができる活動を訴え、新たな新商品開発の研究などを提案することで、復興に向けてやる気を芽生えさせる支援活動を行った。

　また、佐々木誠特任准教授は、被災者の心のケアを専門的に行う臨床心理士としてカウンセリング活動を行った。サテライトの机やPC、什器類は運営費で購入し、「センター的機能の整備」予算では移動用の自転車や大学本部との連絡通信機器を購入し、円滑なボランティア活動を可能とするための環境整備を進めた。

　10月30日には野田武則釜石市長を迎え、「釜石サテライト」開所式を行った（写真3-2-1）。野田市長からは、「東日本大震災から復興するためには、三陸沿岸全体の復興が必要であり、岩手大学が三陸振興にご尽力いただくことを県民の皆様にも是非知らせたい。」と期待が寄せられた。

写真 3-2-1　釜石サテライト上掲式

　釜石サテライトのコーディネーターが 1 名で、南北 200km に達する岩手県沿岸地域を全てカバーすることは非常に困難であるため、本学と相互友好協力協定を締結していた久慈市（沿岸北部）と宮古市（中央）、それに南部の計 3 カ所にエクステンションセンターを設置することを計画した。壊滅的被害を被った陸前高田市はエクステンションセンターの設置先候補であったが、5 月に戸羽太陸前高田市長を訪問した時、「現時点では大学と一緒に仕事する人的、時間的、スペース的な余裕がない」との返答を受け、陸前高田市が落ち着いた時点で改めて連携を考えることとし、南部は大船渡市に設置することを決めた。市職員を本学地域連携推進センターに共同研究員として派遣していた久慈市は本件に対して特に積極的であり、市役所内の一室に机を置くことやコーディネーターを雇用配置することについてスムーズに合意に至り、3 カ所の中ではいち早く 2012 年 4 月開所の準備が整った。

　エクステンションセンターのコーディネーターの人件費は、（公社）経済同友会の支援を受けることで確保した。経済同友会では、東京本部が会員から「IPPO IPPO NIPPON」の募金を集め、半期ごとに 3 億円を、岩手、宮城、福島の被災 3 県の学校関係に支援しており、岩手県では被災した専門高校へ設備等を提供する予定になっている、という情報を得た。そこで岩手大学も支援対象に加えてもらうために、岩渕明理事（地域連携・国際連携担当）・副学長や小野寺純治教授らが丸の内の経済同友会を訪問した。同友会は大学への支援を考えていなかったが、我々は「設備等は文部科学省に要求できるが、人件費の確保は難しい。また、沿岸部のエクステンションセンターは沿岸部全域をカバーする大学の復興活動のために必要であり、そこに雇用するコーディネーターの人件費を支援してほしい」と依頼した。即答はもらえなかったが、その後資料の提出などで理解を得、5 年間にわたって総額 110,870,000 円の支援を受けた（詳細は第 4 章第 3 節）。

2　水産業の復興

　4 月 4 日に藤井克己学長が釜石市を訪問し、「岩手大学として水産業の復興に取り組む」と表明したところであるが、教職員が被災地において聞き取りを行った中でも、やはり水産業の復旧・復興に大学の力を貸してほしいとの声が多くあった。三陸の漁場は世界有数の漁場といわれ、日本の水産業や食産業を支えており、三陸地域の復興に裾野の広い水産業の機能回復は不可欠である。

第 3 章　新年度後期 (2011.10.1) から新年度末 (2012.3.31) まで

　一方、文部科学省からも「地域の中核大学として、今回の未曾有の震災に際し、地域復興センターのようなものを設置し、大学が核となって機能していくことが求められているのではないか」という意見を受けた。地域が復興を遂げるためには、主産業の復興が核となることは当然であり、それを支える多くの人たちの雇用を再開し生活基盤を安定させることで、復興を進めることができる。当然、沿岸地域の主な産業は水産業である。

　岩手大学が「海」に拠点を持つことは、建学以来初めてのことである。盛岡高等農林学校の校長も務めた岩手大学の鈴木重雄初代学長は、昭和 24 年の就任挨拶で、水産が出来て初めて農学部が完成する、と述べており、60 年以上経ってそれが実現することにもなる。北里大学海洋生命科学部が大船渡市から神奈川県相模原市に拠点を移すとともに、津波により損壊した釜石市平田地区の北里大学海洋バイオテクノロジー釜石研究所は撤退するとの情報を得た後、その跡地を岩手大学が継承することについて、馬場剛事務局長を中心として、建物を所有する北里大学、土地を管理する釜石市（土地は釜石市が新日鉄釜石製鉄所（当時）から貸与）、また文部科学省とも相談を重ね、許可を得た。同時に、被災した建物の対処について、改修も候補ではあったが、塩害のため取り壊しの上新築することを決定し、文部科学省と交渉した。

　水産業振興支援を決めた後、岩手県漁業協同組合連合会の大井誠治代表理事会長に挨拶に伺った。「水産の経験のない素人の岩手大学に何ができるのか」と懐疑的な意見を言われることを覚悟していたが、大井会長からは、「水産業は確かに東日本大震災により大きな被害を受けたが、もともと高齢化が進み、右肩下がりであった。しかし、若い後継者の多くはこのままではいけない、とやる気があるので、それに協力してくれ」という励ましを受け、絶対に成し遂げなければならないと改めて決意した。復興に時間がかかると多くの漁業者がいなくなってしまう可能性があり、復興に向けた取り組みに時間的な余裕はなく、また、従来から衰退傾向である水産業をその状況に戻してしまうのでは本末転倒であり、今までの水産業のシステムを新たなものに替えていく必要が求められ、それが我々大学の使命と認識した。

　また、科学技術振興機構の紹介により、愛媛大学山内晧平教授（元北海道大学水産学部長）が来学し、「これまでの大学の水産系学科は科学研究重視であり、水産学は発展したが、水産業は衰退してしまった」という見解のもと、岩手大学は地域との連携を重視した実学としての水産業振興に重点を置くべきであるというアドバイスを受けた。従来型の水産業の復興というとらえ方ではなく、三陸沿岸地域の農林漁業を一体としてとらえた新しい「なりわい」を創成していくという広い視点が必要となる。文部科学省（海洋地球課）に概算要求の説明に行った際、「水産業の振興は水産庁マターであり、本来文部科学省事業とはなじまない。また実績がないのだから、東京海洋大学、北里大学と連携を取るように」というアドバイスを受けた。そこで連携を構築するため、東京海洋大学とは藤井克己学長が、北里大学とは馬場剛事務局長が、調整を行った。本学が新設する水産業の研究・教育拠点は釜石サテライトとし、海洋研究の総合大学として豊富な知識と実績を持つ東京海洋大学と、三陸をフィールドとして水産研究を行ってきた北里大学海洋生命科学部（大船渡市）と連携して、三陸復興のための水産分野の研究開発や人材育成に努め、地域の持続的発展に繋げていくことを基本方針とした。これを踏まえて、3 大学の水産復興に関わる連携協定書と文部科学省への概算要求の内容を協議した。そして、10 月 30 日の釜石サテライトの上掲式に合わせ、東京海洋

183

大学松山優治学長、北里大学柴忠義学長（代理出席：相澤好治常任理事・副学長）、岩手大学藤井克己学長が、「三陸水産業の復興と地域の持続的発展に向けた3大学連携推進に関する基本合意書」に調印した。

「KKDからKKDSへ」をキャッチフレーズに、概算要求「SANRIKU（三陸）海洋産業復興研究教育拠点形成事業」（第2章第12節、図2-12-2参照）を作成した。従来の1次あるいは2次産業における「経験（K）・勘（K）・度胸（D）」という姿勢に科学（S）を加えることで、科学的根拠を付与して付加価値を高め、産業のポテンシャルを上げる（儲かる水産業に取り組む）ことで水産業の産業構造の変革を図ると同時に、それを担う人材を育成していく、というシナリオである。「水圏環境調査研究」や「養殖の新技術開発」、「加工技術の高度化・機能性の付与」、「商品開発・マーケット開発」、「食文化の展開」といった1次産業から3次産業までの一貫した6次産業化に対応した教育・研究を展開することとした。また、計画は2段階とし、はじめに研究拠点として「三陸水産研究センター」を、次に教育拠点として大学院を設置することで、人材育成を進めることにした。三陸水産研究センターの前段階として、復興推進本部の水産業復興推進部門の構成を進めた。

先に教員から提案された49件の復興活動の中で、水産業に関する提案は、農学部三浦靖教授の水産加工の機能評価と、教育学部梶原昌五准教授のホヤ生態に関する研究のみであった。そのため、水産業復興推進部門の各班の担当教員は、岩渕明理事（地域連携・国際連携担当）・副学長が関連しそうな教員に個別に依頼した。水圏環境調査班は、いわゆる「森は海の恋人」にならって、農学部森林科学の橋本良二教授、工学部の河川等の水質保全の海田輝之教授、人文社会科学部の生物科学の竹原明秀教授、および牧陽之助教授らに加わってもらった。水産新素材・加工技術・加工設備開発班は、自動化やロボット化を専門とする工学部機械工学の萩原義裕准教授、三好扶准教授、加工における熱・物質移動関係では同じく工学部機械工学の船﨑健一教授、廣瀬宏一教授に、それぞれ参加を依頼した。また、マーケティング戦略班では地域連携推進センターと連携した。以上のように、総合大学としての強みを発揮して、水産業復興支援体制を構築した。また不足する研究分野は客員教授として外部から招へいすることでカバーした。

本学には水産学の分野を専門とする研究者がいないので、早々に新規補充することを決め、愛媛大学山内晧平教授から紹介のあった北海道大学の阿部周一名誉教授と塚越英晴氏を2012年4月から採用することとし、年末の12月28日、岩渕明理事（地域連携・国際連携担当）・副学長と鈴木一寿三陸復興推進室長が函館に出向き、阿部周一教授に特任教授への就任を依頼した。この2名が行っているサケマス類の遺伝子特性分析研究は、岩手県水産技術センターなどとの連携によってふ化場など漁業の現場に入り込んで行われるものであり、岩手県でも初めての研究であった。震災後資源量が減少しているサケ放流事業の見直しを考える上で重要な研究であり、三陸水産研究センターにおけるアカデミック研究の中心を担うものになると考えた。

また、（一財）岩手経済研究所に岩手県沿岸地域の水産復興の調査を委託したところ、水産業全体を俯瞰できる（MOFF: Management of Fishery and Food）高度人材が不足しており、その育成が水産業復興には欠かせないとの結論が報告された。これにより、本学が提案している人材育成のコンセプトは地域からのニーズに合致するものであることが裏付けられた。

さらには山内晧平教授のリードのもと、1月7日、釜石市の岩手県沿岸振興局の会議室を会場に

> 1. 学は全国の地のネットワークを最大限に活用して，出口を見据えた新たな知を創造し，人材の育成を図る
>
> 2. 産はそのバイタリティをいかんなく発揮して，可及的速やかに旧来の事業の再開を図るとともに，学によって創造された新たな技術に基づく新規事業の立ち上げにも果敢にチャレンジする
>
> 3. 岩手県をはじめ支援団体は速やかなインフラの復旧，地域住民が希望を持てる未来の明確なビジョンの提示を行うとともに，産や学の活動を全面的にサポートするための支援を行う
>
> 4. 三陸地方の上記の取組みが，今後，我が国及び全世界のモデルとなるようなネットワーク型拠点形成に向けて，産・学・官の総力を結集して行動することをここに誓う
>
> （平成24年1月7日　釜石市）

図 3-2-1　全国水産系研究者フォーラム宣言

第1回全国水産系研究者フォーラムを開催し、「全国から SANRIKU へ岩手大学発・水産系分野の三陸研究拠点形成を目指して」と題して現状を報告するとともに、全国の水産系の研究者との連携を進めていくために「フォーラム宣言」（図 3-2-1）を採択した。この宣言を基に、以降毎年フォーラムを開催し、研究者が中心となって三陸地域の持続的な水産業の発展に向けた議論を進めることとなった。

　水産業の研究・教育拠点形成の概算要求が認められため、3 月には東京海洋大学、北里大学、岩手大学で研究テーマの摺り合わせを行った。また、将来的には 3 大学が共同で大学院を設置して、水産業の 6 次産業化を目指し、専門的な知識と総合的な視野を持った人材を育成することについて確認した。岩手大学での水産系教育課程の新設にあたり、学士課程の定員は 30 名を想定していた。30 名という小さな規模であっても、教育環境の整備等の初期投資や新設課程の受験生の確保のためには多くの経費がかかるので、10 人以下の定員を想定していた修士課程を先に設置した方がよいとの判断で、大学院設置を概算要求に盛り込んだ。その規模や研究領域については 2012 年度から検討を開始する。

　また、別途岩手県水産技術センターとの連携を申し入れ、協力できるところから一緒に活動を始めましょうという合意を得て、2013 年 10 月に覚書を締結した。

　この期間における大きなテーマは、車座研究会を開催して水産加工業者と本学研究者が意見交換を行い、地域のニーズを引き出すこと、さらに各研究者が地域のニーズを今後の研究開発に十分に反映させることである。研究者による地域への提案の一例として、農学部三浦靖教授のハーブ干物が挙げられる。これまで経験的に天日干しがよいとされてきたが、栄養学的には紫外線により酸化が促進されるため、新たな方法として低温乾燥を提案し、品質を高めた商品（ハーブ干物）を試作した。被災した水産業の再興のために、研究成果を商品開発に用いて高付加価値化するためには、段階を踏んで設定目標を高度化していかなければならない。大学で有する最先端の知見や装置、技術を、いきなり大きな被害を受けた地域に導入しても、地域ではそれを活用することができないためである。復旧・復興の進捗や時間経過に合わせて、「今日の 100 円、明日の 1,000 円、明後日の 10,000 円」と次第に目標を高めていくことが必要であり、そのためには被災地企業のニーズを引き出し、研究者はニーズを踏まえた新たな研究展開を図る必要がある。

第3節　学生ボランティア

教育学部教授　　名古屋　恒彦

1　この期のボランティア班の活動

(1) ボランティア班と学生団体

　岩手大学の復興支援組織の改組に伴い、2011年12月から、生活支援部門ボランティア班として再スタートをきった。「天気輪の柱」の活動は、宮古市の盛岡YMCA宮古ボランティアセンターとの連携の下、活動を継続していた。この期には、いわゆるがれき撤去等は減り、仮設住宅等でのイベント支援に活動がシフトしてきていた。メンバーはたこ焼き作り、餅つきなどを行いながら、仮設住宅等の方々との心の交流を深めていた。

　「もりもり☆岩手」は、陸前高田市においてボランティアセンターの運営支援活動を継続していた。ボランティアセンターでの業務は専門性を要求されるものであったが、継続的な取り組みの中で、地域の信頼を得るに至っていた。併せて、陸前高田市内や山田町での学習支援活動にもあたっていた（詳細は第2章第5節）。

(2) 学生団体への支援

　「天気輪の柱」「もりもり☆岩手」の2団体はこれまでに、着実に活動を積み重ねていた。この期には、大学での授業等も平常となってきており、活動は、週末を基本として継続されていた。いずれの団体に対しても、移動手段としてのバスの手配等は、ボランティア班が支援した。

　「天気輪の柱」による宮古市での活動は、ボランティア初心者にも活動しやすいものであったことから、初期の活動同様広くボランティアを募集し、学生のボランティア活動の入り口としても機能していた。この期には、教職員ボランティアについては、今後は本務による復興を中心とするという観点から、教職員のみでの活動は終了したが、「天気輪の柱」による宮古市での活動には教職員の参加も受け入れた。これらボランティア活動初参加の学生等を対象に、ボランティア説明会は月1回程度のペースで継続された。

2　ボランティア説明会での研修

(1) ボランティア心得の改訂

　2011年4月の大船渡市への第1回派遣から、事前指導の一環としてボランティア説明会が継続的に行われていた。この説明会で使用されたボランティア心得は、本学におけるボランティア研修の要となるものであり、第2章第5節②においても触れたように、活動を積み重ねる中でその内容の改訂が図られたが、この期には上記のように活動の変化に対応していくことが求められた。すなわち、がれき撤去等の物理的・身体的な危険を伴う活動は相対的に減少し、仮設住宅等でのイベント支援や仮設住宅等の方々との心の交流、さらにはコミュニティ再建支援などへと活動内容がシフトしてきており、このことへの対応がボランティア心得でも求められた。

第 3 章　新年度後期 (2011.10.1) から新年度末 (2012.3.31) まで

(2) ボランティア心得の柱

　ボランティア心得の柱としては、当初から以下の 2 点が強調された。

　一つは学生が心も体も安全に活動し、戻ってくることである。自分にとって危険を伴う作業と判断された場合は勇気をもってその活動を避けることの他、自身の心を守ることの重要性も強調した。ボランティア自身が傷つくことは誰も望むことではないことを心得では主張した。

　もう一つは、ボランティアは「……してあげる」という動機ではなく、人と人との支え合いにその動機を置くべきことの強調である。ボランティア説明会に参加する学生の口からは、「助けてあげたい」という言葉があがることがあった。その思いの源自体を否定するものではないが、このような思いが前面に出た場合、押しつけ的な活動や上から目線の活動が懸念された。そうではなく、人が当たり前のように支え合うことの重要性を心得では強く訴えた。

　以上の 2 点を柱としたことは、この期においても変更はなかったが、活動内容の変化に伴って具体的に留意すべきことには重み付けの変更がなされた。

(3) 心を支えるということ

　活動が仮設住宅等の方々との交流あるいは地域コミュニティ再建へとシフトしていく中で、自ずと被災地域の困難な状況あるいは、地域の方々の心の痛みに接する機会が多くなる。その中で、ボランティア自身が自らの心の中にそれらを深く蓄えることになる。このことは、次の世代の復興を担う学生にとって極めて貴重な営みである。しかし、その一方で学生の心のキャパシティを超えた現実に接した場合、心に痛みを負うリスクもはらんでいる。そのリスクの回避を、保健管理センターとの連携の下、具体的な事例を示しながら説明した。これはボランティア心得の 1 つめの柱に関わることである。

　また、「……してあげる」という姿勢で被災地域の方々に接する場合、地域の方々に気遣いをおかけしてしまうことも懸念された。この点はボランティア説明会で当初より強調していたことであるが、活動の変化に伴い、次のようなことも留意すべきこととした。仮設住宅等での交流に際して、おもてなしを受けることが多くなり、「ボランティアに来たのにお茶やお菓子をごちそうしていただいてよいのか」という声が他団体のボランティアからあったという情報を得ていた。この事例を紹介しながら、「……してもらう」こともまたボランティアであることを説明会では述べた。

(4) 現場での研修

　この期に限ったことではないが、最も効果的でかつ価値あるボランティア研修は、現場での研修である。宮古市や陸前高田市をはじめ、学生を派遣するボランティア先には現地のボランティアセンターや NPO 法人等に優れた指導者がいてくださる。その方々の実地のご指導によって学生たちは仕事を覚え、人との関わり方を覚え、そして復興への心を養う。そして、ボランティアで出会う被災地域の方々の温かい心に触れ、次の世代の復興の担い手として有形無形の多くの学びをさせていただいている。ボランティアを重ね、成長していく学生たちの姿に、ボランティアの現場での価値ある得がたい学びの実りを、ボランティア班のメンバーである教職員一人ひとりが確かに認めるのである。

187

第4節　いわて高等教育コンソーシアムとの連携

人文社会科学部教授　　**後藤　尚人**

　岩手県の高等教育機関で形成している「いわて高等教育コンソーシアム」（以下「コンソ」）の震災復興に関わる活動は、2011 年の 6 月 15 日に出した「いわて高等教育コンソーシアム学長宣言 岩手の復興を人材育成から、今こそ連携の力で！」（cf. http://www.ihatov-u.jp/fukkou/index.html：以下「学長宣言」）に始まるが、具体的に復興関連支援の活動を開始したのは、同年後期からになった。その主な理由は、「学長宣言」とそれを具現化するための「地域復興を担う中核的人材育成プラン（事業例）」を実施するために見越していた 2011 年度の第 2 次補正予算が、実質的に 1.5 次的規模の原子力損害賠償法等関係経費（2011.7.25 成立：2,754 億円）になってしまい、東日本大震災関係経費が盛り込まれた第 3 次補正予算の成立（2011.11.21：11 兆 7,335 億円）まで待たねばならなかったからである。

　第 3 次補正予算に盛り込まれていた文部科学省の「大学等における地域復興のためのセンター的機能整備事業」に、いわて GINGA-NET（岩手県立大学）とコンソが共同で申請した「いわての教育及びコミュニティ形成復興支援事業」（2011 ～ 2015 年）が採択され、コンソ分として「地域を担う中核的人材育成事業」を補助金を受けて実施することになった。

「地域復興を担う中核的人材育成プラン（事業例）」は、

Ⅰ 大学進学事業
　　1. テレビ会議システムを活用した沿岸地域の高校生への進学案内
　　2. 大学生ボランティアによる沿岸地域の高校生への学習支援

Ⅱ 中核的人材育成事業
　　1. 震災復興の視点を取り入れた「いわて学」（地域人材育成）の展開
　　2. 地域課題解決プロジェクトのテーマを「震災復興」として公募
　　3. ボランティア論・リーダー論等の授業開発
　　4. 被災地の自治体職員、教員の経験を共有するワークショップの開発
　　5. 被災地の学校で高校生・大学生がともに学ぶワークショップの開発
　　6. コーディネート力を備えた人材育成のプログラムを 3 年間で開発

Ⅲ 地域貢献活動
　　1. 専門家の派遣による調査研究
　　2. 調査研究に基づく提言

というもので、以下に上記Ⅱの「中核的人材育成事業」から、2011 年度の後半に本学が主導的に関わった活動について記載する。（なお、事業例と、補助金による実施事業には若干の相違がある。）

1　きずなプロジェクト（Ⅱ -2）

　コンソ発足以来、学生主体の活動として行われていた地域課題解決プロジェクトでは、学生発案

第 3 章　新年度後期（2011.10.1）から新年度末（2012.3.31）まで

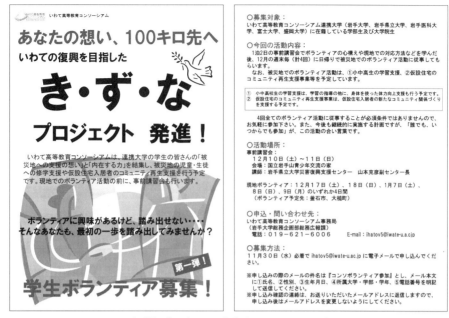

図 3-4-1　きずなプロジェクト募集案内のチラシ（おもて、うら）

の企画を採用してきたが、発災後は震災復興としてテーマを一元化し、「きずなプロジェクト」の名のもとに、被災地へのボランティア活動を行うことにした。

　コンソ連携校の混合学生ボランティアチームをどのように立ち上げ、どのような活動から始めるかを考えると、すぐに「〜月〜日に〜被災地へのバスを出すので、学生ボランティアの参加を求む」というわけにはいかない。被災地の状況は想像を超えるもので、被災者への接し方やボランティアを行う学生自身のメンタルケアなどを含め、岩手大学では学生ボランティアを派遣する際には学生に事前研修を受けて貰うことになっていた。コンソのボランティア活動も、発災後 8 カ月を過ぎたことから当初の悲惨な状況はいくらか薄まったとはいえ、事前研修が必要との認識は変わらず、まずは計画を示して、ボランティア活動についての理解を深めることから始めることにした。

　ボランティア募集のチラシ（図 3-4-1）を連携校（5 大学）で掲示してもらうとともに、11 月 15 日から 22 日にかけて 5 大学を回って学生向けの説明会を開き、コンソーシアムが行うボランティア活動についての理解と協力を求めた。説明会に参加してくれた学生は約 80 名だったが、11 月末日までに申し込んでくれた学生数は 160 名（岩手大 51、県立大 46、医科大 2、富士大 45、盛岡大 16）となった。

　この「きずなプロジェクト」（第 1 期）登録者 160 名のうち、12 月 10 日（土）〜 11 日（日）の合宿形式での事前説明会には 97 名が参加した（写真 3-4-1 〜 3-4-3）。合宿プログラムの構成等は、岩手県立大学の山本克彦先生（現在は日本福祉大学）に引き受けて頂いた。山本先生は学生と共に新潟県中越沖地震の被災地で行ったボランティア活動等の経験を活かして、東日本大震災発災後もすぐに学生共々現地へ入り、陸前高田市ボランティアセンターの立ち上げ等に尽力され、「いわて GINGA-NET」の生みの親でもあり、コンソでボランティア活動を始めるに際して適切なアドバイスをして頂く最適任者であった。

189

写真 3-4-1　集合写真

写真 3-4-2　グループワーク

写真 3-4-3　ワークショップ

写真 3-4-4　宮古班：クリスマス会

写真 3-4-5　釜石班：物資の仕分け

写真 3-4-6　釜石班：青空市

　プログラムは、アイスブレイクに始まり、すでにボランティア活動で実績のある「天気輪の柱」（岩手大）、「いわてGINGA-NET」（県立大）、「SAVE IWATE」（一般）からの活動報告を受けた後、グループごとに、ボランティアに関するQ&A、被災地支援のこれから、ボランティアのルールなどをワークショップ方式で学ぶというもので、合宿を通して、大学も学年も異なる学生達の中にまずは「きずな」が結ばれた。なお、合宿での費用は、国立大学協会からの補助金も活用した。

　コンソとして初めてのボランティア活動となる12月の現地活動は、参加予定者数も多かったことから、受け入れ側での仕事量等を考慮し、二手に分かれて行うことにした。12月17日（土）は宮古班（被災住居の片づけや仮設住宅でのクリスマス会運営補助）に14名、釜石班（支援物資の仕分け等）に43名が参加し、翌18日（日）にも宮古班（17日と同上）に8名、釜石班（支援物資

第 3 章 新年度後期（2011.10.1）から新年度末（2012.3.31）まで

上左）写真 3-4-7 ボランティア受付
上右）写真 3-4-8 土嚢作り
中左）写真 3-4-9 土嚢の積み上げ
中右）写真 3-4-10 事前指導
下左）写真 3-4-11 個別指導

支給の青空市の実施など）に 45 名が参加した（写真 3-4-4 〜 3-4-6）。

　年が明けて 2012 年 1 月 8 日（日）に 32 名、9 日（月）には 40 名が参加して、陸前高田市の漁港で崩れた法面の土嚢積みを行った（写真 3-4-7 〜 3-4-9）。

　この 4 日間で延べ 182 名（全連携校からの学生がいずれかの活動に参加した）がボランティア活動に参加しており、スケールメリットを活かしたコンソのボランティア活動はここから始まったといえる。

　なお、第 1 期活動の当初予定にはない活動として、1 月 22 日（日）に釜石市教育センターでのNPO キッズドアによる学習支援活動にコンソからも学生を募り、7 名（岩手大 4、県立大 2、盛岡大 1）が参加した。学習支援活動は岩手大学教育学部の新妻二男先生が仲介して教育学部の学生が続けていた活動で、そこにコンソからの応援隊が加わったことになる。主催しているキッズドアは学主支援についてしっかりした方針（守秘義務や個人情報の管理）やノウハウを持っており、コンソの学生にまず事前指導（注意事項等の説明）を行い、それから学生が中学生の勉強の手伝いをするという流れだった（写真 3-4-10、3-4-11）。

写真 3-4-12　宮古の仮設住宅集会場にて

　この学習支援の活動は、きずなプロジェクトの環として実施したが、内容的には学長宣言に加えた事業例のⅠ-2に相当する。ただし、対象としたのが高校生ではなく、中学生だという違いがあった。現実的にコンソの大学生が無理なく指導できるのは大学受験を控えた高校生ではなく中学生だということがわかり、その後も、学習支援のボランティア活動は中学生を対象にして続けられた。

　第1期のきずなプロジェクトはそれなりに実績を上げることができたため、次の第2期（2012年2月～3月）の募集を第1期と同じようなスケジュール（事前研修＋現地活動）で募集した。ただし事前研修は合宿ではなく日帰りで行い、2月末から3月にかけて計4回のボランティア活動を行うというものだった。第2期の学生の登録者は、第1期からの継続組も合わせ、175名（岩手大62、県立大48、医科大2、富士大46、盛岡大17）となった。

　ところが、事前研修会への参加申込者が振るわず、岩手山青少年交流の家での事前研修は取りやめになった。登録者のかなりの学生が12月に研修を受けたり、その後のボランティア活動へ参加したためだと思われる。第1期から実質的に増えた登録者は15名しかいなかったわけで、ゼロから始めた第1期とは状況が違っていた。

　結局、第2期の活動は2月26日（日）釜石での学習支援、2月29日（水）釜石でのボランティア、3月2日（金）宮古でのボランティア（写真3-4-12）、4日（日）釜石での学習支援、14日（水）釜石でのボランティアで計31名が参加したに過ぎなかった。

　第2期の活動が第1期に比べ小規模となってしまった要因は、活動時期が春休みになったことで、親元へ帰った学生がいたことや、アルバイト等（運動部系の学生は遠征費をこの時期のバイトで稼ぐ）で日程調整が不調だったことが考えられる。とはいえ、コンソの学生ボランティア活動はこれで終わったわけではなく、きずなプロジェクト第3期（6月～8月）では延べ146人が参加しており、発災後1年が過ぎて首都圏からのNPOが撤退し始めたあとも、息の長い活動が期待されることになった。

2　震災復興特別科目（Ⅱ-3）

　学長宣言の活動事例で示していたのは「ボランティア論・リーダー論等の授業開発」で、当初よりこのⅡ-3で震災復興関連の授業を立ち上げ、それらを加えて、コンソ発足時から検討していた「地域リーダー育成プログラム」を確立するという計画で、それがⅡ-6の「コーディネート力を備えた人材育成のプログラムを3年間で開発」に相当していた。

復興教育科目の新設については、コンソの運営委員会の中に震災復興対応のワーキンググループ（WG）を設け､そこで集中的（2011 年 8 〜 9 月）に議論することにした。原案としては講義系の「ボランティア・リーダー論」及び「危機管理と復興」、演習系の「コミュニケーショントレーニング」及び「課題解決実践」を提案したものの、一度に 4 科目の新設は大変だろうとの意見が多く、最終的には「ボランティアとリーダーシップ」「危機管理と復興」の 2 科目だけを立ち上げることになった。

この 2 科目だけでも、実際の授業を担当できる教員をコンソ連携校内で確保するのは容易ではなかった。授業内容は科目ごとにいくつかのトピックにわけてそれらをオムニバス方式で繋ぐことにしても、ボランティアや防災などいくつかのトピックについては担当できる教員がいても、発災後に負担されている仕事量から、さらに授業担当をお願いできる状況ではなかった。

そこで、コンソの運営委員長もされていた玉真之介先生からの発案もあり、ボランティア教員を募ることになった。「こちらから個別に専門家を探して依頼するのではなく、発想を逆転させて、専門家に名乗り出てもらえばいい、そのためには日本全国からボランティアを募ればいいのではないか。謝金なしのボランティアで名乗り出て頂ける方は、きっと復興教育への意志や情熱も高いだろうから、授業もうまく行くだろう、という都合のいい考え方に至った。」（いわて高等教育コンソーシアム編『復興は人づくりから〜全国大学ボランティア教員 15 名による特別講義〜』（2014）、紀伊国屋書店､Kinoppy 版､2016 年､序章）

実際、この考えは見事に的中し、翌年 2012 年度から授業を実施できることになった（図 3-4-2）。そこに至る経緯は『復興は人づくりから』に詳しいが、まずは京都大学コンソーシアム京都内にある全国コンソーシアム協議会と連絡をとり、11 月 24 日にコンソ事務局を担当していた総務広報課主査の濱田秀樹さんと二人で正式にお願いに行って、そこから全国のコンソーシアムを通して各コンソーシアムに加盟している大学へ依頼文書と受諾届けを流してもらった。反響は素早く、12 月中に授業担当者の約 8 割が決まり、2012 年の 1 月には全員が確定して、2 月 6 日には担当日も入ったスケジュール表の原案ができ上がっていた。

平成　　年　　月　　日

地域復興を担う中核的人材育成プランに係る教員ボランティア受諾届

いわて高等教育コンソーシアムの地域を担う中核的人材育成プランに係る新規科目担当の教員ボランティアを以下のとおり受諾します。

氏　　名	
所属組織名（大学等）	
職位（教授等）	
所属組織住所	〒
職場電話番号	
携帯電話番号（任意）	
メールアドレス	
担当可能科目 及びテーマ （可能な箇所を■にして下さい）	□「ボランティアとリーダーシップ」 □コミュニケーショントレーニング □ボランティア活動　□組織マネジメント □リーダーシップ　□失敗学 □その他（　　　　　　　　） □「危機管理と復興」 □危機管理　□防災　□地域コミュニティ再生 □都市計画　□メンタルヘルスケア □その他（　　　　　　　　） □上記以外の科目及びテーマ （　　　　　　　　）
担当可能年度学期 （選択箇所を■）	□平成 24 年　□前期　□後期　□通年 □平成 25 年　□前期　□後期　□通年 □平成 26 年　□前期　□後期　□通年
可能な関連行事 （選択箇所を■）	□講演やシンポジウム　□研究者との交流 □その他（　　　　　　　　）
その他 （選択箇所を■）	□授業を遠隔講義システムでリアルタイム配信 □授業を収録してオンデマンドで配信 □その他（　　　　　　　　）
ご意見等	

図 3-4-2　教員ボランティア受諾届

実際の授業は 2012 年度からだったが、

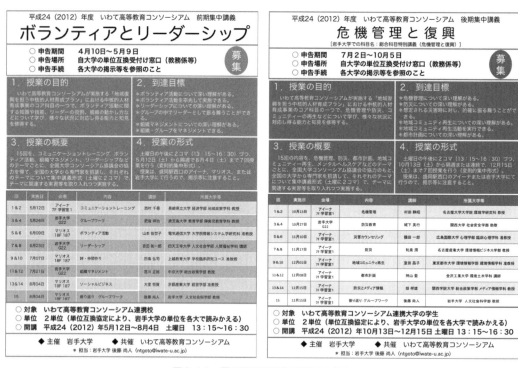

図 3-4-3　震災復興関連特別科目の案内

　国公私立大から素早く 14 名のボランティア教員が名乗り出てくれたことは非常にありがたかった。もちろんボランティアなので授業に対する謝金は支払わないものの、盛岡までの旅費はコンソ（補助金）で持つとともに、盛岡での授業が終わったあとは沿岸被災地への視察もオプションとして用意した。震災復興のために何かしたいけれどそう簡単には被災地まで行けないと二の足を踏んでいた教員に、その専門分野を活かした授業をしてもらいたいというコンソの願いが合致して、双方 Win-Win の関係でボランティア教員による震災復興関連特別科目が立ち上がったといえる（図 3-4-3）。

　これで科目名にふさわしい専門家による本格的な授業が可能になり、授業の流れと各教員のスケジュールを調整すれば問題はないと思われた。実際 2012 年度から授業は順調に進んだものの、世話役には気付かなかった問題があった。授業担当者と受け入れ側はコミュニケーションをしっかりとって、被災地への視察なども順当にこなしていた。授業担当者と受け入れ側は面識が深まっていった一方で、オムニバスで担当する授業担当者間の面識がなく、お互いがどのような思いでこの授業を引き受けているのか、どんな人が授業を担当しているのかという情報が欠如していた。そのため授業担当者間同士の一体感が持てず、授業全体のまとまりに欠ける嫌いがあった。そこで、本来なら授業開始前に行うべき担当者間の全体会合（2012.8.31）を前期が終わったあとに京都で行うことにした。その後は年に 2 回、京都または東京で全体会合を持つことで、授業担当者間の交流も深まり、一体感も醸成され、2 年後には『復興は人づくりから』を上梓することが可能になり、ボランティア教員による復興教育の実践モデルを確立することができた。

まとめ

編集委員会

【対応状況】

○ 発災から半年が過ぎ、非常時の対応から復興に向けた長期的な取り組みへ活動内容が変わってくることもあり、復興対策本部を改組して 10 月 1 日から「岩手大学三陸復興推進本部」を設置した。本部長は学長で、地域連携担当理事を副本部長として、支援対象ごとに区分けした 5 つの部門に地域防災研究部門を加えた 6 部門を配置した。

○ 同時に事務組織では「復興推進室」を設置するとともに、釜石に「釜石サテライト」を開設した。

○ 第 3 次補正予算に盛り込まれた文科省の大学改革推進等補助金「大学等における地域復興のためのセンター的機能整備事業」に、教育支援部門からいわて高等教育コンソーシアムとの連携により「いわての教育及びコミュニティ形成復興支援事業」が、生活支援部門、ものづくり産業復興推進部門、農林畜産業復興推進部門の 3 部門からは「三陸沿岸地域の『なりわい』の再生・復興の推進事業」が採択され、それぞれの計画に従って取り組みを開始した。

○ 沿岸地域で活動する際に必要な宿泊施設を確保するため、釜石市と交渉して釜石病院に勤務する医師の宿泊施設の利用許可を得た。

○ ともすれば経験・勘・度胸（KKD）で行われてきた 1 次産業等に科学を加える（KKDS）ことで付加価値を高め、産業のポテンシャルを上げて水産業の構造変革を図ると共に、それを担う人材を育成する概算要求「SANRIKU（三陸）海洋産業復興研究・教育拠点形成事業」を作成した。その方向性で、愛媛大学や北海道大学から専門家の協力を得ながら、学内関係者にも水産業復興部門に関わってもらい、水産業の 6 次産業化を目指す体制を整えた。

○ 学生のボランティア活動については、現場のニーズが瓦礫撤去作業等から仮設住宅でのイベント支援などに変わってきたため、ボランティア研修・心得の内容も、物理的・身体的な危険に関する注意事項を縮小し、仮設住宅等の方々との心の交流やコミュニティ再建支援等の内容を盛り込んだ。当初より、人々があたり前のように支え合うことの重要性を喚起していたが、被災された人々の心の痛みに触れることが多くなってくると、学生が心の中に傷みを負うリスクもあるため、事前研修で保健管理センターとも連携し、具体的な事例を示しつつ説明した。

○ 発災から数カ月が過ぎると、ボランティア活動をしている学生が固定化し始め、当初からボランティアに参加しなかった学生にとって、途中からボランティアに参加しにくい雰囲気も生まれていた。いわて高等教育コンソーシアムの「きずなプロジェクト」は、年末から活動を始めることになったため、ボランティアを募集する際に、むしろこれまでボランティア活動をしてこなかった学生を対象にして、被災地の現状やボランティアに求めるニーズの変化等を説明しつつ、まだまだボランティアが必要とされていることを強調し、賛同者を得ることができた。

○ 震災復興に関わる内容を授業として教え・考える機会を作る復興教育の一環として「ボランティアとリーダーシップ」、「危機管理と復興」を立ち上げるに際し、全国コンソーシアム協議会の

協力を得て、授業担当のボランティア教員に来ていただくことができた。

【学びと教訓】

○ 仮設住宅でのイベント支援などで被災地域の人々と交流する機会が増えると、おもてなしを受けることが多くなり、ボランティアに来たのにお茶やお菓子をご馳走になっていいのかと批判を受けることもあった。とはいえ、状況によっては人々の善意を受け入れるのもまたボランティア活動になることもある。

○ 学生を派遣するボランティア先には、現地のボランティアセンターやNPOなどに経験豊かなすぐれた指導者がおり、それらの方々からの実地指導によって学生たちは仕事の仕方や人と人との関わり方、復興への心を養うことができた。また、被災者の方々の温かい心に触れることなどで、次代の復興の担い手として多くを学び、成長することができた。

□ 授業を担当して欲しいけれど謝金は払えない、そのような条件でボランティア教員を募ったところ、すぐに募集人数が満たされることになった。復興活動など、何かしたいと思っていたけれどきっかけがつかめないでいた時に、ボランティア教員の案内を見て直ちに応募したということを後から聞いた。名乗り出てくれた教員は、いずれも各分野の専門家で、かつ熱意を持って授業を担当してくれたおかげで、オムニバス形式となったものの、充実した授業が実施できた。困っている時には助けを求め、ボランティアを受け入れる受容力が必要だった。

【今後の課題】

◇ 復興経費に充てるという名目で、2012年2月29日に「国家公務員給与削減特例法案」が可決され、国家公務員の給与が2年間平均で7.8%削減されることになった。それで約3,000億円が確保でき、復興予算に組み込まれるという。国立大学法人にも賃下げが要請され、岩手大学も削減を受け入れた。被災地で仕事をしている国家公務員も過酷な状況下で全国一律の削減対象となった。被災地に派遣された自衛隊職員には特別手当が支給されたようだが、被災地の復興のために被災地で働いている一般の公務員の中には、家が流され家族が犠牲になり避難所や仮設住宅で暮らしていた人もいたと思われる。そういう状況下の人をも対象に含めて全国一律で給与を削減するという考えは理不尽極まりない。今後、同様な状況が起きた場合には、被災地の公務員の給与を削減するとしても、被災地の状況に合わせて特別な手当てを講じるなどの検討が必要だろう。

未来を見据えた復興への取組に感謝

田野畑村長　石原　弘

　創立70周年を迎えられましたことに、心からお祝いとお喜びを申し上げます。
2011年3月東日本大震災では本村沿岸部も大きな被害を受けました。特にも、明戸・羅賀・島越地区では住家被害が著しく、羅賀地区で6割、島越地区で7割が全壊・流失しました。移転による住宅再建を余儀なくされた中、農学部教授の広田純一先生、同准教授の三宅諭先生には、村災害復興計画策定委員としてご尽力を賜り、未来に向けた生活再建と住宅再建への道筋をつくっていただきました。あらためて深く感謝申し上げます。

　発災から約2カ月後、被災者の方々は仮設住宅に移り住み、村も住宅再建のための検討を本格的に進めました。一方で、避難所の運営や被災者の心のケア、復旧工事の段取り等で村の職員は多忙を極め、村側の十分な説明がない中で、支援の手を差し伸べていただきました。顧みれば、その支援活動に挑んだ方々の勇気が村や村職員を励まし、復興業務を支えてくれたと思っています。

　広田先生、三宅先生、NPO法人いわて地域づくりセンター職員の皆様には、災害復興計画策定に向けて、被災者や被災地住民への聞き取り調査や移転団地の候補地選定、事業説明などを行っていただきました。被災者の方々は生活再建の未来像が見えず不安を抱え、心が折れそうな日々を過ごし、行政も想像を超える量の業務に追われ、地域全体で心労が絶えなかったことと思います。

　先生方からは、震災・津波から復興するためには、「住宅とコミュニティが一番大切である」と、村や村民、被災者の方々に常に話していただきました。そのことから村外に転出する方や地域に馴染めず苦慮される方も少なかったと感じています。

　震災から8年が経過し、被災者の方々はおおむね住宅再建が終わり、日常の生活を取り戻しています。地域のお祭りなどもそれぞれの自治会が主催し、地域の皆が参加して地域行事を盛り上げようと頑張っています。「元の地域で暮らすこと」の大切さは、住宅再建が終わった今、"一日も早い復興""未来を見据えた復興"につながったと実感しています。貴学におかれましては、今後も本村の被災地域との交流を継続していただくことを願っています。いつでも"第二のふるさと"として、本村に帰って来てください。

　本村の復興にご尽力いただきました、先生方、職員の皆様、支援で訪れてくれた学生の皆さんに心より感謝と敬意を申し上げますとともに、歴史と伝統のある「岩手大学」がますます発展されることをご祈念いたします。

これからも地域と共にある知の拠点として

普代村長　柾屋伸夫

　このたびは、国立大学法人岩手大学創立70周年記念誌の出版に心よりお祝いを申し上げます。

　さて、巨大地震と大津波による戦後最悪の自然災害と福島第一原発事故の放射能汚染が東北地方を襲った東日本大震災から8年がたちました。

　本村では、村民一人が行方不明となったほか、野田村で村民7名が、津波によって尊い命を奪われました。幸いにも普代水門と太田名部防潮堤が機能し、住家に被害がなかったものの、村内の7つの漁港すべてが壊滅的な被害を受けました。村全体で603隻あった船舶のうち538隻が流失または破損したほか、加工場、荷さばき施設、漁業資材などの多くが被害を受け水産業などに携わる村民の多くが仕事を失いました。

　このことから、村では、早期に「あすへの一歩 青い海（水産業）の復興へ」をスローガンに掲げる普代村災害復興計画を策定し、8年間の計画期間を復旧期、再生期、発展期の3期に区分し、復興に向けて段階的に取組んできました。

　多くの村民の復旧作業協力や御学をはじめとする村外の多くの個人・団体の皆様からのご支援により、震災復興は復興事業の全てが2017年3月末に完了となりました。

　この間、御学においては、2012年4月3日に久慈地域に「久慈エクステンションセンター」を設置いただき、村に対するタイムリーな情報提供や他機関とのスムーズな連絡調整へのご支援をいただきました。

　産業分野においては、今後の村の重要課題となっていく漁業者の減少対策として、2015年度から3ヵ年で普代村漁業協同組合が主体となる中、御学理工学部システム創生工学科と共に、村の特産品でもある「すきこんぶ」製造工程における省エネ化、軽労化に向けた調査研究事業に取り組むことができ、将来に向けた方向性を見出すことが実現されるとともに漁業関係者と学生等の交流機会創出にもつながったところであります。

　また、観光分野では、御学農学部森林科学科と共に、本村の宿泊施設における震災復旧・復興関連事業者の利用の減少に伴い震災特需が縮小する中、新たな観光資源となる「みちのく潮風トレイル」を活用した観光振興に向けた共同研究に取り組みました。アンケート調査、モニターツアー、学生と村民のワークショップ、調査研究成果を基にした観光関係者との「みちのく潮風トレイルふだいミーティング」の開催など村民と学生等が連携する過程において郷土愛の醸成も育まれたところであり、御学には村の災害復興計画における発展期の取組みに多大なる貢献をいただいたと感じております。

　震災からの復興、さらには急速な人口減少やグローバル競争が加速化する中、今後におきましても、地域を先導する人材育成や持続可能な地域社会の実現を目指す、地域と共にある知の拠点として教育研究活動にご尽力賜りますようお願い申し上げます。

岩手大学創立 70 周年記念に寄せて

洋野町長　水上信宏

　岩手大学が、創立 70 周年を迎えられたことに対しまして、心よりお喜びとお祝いを申し上げます。

　岩手大学は、本県の進学需要と次代を担う人材づくり拠点として、県民の期待に応えるべく 1949 年に開学され、以来、貴学は有為な人材を広く全国に輩出されてきたところであります。

　これもひとえに、学校経営にご尽力されました歴代の学長、理事をはじめとする教職員皆様の弛まぬご努力の賜物と存じ、深く敬意を表しますとともに、岩手大学の今日の発展に多大なご支援、ご協力を賜りました関係皆様に心から感謝申し上げます。

　さて、洋野町は 2006 年 1 月 1 日に旧種市町と旧大野村が合併し、面積 302.92 平方㎞、人口約 1 万 8 千人弱の町として誕生しました。「海と高原の牧場、人々がふれあい、心豊かに、いきいきと躍動するまち」を将来像として、これまで町民が一丸となって新しい町づくりに取り組んできたところであります。

　2011 年 3 月に発災した「東日本大震災津波」においては、本町において、近年、類を見ない大津波の襲来により、町内各所に甚大な被害を被ったところでありますが、幸いにも人身に係る事態が生じなかったことは、日頃の防災訓練と、「結いの心」による共に助け合い、共に支えあう「共助の精神」により尊い命が守られた成果であると確信しております。

　2016 年 6 月、貴学農学部の学生から「震災復興の一環で被災地の祭りにボランティアとして参加し、地域を盛り上げたい」とのありがたい申し出があったことから、早速学生皆様には「北奥羽ナニャドヤラ大会」スタッフとしてイベントに参加していただき、この大会を大いに盛り上げていただいたところであります。

　このようなひとり一人の思いが、被災地に種を蒔き、花を咲かせ、実りある収穫が期待できるものと存じますので、貴学におかれましては、被災地等での活動や取り組みを通じて、次代を担う人材育成の一環として継続的な取り組みをいただきますようお願いするものであります。

　東日本大震災から 8 年余りが経過し、本町の復旧・復興事業は、関係皆様の一丸となった取り組みと心温まるご支援などにより震災復興計画登載事業のほとんどが完了することができたところであり、今後におきましては、第 2 次洋野町総合計画の将来像「海と高原の牧場　絆をつなぎ　輝く未来を拓くまち」を標榜したまちづくりを目指し、鋭意取り組んで参りたいと存じております。

　結びに、岩手大学の今後ますますのご発展と関係皆様のご健勝、ご活躍を心からご祈念申し上げまして、創立 70 周年にあたってのお祝いのご挨拶といたします。

東日本大震災と東電福島第一原発事故を市長として経験して

元南相馬市長　桜井勝延

　2011年3月11日午後2時46分に発生した大震災で南相馬市民636人が犠牲になりました。当日は中学校の卒業式で、卒業生の中にも大津波で犠牲になり将来を断たれ人もいます。津波被災の救助、救援活動の最中の12日の午後、東電福島第一原発で爆発事故が起きました。原発から20km、30kmで線引きされ分断され物質や食料、石油が絶たれました。マスコミまでが避難する中、あらゆる手段を駆使して市民の命を守るために県内外へと避難を誘導しなければならなくなりました。大震災で市民636人が犠牲になり、原発事故による避難が原因で多くの市民が亡くなり、その内513人が災害関連死の認定を受けています。原発事故による警戒区域の設定で多くの家畜が殺処分され犠牲になりました。市民が避難した地域ではイノシシ、猿、ハクビシン等の鳥獣が繁殖して田畑、家屋を荒らしています。

　原発事故で放出された放射性物質の除染を余儀なくされました。公共施設の高圧洗浄、表土除去、除染廃棄物の仮置き場の設置、家屋周辺除染に次ぐ農地除染の実施。健康被害対策のために水、空気、食料、食材のモニタリング検査、内部被曝検査、外部被曝線量検査等未経験の対応を迫られました。

　大震災と原発事故は多くの人の運命を変え、生き方を考えさせたと思います。大地震、大津波、原発事故が連続して起こったことは世界史的災害です。

　世界史的災害対応を災害現場の市長として指揮を執ることができたことは幸運でした。発災から50日間市役所に寝泊りして人命救助、原発事故による避難誘導、YouTubeによる世界への発信。全てが初めての経験で初めての挑戦でした。世界史的災害に際して世界史的復興を成し遂げようと決断し挑戦してきました。

　私は1978年3月に岩手大学を卒業し4月から農業の現場で汗を流してきました。宮沢賢治が悩んできたことを、現場で考えてきたことを、自分も考えていると信じてきました。

　大学卒業後、重ねてきた現場経験が大いに役立ちました。震災は自分に 何のために、どう生きるのかをさらに確信させてくれました。

　大震災発災後から岩手大学を始め、多くの学術機関の皆様の支援をいただきました。避難後に放れ家畜となった牛たちの調査、放射線量検査等多くの学術支援をいただき感謝に堪えません。

　最後に、東日本大震災発災後日本中、世界中の皆様方からご支援ご協力に心より感謝申し上げますとともに岩手大学の限りない発展をご祈念申し上げます。

（1978年岩手大学農学部卒業生）

第4章　発災翌年前期（2012/H24.4.1）から発災4年月末（2015/H27.3.31）まで

　復興庁によれば、2012年4月5日現在の全国の避難者数は約34万4千人で、避難所にも330人が残り、避難者は47都道府県、1,200以上の市区町村に所在しているとされた。1年経ってももとの居住地へ戻れない人がこれだけいるのは、この震災の規模の大きさに加え、福島での原発事故によるものも大きい。

　2011年12月16日に、当時の野田佳彦首相は「原子炉が冷温停止状態に達し発電所の事故そのものは収束に至ったと判断される」と原発事故の収束宣言をしていた。その後、2012年7月5日に東京電力福島原子力発電所事故調査委員会（国会事故調）による報告書が提出され、そこでは「この報告が提出される平成24年6月においても、依然として事故は収束しておらず被害も継続している」（p.10）ことから、通常の災害とは比べようもない規模の避難者が生じ、しかもその原因が、「歴代の規制当局及び東電経営陣が、それぞれ意図的な先送り、不作為、あるいは自己の組織に都合の良い判断を行うことによって、安全対策が取られないまま3.11を迎えた」（p.11）ことに起因するため、「事故は『自然災害』ではなくあきらかに『人災』である」（p.12）とされた。

　2013年3月の衆院予算委員会で安倍晋三首相は「政府として収束といえる状況にはない」と述べ、前政権の収束宣言を撤回した。しかし、同年9月7日のIOC総会において東京オリンピック誘致のプレゼンをした際に、安倍首相は「フクシマについて、お案じの向きには、私から保証をいたします。状況は、統御されています」と言い切っている。その後、2015年1月30日の衆院予算委員会で福島第一原子力発電所の事故について、「収束」という言葉を使う状況にはないとの認識を示したという。いずれにせよ、国民の意識が東京オリンピックに向かうにつれて、原発事故や大震災への関心が薄れてきたと思われる。

　もっとも、被害の大きかった東北では、2011年7月に震災犠牲者への鎮魂と復興を願う「東北六魂祭」が仙台で始められ、2016年まで東北6県で持ち回り（仙台→盛岡→福島→山形→秋田→青森）開催された後、2017年の2巡目から「東北絆まつり」として続けられている。

　災害復興公営住宅の整備は岩手県野田村で2012年度に一部完成したところもあるが、ほとんどの地域で2013年以降に完成し始めた。当然、応急仮設住宅から引っ越しができない人が大勢おり、復興庁は通常2年とされる応急仮設住宅の貸与期間の延長を2013年4月に決定した。

　応急仮設住宅の入居者数の推移は、内閣府調べでは、2012年4月で48,913人、翌2013年4月で48,102人、2014年4月で43,898人、2015年4月で37,398人となっており、発災後4年間は入居者の変動が少ないことが分かる。

　日本創生会議の提言「ストップ少子化・地方元気戦略」（2014.5）及びそれをもとに出版された『地方消滅』（増田寛也著、中公新書、2014.8）が起爆剤となり、2014年9月の第2次安倍改造内閣発足時に地方創生担当大臣（石破茂）ポストを新設し、政府は東京一極集中化の是正に乗り出した。

　2014年4月10日現在での全国の避難者数は約26万3千人で、避難者は全国47都道府県1,159の市区町村に所在している（復興庁調べ）。

第1節　岩手大学三陸復興推進機構（2012.4.1設置）

理事（地域連携・国際連携担当）・副学長　　岩渕　明

1　取り組みの概要

　2012年4月は岩手大学の大きな転機と言える。これまでの三陸復興推進本部を発展的に改組し、「三陸復興推進機構」を設置した。この目的は、震災復興は長期にわたるという見通しのもと、学則に基づく永続的な組織として位置づけ、「『岩手の復興と再生に』オール岩大パワーを」をスローガンに復興活動を全学で継続していくことにある。部門構成は三陸復興推進本部と同様6部門、事務局は三陸復興推進室、またそれを継承し新設した三陸復興推進課（2014年4月～）が担当する。この期間は活動経費として文部科学省から2012年度103,901千円、2013年度110,534千円、2014年度98,996千円が予算措置され、特任教員、特任研究員を総勢30名程それぞれの部門に配置し、6部門が計画に従って復興活動を推進した時期でもある。

　また、三陸復興推進機構を設置した同年4月、地域防災研究センターを立ち上げた。地域防災研究センターは全学組織の研究センターであり、組織上機構とは独立した組織ではあるが、三陸復興推進機構の地域防災教育研究部門の業務を担うこととした。業務遂行のため、地域防災研究センターには教授定員1名を配置した（詳細は本章第2節）。

　まず、2012年度計画に従い、三陸復興推進機構の活動拠点であり、のちに設置する三陸水産研究センターの教育研究施設となる岩手大学釜石サテライトの新棟建設に着手した。北里大学が釜石市平田地区の海洋バイオテクノロジー釜石研究所を撤退し、（公財）釜石・大槌産業育成センター内に拠点を移したため、この跡地に建設するもので、敷地面積は1,900㎡、建設経費は7億円の工事である。当初計画では、水産養殖等に必要な海水の取水は、隣接する岩手県水産技術センターから提供を受ける予定であったが、岩手県の復興計画で同センターの取水量が縮小されたことにより、岩手大学単独で専用設備を整備することになった。

　釜石サテライト新棟は2013年2月に完成し、3月に移転した（写真4-1-1）。釜石サテライト竣

写真4-1-1　釜石サテライト

工に合わせ、2013 年 4 月、三陸水産研究センター（センター長三浦靖農学部教授）を設置し、同年 5 月 11 日に釜石サテライト竣工と三陸水産研究センターの設置記念式典を行った（詳細は本章第 4 節）。三陸水産研究センターも地域防災研究センターと同様、全学組織の研究センターであるが、三陸復興推進機構の水産業復興推進部門の業務を担うものであり、業務遂行のために新たな研究員を配置した。記念式典のテープカットは、岩手県沿岸市町村復興期成同盟会を構成する 13 自治体から多くの参列を受け、被災地の水産業復興に対する大学への期待の大きさを認識した。釜石サテライト内は、3 大学連携により、東京海洋大学や北里大学と共同で研究を進めるため、研究員、教員、学生が常駐できるスペースを確保した。また、釜石サテライトは三陸水産研究センターだけではなく三陸復興推進機構の 6 部門の活動拠点でもあるため、生活支援部門の心のケア班が「こころの相談ルーム」を釜石サテライト内に開設し、臨床心理士による被災者等のケアを継続した。

なお、釜石サテライトの整備・拡充と並行して、被災地域全域をカバーするために、順次、久慈市（2012 年 4 月 3 日）、宮古市（同年 10 月 1 日）、大船渡市（2013 年 4 月 3 日）と各市役所内にエクステンションセンターを設置し、それぞれコーディネーターを配置した（詳細は本章第 3 節）。

さて、我々は「『岩手の復興と再生に』オール岩大パワーを」をスローガンに、2012 年から本格的に復興支援活動を行ってきた。2012 年の活動報告書で筆者は「私たちはゴールの見えないマラソンを走っているようなものだ」と記述しており、着実に活動は行っているものの、どこまでどんなペースで走ったらよいのかがつかめないジレンマにあったと思う。延べ 2,000 人以上のボランティアを派遣してきているが、時間とともにボランティア活動の内容は変化してきており、次から次へと現れる事項に、大学としていかに対処するか大きな課題であった。

農業やものづくりなどの産業復興部門が活動を展開するにあたり、これまで本学は積極的に地域連携に取り組んできた実績はあるものの、地理的条件により、沿岸地域との連携は希薄であった。そのため、まずは被災者と大学が胸襟を開いて話し合う関係性の構築が必要であり、「産学官連携で復興を」と言っても、実際に活動を開始するには時間がかかった。釜石サテライトでは水産加工業者と研究者とのマッチングの場として「車座研究会」を企画・開催し、関係を密にしていった。被災者には「大学は何をしてくれるのか？」という期待があり、大学側の研究シーズの紹介のみではなく、被災者が夢を持ち、希望に向かっての成果を出すこと、つまり被災者が持つニーズを引き出し、それに対応する研究を提案しなければ、満足は得られない。

2013 年の活動報告書の筆者の総括では風化を取り上げている。2011 年や 2012 年は、復興の見通しが立たない被災者の生活支援のため、週末等に被災地に行くボランティアの数もそれなりに多かったが、3 年目を過ぎ各被災地域が復興に向けて始動したころから、ボランティア派遣も縮小してきた。特別対応が必要な時期が一区切りを迎え、学生、教職員の意識が、大学の本来のミッションである教育・研究に移ってきたことだと理解している。それも時間経過からすれば当然のことである。復興活動を進める主体が、教員を中心とする研究室単位へとシフトしたとも言える。

また、岩手大学の全学的体制による復興活動は高い評価を得ているが、復興推進は当初から最低 10 年は継続すると明言したので、将来を見渡せば復興推進の活動費の確保も大きな課題と言える。そのためにも活動の成果を総括しながらその「見える化」の準備を始める必要があると感じていた。

時間とともに活動内容は変化していくので、2011 度に作った概算要求の計画とは異なった課題が顕在化してきたといえる。水産部門では 3 大学連携で研究をスタートさせたが、2014 年度には中間評価を行い、成果が見えるようにこれまでの研究テーマを絞り込むことにした。

国立大学法人は、毎年、年度計画を立て、翌年の 8 月頃、文部科学省から業務評価を受ける。2012 年 8 月に受けた 2011 年度の評価では、突発的で計画外の復興活動を大いに評価された一方で、一部の項目で計画通りではないとの判定をもらった。しかし、大学の考えは、年度計画を着実に実行する以前に、全学で復興に取り組むことが重要であると考えて、その判定も甘んじて受け入れた。

教育支援部門の活動として、いわて高等教育コンソーシアム（iHEC）では、大学改革推進等補助金（大学等における地域復興のためのセンター的機能整備事業）において採択された「いわての教育及びコミュニケーション形成復興支援事業」として、ボランティア派遣や、コンソーシアム構成大学の学生を対象とした「復興特別講義」を開講した。復興特別講義の講師は外部講師に委嘱し、前期に「ボランティアとリーダーシップ」、後期に「危機管理と復興」を開講し、本学はこれらを教養科目として位置付けた。一方、本学が復興活動を開始してから 2 年を経過し、教員から学生に本学の活動状況を直接伝えることも必要であると考え、大学教育総合センターと話し合い、2013 年10 月から教養科目として「岩手の研究『三陸の復興を考える』」を後期 15 週にわたってオムニバス方式で開講し、現在もそれを継続している。

2 被災学生に対する支援

被災学生のための支援として、検定料や入学料、授業料の免除（全額免除あるいは半額免除）、および学生寮寄宿料免除を行った。免除を申請した被災学生の数は、2012 年 334 名、2013 年 273 名、2014 年 205 名と年々減少してきているが、依然として 3% の学生が被災により支援を求めている状況と言える。これらの免除実施は文部科学省からの運営交付金の中で措置し、2014 年度の学費免除額は、申請学生数 205 名に対し総額 7,080 万円ほどに達した。学費免除のほか、日本学生支援機構の第一種奨学金（震災復興枠）の推薦も行った。

また、被災学生への修学支援を行うために、被災学生支援募金活動を開始し 2014 年度末までに募金総額は 3,600 万円に達した。修学支援として、2011 年度は被災学生 290 名に支援金一律 10 万円を給付したが、2012 年度以降は被災学生からの申請に基づき給付する制度とし、2012 年度は月額 5万円、2013 年度以降は月額 3 万円（年額 36 万円）を支援している。この支援は支援募金がある限り継続する。

多くの民間財団等からも被災学生への奨学支援があった。その財団により支援方法は異なるが、大学が財団へ学生を推薦し、推薦に基づき財団が学生に支援を決定する方法と、大学が財団から一定額の寄附を受け、奨学生選考・支援を行う方法の 2 通りのうちのいずれかであり、後者の主な事例は、公益財団法人本庄国際奨学財団（毎年 500 万円）、公益財団法人尚志社（一括 5,000 万円）がある。

3 研究開発のための外部資金

かつて、科学技術振興機構（JST）は、全国各地にプラザ及びサテライトを設置し、地域の科学

技術振興のために産学連携を進めてきたが、政府の事業仕分けにより、盛岡市の岩手サテライト（所長は平山健一元岩手大学長）は 2011 年度末で閉鎖されることになった。しかし、東日本大震災以降、JST は産学官の研究開発を通して復興の貢献を推進するために、仙台市、盛岡市、郡山市に復興促進センター（本部は仙台市）を新たに開設した。

　JST 復興促進センターは、大学等の研究シーズを共同研究により被災地の企業で実用化し、被災地経済の復興促進に貢献することを目的として、復興促進プログラムをスタートさせた。申請者の対象や助成金額に応じて、マッチング促進（200 万～ 2000 万円 / 年）、A-STEP 探索タイプ（170 万円）、A-STEP シーズ顕在化タイプ（800 万円）、産学共創（1500 万円）の応募区分があり、岩手大学でも多くの研究者が企業等と申請し、採択された。2012 年度は、マッチング促進 31 件、探索 29 件、顕在化タイプ 4 件、産学共創 1 件により、研究費総額 11,854 万円を確保した。2013 年度はトータル 57 件、総額 10,290 万円、2014 年度は 35 件、総額 11,944 万円、2015 年度は 3 件、総額 250 万円が採択され、JST からの 4 年間の総額は 343 百万円となり、新たな産学共同研究の開拓に繋がった。これは岩手復興促進センターに配置されたマッチングプランナーに負うところが大きい。

　その他、復興助成事業や東日本大震災に伴う調査事業といった、前述の JST 復興促進プログラムのように、震災復興を助成目的として各省庁や自治体が実施する事業のほか、震災復興を直接助成目的としない事業についても、多様な研究や事業を推進することにより、復旧・復興に繋げていくために、積極的に外部資金を獲得した。

　産学官の共同研究を通して復興を推進するというコンセプトに対し、ここで課題を指摘しておきたい。共同研究で最先端の技術や機器を導入してイノベーションを起こしたいと思っても、被災した相手先の技術レベルや人の問題でそれらを活かしきれなければ、「宝の持ち腐れ」になってしまう。現場の実態やニーズに基づき、高付加価値化につながる技術提供や共同研究支援が必要で、「今日の 100 円、明日の 1,000 円、明後日の 10,000 円」の考え方は重要である。

　提案したが採択されなかったものもある。例えば、在日カタール大使館が公募したカタールフレンドシップ基金に 2012 年 1 月と 2012 年 6 月と 2 回にわたり申請した。申請内容は釜石サテライトの一環として、「カタール広場」として教育棟や産学交流棟を建設し、産学官連携の拠点とするというものである。1 週間という短い期間で日本語と英語の申請書（それぞれ 20 ページほど）を作成した。日本語版は筆者が中心となって作成し、英語版は英語の得意な職員の協力で完成した。しかし 2012 年 1 月は書類審査、2012 年 6 月はヒアリングまで行ったが、結果は不採択。ヒアリングの感触は良く大丈夫と思っていたため大いに落胆した。不採択の理由は、水産業など産業の再生が基金の主目的であり、長期的視点の大学の人材育成は少し趣旨が違う、ということのようであった。しかし、教職員が一体となって短期間で申請書を仕上げたことは、三陸復興推進機構にとって良い経験だったと感じている。

4　COC 事業

　従来から地域との連携を標榜してきた岩手大学であるが、大きな課題は、大学が持っている技術を実用化、事業化まで展開できるような技術者が、地域に少ないことである。工学部の学生も多くが東京や仙台など他県に就職しており、積極的に岩手県内に残る学生が少ないことが、岩手県の産

業振興におけるネックになっていた。震災後、産業が活性化し、地域の復興に繋がっていくためには、地域にイノベーションを起こすことが必要であり、そのためには、大学が持つ研究資源を活用して革新的技術を産むこと、そしてその革新的技術を地域企業において具体的な産業に結び付けていく若い人材（高度技術者）を確保することが必須である。若い人材にとって、それぞれの地域に存在している従来の社会システムが一種の閉塞感をもたらし、都市部への流出の原因となっていると考え、これを打ち破り、新たな社会システムを構築して、大学の生み出す革新的技術を地域の産業に落とし込み、イノベーションを起こす原動力となる人材を被災地域に確保しなければならないと考えていた。

　2013 年度、全学的に地域を志向した教育・研究・社会貢献を進め、地域再生・活性化の核となる大学の形成を支援する、文部科学省「地〈知〉の拠点整備事業」（COC 事業）が新設され、本学は、復興を担う人材を育成することを念頭に、「いわて協創人材育成＋地元定着プロジェクト」を提案し、採択された。人材育成するだけではなく、一歩踏み込んで地域に残って活躍する人を増やすことを目指し、プロジェクトのインパクトを高めるために、事業名称に「＋地元定着」と加えた。

　プロジェクトの特徴的な取り組みは、震災から時間がたつと次第に「風化」が進んでしまうという危機感から、学生全員を被災地に連れて行き、現場を見てそれぞれの学生に何かを感じてもらおうという「震災復興に関する学修」（被災地学修）の実施である。まず、試行的に、「岩手の研究『三陸の復興を考える』」の受講生のみを対象に、2014 年 1 月 17 日、18 日の 1 泊 2 日の日程で、釜石地域での被災地研修を行った。現地での被災者との懇談では、聞くも涙、語るも涙で、期待以上の成果があり、2014 年度から新入生全員を対象として実施することにした。しかし、実施決定までに、三陸復興推進機構運営委員会における意見は賛否両論があった。「一見は百聞に如かず」と積極的に進めるべきであるという意見に対し、1,000 名を超える学生を連れて行くことは、被災地の住民や復興に向けて活動している人々の迷惑になるので、慎重にすべきであるとの意見、また、研修を必修とするためには新規科目を開設するべきか否か、誰が科目担当となりどのようにアレンジするのか、という検討事項もあった。議論の末、教育推進機構に COC 推進室を設け、骨子となる企画策定を行うこと、被災地研修は、従来から実施されている 1 年生対象の必修科目「基礎ゼミナール」の一コマとして実施することとし、2014 年度は試行的に、2015 年度以降は正式に組み込むことにした（詳細は本章第 5 節）。

5　復興活動を研究教育に活かすための大学改組

　国立大学をめぐる状況として、文部科学省から、教員養成系教育学部における教育職員免許状の取得を卒業要件としない課程（ゼロ免課程）を廃止し、定員を縮小する方針が示された。この潮流に対応し、また従来から学内で議論されてきた学部再編に答えを出すために、2013 年頃から、全国の大学改革の動きに合わせ、ミッション再定義に沿った学部改組の準備を開始した。その中で文部科学省からは「復興学部」などの提案もあった。機能強化を実践するため、学部ごとに保有する教員採用枠について、4 学部から合計 40 名分の教員採用枠を学長枠として集約し、大学の強みを発揮する機能強化のために、学長が教員を再配置することを可能にした。

　水産業の復興のため、2011 年度より、文部科学省へ提出する事業計画内で、大学院に水産系教育

第 4 章　発災翌年前期（2012.4.1）から発災 4 年月末（2015.3.31）まで

課程を新規開設することを掲げ、準備を進めてきた。そのコンセプトは、水産業全体を俯瞰できる
人材（MOFF 人材）の養成である。しかし、前述の学部改組の議論の中で、学部を持たない独立大
学院は、入学者を他大学や社会人学生から確保する必要があり、安定的な定員確保が課題となるこ
とから、学部から教育することが望ましいという意見が出され、大学院のみではなく、学士課程に
も水産系教育課程を新規開設することを決めた。学士課程は全学的な学部改組と併せて 2016 年 4 月
に開設、大学院は翌年の 2017 年 4 月に開設することとした。水産系教育課程の新設にあたり、学
長枠から 6 名分の教員採用枠を配置することを決定し、教員採用を進めた。なお、改組により水産コー
スが開始するまでは、一時的に三陸水産研究センターに所属することにした。

　一方、2015 年 3 月 18 日に仙台で開催された国連防災世界会議は、筆者にとって復興活動のター
ニングポイントと言える。我々は全力を挙げて復興に取り組んだと活動報告で胸を張って説明した
が、会場から「頑張ったことはよく分かったが、今後、この経験を、大学の本来のミッションであ
る教育と研究に如何に活かしていくのか？」と問われた。前述のように、水産系教育課程の新設に
より水産人材を養成することは当初の計画に挙げていたが、復興活動の経験を水産系以外の教育・
研究に広く活かしていくという戦略は考えていなかった。この時点の改組計画における大学院の各
研究科を総合科学研究科として一研究科にまとめるという案は、復興活動を活かすことを目的とし
たものではなく、文理融合を実践することを目的としたものであった。学部改組の構想は進んでい
たので、大学院改組にこの復興活動の経験を如何に反映させるか、を大学における課題として考え
始めた。その結果、復興活動で見られた、例えば生活支援部門のコミュニティ再生や 6 次産業化をター
ゲットにした水産業支援部門、あるいは防災部門での学部を超えた協働的な活動を大学院教育で実
施することが本学の特徴となると判断し、その中心に部門活動をベースとした新たな「地域創生専
攻」を立ち上げることとした。2016 年に文部科学省に提出した最終的な大学院の改組計画のコンセ
プトは、復興・地方創生、イノベーション、グローバル化である（詳細は第 5 章第 6 節）。

6　広報活動等

　三陸復興推進機構の復興活動の成果や課題を広く学内外に周知することは、今後、大学が復興活
動を進めていくにあたり、広く支援をもらうために重要である。

　2012 年 1 月から月 1 回のペースで震災復興推進レターを発行し、また 2012 年度から前年度の活
動をまとめた年度報告書を発行している。また、2012 年 8 月に外部有識者を交えた「第 1 回三陸復
興推進会議」を開催し、教職員の目線での活動のほかに、学生目線での活動企画もあるのではない
かとの指摘を受けた。

　特筆すべきこととして、2012 年 11 月 2 日、岩手大学の活動が「第 7 回マニフェスト大賞、震災
復興支援・防災対策最優秀賞」を受賞した。「教育研究機関としての特徴を活かし、外部機関と連
携した広範な活動は特筆すべきもので受賞にふさわしい」という表彰理由に対し、ボランティアグ
ループの学生 2 名と一緒に授賞式に参加した藤井克己学長は、「今回の受賞は地道に活動してきた
教職員・学生にとって非常に励みになるとともに、今後も三陸沿岸のニーズに寄り添った活動を継
続していきます」と挨拶した。

　2013 年 5 月には公開討論会「復興を通じた革新　産・官・学・NPO それぞれの役割〜ニューオー

リンズに学ぶ〜」を開催し、2005 年ハリケーン・カトリーナで壊滅的被害を受けたニューオーリンズの復興の状態の報告を通して、今後の復興のあり方を日米の参加者で意見交換した。特に強く印象に残ったのは、女性の献身的な復興への取り組みと、音楽をベースにした街づくりにより、若者が住みたい都市の全米一になったということである。また同年 5 月には在日米国大使のルース氏が来学して学生と面談し、学生に強いメッセージを送った。2017 年 9 月には米国カリフォルニア州のサンノゼ州立大学で開催された「US-Japan Future Forum」にて筆者が岩手大学の取り組みを紹介した。

　また、学生対象にボランティア活動への積極的参加を啓発する報告会（2012 年 4 月）や市民対象の 2013 年度及び 2014 年度「三陸復興推進機構シンポジウム」、東京板橋区で開催したコミュニティ班を中心とした三陸復興シンポジウム「つながって岩手」（2013 年、2014 年）などが開催された。さらには水産部門や防災部門、農林部門はそれぞれ、事業報告会やフォーラムを公開で毎年開催した。2015 年 3 月には国連防災世界会議が仙台で開催され、南地域防災研究センター長は防災における大学等の役割を主張し、会議で採択された Sendai Flame の中にその役割を加えさせた。また、その一環として前述のように、岩手大学主催フォーラム「地域社会のレジリエンスとキャパシティ・ビルディング—被災地での岩手大学の実践と検証」を開催した。

第2節　地域防災研究センター

工学部教授　　南　　正昭

　地域防災研究センターは、2007年3月に岩手大学工学部附属センターとして発足した。当時より、自然災害発生時の現地調査、地震・津波に関する講演会・講習会、小中学校での津波防災教育教材の作成とその普及、自主防災組織の育成・活動支援など地域に密着した活動を実施してきた。

　発足当初に立てられた当センターのビジョンは、その後のセンターの部門構成や研究・教育・地域貢献への指針を与え続けてきている。自然災害の特性をよく理解し、海岸保全施設等の知恵と技術により備え、また人や文化を育むことにより、災害に強いまちづくりを進める。その営みを地域とともに進め成果をわが国や世界に向けて発信するという、地域の安全と安心を希求する地域防災の理念が掲げられた。

　当センターはこの理念に基づき、自然災害解析部門、防災まちづくり部門、災害文化部門の3部門で構成された。自然災害解析部門は、津波、火山、地震、地すべりなどの自然災害現象の理解と主として施設的な対策に関する理工学的なアプローチを図る部門とされた。防災まちづくり部門は、コミュニティ開発、都市計画、法制度、社会学などの学際的なアプローチにより災害に強いまちづくりの支援を図る部門とし、また災害文化部門は、災害記録・伝承、学校教育、専門家養成などを通して災害文化を醸成し継承を図る部門とされた。

　2011年3月11日の東日本大震災を契機とし、それまでは個人、あるいは小グループで進めてきた研究・実践活動を、より組織的な取り組みに展開すること、また理工系分野に留まらず文理融合型の組織とし、地域防災への多面的で実践的な取り組みを目指すことになった。東日本大震災から1年を経た2012年4月、地域防災研究センターは工学部附属組織から全学組織となり、新たに発足した。

　大震災と大津波による混乱の続く中、当センターの当面の目標を被災地の復旧・復興に寄与できる研究・活動とし、中長期目標として安全で安心できる三陸、岩手の形成を掲げた。2012年4月26日には、藤井克己学長、岩渕明理事、小川智理事、堺茂樹センター長により工学部（現理工学部）7号館の入り口にて看板上掲式が執り行われた。

　当センターの特徴は、当初からその名前の示す通り、地域防災に焦点を当てることにあった。津波、火山、地震、洪水など、災害は発生から復旧・復興に至るまで、場に強く依存する性質をもっており、岩手や東北という地域特性に根ざした防災研究・教育に取り組むことが目的として掲げられてきた。豊かな恵みを与えるとともに、時には災いをもたらす自然、そのなかに暮らす人々、身近なフィールドとの長期的な関わりを通して、海岸、河川、火山、地盤、都市基盤、地域コミュニティ、教育・伝承等々、地域の防災上の課題と向き合いながらその改善に向けて取り組んでいる多くの教員が本学にはいた。

東日本大震災以後、当センターに所属し、自然災害解析、防災まちづくり、災害文化に関わる各々の専門分野をもつ教員は、被災地域に入り、被災状況調査、地震・津波の解析、復旧・復興まちづくりの支援、教育活動や伝承・記録の支援等を、地域の人々とともに実践してきた。

　岩手の地域防災研究の拠点であること、岩手三陸をはじめとする被災地の復興に資するプラットホームになることを、当センターの使命としてきた。東日本大震災からの復興への取り組みを継続し加速すべく地域とともに教育研究を進めること。さらには阪神淡路大震災、中越地震などの震災・復興の体験をもつ国内外の大学、また南海トラフ等の今後の震災が危惧されている地域の大学との連携を深め、過去・現在・未来を貫く相互の学びの場の創出へとつなげることを課題としてきた。

　2014年4月1日から2018年9月末日まで、微力ながらセンター長を勤めさせていただいた。本学の志をともにする皆様と、震災復興に向けて協働できたことに心から感謝するとともに、引き続き復興と地域づくりに向けてともに歩みたい。

　この間、当センターに所属する教員らは、それぞれに主体的な研究活動・復興支援活動を進めるとともに、以下のような活動を当センターの事業として協働して進めてきた。主なものについて、実施日と事業テーマのみ列挙した。詳細は、当センターのホームページや出版物を参照されたい。

＜人材育成＞
◆市民向け生涯学習プログラム
2014年5月17日～12月20日　地域を支えるエコリーダー・防災リーダー育成プログラム
2015年5月23日～12月19日　地域を支えるエコリーダー・防災リーダー育成プログラム
2016年5月14日～12月17日　地域を支えるエコリーダー・防災リーダー育成プログラム
2017年5月20日～12月9日　地域を支えるエコリーダー・防災リーダー育成プログラム
2018年5月26日～12月15日　地域を支えるエコリーダー・防災リーダー育成プログラム
◆専門家養成プログラム
2014年12月15日～16日、12月18日～19日　実践的危機管理講座　実習科目
2015年2月2日～3日　実践的危機管理講座　総合実習科目
2015年9月15日～17日　防災・危機管理エキスパート育成講座　基礎コース
2015年10月29日～30日　防災・危機管理エキスパート育成講座　実習コース
2015年11月17日～18日　防災・危機管理エキスパート育成講座　総合実習コース
2016年8月28日, 9月4日, 17日24日　防災・危機管理エキスパート育成講座　基礎コース
2016年10月13日～14日　防災・危機管理エキスパート育成講座　実習コース
2016年11月15日～16日　防災・危機管理エキスパート育成講座　総合実習コース
2017年9月21日, 22日, 25日, 26日　防災・危機管理エキスパート育成講座　基礎コース
2017年10月19日～20日　防災・危機管理エキスパート育成講座　実習コース
2017年11月13日～14日　防災・危機管理エキスパート育成講座　総合実習コース
◆学部・大学院の教育研究との連携
理工学部 地域創生特別プログラム 防災・まちづくり系
大学院 地域創生専攻 地域・コミュニティデザインコース 防災・まちづくりプログラム

＜地域協働＞
2014年7月1日　「岩手県地域防災ネットワーク協議会」主催（大学,行政,マスメディア等,参加機関9機関）
2014年7月24日　「吉里吉里地区自主防災計画策定関する報告会」（計画策定の支援）

第 4 章　発災翌年前期（2012.4.1）から発災 4 年月末（2015.3.31）まで

2014 年 8 月 8 日　「東北みらい創りサマースクール」共同主催

2014 年 9 月 4 日　「地域防災ワークショップ」主催（大学，行政，警察，消防等，参加機関 13 機関）

2014 年 10 月 7 日　「震災学習に関するレクチャー」（沢内中学校 2 年生）での講演・演習

2014 年 10 月 30 日　「明日の防災リーダーセミナー」（岩手県県北広域振興局主催事業）での講演

2014 年 11 月 13 日　「平成 26 年度岩手県自主防災組織リーダー研修会」での講演・演習

2014 年 12 月 13 日　「岩手県消防学校防災研修」での講演・演習

2015 年 1 月 7 日　「復興教育副読本を活用した防災教育」（岩手県教育委員会主催）での講義と演習

2015 年 1 月 28 日　「平成 26 年度岩手県自主防災組織連絡会議」での講演・演習

2015 年 2 月 21 日　「第 10 回岩手防災サロン」開催

2015 年 5 月 24 日　「平成 27 年度北上川上流総合水防演習」（国土交通省東北地方整備局主催）でのパネル展示

2015 年 6 月 10 日　「復興教育副読本・防災教育教材活用研修会」（岩手県教育委員会主催）での講演・演習

2015 年 6 月 28 日　「奥州市前沢区白山地区自主防災訓練」の支援

2015 年 8 月 7 日　「東北みらい創りサマースクール」共同主催

2015 年 9 月 10 日〜 11 日　「一関市立興田中学校での学校防災アドバイザー派遣事業」での講演・演習

2015 年 11 月 10 日　「平成 27 年度岩手県自主防災組織リーダー研修会」での講演・演習

2015 年 11 月 20 日　「八幡平市・寺田地区 地域の安全を考えるワークショップ」での講演・演習

2015 年 12 月 5 日　「上和野まちづくりワークショップ（陸前高田市上和野地区町内会）」での講演・演習

2015 年 12 月 18 日　「平成 27 年消防団幹部教育」での災害対応図上訓練

2016 年 1 月 27 日　「岩手町で避難所訓練ゲーム（HUG）」の支援

2016 年 2 月 9 日　「地域防災ワークショップ」主催（大学，行政，自衛隊等，参加機関 15 機関）

2016 年 2 月 10 日　「紫波総合高等学校での HUG 研修」の支援

2016 年 3 月 6 日　「大槌町安渡地区防災訓練」の支援

2016 年 9 月 2 日　「東日本大震災 5 年　いわて防災・減災フォーラム 2016」（岩手日報創刊 140 周年記念事業）でのパネル展示

2017 年 1 月 21 日　「八幡平市・寺田地区 地域の安全を考えるワークショップ」での講演・演習

2017 年 7 月 31 日　「鵜住居の未来フォーラム」の支援

2018 年 9 月 3 日，4 日，14 日　「岩大×上田中 がんちゃん Jr. 防災リーダー養成講座 2018」開講

＜国際協働＞

2014 年 6 月 5 日〜 9 日　「アーラム大学×岩手大学　学生交流プログラム」（東日本大震災被災地研修を実施）

2014 年 6 月 23 日　「外務省 JENESYS2.0 プロジェクト タイ国大学生来日」（「岩手三陸の震災復興」に関する講演会を実施）

2015 年 3 月 10 日　「国連世界防災会議プレイベント 東日本大震災メモリアル」への参加

2015 年 11 月 18 日　「国連防災世界会議の準備会議」（スイス・ジュネーブの国連欧州本部）への参加

2015 年 3 月 14 日〜 18 日　「第 3 回国連防災世界会議」での岩手大学展示ブース開設

2015 年 3 月 15 日　「第 3 回国連防災世界会議パブリック・フォーラム　被災大学間連携シンポジウム「住民主体の災害復興と大学の役割−東日本大震災の教訓と神戸・アチェ・四川との比較−」」共同主催

2015 年 3 月 18 日　「第 3 回国連防災世界会議パブリック・フォーラム「地域社会のレジリエンスとキャパシティ・ビルディング−被災地での岩手大学の実践と検証−」主催

2015 年 5 月 11 日　「米国・アラスカ大学アンカレッジ校との国際防災ワークショップ」の開催

2015 年 7 月 16 日　「地域防災研究センター国際プログラム「大災害への対応力への強化」」（ハーバード大学ケネディ政治大学院アッシュセンター所長のアーノルド・ハウィット博士講演ほか）主催

211

2015 年 8 月 24 日〜26 日 「韓国・ハンバット大学校との学生交流研修会 in 岩手大学」への参加

2016 年 7 月 26 日 「ハーバード大学・ライシャワー日本研究所長 テオドール・ベスター教授 特別講演会」共同主催

2018 年 7 月 17 日〜19 日 「国際防災・危機管理研究 岩手会議」ハーバード大学ケネディースクール クライシス・リーダーシップ・プログラム、清華大学公共管理学院危機管理研究センターとの共同主催

<講演会、啓発活動等>

2014 年 6 月 4 日 「防災まちづくり講座 復興支援、生活再建における法的諸問題 」開催

2014 年 6 月 11 日 「岩手大学における復旧・復興の取り組み」電気通信大学メガリスク型災害研究ステーションとの共同主催

2014 年 6 月 27 日 「地域防災フォーラム」(講演「3.11 から 3 年余,復興の課題と未来像」ならびにセンター活動報告)主催

2014 年 8 月 3 日 「地域防災フォーラム」(未来への復興まちづくり〜岩手大学×神戸大学連携フォーラム〜)神戸大学都市安全研究センターとの共同主催

2014 年 10 月 18 日 「地域防災フォーラム」(東日本大震災に関する調査研究報告 〜岩手県における被災から現在まで〜)主催

2015 年 3 月 13 日 「地域防災フォーラム」(3.11 から学ぶ危機管理と災害対応)主催

2015 年 6 月 26 日 「地域防災フォーラム」(センター活動報告)主催

2015 年 8 月 3 日 「地域防災フォーラム」(復興まちづくと地域創生〜岩手大学×神戸大学連携フォーラム〜)神戸大学都市安全研究センターとの共同主催

2015 年 10 月 28 日 「地域防災研究センター特別講演会」(文部科学省における地震・防災研究の取り組みほか)主催

2016 年 3 月 2 日〜8 日 「地域防災研究センター ポスター展」(岩手大学図書館アザリアギャラリー)主催

2016 年 3 月 8 日 「地域防災フォーラム」(センター活動報告)主催

2016 年 8 月 3 日 「地域防災フォーラム」(災害復興〜未来のための生活再建支援 岩手大学×神戸大学連携フォーラム)神戸大学都市安全研究センターとの共同主催

2016 年 10 月 15 日 「平成 28 年台風 10 号災害緊急調査報告会」

2016 年 11 月 26 日〜27 日 「第二回災害文化研究会」福島大学うつくしまふくしま未来支援センターと共同主催

2017 年 2 月 3 日 「地域防災フォーラム」(岩手復興モデルの構築−国連防災枠組みと岩手大学の実践−)主催

2017 年 2 月 20 日 「東日本大震災 6 年 大規模災害と如何に立ち向かうか〜大規模災害時のネットワーク確保に向けて〜」主催

2017 年 8 月 1 日 「地域防災フォーラム」(未来につなぐ大震災の教訓 岩手大学×神戸大学連携フォーラム)神戸大学都市安全研究センターとの共同主催

2018 年 3 月 6 日 「地域防災フォーラム」(東日本大震災から 7 年を迎えて・平成 29 年度活動報告)主催

第3節 エクステンションセンターの設置
（久慈 2012.4、宮古 2012.10、大船渡 2013.4）

地域連携推進機構教授　**小野寺　純治**

総務企画部総務広報課広報・文書グループ主査　**濵田　秀樹**

1　経緯

　東日本大震災による大津波は三陸沿岸地域に甚大な被害をもたらしたが、岩手大学のある盛岡市は被災地域から 100 km 以上も離れており、かつ、その間には花崗岩に貫かれた巨大な北上高地が横たわっており、盛岡から最も近い宮古市までも車で 2 時間を要し、沿岸地域との自由な往来を妨げている。また、三陸沿岸地域は南北 180 km に及ぶリアス式の海岸となっており、各湾は急峻な山々で囲まれており、中小規模の都市が湾ごとに独立して点在し、都市相互間の連携が希薄であり、各都市は内陸部との連携をメインに経済活動を展開してきた。

　このような地域に 2011 年 3 月 11 日に大津波が襲ったのである。岩手大学は即日危機対策本部を設置し、大学内の被災状況の把握や大学行事への対応を確定させた後、4 月 1 日付けで復興対策本部を設置して被災地域の復興センターとして三陸沿岸地域の支援に乗り出したが、三陸沿岸地域は遠く、また、リアス式海岸線により被災地域が分断されており、継続的な支援を行っていくためには、沿岸地域に拠点を構える必要があった。

　折しも、宮古水産高校の教員から東京海洋大学の准教授になっている佐々木剛博士（現東京海洋大学教授）から、三陸沿岸地域へのエクステンションセンター設置の提案を受けた。エクステンションセンターとは、大学の多様な取組成果を地域へ波及させるための組織であり、米国の大学で盛んに取り入れられている仕組みである。このエクステンションセンターを三陸に設置してはどうか、というものであった。

　この提案は被災地域の復興支援には必須であったが、配置するスタッフや活動経費の捻出に課題があり、大学としては実現できる状況にはなかった。5 月 2 日に再開したばかりの東北新幹線で文部科学省を訪問して地元大学としての被災地域の支援について文部科学省幹部と意見交換を行ったところ、「大学等における地域復興のためのセンター的機能整備事業」を予算化する予定であるとの情報を提供いただき、早速準備に入った。しかし、文部科学省の事業は具体的な課題に対して支援を行うものであり、地域の様々な課題を吸い上げ、岩手大学が強みとしてきた産学官連携による課題解決を推進していく、という体制の整備までは困難であった。

　6 月 29 日に 1 本の電話が鳴った。声の主は岩手県政策地域部の大平尚政策監からであり、「今、東京の経済同友会が震災への復興支援を調査するために本県を訪れており、岩手県の様々な対応策を説明したついでに、岩手大学も熱心に取り組んでいるので話を聞いてみたらどうか、と提案しておいた」というものであった。当日午後に公益社団法人経済同友会の岡野貞彦常務理事が本学を訪れ、同会が進めようとしている「IPPO IPPO NIPPON プロジェクト」について紹介を受けた。

2 「IPPO IPPO NIPPON プロジェクト」

「IPPO IPPO NIPPON プロジェクト」は、企業や個人からの寄付を基に、岩手・宮城・福島三県の東日本大震災で被災した地域の職業高校の支援や被災孤児や遺児の支援に加え、大学等の被災地復興支援プロジェクト等に対して5年間の継続的な支援を行う取り組みであった。

岩手大学では、エクステンションセンター設置前から、震災後、藤井学長及び岩渕理事が定期的に沿岸自治体を訪問し、岩手大学としてどのような支援が必要か確認するとともに、各地域のニーズを拾い上げていたが、このニーズを解決するためには各地域の現場レベルでの更なる支援ニーズの掘り起こしが急務だったことから、早速同会に本学の取り組みや考えを取りまとめて提案を行った。

このような岩手大学の提案に対する経済同友会からの支援は、2012年2月の第1期分2,000万円を皮切りに2016年2月までの9期に及び、合計1億1,087万円の寄付となった。

この「IPPO IPPO NIPPON プロジェクト」の寄付を原資として、三陸沿岸北部（久慈市）、中部（宮古市）、南部（大船渡市）にエクステンションセンターを設置し、被災地のニーズと大学のシーズをつなぐプロジェクトマネージャーを配置するとともに、釜石サテライトの復興支援活動を充実することができた（図4-3-1）。

2011年11月7日には岩手県沿岸市町村復興期成同盟会（13自治体参加、会長：野田釜石市長）と復興支援に係る包括協定を締結した。これにより岩手大学と沿岸自治体との連携体制が一層強固なものとなり、岩手大学が沿岸地域でエクステンションセンター業務を推進するうえで強力な追い風となった。

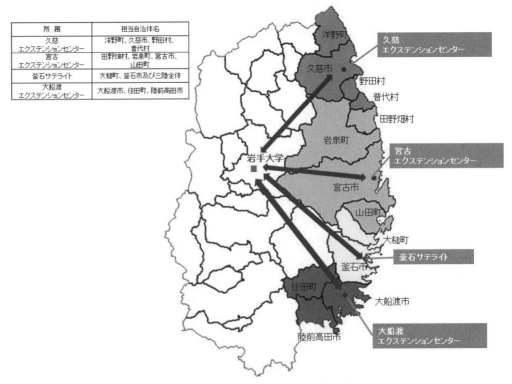

図4-3-1　エクステンションセンター関連自治体

第 4 章　発災翌年前期（2012.4.1）から発災 4 年月末（2015.3.31）まで

3　久慈エクステンションセンター
(1) 設置の概要

釜石サテライトに続く第 1 のエクステンションセンターとして、2012 年 4 月 3 日に久慈市の全面協力のもと、久慈市役所総合政策部産業開発課内に久慈エクステンションセンターを設置した。開所式では、藤井学長と山内久慈市長との間で「久慈エクステンションセンター設置に関する覚書」が締結され、プロジェクトマネージャーとして、川尻博氏が採用された。

写真 4-3-1　山内久慈市長（左）と藤井学長（右）

久慈エクステンションセンターは、洋野町、久慈市、野田村、普代村の 1 市 1 町 2 村を担当し、年間 150 件以上の企業等を訪問し、地域のニーズと大学の研究シーズをつなげてきた。

ちなみに、久慈市と岩手大学は地域の活性化に向けた共同研究を行っており、市役所職員 1 名を共同研究員として岩手大学に受け入れている。この市役所職員（共同研教員）とプロジェクトマネージャーが連携し、それぞれの立場で地域のニーズを拾い上げ、連携していく体制が久慈エクステンションセンターの特徴である。

(2) 主なプロジェクト
①普代村特産すきコンブ乾燥工程の改善

2014 年 2 月に久慈市で開催した水産加工研究講演会で三陸水産研究センターの兼務教員でもある工学部の船﨑教授が、出汁用コンブの乾燥効率化に向けた熱や風量の流体工学に基づく研究を紹介したところ、普代村役場から村特産のすきコンブ製造（乾物）で行っている乾燥工程で、使用燃料である灯油の削減と最高で 70℃近くに達する高温室内での作業負担軽減を図りたいとの相談があり、改善に取り組んだ。

普代村のすきコンブ製造は、コンブ養殖を営む漁家が個々に加工作業場を所有して行われており、乾燥は、熱風乾燥機による室内乾燥で行われる。乾燥器や乾燥室の構造は、漁家により多少の差異はあるが、乾燥器の設定温度は 65℃で、7 ～ 8 時間の乾燥が標準である。船﨑研究室では、これまでの研究で蓄積した解析技術を用いて最適な乾燥条件のシミュレーションをするための製造現場の実態調査（乾燥時の風量・温湿度等のデータ収集）と、村が実施した除湿乾燥機を組み合わせた乾燥実験結果のデータの分析を行い、最適な乾燥条件を提案した。

②新規養鶏飼料原料の可能性調査

岩手県はブロイラー出荷羽数が全国第 3 位の国内主要生産地であり、特に久慈地域を含む県北部が最大の生産地域である。飼料の主原料はトウモロコシと大豆油粕であるが、近年変動が激しい穀物の国際相場価格に連動して飼料価格も大きく変動している。そこで、国際相場に左右されず安定的な価格での飼料原料調達を実現するため、農学部の喜多教授がトウモロコシや大豆の代替えとなりうる豊富な栄養性や健康機能成分を有する物質を調査し、現在市販されている養鶏飼料と一定量置換したものをニワトリのヒナに投与する飼育試験を実施した。現状飼料と比較してニワトリの嗜

好性には問題なく、また成長成績も有意差は生じず、飼料原料として有効可能性が確認された。

4 宮古エクステンションセンター
(1) 設置の概要

久慈エクステンションセンター設置から半年後の2012年10月1日に宮古市の全面協力のもと、宮古市産業支援センター内に宮古エクステンションセンターを設置した。

開所式では、藤井学長と山本宮古市長との間で「宮古エクステンションセンター設置に関する覚書」が締結され、プロジェクトマネージャーとして、浜田修氏が採用された。

宮古エクステンションセンターは、田野畑村、岩泉町、宮古市、山田町の1市2町1村を担当し、年間200件以上の企業等を訪問し、地域のニーズと大学の研究シーズをつなげてきた。

写真4-3-2 藤井学長（左）と山本宮古市長（右）

宮古エクステンションセンターが設置されている宮古市産業支援センターは、宮古市産業振興補助金など多数の事業支援制度を設けて、地域産業の総合的な支援に取り組んでいる。一方の宮古エクステンションセンターは、地域企業の個別ニーズに対応し、その成果などを宮古市産業支援センターに還元していった。このように、宮古市との取り組みと重複せず、かつ互換性のある体制が宮古エクステンションセンターの特徴である。

(2) 主なプロジェクト
①イサダ（ツノナシアキアミ）練り製品開発プロジェクト

キリン水産業「絆」プロジェクトに採択された宮古水産物商業協同組合構成員グループから、練り製品における新たなブランドづくりの支援要請があった。SANRIKU（三陸）水産教育拠点形成事業の連携大学である東京海洋大学の大迫准教授の協力を得ながら、イサダ（ツノナシオキアミ）の練り製品開発に取り組んだ。イサダは、北太平洋に広く分布し、無尽蔵とも言われるほどの資源量がある。岩手県の水揚げ量は全国一ではあるが、主要な用途は養殖魚の餌などであり、単価は非常に安く生産地としては、大きな課題である。一方、栄養素においては、輸入牛ヒレ肉と同等の低脂肪高たんぱくであり、さらに抗酸化物質であるアスタキサンチンも含まれているため、食料源としては非常に有望な資源である。食べやすく誰にも好まれる汎用性の高い食品にすることでさらなる価値を見出せる。

同商品は、イサダ練り製品「あきあみーと」として宮古水産物商業協同組合構成員の店舗で販売している。

②水産加工企業の販促品製作支援

宮古市のマルヤマ山根商店は、宮古で水揚げされる水産物だけを手作りで、かつ、個食サイズで包装し販売している水産加工企業である。主な販売方法は、各地での販売会を中心に営業活動をし、現地での販売と、それをきっかけとした多くのリピーターからの受注に対して、個別に商品を発送

するスタイルが中心となっている。販売会は、日本橋三越、新宿伊勢丹、銀座の岩手銀河プラザなど、首都圏を中心として行っており、顧客の大半は、年配のご夫婦や単身の方などで、天然素材と昔ながらの加工方法を好むユーザーが主なリピーターとなっている。

震災後、新たなユーザー獲得に向けて歳暮商戦用の販促用パンフレットを作成したいとの要望があったので、岩手県の補助金制度「さんりく基金・県北沿岸地域特産品開発事業」を紹介し、採択後、三陸水産研究センターマーケティング戦略部門の兼務教員でもある教育学部の田中教授の協力のもと、商品パンフレット等を作成した。包装用品（紙袋）、催事などで着用する半纏、暖簾などの販促品については、田中教授が監修した花巻市の伊藤染工場の絆ざくらを用い、女性経営者同士による異分野企業とのコラボレーションでビジネス拡大を狙った。また、パンフレットに掲載する商品ついては、何度も打ち合わせを繰り返し、販促対象となる商品の絞り込みを行い、顧客に対して明確にアピールできるように取り組んだ。販促品作成前後でのパンフレットに掲載した商品に関しての売り上げは、前年度同期比で130%を超える売り上げ増となった。

5　大船渡エクステンションセンター
（1）設置の概要

沿岸南部を担当する最後の拠点として、2013年4月3日に大船渡市の全面協力のもと、大船渡市役所商工港湾部内に大船渡エクステンションセンターを設置した。

開所式では、藤井学長と戸田大船渡市長との間で「大船渡エクステンションセンター設置に関する覚書」が締結され、プロジェクトマネージャーとして、小山博国氏が採用された。

大船渡エクステンションセンターは、大船渡市、住田町、陸前高田市の2市1町を担当し、年間150件以上の企業等を訪問し、地域のニーズと大学の研究シーズをつなげてきた。

大船渡エクステンションセンターが設置されている大船渡商工港湾部企業支援室は、企業支援を総合的に推進し、地域産業の振興及び雇用の促進を図ることを目的に設置された部署であり、大船渡エクステンションセンターとは共同で市内の企業のニーズ調査を行った。このような体制が大船渡エクステンションセンターの特徴であった。

写真4-3-3　戸田大船渡市長（左）と藤井学長（右）

（2）主なプロジェクト
①水産加工ライン省力化装置開発支援

震災後、企業の人手不足は大船渡市でも深刻な状況が続いている。そのため、地元企業では、せっかく回復してきた受注に生産体制が追いつかない厳しい状況となっている。このような状況下の中、地元の水産加工企業から、生産ラインの一部自動化について相談があり、三陸水産研究センターの兼務教員でもある工学部の三好准教授と「トンネルフリーザー投入工程省力化装置の開発」の共同

研究を行うことになった。

　装置の開発により、素材の前処理工程後からトンネルフリーザー投入までの工程に関わる人員を減らすことが出来た。具体的には、現在 5 名必要な作業を 2 名で行うことが可能になり、また、3名での作業の場合は 1 名で行えることになる。これにより余剰人員を前後の工程に振り分けて工程全体の効率化を図る。本工程の作業は一旦作業が開始すると、腰に負担がかかる作業姿勢で長時間従事することになるが、装置を導入することで作業員の肉体的負担を減らすことになる。「キツイ」作業の負担を減らすことにより、作業員の定着率向上や仕事に対する満足度向上に貢献できる。水産加工の現場は 3K と例えられることもあるが、本事業により、省力化自動化が進み、「キツイ、汚い、危険」のイメージを払拭し、若者に働きたいと思われる環境に近づけば、水産業のみならず地域の活性化につながることも期待される。

②アワビ・ウニ漁のための船体制御に関する研究

　大船渡エクステンションセンターと大船渡市企業支援室が連携し、地元漁協の協力のもと、組合長はじめ多くの組合員の方々から作業現場での困りごと等を聞かせていただく機会がある。その中で無理な作業姿勢の改善や作業の効率化に関する相談は、多くの作業者共通の課題であり、特に作業の効率化に関しては後継者が不足し作業量が増える漁業者の方々に強く望まれるニーズであった。この課題解決に向け、工学部の金准教授、三好准教授及び明石准教授グループに協力いただいた。

　三陸の豊かな海で獲れるウニ・アワビは高級品として知られ、漁業者にとっても貴重な収入源となっている。そのウニ・アワビ漁は小型船外機船上で作業するが、船上から水中メガネをのぞき込み、場所を移動しながら漁をすることになる。その移動の際に用いるのは船外機ではなく、エレクトリックトローリングモーター（小型の電気モーター）で、漁の最中は、風や潮流の影響を受け、流されるのを小型モーターの手動操作で調整しながら漁を行っている。これを自動制御することで作業負担の軽減を目指して研究開発を行った。なお本研究に関連して、「文部科学省科学技術政策研究所ナイスステップな研究者（NISTEP Award）」及び「岩手県三陸海域研究論文知事表彰事業 特別賞」を受賞するとともに特許 1 件を取得した。現在は実用化に向けてアサヤ株式会社に技術移転を進めている。

6　まとめ

　沿岸地域における 3 つのエクステンションセンターの取り組みは、これまで岩手大学のキャンパスや施設を設置していなかった沿岸地域の自治体、企業、NPO、住民の皆様に、法人化後に掲げた「岩手の “大地” と “ひと” と共に」のスローガンと、震災後、藤井学長が掲げた「『岩手の復興と再生に』オール岩大パワーを」の精神を感じてもらえたと思う。

　また、エクステンションセンターに常駐している 3 名のプロジェクトマネージャーが、精力的に2,406 件（発災 4 年目までの合計数）の企業・自治体・教育現場・自治会等の現場を回り、被災地のニーズを丁寧に拾った。残念ながら被災地のすべてのニーズに対応できなかったが、相談を受けた地元企業や自治会等からは、「大学は敷居が高いと思っていたが、ここまで対応してくれるとは思っていなかった」などのありがたい感想をいただいた。今後もエクステンションセンターは、岩手大学と沿岸地域をつなぐ象徴であってほしい。

第 4 節　三陸水産研究センター（2013.4 設置）

農学部教授　三浦　靖

　2011 年 10 月に「岩手大学三陸復興推進本部」を立ち上げて、地域の要望を最優先として復興支援の取り組みを行うとともに、「釜石サテライト」を設置し、三陸沿岸中部の被災自治体へ積極的に情報の収集・提供を行った。2012 年 4 月 1 日からは、各部門に専任教員・研究員等を配置し、全学組織の「岩手大学三陸復興推進機構」に改組した。この岩手大学三陸復興推進機構は、教育支援部門、生活支援部門、水産業復興推進部門、ものづくり産業復興推進部門、農林畜産業復興推進部門、地域防災教育研究部門の 6 部門から構成された。

　そのうち、水産業復興推進部門は、水圏環境部門、水産・養殖部門、新素材・加工技術部門、マーケティング戦略部門から構成され、東京海洋大学および北里大学と連携する体制をとって、文部科学省「SANRIKU（三陸）水産研究教育拠点形成事業」（2012 〜 2015 年度）を推進した。また、同月には三陸沿岸北部の被災地自治体の要望を汲み上げるため「久慈エクステンションセンター」、10 月には三陸沿岸中部に位置する宮古市や近隣自治体の要望を収集するため「宮古エクステンションセンター」を設置した。さらに、2013 年 4 月には気仙地区の活動拠点として大船渡エクステンションセンターを設置した。そして、同月に三陸沿岸地域等の復興を支援し推進するため、水産業の人材育成ならびに研究開発を通した水産海洋分野に係る実用化研究拠点として新たに岩手大学三陸復興推進機構釜石サテライト棟を釜石市平田地区に竣工するとともに、同施設内に「岩手大学三陸水産研究センター（SFRC、Sanriku Fisheries Research Center）」が設置された（写真 4-4-1）。

　当初は文部科学省「SANRIKU（三陸）水産研究教育拠点形成事業」を推進するために、岩手大学三陸復興推進機構の当該事業推進機関として整備された。その後、2016 年 4 月には三陸復興推進機構が三陸復興・地域創生推進機構として再出発するのを機に独立センターとして位置付けられ、同機構の水産教育研究部門を受け持つことになった。したがって、岩手大学の三陸復興と地域創生の事業を推進すると同時に、同センター構成員の自由な発想による研究開発ができる環境が整備された。当センターの使命は、「グローカルな視点で地域社会の持続的な発展に水産学を基盤として貢献することであり、イノベーションエコシステムとして実業に直結した研究開発と革新的な水産業

写真 4-4-1　三陸水産研究センターの外観

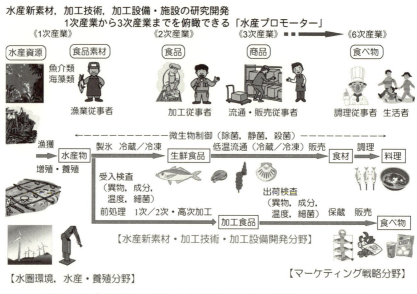

図 4-4-1 「SANRIKU（三陸）水産研究教育拠点形成事業」での研究分野

の発展に貢献することができる新しい水産人材を育成する」ことである（図4-4-1）。この実現のために広く地域と世界の関連業界、行政機関、組合、NPO、金融機関、市民団体等と連携を強化する中で、実業を通して研究開発成果の社会実装を図る活動を展開している。これらの活動を通して三陸復興・地域創生推進機構の目的である「課題先進地をフィールドとした創生モデルの構築と大学院総合科学研究科地域創生専攻との連携により地域創生を先導する人材を育成し、持続可能な地域社会の創生」に寄与することを目指している。

　2013年4月～2015年3月の期間には、特任教授1名および農学部、教育学部、理工学部、人文社会科学部の各学部からの兼務教員30名、客員教授5名、特任研究員9名、プロジェクトマネジャー2名ならびにプロジェクト技術補佐員2名から当センターが構成されていた。2018年9月現在では、農学部食料生産環境学科水産システム学コースの教員（教授2名、准教授3名、助教1名：うち准教授2名は盛岡キャンパスに配属）と当センター専属の特任研究員（3名）の他、農学部、教育学部、理工学部、人文社会科学部の各学部からの兼務教員ならびに産官学連携専門職員1名が、専門を活かして三陸地域の水産業復興に貢献している。

　2017年度から開講した地域創生専攻の水産系の修士課程プログラムに1名の大学院生が入学し、当センターで研究を進めている。農学部食料生産環境学科水産システム学コースでは、3年次後期（2018年10月から）に釜石キャンパスに盛岡キャンパスから移動して、卒業研究と現場での実習に取り組む予定である。

　最後に、当センター設備が現在に至っている経緯を記録として残すために振り返ってみる。2013年4月設置に向けて前年度には、建屋の部屋割り、基本的な研究設備としての実験台や器具・試薬棚、ドラフトなどの仕様、寸法、個数および付帯設備、ユーティリティ（都市ガス、水道、電気）の利用口の仕様、個数、設置位置場所などを財務部施設管理課と共に策定した。次に、「SANRIKU（三陸）水産研究教育拠点形成事業」の経費を有効活用して全学共同利用設備（研究推進機構：研究基

第4章　発災翌年前期（2012.4.1）から発災4年月末（2015.3.31）まで

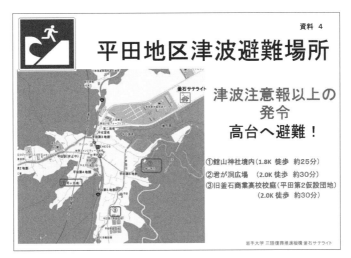

図4-4-2　釜石サテライト・三陸水産研究センター　防災・防火管理マニュアル（抜粋）

盤管理・機器分析部門が所管）の更新・充実を図ること、ならびに隣接する岩手県水産技術センター所管設備との相互利用も視野に入れて、研究設備（計測装置、加工・処理装置など）を選定して設置した。その後、当センター所属教員によって更なる研究設備の充実がなされ、現在に至っている。また、業務遂行に当たっての諸規則を順次、制定した。最も注意を払ったのは災害時避難マニュアル策定であり、釜石市と連携しながら実効のある避難経路等を策定した（図4-4-2）。

第5節 「いわて協創人材育成＋地元定着」プロジェクト（COC：2013.10 採択）

理事（教育・学生担当）・副学長　　丸山　仁

学務部教務企画主幹　　山崎　義夫

1 「地（知）の拠点（COC）整備事業」採択

　岩手大学は、岩手の国立大学として法人化前から積極的に地域貢献に取り組み、また、法人化後は「岩手の"大地"と"ひと"と共に」を校是としてきた。

　2013 年 10 月、少子高齢化が進む中、2011 年 3 月 11 日の東日本大震災でさらに人口減少が加速化した岩手県において、若者が地域に魅力を感じて地元に残り、地域を活性化させる必要があることから、文部科学省の「2013 年度大学改革推進等補助金（大学改革推進事業）」に応募・申請し、「地（知）の拠点（COC）整備事業」の採択を受けた。

　この「地（知）の拠点整備事業」（Center of Community）は、2013 年度の文部科学省の新規重点補助事業で、自治体等と連携し全学的に地域を志向した教育・研究・社会貢献を進める大学等を支援することで地域再生・活性化の拠点となる大学の形成を目指すことを目的としており、全国で 319 件（342 校）の大学等が申請し、52 件採択された中の 1 校として、岩手大学は選定された。

　本学が「地域と創る"いわて協創人材育成＋地元定着"プロジェクト」と命名して採択された本事業は、地元に定着して活躍し、震災復興を含め岩手の多種多様で複合的な課題を解決し地域を再生・活性化させるため、地域の歴史・文化・特色等を理解し、異分野の専門家と協働して、自らの専門性を地域の課題解決へ実践することができる人材（いわて協創人材）を育成するものである。県内の自治体・地域企業等との協働により、被災地での学修を全学必修化するなど、全学共通教育（2016 年度から教養教育）及び各学部専門教育の中に地域に関する学修を体系的に配置して、いわて協創人材の育成及び人材の地元定着を促し、2017 年度までに県内就職率の 5％向上を目標とした。

　また、地元定着のためには人材の受け皿も必要となることから、本事業は、地域企業の振興・高度化・グローバル化を図る取り組みも併せて行うものであった。

　2013 年 10 月、事業の採択を受けて教務企画主幹を室長とした「COC 推進室」を設置し、2014 年 10 月には、丸山教育推進機構長の命により専任教授を室長に特任教員を含めた「COC 推進室」に改編・拡充し、「地域に関するカリキュラム構築」に向け、事業の円滑な遂行を図った。

2 教育の取り組み

　2014 年度には、「大学教育総合センター」を「教養教育センター」「グローバル教育センター」「教育推進連携部門」「学生支援部門」「キャリア支援部門」で構成される「教育推進機構」に改組して、機能と権限を見直しガバナンスを強化した。

　教育推進機構は、学生が東日本大震災の被災地としての現状・課題、地域の歴史・文化を広く学べるように、全学共通教育と全学部（人文社会科学部・教育学部・工学部（現：理工学部）・農学部）の専門教育の中に地域に関する科目を体系的に配置し、地域課題に関連した科目を全学の教育カリ

第 4 章　発災翌年前期（2012.4.1）から発災 4 年月末（2015.3.31）まで

キュラムの中に位置づけた。さらに、学部の枠を超えたグループで地域の課題に取り組む PBL（Project Based Learning）授業を積極的に導入するなど、教育カリキュラムの改革を行った。また、地元定着の促進を念頭に、各種のインターンシップを拡充し、多くの学生が地域の企業の特色等を理解する機会を与えるように努めた。

　こうした教育の改革により、学生の地元（地域）に対する意識を醸成させ、異分野の専門家と協働し、自らの専門性を地域の課題解決へ実践することができる人材「いわて協創人材」を育成する。加えて、卒業生の地元定着を促す取り組みを実施することで、地域に活躍する人材を輩出することを目標とした。

　全学共通教育として必修化された「震災復興に関する学修」（被災地学修）では、2014 年 4 月下旬から 8 月下旬にかけて、全学部の 1 年生全員が岩手県沿岸の 10 市町村を訪問した。岩手大学の新入生の約 6 割が岩手県外出身の学生であり、岩手県内出身の学生であっても、岩手県沿岸部の被災地域に足を運んだことのない学生もいる中で、現地に足を運び、被災県である岩手県の現状について、入学直後から学修することは、岩手の歴史・文化・特色等を理解することにつながると同時に、高校時代とは質的に異なる学修スタイルを身に付けることを促し、地域と連携した教育カリキュラムの継続的な実施を通じて、地元への学生の定着を促進する効果が期待された。

　この震災復興に関する学修（被災地学修）を実現するために、岩手県沿岸地域の行政・産業団体・NPO 法人等を訪問して講師を依頼した。また PTSD（心的外傷後ストレス障害）などが懸念される学生には、震災を直接想起させない学修機会を用意するなど、入念な準備を経て、全国の大学で初めての被災地学修の必修化を実現した。

　2014 年 9 月 30 日に行われた教養教育センターの第 1 回総合科目企画・実施委員会及び第 4 回全学共通教育部門会議で、全学共通教育における「地域に関する科目」については、従来の「総合科目」の区分を「地域科目」の区分に移すことを決定し、2014 年 11 月 20 日に行われた第 2 回総合科目企画・実施委員会及び第 6 回全学共通教育部門会議を経て、地域関連の科目が選択必修の科目として認められ、2016 年度から開講することを決定した。これにより、学生は基礎ゼミナール（被災地学修）と併せて、全学共通教育で 2 科目以上の地域関連科目を履修することとなった。

　また、教育推進連携部門会議では、各学部と連絡調整を行い、2016 年度の全学改組に合わせた各学部の新しい専門教育課程科目に、「地域をテーマとした概論的科目（初年次）」と「地域をテーマとした科目（高年次）」を「地域に関する科目」として設定することとした。

　2012 年度の中教審答申「大学の教育の質的転換」（2012 年 8 月 28 日）の中で、高等教育においても、従来型の座学中心の教育プログラムから「学生が主体的に問題を発見し解を見いだしていく能動的学修（アクティブ・ラーニング）への転換が必要である」ことが指摘された。アクティブ・ラーニングの一手法として「PBL (Project Based Learning)」は、少人数のグループを組み、実社会に根差し、設定された（あるいは発見した）具体的な課題の解決に向け、自ら主体的に取り組むことにより、大学での学修と社会での経験を結び付け、より実践的な課題解決能力を身に付けることを目指すものとして特徴付けられている。

　この答申を受けて、教育推進機構では「地域課題をテーマとした PBL 科目」の開設に向け、内容・テーマ・受入期間・受入先等について検討し、2014 年度後期の全学共通教育科目「初年次自由ゼミ

223

ナール」の一部のクラスと「キャリアを考える」で試行した。

　ここで目指されたのは、2014年度前期に1年次全学生を対象に試行・実施した「被災地学修」を通じ、学生が獲得したモチベーションを4年次まで維持するために有効な仕組みづくりであった。そこで先のPBL試行結果を反映させ、本学の理念・教育目標に沿って、どのように人材の育成を目指すのか、学部の枠を超え、PBL導入に関わる議論を深めつつ、学生の「主体的に学ぶ力」、「社会人基礎力」を身に付けることを重視しながら、学部横断的な指導体制を構築するとともに、その実効性の検証を目指していくこととした。

　さらに、教育推進機構ではキャリア支援部門を中心に、インターンシップ受入先として県内企業の新規開拓と県内の経済団体等とのパイプ作り・連携強化に努め、学生の希望する業種・職種に関してアンケート調査を実施し、希望学生と企業のマッチング促進のため、キャリアカウンセリングを強化した。

　これまで大学生のインターンシップを受け入れた経験のない（少ない）企業を対象に「インターンシップ・マニュアル」を作成し、希望する採用担当者に配布するとともに自治体（北上市・花巻市）との連携によるバスツアー（企業見学会）を企画し、地元の企業を見てもらうことだけに止まらず、岩手大学のOBでもある社員・職員の方たちとの交流や意見交換会を行い、学生に「職場で働く」とはどういうことか、具体的なイメージを持ちながら、自身のキャリアパスを考える取り組みを始めるなど、質・量の両面からインターンシップの拡充を図った。

　2015年度からは、学生のキャリア形成支援の一環として、従来のインターンシップに加えて、受入先企業が気づいていても人員や時間の都合で未着手だった課題に取り組む「オーダーメイド型インターンシップ」を募集することを計画し、インターンシップをPBL科目へと発展させることや共同研究・開発に発展させる可能性に期待して実施することとした。

　2014年11月12日に開催された第6回教育推進機構会議には、学生支援部門長より、課外活動における支援として従来から取り組んできた「Let'sびぎんプロジェクト」（岩手大学生による本学または地域に根ざした独創的なプロジェクトを大学側が支援するもの）にCOC枠（地域貢献活動事業にCOC枠として選考してCOC予算で実施する）を設け、同プロジェクトを学生支援部門がCOC推進室と一緒に取り組んでいくことが提案・了承され、2015年度の「Let'sびぎんプロジェクト」から、募集要項を改定してCOC枠を設けて実施することとした。

3　研究の取り組み

　岩手大学では、従来から岩手県における人口減少をはじめとしたさまざまな社会経済の環境変化に能動的に対応し、安定的で持続的な地域経済基盤の構築に向けて、本学における学術研究の成果あるいは学術研究そのものを地域課題にリンクさせるため、地域の資源や人材を結集し、自治体との積極的連携による実質的な産学官協働体制を構築するとともに、地域の企業との共同研究により企業が抱える課題を解決し、岩手県における産業振興を推進してきた。

　「地域課題研究支援事業」は、本学教員が産業、学術文化、教育等に係わる地域課題研究や特色ある研究に取り組み、成果の社会還元を推進することを目的として、2010年度に創設され2013年度まで実施されてきた学内競争的資金事業である。

第 4 章　発災翌年前期（2012.4.1）から発災 4 年月末（2015.3.31）まで

2014 年度には「研究推進機構」を新たに設置し、この学内競争的資金事業について、地域のニーズと大学のシーズのマッチングを行い、事業のタイプを学内予算による「支援型」と COC 事業費を活用した「マッチング型」の 2 種類の「地域課題解決型研究支援事業」に組みなおし、従前の事業をより充実し、県内の産業振興や地域の活性化に資する共同研究の一層の促進を図り、23 件の地域課題研究支援経費を採択した。

地域課題研究（支援型）は、本学独自の研究支援制度として実施してきた従来の事業の趣旨・目的を踏襲し、本学教員が産業、学術文化、教育等に係わる地域課題研究や特色ある研究に取り組み、成果の社会還元を推進することを目的としたもので、学内予算によって 8 件を採択した。

地域課題研究（マッチング型）は、県内の企業、自治体等との共同研究を行うことを条件に、自治体が負担する経費と同額を追加支援し、研究現場に学生を参画させて実践的な取り組みを進めることにより、人材育成の機能を持たせた地域の活性化に資する研究を支援するもので、自治体から受け入れた共同研究員のマッチング（地域のニーズと大学のシーズ）もあって、COC 事業費を活用して 15 件を採択した。

4　社会貢献の取り組み

本学が実施している自治体職員の共同研究員としての受け入れは、本学と連携して当該自治体の課題解決や産業振興、地域振興、文化的質の向上等を強く求める地域の中核的な市から職員を共同研究員として受け入れているもので、2002 年度から 2013 年度までに 28 名（OB22 名、現役 6 名）の自治体職員を受け入れてきた。各共同研究員は、派遣元自治体の課題となっている「産業振興」を始め、「環境問題」「生涯学習」「福祉問題」等々それぞれのテーマを持ち、その対応のために日々研究を続けている。

2014 年 4 月に「地域連携推進センター」を「地域連携推進機構」に再編して、ガバナンスを強化するとともに、この自治体からの共同研究員経験者の組織化を図り、産学官連携による地域振興のキーパーソンへと育成するなど組織的な連携体制を強化した。そして産学官連携の下、小・中学生への科学技術理解増進活動、エネルギー環境教育や震災を踏まえた「いわて復興教育」などの取り組みを行うことにより、将来地元で活躍する人材の育成に努め、さらに地域のニーズを踏まえた社会人を対象とした社会人学び直し教育を実施することで、地域の持続的な発展を推進することを目指した。

「地（知）の拠点（COC）整備事業」では、派遣元自治体に戻って産学連携関連部署からも離れてしまった共同研究員 OB にも本学が実施している地域連携に関する最新の情報を提供して、派遣元自治体の様々な部署や地域企業・団体等とのパイプ役として、地域と大学との連携活動に活用する役割を担っていただくことを期待して、共同研究員派遣実績のあるすべての自治体を訪問し、共同研究員 OB の組織化について説明して理解を得るとともに、全共同研究員 OB からの賛同も得ることができた。そこで 2014 年 8 月には、共同研究員 OB のネットワークを組織し、共同研究員 OB には、「岩手大学リエゾンコーディネーター」の名称を付与した。

また、本学にはもともと地元定着の受け皿として必要となる地域企業の振興・高度化・グローバル化を図るため、2007 年度から実施し、プログラム修了者には学校教育法 105 条に基づく履修証明

225

書と岩手大学独自の資格も授与してきた「いわてアグリフロンティアスクール」、「地域を支える『エコリーダー』・『防災リーダー』育成プログラム」、「21世紀型ものづくり人材岩手マイスター育成事業」の3つの社会人学び直しプログラムがある。COC事業の採択に伴い、これらのプログラムについても拡充を図る必要があった。

しかし、社会環境の変化が激しく知識や技術の陳腐化が急速に進む現在では、社会人の学び直しに対するニーズは増加し、求められる内容も各職業におけるスキルアップから産業や地域の活性化、人材育成など多様化している。新規プログラムの開発に向けては、地域社会のニーズを把握する必要があり、大学で提供できる教育サービスを洗い出し、プログラム修了者の活躍の場に留意しながら、大学院の正課としてカリキュラム化が必要なのか、正課外で行う方が適当なのか、内容・資格をより実践的なものとするための検討が進められた。

加えて、公開講座や公開授業講座（公開講座の一形態として学生向けに正規に開講されている授業に一般市民の受講を認める制度）も地域社会や市民にとっての多様な生涯学習機会の提供として社会的要請に応え、社会貢献活動の一環として、地域社会との連携をより一層深めていくために実施している。公開講座は2013年度には29講座を開講したが、この数字は他の国立大学と比較しても決して引けをとらない（ホームページ等による調査：弘前大学14講座、秋田大学7講座、福島大学38講座、山形大学17講座）数である。

一方で、公開授業講座は年間開講数が平均で60科目、平均受講者数（延べ人数）は38人で、他大学との比較では極めて少なかった（訪問及びHP等による7大学の調査：平均458科目、受講者数延べ300〜370人※公表大学のみ）。また受講者の約9割がリピーターであることから、新規受講者の獲得が必須であり、これまでの広報手段の見直しやより多くの教員の理解と協力を必要とした。なお、公開授業講座は、生涯学習事業全体の見直しを行うため2016年から休止している。

5 まとめ

2013年度に採択された「地（知）の拠点整備事業」（Center of Community）は、岩手県と盛岡市との連携により共同申請した事業で、震災復興を含めて、岩手の多種多様で複合的な課題を解決し、地域を再生・活性化する「いわて協創人材」を育成し、地元に定着させることを目指して2017年度の県内就職率39%（直近4年間平均34%から5%向上）を目標としていた。

2015年2月5日に開催された第2回COC地域連携推進協議会（岩手県知事、盛岡市長、岩手県市長会代表（一関市長）、岩手県町村会会長（岩手町長）、岩手県沿岸市町村復興期成同盟会会長（釜石市長）、一般社団法人岩手経済同友会代表幹事（株式会社岩手銀行代表取締役会長）、岩手県中小企業家同友会（株式会社高田自動車学校代表取締役社長）、岩手県商工会議所連合会（みちのくコカ・コーラボトリング株式会社社長）、岩手大学長）では、2013年度・2014年度の「地域と創る“いわて協創人材育成＋地元定着”プロジェクト」事業の評価として、8名の外部委員のうち7名の委員から、総合評価で「計画を十分実施している」との評価を受けた。

しかし一方で、目標としている「人材の地元定着」の成果が出るのは、まだ先のことなので、各委員からは事業への期待と計画の加速化を求める意見が寄せられていた。

第6節　岩手県東日本大震災津波復興委員会女性参画推進専門委員会

副学長（男女共同参画・附属学校担当）　菅原　悦子

男女共同参画推進室准教授　堀　久美

1　女性参画推進専門委員会設立までの経緯

　東日本大震災津波により著しい被害を受けた岩手県の復興に関する事項を調査審議する岩手県東日本大震災津波復興委員会には、女性参画推進専門委員会が設置されている。東日本大震災で大きな被害を受けた県のうち、復興に関わり、女性の参画推進や男女共同参画を掲げる委員会をもつのは岩手県のみである。岩手県にこのような委員会が設置された背景には、復興の取り組み当初からの女性たちの参画をめざした活動があった。

　発災から数カ月、岩手県では復興基本計画を策定する動きが本格化していた。2011年4月に設置された岩手県東日本大震災津波復興委員会（以下「復興委員会」）は、当初、女性委員はゼロであった。女性委員は第2回には2名となっていたが、岩手大学では、男女共同参画推進室が発行するニュースレターに復興委員会委員長であった藤井克己学長（役職は当時、以下同じ）のインタビュー記事を掲載し、女性の視点の必要性を発信した。地域の女性たちからも、女性の参画を要望する声があがった。このような動きを受け、県は、7月に、女性団体の代表等12名による「復興基本計画（案）策定等に係る女性との意見交換会」を開催、岩手大学副学長である菅原が座長を務めることになった。男女共同参画推進室では、菅原の指示のもと、女性たちの意見を確実に政策に反映させる方策として、意見交換会での提言提出を考え、「岩手県の復興にダイバーシティ（人の多様性）視点を徹底させるための3つの提言」を作成した。意見交換会で、菅原が提示したこの提言は、参加した女性たちの賛同を得て、県に提出された。岩手県の復興基本計画に、「被災者一人ひとりにとっての復興を実現するため、女性や高齢者、障がい者、子ども、若者、外国人県民等の視点も含めた、社会的包摂（ソーシャル・インクルージョン）の観点に立った取り組みの展開が図られるよう留意する」という文言が盛り込まれているのは、この提言が反映されたものである。

　岩手県では、その後も、2012年6月（第2回）、2013年7月（第3回）、2014年1月（第4回）に、同様の女性との意見交換会が開催された。これらの意見交換会でも、菅原が座長を務め、提言が提出された。提言の内容は、その時々の状況に応じて変化しているが、主なポイントは、①復興に係る政策方針決定や実施のための県・市町村の組織への女性の参画を30％に（すべての回）、②意見交換会の定例化、より多様な女性の参画（第2回、第3回、第4回）、③女性相談・生活再建助成申請支援、起業支援等の事業継続や予算措置（すべての回）、④ダイバーシティ視点に基づく復興のための関係者の意識啓発・研修実施（第2回、第3回、第4回）、⑤ジェンダー統計の収集・公表（第2回、第4回）、⑥世帯ではなく一人ひとりの意向尊重（第3回）等である。

　県は、これらの提言を政策に反映させ、その反映状況を翌回の「意見交換会」で報告した。たとえば、④を踏まえ、2013年度から「男女共同参画の視点からの防災・復興に関する普及啓発事業」が、復興庁男女共同参画推進班によるグループワーク等も盛り込み実施され、2013～2015年度の研修では、

本学男女共同参画推進室専任教員である堀が延べ7回、基調講演講師を務めた。さらに、2014年4月には、①の政策方針に関わる県の組織への女性の参画や、②の意見交換会の定例化を具現する組織として、復興委員会に女性参画推進専門委員会が設立された。

2 委員会設立の意義と活動状況

　復興委員会には、専門事項の調査審議の必要性に応じた専門委員会の設置が定められており、2011年4月より、総合企画専門委員会が審議を行ってきた。それに加え、2014年度から、女性参画推進専門委員会（以下「女性委員会」）が審議を行うこととなった。委員は、「意見交換会」に参加していた県内各分野の女性有識者13名で、継続して菅原が委員長となった。女性委員会の所掌事務は、復興における女性参画の推進に関する現状と課題の調査、分析等と復興における女性参画の推進のための提言で、女性だけの委員会の設置は、被災県で唯一である。同時に、菅原は復興委員会の委員にも就任し、漸増していた同委員会の女性委員は4名となった。

　女性委員会の活動概要は、復興委員会に報告され、そこでの議論に反映される。これまでの「意見交換会」で提出した提言が復興委員会等では報告されなかったのと異なり、女性委員会の設立は、防災・復興についての県の意思決定過程に女性が参画するシステムがひとつ確立したことを意味する。女性委員会の意義は県内にとどまらない。2016年2月には、国が策定する「後期復興5カ年の復興基本方針骨子案」に「女性の参画」が明示されていなかったことに対し、女性委員会有志が、県知事と復興庁岩手県復興局を通じて復興大臣に要望書を提出した。これを受け、岩手県では、「国にご意見を申し上げまして、案の段階で（女性の参画が）明示されておりました。これも、女性参画推進専門委員会の要望による成果」（第5回女性参画推進専門委員会会議録[1]:p.19）と述べており、女性委員会が女性の組織的な意思決定過程への参画の回路となったことがわかる。

　また、女性委員会のもとに、被災地における女性の就労環境をめぐる現状と課題を整理し、施策の方向性をとりまとめるため、「女性参画による被災地のなりわい再生ワーキンググループ（以下、なりわいWG）」が設置された。菅原に加え、堀もこのWGの一員となり、2回の現地調査を含め4回の会合をもった。たとえば、2015年10月の現地調査は、女性委員会・なりわいWGの合同で実施され、沿岸被災地で起業した女性や被災者支援を行うNPO法人の女性たちから話を聞き、女性の活躍に向けた支援の必要性を改めて確認した。このような調査結果を踏まえ、なりわいWGが作成した調査報告書案には、「なりわいの再生に向けた女性の活躍支援」として、起業後の伴走を含めた女性への重点的支援の実施やNPO等の運営基盤の強化等を、また「女性が地域で活躍できる環境づくり」として、男性・地域の意識改革の促進や住居・雇用・生活環境等に対する不安の解消等を対応策とする内容が盛り込まれた。この調査報告案は、女性委員会での検討を経て、復興委員会で報告され、たとえば、岩手県が実施する「さんりくチャレンジ推進事業」において、資金面を含めて女性・若者を重点化し、「助走に加えて、最後までのフォローをする伴走支援の制度」が盛り込まれる等、一定の成果をあげた。

3 委員会の活動成果と課題

　女性委員会は、第1期中（2014〜2015年度）に5回の委員会と2回の現地調査を行い、その成

第 4 章　発災翌年前期（2012.4.1）から発災 4 年月末（2015.3.31）まで

写真 4-6-1　第 1 回女性委員会（2014.7.11）
　　　　　　後ろ姿は達増岩手県知事.

写真 4-6-2　現地調査の様子（2018.5.25）

果は 2016 年度からの第 2 期（2016 ～ 2017 年度）に引き継がれた。委員は一部を入れ替え、新たに、若手、沿岸居住、IU ターンといった多様な背景をもつ女性が加わった。委員長は引き続き菅原が就任し、復興における女性の参画を牽引することになった。第 2 期では 5 回の委員会と 2 回の現地調査を実施し、復興実施計画（第 3 期）の策定に向けた議論や策定後の進捗状況等を審議した。

　さらに、次期総合計画（実施期間 2019 ～ 2028 年度）の策定に向けた審議のため、2019 年 3 月までを任期として委員を再任した。2018 年 5 月に現地調査を行い、先述の「さんりくチャレンジ推進事業」の補助対象となった事業者 2 名からもヒアリングを行った。彼女たちは、この補助事業が資金面だけでなく、事業計画書作成等の知識の習得や、創業者間の交流会・勉強会での新たな出会い等、充実したサポートを伴うことを高く評価しており（平成 30 年度現地調査の概要について[(2)]:p.7）、委員は、起業後の伴走を含めた補助事業の必要性を盛り込んだ委員会からの提言が、実際に女性の起業を支援している成果を確認した。これを踏まえ、7 月の復興委員会では、さんりくチャレンジ推進事業終了後の起業支援の継続と、地域で生活する一般の女性の目にも触れやすい場所での相談窓口の設置等の提言を行った。

　意思決定過程への女性の参画の重要性が言われているが、実際に、女性が議論の場で意見を伝え、力を発揮することは容易ではない。岩手大学では、男女共同参画推進室を中心に、男女共同参画や女性の視点からの情報を女性委員会や意見交換会に提供し、地域の女性の参画を牽引してきた。女性委員会での活動から、新たな女性リーダーの活躍も見られるようになってはいるが、復興に向けて、さらに女性が力を発揮できる環境整備や人材育成が必要である。引き続き、地域の拠点大学である岩手大学には、女性の参画を先導することが期待されている。

[注]
(1) http://www.pref.iwate.jp/dbps_data/_material_/_files/000/000/044/148/5gijiroku.pdf　（2018 年 7 月 26 日最終閲覧）
(2) http://www.pref.iwate.jp/dbps_data/_material_/_files/000/000/066/755/333333.pdf　（2018 年 7 月 26 日最終閲覧）

[参考文献]
菅原悦子・山下　梓「岩手大学における女性研究者支援の取り組み①男女共同参画推進のための意識改革と東日本大震災復興の取り組み」、『文部科学教育通信』No.276、ジアース教育新社、2011、pp.16-17.
堀　久美・菅原悦子「ジェンダー視点からの復興をめざして―東日本大震災後の岩手大学の事例から」、『ポリモルフィア』2、九州大学男女共同参画推進室、2017、pp.108-113.

第7節　国連防災世界会議

工学部教授・地域防災研究センター長　　南　正昭

　国連防災世界会議は、2015年3月15日〜18日にかけて仙台で開催された。この世界会議は、横浜、神戸、そして仙台と10年に一度のペースで開催されてきており、東日本大震災以後となる2015年について、地域防災研究センターを中心として岩手大学として参加することとし、おおよそ半年間をかけて準備を進めた。

　世界各国の防災関係者が一堂に会し、国連を舞台として減災社会構築のための国際的なフレームワーク（枠組み）をつくるという場だった。各国政府レベルの政策を立案するにあたり、世界的な枠組みを構築し、その方針に従って防災を進めることとするという大きな目的をもった会議だった。ぜひ、岩手大学からも発信していきたいということで関係者が一致し準備を進めた。

　国連での豊富な実務経験をもち、当時、陸前高田市のアドバイザー、その後、岩手大学学長特別補佐となった村上清氏の支援を得て実現に結びついていった。

　2014年11月中頃、スイスのジュネーブで翌年に控えた国連防災世界災会議に向けた準備会議が開催された。各国の代表者が集まって仙台で採択すべく次の世代のフレームワークについて事前の打ち合わせをするという内容だった。

　この場に村上氏とともに参加し、本学からの発信としてこの場で意見書を提出させていただいた。会議前夜まで、国連の場で私どもから言えることは何かを思案した。復興に取り組む岩手大学、地域防災研究センター、そして被災地を思い、「防災・復興における大学の役割を、次の国際的なフレームワークの中に盛り込んでください」という一点を訴える内容とした。以前の兵庫フレームワークのなかには、こうした大学、多様な主体、参画者に関する記述が、十分ではなかったことによる。

　このジュネーブで開催された準備会議を含め、第3回国連防災世界会議に関わる岩手大学、地域防災研究センターの関連事業は以下の通りである。

＜国連防災世界会議に関わる岩手大学地域防災研究センター主催事業＞

◆国連防災世界会議　プレ会議　参加

　日時：平成26年11月17日（月）・18日（火）

　　場所：ジュネーブ　国際連合欧州本部

◆第11回 地域防災フォーラム「3.11から学ぶ危機管理と災害対応」主催

　日時：平成27年3月13日（金）　14:00〜16:30

　　場所：岩手大学工学部キャンパス内　復興祈念銀河ホール

　　参加者数：約70名

◆第3回 国連防災世界会議での岩手大学展示ブース開設

　日時：平成27年3月14日〜18日　10:00〜20:00

　　場所：せんだいメディアテーク（宮城県仙台市青葉区春日町2-1）

来場者：各日 100 名以上

◆第 3 回 国連防災世界会議パブリック・フォーラム

神戸大学・岩手大学・東北大学 被災大学間連携シンポジウム

「住民主体の災害復興と大学の役割－東日本大震災の教訓と神戸・アチェ・四川との比較－」共同主催

日時：平成 27 年 3 月 15 日（日）　9:10 ～ 11:50（開場 9:00）

場所：情報・産業プラザ多目的ホール（宮城県仙台市青葉区中央 1-3-1）

参加者数：約 80 名

◆第 3 回 国連防災世界会議 イグナイトステージ

「災害に強いコミュニティ形成のための地方大学によるキャパシティ・ビルディング」発表

日時：平成 27 年 3 月 17 日（火）　15:15 ～ 15:30

場所：仙台国際センター（宮城県仙台市青葉区青葉山 8-1）

参加者数：約 30 名

◆第 3 回 国連防災世界会議パブリック・フォーラム

「地域社会のレジリエンスとキャパシティ・ビルディング－被災地での岩手大学の実践と検証－」主催

日時：平成 27 年 3 月 18 日（水）　9:20 ～ 11:40（開場 9:00）

場所：東京エレクトロンホール宮城（宮城県仙台市青葉区国分町 3-3-7）601 会議室

参加者数：125 名

◆第 3 回 国連防災世界会議 コミュニケーションスペース　岩手大学セッション発表

日時：平成 27 年 3 月 18 日（水）　14:15 ～ 14:45

場所：せんだいメディアテーク（宮城県仙台市青葉区春日町 2-1）

参加者数：約 20 名

　3 月 15 日～ 18 日の期間中、当センターの特任助教（当時）の柳川竜一氏、菊池義浩氏、佐藤悦子氏、三陸復興支援機構生活支援班の特任研究員（当時）船戸義和氏等により、展示ブースが実現した。多くの大学や企業 NPO・NGO が同様にブースを設けて取り組みを発信したなか、岩手大学の展示ブースには連日 100 名以上の方が訪れていた。

　神戸大学、東北大学、岩手大学の 3 大学が共同主催し「住民主体の災害復興と大学の役割」と題したパブリック・フォーラムを開催した。ここでは、松岡勝実教授と私から本学での取り組みについて紹介させていただくとともに、3 大学それぞれの立場からの防災や復興に関するディスカッションを行った。

　岩手大学、地域防災研究センターとしては、「地域社会のレジリエンスとキャパシティ・ビルディング－被災地での岩手大学の実践と検証－」と題したパブリック・フォーラムを主催した。岩渕明学長にご臨席いただき、国際交流センターの尾中夏美准教授の司会の下、当センターの復興支援・研究に関して私より、大震災後の水産の展開について水産研究センターの阿部周一副センター長、コミュニティの再建に関して廣田純一教授、心のケアについて臨床心理の奥野雅子准教授、沿岸を

フィールドに実践的な教育プログラムを立ち上げた教育学部の土屋明広准教授（当時）、当センター副センター長の越谷信准教授（現教授）に防災教育プログラム開発について紹介いただいた。国連開発計画駐日代表の近藤哲生氏、神戸大学都市安全研究センター長の北後明彦教授、東北大学災害科学国際研究所副所長の奥村教授に講評をいただくとともに、その後の展開について議論をした。このときの議論は、その後の岩手大学、地域防災研究センター、地域創生専攻の新設を含む大学院改組等への礎のひとつになった。

　この国連防災世界会議で採択された「仙台防災枠組み」には、「より良い復興（Build Back Better）」、「人間を中心とした予防的アプローチ」、「社会全体の関与」、「防災の主流化」などのコンセプトが打ち出されるとともに、多様な主体の参画と協働、関係機関の役割と責任の明確化、優れた取り組みの国際的な共有に関する文脈のなかに，学術機関及び科学研究機関の立ち位置が記載された。また大学を含む学術機関、科学研究機関、そのネットワークの役割として、地域・国・地方での適用のための研究の増加、ローカルコミュニティと地方行政機関への行動の支援、ならびに意思決定のための政策と科学の連携の支援が明記された。これらは、東日本大震災以前より、岩手大学、地域防災研究センターにおいて防災・復興に取り組む教員らが、地域社会とともに希求し実践している道のりそのものだったといえる。

第 4 章　発災翌年前期（2012.4.1）から発災 4 年月末（2015.3.31）まで

まとめ

編集委員会

【対応状況】

○　震災復興は長期にわたるという見通しのもと、三陸復興推進本部を発展的に解消し、学則に基づく持続的な組織として、『『岩手の復興と再生に』オール岩大パワーを！」をスローガンに、2012 年 4 月に「三陸復興推進機構」を設置した。構成は三陸復興推進本部同様 6 部門とし、事務は三陸復興推進室（2014 年度からは三陸復興推進課）が担当した。2012 年度から 2014 年度まで、文部科学省から毎年約 1 億円が予算措置され、特任教員・特任研究員で総勢 30 名を補強し、それぞれの部門で活動した。

○　三陸復興推進機構の設置と同時に、全学組織の研究センターとして「地域防災研究センター」を立ち上げた。同センターは 2007 年に工学部附属センターとして発足していたもので、2012 年に文理融合型組織として地域防災への多面的取り組みを目指すことになった。組織的には三陸復興推進機構からは独立しているものの、同機構の地域防災研究部門の業務を担うこととした。

○　釜石の平田地区に、敷地面積 1,900 ㎡を有する釜石サテライトの新棟建設に着手し、2013 年 2 月に竣工した。そして 2013 年 4 月には釜石サテライトを拠点とする全学組織の研究センターとして「三陸水産研究センター」を設置した。地域防災研究センター同様、三陸復興推進機構からは独立しているが、同機構の水産業復興推進部門の業務を担うこととした。

○　三陸水産研究センターは、グローカルな視点で地域社会の持続的な発展に水産学を基盤として貢献し、イノベーションエコシステムとして実業に直結した研究開発と革新的な水産業の発展に貢献する新しい水産人材の育成を目指している。

○　釜石サテライトには、三陸復興推進機構生活支援部門の心のケア班が「こころの相談ルーム」を開設し、臨床心理士による被災者等のケアを継続した。

○　釜石サテライトだけでは被災地域全域をカバーできないため、経済同友会「IPPO IPPO NIPPON プロジェクト」から支援していただいた総額約 1 億 1 千万円の寄付金を原資として、2012 年 4 月に久慈市、同年 10 月に宮古市、2013 年 4 月に大船渡市のそれぞれ市役所内にエクステンションセンターを設置し、それぞれにコーディネーターを配置した。

○　東日本大震災後に開設された JST 復興促進センターによって復興促進プログラムがスタートした。復興事業として大学等の研究シーズを共同研究により被災地の企業で実用化することを目指し、本学から多くの計画が提案・採択され、2012 年度〜 2014 年度で毎年 1 億円規模の事業が進められた。

○　2012 年 1 月から震災復興推進レターを月 1 回のペースで発行し、2012 年 5 月から各年度の活動をまとめた報告書を発行している。

○　2012 年 11 月に、岩手大学として、第 7 回マニフェスト大賞「震災復興支援・防災対策最優秀賞」を受賞した。「被災地にある大学として組織的に支援に取り組み、しかも研究、教育機関としての特徴をよく生かしている点」や「学生パワーによるボランティア活動から学術的な知見を

233

生かした水産業、農林畜産業支援まで活動は幅広い」ことなどが評価されている。

○ 2013年度に、文部科学省の「地（知）の拠点（COC）整備事業」に本学の「いわて協創人材育成＋地域定着プロジェクト」が採択され、10月に「COC推進室」を設置して、地域に関する科目や地域課題に関連した科目、さらに地域の課題解決に取り組むPBL授業を積極的に導入し、学生の地元に対する意識を醸成させ、異分野の専門家と協働し、自らの専門性を地域の課題解決へ実践することのできる「いわて協創人材」の育成に乗り出した。

○ とりわけ、初年次の「基礎ゼミナール」（必修科目）を活用して、全学部の1年生全員が沿岸の10市町村のどこかを訪問して復興の状況を学ぶ「震災復興に関する学修」（被災地学修）を行うこととし、2014年度は試行的に実施、2015年度から正式に「基礎ゼミナール」に組み込んだ。

○ 2011年4月に設置された岩手県東日本大震災津波復興委員会に当初女性委員がいなかったことから、7月に女性団体の代表による「復興期本計画（案）策定等に係る女性との意見交換会」を開催し、「岩手県の復興にダイバーシティ（人の多様性）視点を徹底させるための3つの提言」を作成して県に提出した。その結果、岩手県の復興計画には、「女性や高齢者、障がい者、子ども、若者、外国人県民等の視点も含めた、社会的包摂の観点に立った取り組みの展開が図られるよう留意する」という文言が盛り込まれた。その後、男女共同参画やダイバーシティ視点の重要性の認識が高まっている。

○ 2015年3月15～18日に仙台で国連防災世界会議が開催され、神戸大学・東北大学・岩手大学が共催してパブリック・フォーラムを行った。それが実現できたのも、2014年11月にジュネーブで行われた国連防災世界大会のプレ会議で、翌年の会議では防災・復興における大学の役割を盛り込んで欲しい旨のアピールを行ったことによる。

【学びと教訓】

○ 岩手大学はこれまで積極的に地域連携に取り組んできた実績はあるものの、地理的条件もあり、沿岸地域との連携は希薄で、産学官連携で復興といっても、活動を開始するには被災者と大学との関係性・信頼性の構築が必要であった。そこで釜石サテライトでは、水産加工業者と研究者との「車座研究会」を何度も開催することなどで、信頼を築き、成果を生むことができた。

○ 2015年3月18日に仙台で開催された国連防災世界大会で、岩手大学は全力を挙げて復興に取り組んだと報告した際に、会場から、今後この経験を大学本来のミッションである教育と研究に如何に活かしていくのかとの問いかけがあった。それを機に、大学院改組に復興活動の経験を反映させることを課題とした。

【今後の課題】

◇ 共同研究で最先端の技術や機器を導入してイノベーションを起こしたいと思っても、被災者側の実態やニーズに合った付加価値に繋がる技術提供や研究支援がなされなければならない。大学の技術を実用化、事業化まで展開できるような技術者が地域に少ないこともあり、大学が持つ研究資源を活用して革新的技術を産み、それを地域の企業で具体的な産業に結びつけていく若い人材（高度技術者）の育成が必要になる。

東日本大震災における岩手大学の広報活動について

株式会社 テレビ岩手　遠藤　隆

　東日本大震災に際して、テレビ岩手は発生直後から発生状況、被災状況などを刻々と伝えました。こうした時、専門家のご意見を直接視聴者に伝えることは、防災・減災の観点から非常に大切です。岩手大学の堺茂樹前学長（震災当時工学部長 2014 年逝去）は震災発生から 8 日後の 3 月 19 日から 3 回にわたって出演し、被害が大きくなった原因や、東日本大震災の特徴。また今後も懸念される巨大地震や津波への備えについてわかりやすく解説してくださいました。

　グローカルな大学を目指す岩手大学にとって、地域住民とともに歩むことは非常に大切なことです。震災以降岩手大学は、水産業への働きかけや地域住民の心のケア。街づくりなど多方面に渡って貢献しました。しかし意外に見落とされがちなのが広報活動です。岩手大学が行った様々な活動をマスコミに伝え、マスコミを通じて地域住民が知ることになれば復興の大きな力となります。

　震災当時報道部長だった私は、震災から 1 週間後、堺先生に翌日放送の特別番組へのご出演をお願いしたところ、快く引き受けてくださいました。堺先生は震災前から子どもたちに向けた防災教育を実施していました。こうした教育が、数には表れないにしても、事実上の減災に大きく貢献したことは間違いありません。また宮古市田老や釜石に象徴される巨大防潮堤が巨大津波で木端微塵に壊れたことから、一部の人から「あれは税金の無駄遣いだった。」と揶揄されていましたが、堺先生は「あれらがなかったら被害はもっと大きくなっていた。」と一定の役割があったことを認めた上で、海岸線全部に防災施設を築くことは無理なので、災害文化の継承や、海岸保全、街づくりの 3 つを組み合わせた防災対策の必要性を視聴者に訴えてくださいました。

　東日本大震災後も、熊本や北海道で震度 7 の地震が相次いでいることや、全国各地でゲリラ豪雨も多発しています。岩手でも 2016 年岩泉町で台風によって高齢者施設で 9 名が死亡する悲劇がありました。今回、執筆を依頼されて改めて堺先生が出演された映像を見ると、我々素人にもわかりやすく、しかも小学生が発する様な疑問にも的確に答えていただいたことがわかります。最新の研究成果を分かりやすく、しかも地域住民が一番必要としているときに提供していただくこと。それが大学に求められている広報活動だと思います。

東日本大震災復興のシンボルとしての三陸水産研究センター

北海道大学名誉教授 山内晧平

　2011年3月11日の午後、東京の秋葉原で開催された科学技術振興機構の会議中に突然これまで経験したことのない、大きくて長い揺れに見舞われた。避難した一階のテレビに写し出された、構造物をことごとく破壊して流していく津波の映像を恐怖と心配の複雑な感情で見つめていた。実は、私が北海道大学水産学部長の時に釜石市と学術協定を結び、北大は今、津波に襲われている釜石市で海藻廃棄物中に含まれている機能性物質の探索・研究を行っていたのだった。

　その後、私は岩手大学の客員教授として水産業復興事業のお手伝いをすることになった。岩手県を含む三陸沿岸は寒流の親潮と暖流の黒潮が混ざり合う、豊かな漁場に恵まれているという地政学的な有利さによって、三陸地域は全国をつなぐ海のネットワークの拠点であった。津波で瓦礫化した水産地域をどう復興していくのか、岩手大学は大きな課題を背負うこととなった。

　壊滅的な被害にあった水産業の復興はほぼゼロからの出発であった。そうであるならば、三陸地域は旧来の水産業の体制に戻るのではなく、未来型の新しい水産システムを構築するためのイノベーションを興して地域創生を図るべきだと感じた。そのためには、オールジャパンの支援体制が必要であると考え、2012年1月に釜石市で「全国水産系研究者フォーラム」を開催した。その目的は全国の水産系研究者の知の結集と産学官との協同により、ネットワーク型の水産研究拠点形成に向けた三陸水産研究センターの活動を支援することにあった。フォーラム終了後、「全国水産系研究者フォーラム宣言」を採択してその形成に向けて結集することを誓った。その方針に沿って、岩手大学三陸水産研究センターは次世代型のサケマス養殖研究の拠点となるための全国ネットワーク作りを始めている。私が会長をしている「水産オープンイノベーション研究ネットワーク」は同センターを支援している。

　現在、三陸水産業の復旧は進んでいるものの、復興はこれからである。復旧には個々の分野の知で対応できてきたが、復興のためにはこれらの知に加えて、三陸地域の固有の文化やこれまで培ってきた歴史的所産を活かすという視点は欠かせない。それらを踏まえた、総合的なネットワークを構築してこそ本当の復興が実現するのであろう。三陸水産研究センターがその一翼を担うことを願っている。

日頃のネットワークが可能にする復興イノベーション

国立研究開発法人科学技術振興機構 (JST) 産学連携展開部 企画課 課長代理　箭野　謙

　岩手とのご縁は、北東北3県を活動エリアとする産学連携拠点・JST サテライト岩手（2005年10月〜2012年3月）開設とともに事務局長として岩手県盛岡市への赴任が契機である。以来、JST 地域事業（研究シーズ発掘・産学共同研究推進）を担当、JST 復興促進センター盛岡事務所（2012年4月〜2016年3月）事務所長として盛岡事務所採択92課題を取り纏め、マッチングプランナーとして課題フォローを1年行い、計11年半勤務した。

　震災当日を事務所で迎えたが、サテライト岩手平山健一館長（当時・元岩手大学学長）から伺って、ことの重大さを自覚した次第であった。出張者の無事を確認し安堵したことが思い出される。

　非常時は、平時以上に情報の重要性が高まる。組織対組織として、岩手大学が地方自治体との連携協定を締結し、職員を大学に共同研究員として迎えるなどの人事交流や訪問・イベント開催など、実践的ネットワーク構築を積み重ねてきた。日頃から顔の見える関係性を築いて来たからこそ、地域のニーズを的確にキャッチし適切な対応が可能になったと言える。これは、企業ニーズと技術シーズとのマッチングにも活かされているものと振り返る。

　被災地域企業に向けた相談窓口が岩手大学と岩手県工業技術センターと HP 上に共同で設置されていた。日頃、個人資格で参加する緩やかな連携組織、岩手ネットワークシステム（INS）などを通じ、連携ネットワークが活かされている岩手ならではのスピード感であった。

　JST 復興促進センター三拠点（盛岡・仙台・郡山）において、復興促進プログラムは進められた。

　岩手大学の方が研究責任者を務められている課題を「JST 復興促進センター成果事例集2016」より抽出した（JST の HP に掲載）。共同研究者としてプロジェクトに参画する課題を加えると更に多数となる。

- ・マッチング促進　　44課題（可能性試験含）（全288課題）最高2000万円／年度・最長3年度
- ・産学共創　　　　　1課題（全10課題）最大3000万円程度／年×2〜3年
- ・A-STEP（復興型）　探索タイプ29課題（全295課題）170万円〜300万円／最長1年
- ・シーズ顕在化タイプ　3課題（全48課題）基準額800万円／最長1年

　被災地のニーズは刻々と変化し、課題も質的に変容している。復旧復興は着々と進んでいるものの、道のりは長い。国内は勿論、時には国境を越えて、連携を拡げ更に深めて戴き、世界に通用する地域発「グローカルな大学」実現による復興・地域興しに情熱を燃やし続けて戴きたい。

地方創生の先駆的取組みとしての三陸地域復興推進事業

公益社団法人 経済同友会 常務理事　岡野貞彦

　東日本大震災は、被災地に想像を絶する甚大な被害をもたらしました。

　公益社団法人 経済同友会は、この未曽有の大災害に直面し、全国の経済同友会とともに、「IPPO IPPO NIPPON」プロジェクトを発足させました。このプロジェクトは、企業や個人の寄附金などを被災地の人づくりや経済活性化に役立てるプラットフォームです。具体的には、被災地産業の将来を担う若者を育成する専門高校、新事業創造など産業復興を促進する事業を展開する大学などへの支援です。プロジェクトは 2016 年 9 月で終了しましたが、2011 年 10 月からの 5 年間で、総額 21.8 億円の実習機材の提供や資金の供与などを行いました。

　岩手大学の三陸地域復興推進事業は、このプロジェクトの支援先の一つで、総額約 1 億 1,000 万円を寄付いたしました。

　岩手大学では、発災後半年余りの 2011 年 10 月に、三陸地域復興推進事業の拠点となる釜石サテライトを設置され、岩手県内の全 50 漁業協同組合や水産加工業を中心とする地元企業を訪問して支援ニーズの掘り起しをはじめていました。また、三陸における水産系分野の研究拠点形成に向け、第 1 回「全国水産系研究者フォーラム」を開催するなど、産業復興に向けて多様なセクターを巻き込んだ事業を活発に展開されていました。こうした取組みが、復興に向けた産官学連携のプラットフォームを形成するものとして高く評価され、支援対象となりました。

　この事業は、単なる復興に対する使命感のみならず、大学の存在意義にかかわる危機感にも基づいていたようです。2012 年 7 月 13 日に、盛岡市で開催した経済同友会の夏季セミナーにおいて、藤井克己学長（当時）は以下のように述べています。

　「地方の国立大学の存在意義が問われていると痛感しており、今回の震災は岩大の真価が問われる事態である。人を育てることの重要性を考えると、地方における大学の在り方が問い直される時期であり、復興のみならず人材育成に努めていきたい。」

　現在の重要な政策課題となっている地方創生の視点、とりわけ各地国立大学の新しい役割に関する模索が、既に、岩手大学では問題意識として共有され、具体的な動きとして展開されはじめていたのです。地方創生の課題の一つは、各地における人材育成・確保と産業振興で、そのためには産官学金労言の連携が何よりも重要だと指摘されています。震災復興を超えて、自立した地域を形成していくために、三陸地域復興推進事業を始めとする岩手大学の様々な取組みが、地方創生の先駆的役割を担っていくことを期待しています。

第5章　発災5年前期（2015/H27.4.1）から
　　　現在まで

　復興庁によれば、2015年4月16日現在の全国の避難者数は約22万人で、全国47都道府県、1,155以上の市区町村に所在しているとされた。発災後丸4年が過ぎているにもかかわらず、応急仮設住宅で暮らす人は2012年4月の48,913人が37,398人と76％に下がっただけだったが、2015年からの3年間で毎年1万人近くの人が応急仮設住宅を出て、2017年には15,459人と当初の32％にまで下がり、2015年頃から住宅事情が改善されてきたことが分かる。ちなみに、災害公営住宅の建設は2015年3月で完成率31％、2017年3月で84％、2018年6月で97％にまで上がっている。

　2015年頃からは、津波で被災した建物は次第に取り除かれ、戦場のようだった風景もいつしか更地になっていった。大型トラックやダンプカーが幹線道路を行き交い、沿岸一帯が工事現場と化し、各地でかさ上げが進んだ。陸前高田では、総工費120億円をかけて、全長約3kmの巨大ベルトコンベアー（通称「希望のかけ橋」）が建設され、2014年3月から稼働していた。切り崩した山から500万㎥相当の土砂を運び、10トントラックを使うと約9年かかるところを約1年半後の2015年9月に役目を負え、その後解体された。その一方で、復興道路（570km）は、2015年3月で完成率39％、2018年3月でも完成率58％でしかない。2020年度内の全線開通に向けて、急ピッチで工事が進められている。

　岩手県の復興基本計画は、第1期（基盤復興期間：2011～13）、第2期（本格復興期間：2014～16）、第3期（更なる展開への連結期間：2017～18）で、2018年度末には計画が終了するため、2019年には「三陸防災復興プロジェクト」（6/1～8/7の間、沿岸を中心に24の催事を実施）が計画されている。三陸鉄道の久慈・盛間の一貫経営、陸前高田で東日本大震災津波伝承館（愛称:いわて TSUNAMI メモリアル）の開館、ラグビーワールドカップ2019の釜石開催などが続くため、このプロジェクトを実施することで、岩手県から復興に取り組んでいる姿を発信し、震災の風化を防ぐとともに支援への謝意を示し、津波の教訓を伝えて防災力の向上を目指している。

　もっとも国の復興計画は発災後10年間で、復興庁も2020年度末には廃止されるため、岩手県の復興計画は2年間の前倒しともとれる。被災地が十全に復興したとは言い切れないとはいえ、被災地がいつまでも被災地のまま留まるのではなく、新たな地域として創生されねばならないのも事実であろう。福島県は事情が異なるため岩手県や宮城県と同じようには扱えないが、原発事故後の状況を正確に理解し、福島県全土が放射線で汚染されているというような風評は取り除いていく必要がある。

　ラグビーワールドカップ2019の次には東京オリンピック2020が控えており、情報インフラ(5G)やAI関連産業など、車の自動運転やドローンタクシーの運用なども含め、多くのイノベーションがオリンピックに照準を合わせている。福島・国際研究産業都市（イノベーション・コースト）構想もその一環で、オリンピックイヤーに向けた目標スケジュールが定められ、ITを中心に国際産学連携拠点の形成など、壮大な計画が進行している。福島の復興が進むのは喜ばしいものの、それらのうねりの中で、他の東日本大震災被災地における真の復興が見失われないように、われわれは襟を正していかねばならない。

第1節　ふるさといわて創造プロジェクト（COC+：2015.9 採択）

工学部教授、副学長、COC推進室長　　八代　仁
ふるさといわて創造プロジェクト推進コーディネーター　　小野寺　純治

　2013年10月に採択された「いわて協創人材育成＋地元定着」プロジェクト（大学COC事業）がようやく軌道に乗り始めた2015年3月末、文部科学省からCOC事業の発展形である「地（知）の拠点大学による地方創生推進事業（COC+）」の公募要領が公表された。その趣旨は「地（知）の拠点整備事業（大学COC事業）を発展させ、地方公共団体や企業等と協働して、学生にとって魅力ある就職先を創出・開拓するとともに、その地域が求める人材を養成するために必要な教育カリキュラムの改革を断行する大学の取組を支援することで、地方創生の中心となる「ひと」の地方への集積を目的とする」とあった。申請締切は6月末。岩渕新学長のもと、COC事業推進WGは2015年4月からCOC+事業への申請準備に追われることとなった。

　COC事業とCOC+事業にはいくつかの相違点がある。重要な相違点は、①COC事業は原則として1大学が地元自治体と連携して事業を行うのに対し、COC+事業は複数の大学が参加大学となり、自治体や企業等も参画した事業協働機関を形成して事業を進めること、②COC事業は地域志向教育を充実させるカリキュラム改革が中心であったのに対し、COC+事業は学生の地元定着率アップを主軸とする数値目標の設定が義務づけられていること、などである（図5-1-1）。

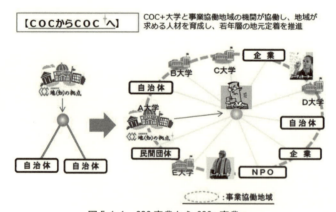

図5-1-1　COC事業からCOC+事業へ
「地（知）の拠点大学による地方創生推進事業」概要図（文部科学省）より引用．

　COC事業を継続するためにも、岩手大学にCOC+事業に申請しない選択肢はなかった（後に大学COC事業はCOC+事業に統合され、少なくともCOC+参加大学にならなければCOC事業を継続できなくなった）が、申請に当たってはいくつか解決しなければならない課題があった。最初の課題は、参加校をどのように構成するかであったが、岩手県立大学も申請大学としての準備を進めていたことから、県内一本化の調整が必要となった。岩手県を窓口として進めた調整の最終結論（岩手県立大学案と岩手大学案とを折衷させ、岩手大学が申請大学となること、岩手県立大学はCOC大学認

定の申請を行うこと）がでたのは 6 月も半ばになってのことであった。ほぼ同時に内々に参加を打診していた大学等の了承を取り付け、参加校は 7 校となった（後に杏林大学が加わって 8 校となる）。

　2 番目の課題は、事業協働機関としての自治体の選定であった。岩手県立大学は公立大学の使命として全自治体を参加させるべき、という考えであったが、本事業が「協働」の概念の下に推進される事業であることから、主体的に関わることを表明した自治体に限定すべき、との意見を踏まえ、県内の全市町村に呼びかけを行い、6 月 4 日に岩手県立大学と合同で説明会を行うなどして具体的な提案のあった 17 の県・市・町が事業協働機関になった。また COC+ 事業の事業協働機関には企業等の参画も必須であることから、各種経済・産業団体に呼びかけを行い、県内の産業をほぼ網羅するであろう 8 団体に協力を要請し合意を得た。

　3 番目の課題は、地元定着率などの数字目標値の設定であった。公募要領には「目標値は、就職率は事業開始前年度と比較して、事業最終年度に 10% 向上」と明記されている。岩手大学では COC 事業において、地元就職率の 5% 向上を自主提案しており、すでに就職率を向上させつつあった（2013 年の COC 申請時の 34% に比べて、2015 年には 37% にアップしていた）。改めて 2015 年からさらに 10% アップさせる（すなわち 47% を目指す）のは、岩手大学の入学生に占める県内出身者の割合（約 40%）を考えても、高すぎる目標に思われた。さらに 2016 年からは地元定着率の高い（すなわち県内出身者の多い）教育学部と人文社会科学部の定員減（合計 −105 名）が予定され、逆に地元定着率の低い工学部（28 年度から理工学部、+40 名）と農学部の定員が増える（+20 名）ことになっていた。2016 年入学生は COC+ 事業の最終年度の卒業生に当たるので一層目標達成は困難に思われたが、結局公募要領通りに記載することにした。6 月末までの約 2 週間、関係者を総動員して申請書を作り上げ、何とか提出した。提出した事業名は、「ふるさといわて創造プロジェクト」。この名前に決まるまでには「いわて創生人財育成定着プロジェクト」「震災復興から希望郷いわてを創造する「人財」定着プロジェクト」など様々な提案があった。

　9 月 1 日にヒアリングを受け、待つこと 1 カ月。9 月 28 日に採択通知が届いた。翌 29 日には県庁で記者会見、10 月 30 日に正式な交付内定（内定額：36,548 千円）があった。これを受けて岩手大学は学長室の下にあった COC 事業推進 WG を解散し、学長制定による COC 推進室（暫定）を 11 月 17 日付けで設置した（同推進室は 2016 年 4 月から特定事業推進室として学則に位置づけられた）。また直ちに COC+ 推進コーディネーターの採用人事に取りかかった。同コーディネーターには、元岩手県職員で 2003 年から岩手大学において地域連携を担当し、大学 COC 事業の提案時から関わってきた小野寺純治教授が地域連携推進機構を辞して 12 月 1 日付けで就任した。COC 推進室ではその他の特任教員等の公募を進めながら、ふるさといわて創造協議会の設立準備にあたった。2016 年 2 月 17 日に設立総会を、3 月 7 日にはキックオフフォーラム「本音を語る場〜学生のホンネを知って地元採用につなげよう〜」を開催した。

　ふるさといわて創造プロジェクトは、参加大学の平均県内就職率を 2014 度の 45% から 2019 年度に 55% まで上げることを目標に掲げている。この目標達成のために、参加大学はふるさといわて創造人材（人材像：「いわてを知り、理解する」、「いわてを説明する」、「いわてをつなぐ」、「いわての未来を創造する」）の育成に取り組むとともに、①若者・女性の地域定着、②新産業・雇用創出、③三陸復興およびその先導モデル創出、④起業家人材育成、の 4 事業を自治体や経済・産業団体と

連携して進めることとなった。

　2015 年度は組織整備などが主であったふるさといわて創造プロジェクトは、2016 年度から本格的な活動に入る。若者・女性の地域定着は、まず地域インターンシップの拡充がメインの事業である。岩手は 2014 年に発足した「東北インターンシップ推進コミュニティ」の中核県であり、岩手県立大学を幹事校とする東北地域内連携 9 大学がこれを維持運営しており、このプラットフォームを利用したインターンシップの推進が COC+ 事業においても重要な指針として引き継がれた。

　一方、自治体との協働事業としての新しいインターンシップモデルも生まれた。岩泉町からは町がコーディネート役となって、学生の学びのなかで企業や地域の魅力を知ってもらうインターンシップを実施したいとして COC 推進室に提案があり、連携して取り組むこととした。このインターンシップは、参加学生には経済的支援ばかりでなく、交流の輪が大きく広がるメリットが、自治体には当該地域のファンが育つというメリットがあり、他の自治体にも波及しつつある。COC+ 事業ではインターンシップの数だけを事業目標に掲げているが、質の向上という意味でもこのような取り組みの意義は大きい。

　しかし、インターンシップだけで地元定着率が飛躍的に向上するわけではなく、実際、地元定着率向上は必ずしも期待通りには推移しなかった。多くの学生が地域企業をほとんど知らないままに就職活動を始めてしまうという問題を解決すべく、ふるさといわて創造協議会は新事業の模索を始めた。協議会内にはふるさといわて創造部会と教育プログラム開発部会がおかれ、他県事例の視察・学習なども行っていたが、視察で訪れた島根大学の「しまね大交流会」はまさに目から鱗が落ちるイベントだった。地域で生き生きと働く（若手）社会人と、地域企業を知らない学生とが本音で語り合う場が提供されていたのである。是非岩手でも開催を、との推進室スタッフの思いから、「ふるさと発見！大交流会 in Iwate」が 2017 年 11 月 19 日に開催されることになった。実行委員会には、ふるさといわて創造協議会のメンバーに加えて厚生労働省岩手労働局や（公財）ふるさといわて定住財団、いわてで働こう推進協議会が参加した。事務局長に就任した船場ひさお特任准教授の下には学生実行委員会も組織され、イベントの企画からパンフレット作成、当日の進行などを学生が担当した。当日は 2 千人を超える人出となり、寒い岩手大学体育館にあって熱気あふれる、学生による学生のためのイベントとなった（写真 5-1-1）。

　COC+ 事業には、地元定着率向上 +10％の 1 割は新規雇用創出に基づくものであること、という要求があり、学生を既存の就職口に誘導するだけではなく、就職口そのものの開拓も事業目標に掲げられている。ふるさといわて創造プロジェクトの事業目標では最終年（2019 年）には年間 16 人の雇用創出を達成する計画になっている。新産業・雇用創出事業はこれに向けたもので、中心的役割を果たすと期待されているのは、岩手大学の盛岡市産学官連携研究センター（コラボ MIU）および岩手県立大学の滝沢市 IPU イノベーションセンターである。

　三陸復興およびその先導モデル創出は、三陸復興なくして岩手の創生なしとの思いから、地域定着率向上に直接結びつかないことは承知のうえで、事業計画に組み入れられた。震災後、岩手大学は三陸復興推進機構を設立して様々な復興活動に取り組んでいたし、COC 事業でも震災復興に関する学修などを継続実施してきたところであったが、学長らが陸前高田市を訪問した際にサテライトをつくる話が浮上してきたことからこれを先導モデル創出事業に位置づけ、国内外に広くアピー

写真5-1-1 岩手大学体育館で開催された「ふるさと発見！大交流会 in Iwate2017」(2017.11.19)

写真5-1-2 岩手銀行赤レンガ館で行われた第1回いわてキボウスター開拓塾成果発表会 (2017.2.17)

ルする交流施設の創設を目指すこととした。事業申請の時点で立教大学との共同運営の話はまだなかったが、幸運にも事業が採択された頃から立教大学との交流が始まり、新たにCOC+協力大学になってもらったうえで、「陸前高田グローバルキャンパス」事業を共同で展開することとなった。この経緯については陸前高田グローバルキャンパスの項に詳述した（本章第5節）。

起業家人材育成事業は、アントレプレナー精神を有する自立した学生を育成することを目的として計画された。この事業の特徴は、COC+事業協働機関である岩手県の予算により運用されている点である。2016年度に「起業家人材育成道場プロジェクト事業」として予算化されると、道場主たる特任教授の公募が行われ、これに応じた赤木徳顕氏が2016年6月にCOC推進室に着任した。直ちに地域企業経営者を訪ねて学生に課題を付与する地域リーダーへの就任をお願いするなど、10月の道場開きに向けた準備が始まった。心配された学生も20人の予定に対して26人の第1期生が集まり、10月1日に岩手大学農業資料館において開講式が行われた。ここで発表された道場の名称は「いわてキボウスター開拓塾」。学生らは道場という名前を好まず、塾を選択。「希望の星（スター）」のように聞こえるが、実はboaster（ほら吹き）という英語をもじった名称で、愛称は「キボスタ」。毎週末に熱い教育を受け、県内各地でフィールドワークを実施して到達した2017年2月17日に岩手銀行赤レンガ館で成果発表会を実施（写真5-1-2）。大きな注目を集めるに至った。以後、半年毎に塾生が募集され、活動が継続されている。

COC+事業は本書が刊行される年（2019年）で最終年度を迎える。この事業が地域創生にどの程度貢献するかは未知数だが、岩手のことを真剣に考える学生がどんどん育っている。直ちには岩手に定住しなくても、岩手を愛する学生をひとりでも多く輩出することが、岩手の未来にとって大きな希望となるに違いない。

第2節　復興と地域創生に係る概算要求

研究交流部三陸復興推進課長　　鈴木　裕之

研究交流部三陸復興推進課主査（副課長）　　濵田　秀樹

1　復興予算

　岩手大学は、震災直後から全学を挙げて復興支援活動を行ってきたが、その活動費の大半は、第2期中期目標期間（～2015年度）までの国からの時限付き復興関連予算であった（資料5-2-1）。

　ちなみに国立大学は、2004年度の法人化後、6年間を1サイクルとした中期目標期間で大学運営を行っており、第2期中期目標期間の最終年度である2015年度は、岩手大学としてこれまで行ってきた復興支援活動を第3期中期目標期間にどのように展開するか判断が求められていた。

　被災地では大型かさ上げ工事の真っ最中で、市街地にはまだ人が戻ってきていない状況である一方、震災から4年が経過し、被災地県以外では、記憶の風化が指摘されている時期であった。

　また、国から今後は、未完のインフラ整備を中心に行うという方針が出されていた。この当時、岩渕明理事は、復興庁で所管する有識者会議である復興推進委員会等で、学の立場から、これからがまさに人材育成の取り組みの本格的なステージに移る時期であり、人材育成に関わる予算措置も必要であると主張していた。

・大学改革推進等補助金（大学等における地域復興のためのセンター的機能整備事業）

　　三陸沿岸地域の「なりわい」の再生・復興の推進　76,890千円

　　※雇用者内訳：プロジェクトマネジャー1名、特任准教授2名、特任研究員5名、事務補佐員1名、

　　　技術補佐員3名

・大学改革推進等補助金（大学等における地域復興のためのセンター的機能整備事業）

　　いわての教育及びコミュニティ形成復興支援事業　12,240千円

　　※雇用者内訳：プロジェクトマネジャー1名

・復興特別会計

　　地域防災教育研究拠点形成事業　56,327千円

　　※雇用者内訳：特任助教3名、事務補佐員1名

・復興特別会計

　　SANRIKU（三陸）水産教育拠点形成事業　150,616千円

　　※特任教授1名、特任研究員8名、プロジェクトマネジャー1名、事務補佐員1名、技術補佐員2名

資料5-2-1　岩手大学における主な復興予算（2015年度分）

2　第3期中期目標期間での活動方針について

　第2期中期目標期間の最終年度である2015年度は約2億9千万円の事業費で30余名の特任教員や特任研究員を雇用して活動してきたが、今後の復興予算がインフラ整備に重点化されることを考えると、2016年度以降は、前年までと同規模で復興支援活動を継続することは困難だと感じていた。また、第3期中期目標期間に入る前には、これまで取り組んできた活動等を検証し、次につなげて

いくため、PDCA サイクルの考えに則り、被災地というフィールドで実践的な活動を行ってきた実績を踏まえて、大学ならではの活動、大学でしかできない活動という視点での取り組みを検証する必要があった。

3　概算要求に向けて

文部科学省への 2016 年度概算要求は 2015 年 7 月上旬をめどに学内で取りまとめることになった。第 1 段階として八代機構長が、被災地の進捗状況の総括と三陸復興推進機構の今後の活動について、2015 年 5 月 19 日〜 20 日の 2 日間で、部門長と意見交換を行った。今後の計画を立てるうえで、①現在の主な財源、②現在の進捗状況及び事業終了時までの展開、③成果の還元先とその規模、④事業終了後の展開、⑤事業予算規模及び事業期間の 6 点について重点的に議論した。

各部門長からは、震災から 4 年が経過したが、被災地では、まだまだ復興したとは言い難く、これからも岩手大学として復興活動に取り組むべきであり、三陸復興の看板は外すことはできないとの意見が出された。一方では、これまでより活動費が減少されることを考えると、今後の活動は、地域ニーズの中でも重要なものに特化すべきとの意見も出された。

また、岩手大学では 2016 年度概算要求にあたり、学部改組の一つとして、農学部の食料生産環境学科内に水産システム学コースを開設する計画とともに、2017 年度には大学院の修士課程を一研究科の総合科学研究科に統合し、新たに地域創生専攻を立ち上げる構想もあった。

地域創生専攻には、これまで三陸復興推進機構として復興支援活動で取り組んできた水産分野、コミュニティ再生分野、地域防災分野、心のケアとしての臨床心理士養成コース等の教員が所属することが考えられた。地域創生専攻のプラットフォームは、学部の垣根を越えて、取り組んできた復興活動の中で培ってきた横のつながりがベースとなっており、この新たな大学院の専攻でも継続して研究・教育に活用していくことが重要であった。まさにこれまでオール岩手大学として取り組んできた被災地での復興支援活動が、第 3 期中期目標期間で重点的に取り組む教育分野に繋がっていくものであった。

このような大学としての方向性や各部門から出された意見を踏まえて、2016 年度概算要求には、既存の三陸復興推進機構と地域連携推進機構を統合し、新たに「三陸復興・地域創生推進機構」として改組する方向で申請することにした。

新たな組織のあり方については、6 月から 7 月上旬にかけて、機構長と各部門長が集中的にミーティングを開催し、新組織の方向性を検討していった。特に、地域創生を先導的にコーディネートする人材を育成する学部や大学院との具体的な関わり方などに対して多様な意見が出された。

4　三陸復興・地域創生推進機構の概要

東日本大震災により被災した三陸沿岸地域の復興支援活動を目的とした「三陸復興推進機構」は、図 5-2-1 のとおり 6 部門体制で取り組んできた。

一方、新たに立ち上げる「三陸復興・地域創生推進機構」は、図 5-2-2 のとおり、まちづくり・ひとづくり・しごとづくりをキーワードとして、震災復興活動・地域貢献活動の実践力＆課題解決力の推進をする「実践領域」と、岩手県という地域特性を活かした 4 つの教育研究センターによる

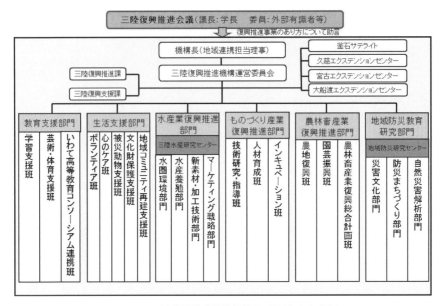

図5-2-1　三陸復興推進機構組織図（2014.4.1現在）

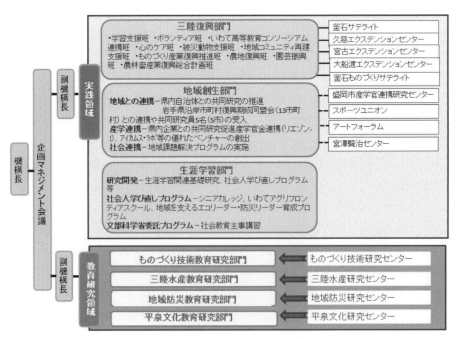

図5-2-2　三陸復興・地域創生推進機構組織図

専門領域の教育研究を推進する「教育研究領域」の2つから構成される。特にこれまで工学部の附属施設であった融合化ものづくり研究センターを発展的に改組し、全学の研究施設として「ものづくり技術研究センター」として新たに設置し、沿岸地域のものづくりを支援することとした。

「実践領域」と、地域特性を活かした4つの教育研究センターによる専門領域の教育・研究の推進を図る「教育研究領域」が課題毎に融合し、地域のニーズに応えていくとともに、その教育研究

第 5 章　発災 5 年前期（2015.4.1）から現在まで

の成果を地域創生専攻等における学生・院生の教育・研究に反映させ、地域創生を先導する人材の育成や持続可能な地域社会のまち・ひと・しごと創生の実現を目指す教育研究・社会貢献の推進に取り組んでいくことの出来る体制とした（図 5-2-2）。

　最終的に 2016 年度概算要求では、第 3 期中期目標期間中の岩手大学の戦略の一つである『戦略 4 : 地域の中核的学術拠点として、東日本大震災からの復興を着実に前進させ、その上で地域の持続的発展を目指す“地域創生”を実現していくため、「知の創出機能」の充実・強化を推進する。』を具現化する教育研究活動プロジェクト「三陸復興・地域創生推進の拠点形成－課題先進地をフィールドとした地域創生モデルの構築と地域創生型人材の育成－」として、三陸復興・地域創生推進機構設置を申請した（資料 5-2-2）。

【独創性・新規性等】

　東日本大震災後、本学では三陸復興推進機構を立ち上げ、被災した三陸沿岸地域の復旧・復興支援活動に全学体制で取り組んできたが、その活動は復旧・復興過程のスタートアップ支援がメインであった。

　震災から 4 年以上が経過し、三陸沿岸地域のみならず、県内の自治体は、急速な人口減少やグローバル競争の中での産業衰退など、多くの問題を抱えている。

　新たに設置する「三陸復興・地域創生推進機構」では、地域貢献の実践力＆課題解決力の強化を図るために、ひとづくり、まちづくり、しごとづくりに主体的に取り組む「実践領域」と、地域特性を活かした地域創生教育研究センターによる専門領域の教育・研究の推進を図る「教育研究領域」が課題毎に融合し、地域のニーズに応えていくとともに、その教育研究の成果を地域創生専攻等における学生の教育・研究に反映させ、地域創生を先導する人材の育成や持続可能な地域社会のまち・ひと・しごと創生の実現を目指す教育研究及び社会貢献の推進に取り組んでいく。

【全体計画】

　本事業では、平成 27 年度までに取り組んだ復興支援活動の組織体制やノウハウを最大限に活用し、新たに設置する三陸復興・地域創生推進機構が、課題先進地である三陸沿岸や県内のその他の自治体をフィールドとして、個別の支援活動の継続ではなく、地域創生モデルの構築に資する活動を行う。

　「実践領域」では、「まちづくり分野」「ひとづくり分野」「しごとづくり分野」の 3 つのカテゴリーに集約したそれぞれの研究課題を推進することにより、地域貢献の実践力＆課題解決力の向上を図る。

　新たに設置する地域創生専攻において、地域コミュニティデザインコースには「まちづくり分野」、人間健康科学コースには「ひとづくり分野」、さらに地域産業コースには「しごとづくり分野」を主な実践教育の場として提供する。

　「教育研究領域」を担う 4 つの教育研究センターでは、水産資源調査から増養殖、水産加工・機能性の付与、商品開発・マーケット開拓まで一体的に教育研究し、三陸独自の 6 次産業化を目指す三陸水産教育研究部門のように、地域特性を活かした専門領域研究を深化させるとともに、学部教育及び大学院教育の充実化を図る。

　また、2 つの領域の取組により、課題解決で導かれた知見を地域創生専攻の教育研究に還元し、臨床心理学分野など、地域創生を先導する人材を育成する。

資料 5-2-2　2016 年度概算要求申請（教育研究組織整備所要額調から抜粋）

なお、2016年度概算要求からプロジェクトごとにKPI（評価指標）が求められため、次の6つのKPIを設定した。

①「教育研究領域」の研究成果の社会還元を促進するため、国内向けまたは国際的な会議・シンポジウムを第3期中期目標期間の各年度において、10回以上開催する。

②地域創生を先導する人材の育成を進めるため、学部生のインターンシップ参加数を2015年度比で第3期中期目標期間終了までに40％以上増加する。

③第3期中期目標期間終了までに県内企業との共同研究・受託研究数を2015年度比で10％以上増加する。

④地域との対話の場及び地域社会における人材育成に資する活動として、一般向けの成果報告（セミナー）・普及講演について、第3期中期目標期間の各年度において、50回以上実施する。

⑤県内市町村と三陸復興・地域創生推進に向けた新たな連携協力協定の締結を第3期中期目標期間中に実現する。

⑥社会人学び直しプログラムの受講者を平成27年度比で第3期中期目標期間終了までに20％増加する。

5　概算要求の結果について

　2015年12月に文部科学省から次年度概算要求に申請していた教育研究活動プロジェクト「三陸復興・地域創生推進の拠点形成－課題先進地をフィールドとした地域創生モデルの構築と地域創生型人材の育成－」について、採択の内示があった。内示額は90,747千円であり、2015年度に比較するとおおよそ3分の1程度の予算規模となったが、第3期中期目標期間中も三陸復興・地域創生推進機構として復興推進活動に取り組めることが決まった瞬間であった。

　その後は、三陸復興・地域創生推進機構が正式発足する2016年4月1日までの4カ月間で、新機構の各種規則等の整備を行うとともに、心のケア班の専任教員や三陸水産研究センターの特任研究員などの公募作業に取り掛かった。

　このような作業を経て、2016年4月に、学内兼務教職員、専任教員、特任教員・特任研究員など合計224名からなる三陸復興・地域創生推進機構が発足した。

第5章　発災5年前期（2015.4.1）から現在まで

第3節　三陸復興・地域創生機構の開設と取り組み（2016.4～2018.3）

理事（復興・地域創生・男女共同参画担当）・副学長、三陸復興・地域創生推進機構長　菅原　悦子

1　復興活動から学び、地域創生に活かす機構の取り組み

　2016年4月に、全学をあげて復興と地域創生に取り組む新たな組織として三陸復興・地域創生推進機構を開設した。本学は東日本大震災以降、被災県にある地域の拠点大学として、地域の復興推進に重要な役割を果たしてきた。この復興活動は本学に託された使命（ミッション）であり、岩手県にとどまらず、世界に共通する課題であるとの認識から、継続が必要であると考え、2016年度に三陸復興推進機構と地域連携推進機構を発展的に統合した。本機構は、地域の中核的学術拠点として、東日本大震災からの復興を着実に前進させ、地域の持続的発展を目指し、「地域創生」を実現していくため、「知の創出機能」の充実・強化を目指している。本節では、本機構の各部門の主要な取り組みと自治体から派遣された共同研究員等の活躍について紹介する。

2　実践領域「三陸復興部門」「地域創生部門」「生涯学習部門」の取り組み

　本機構では「実践領域」と「教育研究領域」が課題ごとに有機的に融合し、地域のニーズに応える体制を目指した（図5-3-1）。

　「実践領域」には、三陸沿岸地域で取り組んだ地域貢献の実践力と課題解決力を醸成する「三陸復興部門」、地（知）の拠点としての教育研究成果や知的資産の普及・還元を図る「地域創生部門」、本学が有する知的資産を活用した地域での生涯学習振興を図る「生涯学習部門」がある。また、釜石市にはサテライト、久慈市、宮古市、大船渡市にはエクステンションセンターを設け、配置した専門職員によって被災地のニーズ把握に努めた。特に、「三陸復興部門」では、旧三陸復興推進機構で活動してきた多くの班が活動を継続している。「心のケア班」は震災後8年経過してもなお続いている被災者の心の問題解決にむけて、釜石サテライトで特任准教授が「こころの相談ルーム」を運営するとともに、市民講座や仮設住宅への訪問支援などにも取り組み、本学で臨床心理士を目指す学生の研修の場も提供している。「地域コミュニティ再建支援班」の活動も地域から大きな期待が寄せられており、応急仮設住宅から本設の災害公営住宅へ移転した人々への支援として、入居者間のコミュニティ形成、自治組織の形成、集会所の利用促進等に取り組んだ（写真5-3-1）。

写真5-3-1　岩手県大型災害公営住宅自治会交流会（2018.2.11）

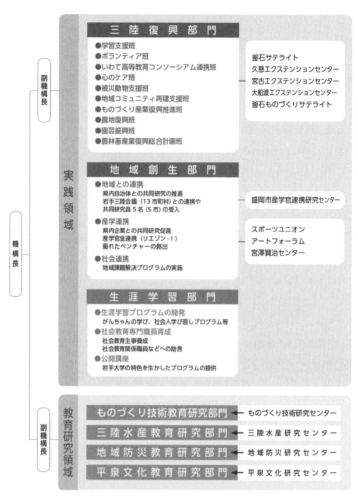

図 5-3-1　三陸復興・地域創生推進機構組織図

3　教育研究領域「ものづくり技術教育研究部門」「三陸水産教育研究部門」「地域防災教育研究部門」「平泉文化教育研究部門」

　教育研究領域は、地域特性を活かした各教育研究部門（ものづくり技術教育研究部門・三陸水産教育研究部門・地域防災教育研究部門・平泉文化教育研究部門）で構成され（図 5-3-1）、専門領域の教育研究を行い、その成果を地域の課題解決に活用することを目指し活動した。「ものづくり技術教育研究部門」はものづくり研究センター、「三陸水産教育研究部門」は三陸水産研究センター、「地域防災教育研究部門」は地域防災研究センター、「平泉文化教育研究部門」は平泉文化研究センターがその役割を担っている。それぞれの部門が講演会やセミナー等を多数開催し、研究成果を地域や世界へ発信した。

4　地域連携フォーラム（盛岡市・釜石市・久慈市・八幡平市）と共同研究員の活躍

　本機構では自治体等との連携を深め、新たな地域創生モデルの構築のための政策提言なども目指している。2016 と 2017 年度は、協定自治体である盛岡市、釜石市、花巻市、久慈市、八幡平市、

第5章　発災5年前期（2015.4.1）から現在まで

北上市の市職員が共同研究員として本機構で活動した。共同研究員の取り組みを中心として紹介する地域連携フォーラムを、毎年11月に開催している盛岡市に加え、2017年2月に久慈市、2017年12月釜石市、2018年2月八幡平市でも実施した。

　盛岡市の2017年度フォーラムでは、本学発ベンチャー企業の健康長寿実現に向けた商品開発や、本学教員の医薬品産業分野での先進的な研究等を紹介した。釜石市では地元企業と本学教員との共同研究成果等、震災から復興や地域創生につながる多くの産学官連携事例や研究成果を発表することができた。八幡平市では地元企業との連携による商品開発、学生による防災教育や観光振興についての研究事例を紹介した。特に、八幡平市では多数の地元高校生の参加もあり、機構の取り組みを広く周知でき、今後モデルとしたい地域連携フォーラムであった。

5　2016年8月に発生した台風10号被害への連携した取り組み

　台風10号による岩手県での被害は震災に続く大きなもので、本機構ではこれまでの復興活動で学んだ成果が試される機会となった。甚大な被害を受けたこの地域への支援は、本機構の新たな課題と認識し、多数の部門が連携して取り組んだ。被災直後から久慈市や宮古市のエクステンションセンターの専門職員がそれぞれの地域の要請を的確に機構に伝え、「三陸復興部門」の学生・教職員からなるボランティア班が迅速に現地に出向くことができた。さらに、「地域防災教育研究部門」（地域防災研究センター）が被害の状況やその背景等についての調査を実施し、緊急報告会も開催して、その結果を広く一般に公開した。一連の連携した取り組みは、復興活動での学びを地域支援へ結びつけた好事例である。

6　学校防災に関する岩手県教育委員会・岩泉町教育委員会との協定締結

　台風10号被害への連携した取り組み成果のさらなる発展を目指し、本機構の「地域防災教育研究部門」（地域防災研究センター）は、岩手県教育委員会・岩泉町教育委員会と連携し、岩泉町内の学校被害調査を実施し、その成果を「学校用参考リーフレット：2016年台風第10号豪雨災害の教訓を踏まえ～学校防災体制の充実に向けて～」にまとめ、発行した（写真5-3-2）。本リーフレットを活用し、防災教育を充実させるとともに、学校防災分野における教育・研究や啓発活動をより推進するため、両教育委員会と協定を締結した。2017年12月に開催された首都圏向けの機構報告会でも「平成28年度台風10号被害と防災教育」をテーマに講演し、着実な成果を報告した。

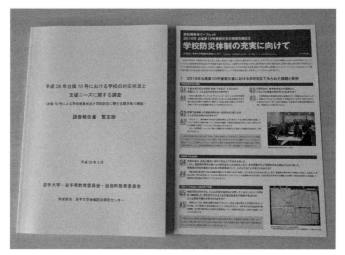

写真5-3-2　調査報告書（左）と学校参考用リーフレット

251

7 釜石サテライトから釜石キャンパスへ

写真5-3-3 看板除幕をする岩渕学長(左)と野田釜石市長(2017.6.11)

2017年6月に釜石サテライトは釜石キャンパスへ名称変更することにし、開設記念フォーラムを実施した(写真5-3-3)。釜石キャンパスでは、2016年4月に開設された農学部「食糧生産環境学科水産システム学コース」の学生と、2017年4月開設の大学院総合科学研究科「地域創生専攻地域産業コース水産業革新プログラム」の院生が教育を受けることになり、学生は釜石に居住する。本学では釜石市の協力により、震災直後の2011年10月より復興活動の拠点として釜石サテライトをスタートさせ、教育ボランテイアや心のケア等に取り組み、2013年には平田地区に三陸水産研究センターを設置し、サテライトの充実に努めてきた。2018年度末までには教育棟も新設されることになっており、キャンパス機能はさらに充実する。

8 地方創生に向けた岩手三陸連携会議との連携協力協定の締結

2017年9月には、三陸沿岸13自治体で構成され、広域で三陸創生を目指している岩手三陸連携会議と地方創生に向けた連携協力協定を締結した。三陸沿岸地域では、震災後、復興道路や港湾の利活用や観光振興、三陸ブランドの構築等、広域で取り組むべき多様な課題がある。本機構では、これらの地域ニーズに沿って各種事業を展開したいと考え、岩手三陸連携会議と連携協力協定を締結した。

9 地域企業や学内の「総合科学研究科・地域創生専攻」「COC+事業」との連携

地域企業との新たな産学連携の開拓をめざし、研究者にスポットをあてた研究シーズ集や動画を作成した。これにより、地域企業との共同研究の一層の活性化を期待している。一方、2017年4月に創設された「総合科学研究科」では、総合科目として震災復興・地域創生に関連する科目が必修となった。そこで、本機構の活動成果を教育分野に還元する仕組みとして、「地域創生モデル構築支援事業」を創設した。さらに、「COC+事業」で実施してきた"学生が積極的に地域課題を研究テーマとして取り組む"「地域課題解決プログラム」を継承することにした。また、学生が自ら地域課題を発見し、地域をフィールドとして自主的活動に取り組むプラットフォームも立ち上げ、2018年度は本格的に活動している。

このように、本機構は2018年度以降も、地域創生を先導する人材育成に寄与し、持続可能な地域社会の創生に着実に貢献する。

第 5 章　発災 5 年前期（2015.4.1）から現在まで

第 4 節　農学部食料生産環境学科水産システム学コースの開設（2016.4）

農学部教授、三陸水産研究センター長　　田中　教幸

1　岩手大学水産系高等教育（農学部食料生産環境学科水産システム学コース、大学院総合科学研究科地域創生専攻地域産業コース水産業革新プログラム）への連携について

　三陸復興の水産人材育成は本事業の当初から謳われ、研究と教育の一体的な取り組みを可能とするため岩手大学では 2013 年 4 月 1 日に三陸水産研究センターが設立された。当センターは三陸復興推進機構の三陸水産業復興のための 3 大学連携研究教育拠点形成事業を遂行する拠点としての役割はもとより、岩手大学の三陸での復興事業の拠点としての役割、他の大学、研究機関の活動拠点としての役割を担った。また、復興事業で積み重ねた学術的な研究成果を基盤とした新しい水産系大学院、学部教育の拠点としての、また社会人リカレント教育の場としての教育機関としての整備を図る拠点としての役割を担っていた。

　2013 年度に岩手大学は一般社団法人岩手経済研究所に日本全国の水産系教育機関の現状調査を委託した。この調査では、①国内外の水産業の動向、②三陸（東北）地域における水産業の現状、③三陸地域水産業の振興／復興に向け必要とされる人材像、④水産系修士教育課程の現状と三陸地域への新大学院設置の必要性、が調査結果としてまとめられている。この委託調査報告書は岩手大学に 2013 年 5 月付で提出されている。この報告書の中で三陸復興に必要な方向性として、水産素材の高品質化と高度の加工技術、市場や消費者にアピールするブランド力やパッケージデザインの分野でのソフトパワーの強化が明確に示されており、これらを実現できる総合力を身に着けた水産人材像が水産プロモーターとして提示されている。

　この調査は三陸沿岸の現場の声を調査したのではなく、岩手県の水産業の実態を県庁等の調査データや全国の水産系大学院修士課程 20 プログラムを調査して取りまとめてあるが、あくまでも修士課程大学院の実態調査であり、この時点では水産プロモーター人材は大学院レベルで養成すべきものであると結論されている。しかしながら、同年 8 月に岩渕明副学長（当時）から学部レベル水産系教育科目に関するアウトラインが提示され、それに沿って学部の教育科目案を阿部周一三陸水産研究センター副センター長（当時）が同年 11 月に素案を作成して、関係者に配布をした記録が残っている。この時点では水産系コースがどの教育部局に配置されるかは未定であったと思われるが、農学部の既存のカリキュラムで開講されている科目の利用を強く意識した構成であった。学部教育に関連した調査や検討チームの活動の記録などは無く、学部教育が組織的に検討された記録はこの時点では存在しない。

　2014 年 4 月に学長が堺茂樹学長となり、岩手大学の学部、大学院の大幅な改組の方針が打ち出され、大学全体の改組・再編の中で新しい水産系の教育研究のあり方の検討が全学レベルで組織的に開始された。また、水産系教育研究組織のあり方を 3 大学連携の枠組みの中でも検討することとなり、翌 5 月に 3 大学（岩手大学、東京海洋大学、北里大学）によるプロジェクトチーム（PT）立ち上げの調整を行い、6 月に東京海洋大学品川キャンパスで 3 大学の代表者による水産系研究教育組織の

253

設置に関わる調査実施についての打ち合わせが行われている。この会合の中で初めて学部と大学院レベルの水産系人材育成の教育プログラムが議論された。岩手大学は学部と大学院教育を水産プロモーター人材輩出のために一貫した教育プログラムを構築することとし、学部教育では大学院レベルでの水産プロモーター教育に耐える水産学の基礎をしっかり身に着けさせることが重要であるとのコンセンサスが得られた。プロジェクトチームは三陸復興推進機構長の下に置かれ、活動した。

発足時の PT メンバーは、表 5-4-1 のとおりである。

表 5-4-1　水産系教育研究組織のあり方 PT メンバー

所　　属	氏　　名
岩手大学客員教授	山内晧平、長濱嘉孝、井ノ口伸幸、帰山雅秀、松山優治
岩手大学三陸復興推進機構 水産業復興推進部門教員	三浦　靖、阿部周一、梶原昌五、塚越英晴、伊藤幸男、田村直司、上村松生、竹原明秀、松林由里子、木下今日子、田中隆充、前川雄二、三好　扶、山下哲郎
東京海洋大学	福田　裕、遠藤雅人
北里大学	森山俊介、笠井宏朗

PT の目的は、①教育プログラムの要請する人材像（水産プロモーター）の明確化、②現在の水産系高等教育機関の教育内容と学術分野の調査（先進地の視察と含む）とされた。

調査の体制は PT 本体の活動に加えて、三陸の現地調査を含む外部委託とした。外部委託された調査結果は一般財団法人漁港漁場漁村総合研究所から水産系教育機関の設置に関する事前調査（中間報告資料）としてまとめられている。2013 年度の岩手経済研究所への外部委託調査では教育研究機関の実態調査が中心であったが、この調査は東北地域の漁業関係団体、行政、加工・流通業者から現場の声を集約して、新しい東北の水産系大学・大学院に求められているものを調査したものであった。

この調査結果からは水産プロモーターの概念について理解することはできるが、それぞれの現場で本当に即戦力として実践的に活躍してくれる人材の確保が強く求められていることが明確となった。したがって、養成する人材をいかに現場のニーズにマッチさせて、かつ水産プロモーターの必要性を向上させていくのかが大きな課題であることが浮き彫りとなった。PT の調査結果と活動内容に関しては最終報告書としてまとめられていないのが大変残念であるが、この調査結果は学部教育体制・カリキュラムデザインにその後反映されていると考えられる。ただし、筆者には事実関係は正確には分からない。

（1）学部教育カリキュラムの概要

水産系の学部教育は農学部の中で実施する方向は 2014 年 8 月に評議会で了承され、食料生産環境学科に水産システム学コース（学生定員 20 名）を開講することで準備が開始された。開講に伴う教員の補充計画も検討され、水産系教員を新たに 6 名採用することが決定された。その後の公募、選考を行い。2016 年度に 6 名全員の着任と農学部への配置換が完了した。

学部教育の人材育成の目標を水産業の発展・復興及び地域水産業の 6 次産業化に貢献できる人材として定義し、輩出する人材は東日本大震災からの水産業の復旧・復興と水産日本復活に貢献することが期待されている。学部教育は教養科目としての基礎科目とコース共通科目にコース科目とし

第5章　発災5年前期（2015.4.1）から現在まで

て生物生産系科目群、水産加工・製造系科目群、流通・マーケテング科目群、持続的漁業社会・地域系科目群の4つの科目群の中からバランスのとれた科目を選択させて、水産専門家としての基盤となる資質の向上を図るとともに、大学院レベルでの水産プロモーター育成プログラムに対応しうる基礎力を養成することを狙ってデザインされた（図5-4-1）。

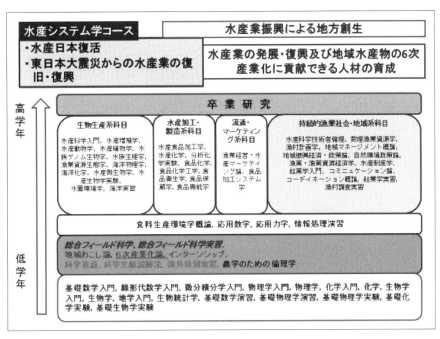

図5-4-1　水産システム学コースカリキュラム構成

(2) 大学院教育プログラムの概要

大学院の教育プログラムのデザインは新たに大学院改組で開講される地域創生専攻のなかに水産系のプログラムを開講する方針が改組計画当初から検討され、最終的には同専攻内に開講することになった。

　地域創生専攻は岩手大学のこれまでの地域連携活動、三陸復興活動の成果を学問のレベルに高めるととともに新しい専門人材の育成のための研究教育の拠点としてデザインされたものである。専攻の中に三陸復興事業の3つの柱である「なりわい」、「安心安全」、「暮らし」の再生をターゲットとして地場産業コース、地域・コミュニティーデザインコース、人間健康科学コースを設置することとし、地場産業コースの中に水産業革新プログラムを開講することになった。地域創生専攻としての育成人財の養成カリキュラムが必修の科目として非常に厚い重層構造を成しており、その中で水産プロモーターとしての非常に幅広い領域での実務経験の研鑽を積ませていくカリキュラムの実現が大きな課題となっており、修士課程の2年間でこの目標の達成が可能かどうかは実際にプログラムを動かしながら学生の修学の状況のチェックを常に行いながら目標を出来るだけ達成できるように調整をしていく他に妙案はなさそうである。図5-4-2は、現在進められている水産系プログラムの地域創生専攻カリキュラム内での位置づけを示している。水産業の現場の要請に応えることが

255

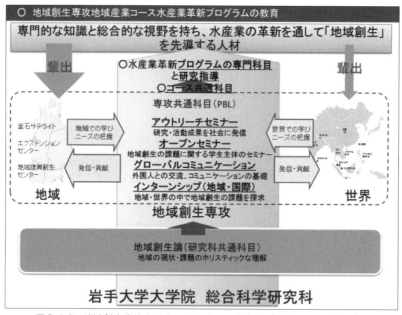

図 5-4-2　地域創生専攻カリキュラム内での水産系プログラムの位置づけ

でき、かつ地域創生人材の養成と水産業のあらゆる領域に精通して水産業の高度化を進めることが出来る資質を有する水産プロモーター育成の両立はチャレンジングであり、求められる水産人材育成に関して再定義も含めて、今後の課題として検討が継続的に必要であると私は考えている。

2　その他

　水産業革新プログラムでは、現在の水産業態を大きく転換する革命的プロジェクトの推進が不可欠であり、プロジェクトは地域のほぼすべてのセクターが関わりを持つ、革新の地域循環を形成するものでなければならない。大学が従来の研究教育の様式を根本的に変えて、地域の関係者を一体となって研究開発、人材育成、産業育成を推進できる体制を構築しなければ実現できないことを意識して、水産業の産学官連携の枠組みをしっかり構築し、その中に水産業革新プログラムを位置付けて今後の展開を図るのが必須であり、これが実現できない場合は他の伝統的な水産系大学・大学院の中に埋没してしまい、岩手大学の水産系学部、大学院の存在意義が早々に失われてしまいかねないことを意識すべきである。

　岩手大学の水産系の専門家教育は始まったばかりであり、2019 年春に修士課程修了生が初めて輩出される予定である。また、その次の年には農学部食料生産環境学科水産システム学コースの学部学生が卒業をすることになる。これらの学生が三陸の沿岸域の震災復興、地域の発展に貢献すべく活躍をしてくれることを切望している地域の水産関係者の期待にどれだけ応えられるかが最も重要であり、岩手大学の水産系の学部、大学院の真価が問われることになる。

第5章　発災5年前期 (2015.4.1) から現在まで

第5節　陸前高田グローバルキャンパス (2017.4 開設)

工学部教授、副学長、COC 推進室長　　**八代　仁**

人文社会科学部教授　　**五味　壮平**

「震災後、陸前高田には国内外から本当にたくさんの大学関係者が訪れてくれています。しかし、その人達を結びつける交流の場がありません。みんなばらばらなのです。」

2015年4月28日、就任直後の岩渕明学長が沿岸自治体を訪問、陸前高田市仮設庁舎の2階にある市長室で戸羽太市長と会談を始めると、市長はこう切り出した。

「実は統合で空き校舎となる予定の中学校がある。そこを使って岩手大学が国内外から集まる学生の交流拠点を作るというのはどうだろうか。」

岩渕学長は、復旧で学生交流どころではなかったはずの陸前高田市が4年を経過してようやく落ち着きを取り戻し、大学にも目を向け始めていることを感じて、市長の提案を持ち帰って検討することを約束した。このとき、学長らは申請締切が近づいていたCOC+事業への協力要請を兼ねて訪問しており、この話はCOC+事業にもつながるものだった。

6月11日、岩手大学は「地域復興創生センター (仮称)」の設置構想をまとめて陸前高田市に提案した。一方でこの構想はCOC+事業の4本柱のひとつである、「三陸復興・先導モデル創出プロジェクト」の中に位置づけられ、6月末、COC+申請書に盛り込まれて文科省に提出された (本章第1節参照)。

その頃立教大学では、震災前からの林業体験プログラムの縁などで交流のあった陸前高田市を支援するボランティア活動が続いており、創立150周年 (2024年) に向けたビジョンのひとつとして陸前高田市にサテライトキャンパス設立してはどうかという声が高まっていた。そのことが市長の耳に届き、岩手大学でも「地域復興創生センター (仮称)」構想を進めようとしているから、一緒に事業を行ってはどうか、と両大学に提案したのである。

9月28日、立教大学を訪問した八代は西田邦昭副総長と面談し、2017年度に地域復興創生センター (仮称) を共同で設置、運営する方向で協議を進めることの約束を取り交わした。ちなみにCOC+事業の採択内定通知があったのは、この次の日であった。一方で、立教大学は10月20日付けで「RIKKYO VISION 2024」を発表、陸前高田サテライトキャンパスの設置計画を明記した。岩手大学ではかねてから陸前高田市で活動していた五味壮平教授と村上清客員教授 (陸前高田市市政アドバイザー) を設置準備のための中心メンバーに据え、設置計画を練りはじめた。12月19日には交流拠点となる予定の陸前高田市立高田東中学校を立教大学関係者とはじめて視察した。このとき、高田東中学校では通常の授業が行われており、移転は1年後 (2016年12月) になる予定とのことだった。

年が明けて (2016年) 1月19日、陸前高田市役所に戸羽市長、岩渕学長、吉岡知哉総長 (立教大学) が揃い、「陸前高田市、岩手大学及び立教大学における地域創生・人材育成等の推進に関する相互協力及び連携協定」の締結式が行われた。同協定には、3者が陸前高田市をはじめとする三陸沿岸地域の復興と創生に貢献すること、教育研究及び幅広い交流に係る拠点を設置すること、など

257

が盛り込まれた。この協定に基づいて、3者は連携推進協議会とその下に企画運営委員会を設置し、いよいよ交流に係る拠点の設置に向けて準備を加速させていった。

　まず交流拠点の名称決定にかなりの議論が費やされた。「陸前高田」の名称とわかりやすさを優先させることが合意され、ようやく正式名称が決まったのは5月13日に行われた第3回企画運営委員会で、「陸前高田グローバルキャンパス」に落ち着いた。同時に愛称として「たかたのゆめキャンパス（ゆめキャン）」も決定されたが、こちらは目論見ほど普及していない。キャンパスの理念についても真剣な議論が繰り返され、「つたえる」（convey）「つなぐ」（connect）「つくる」（create）の3つが採用された。

　陸前高田グローバルキャンパスは、高田東中学校の2，3階部分を改修して設置することとなり、その費用を含めて、陸前高田市は内閣府の地方創生加速化交付金に「東日本大震災の経験・復興プロセスを活用した交流活動拠点づくり事業（空校舎の利活用）」を申請（2月12日）、3月18日に採択された。限られた予算ではあったが、改修費が確保されたことで、施設の整備構想は大きく前進した。宿泊機能は断念せざるをえなかったが、シャワー室や畳の部屋なども整備することになった。市民への開放を念頭にラウンジが設計された。音楽室はキャンパスの看板となるホールに生まれ変わり、陸前高田市で英語指導助手を務め、津波に遭遇して絶命したモンゴメリー・ディクソン氏の愛称にちなんでこの部屋を「モンティ・ホール」と命名することとした。このほか、ワークショッププルームや中・長期滞在者向けのシェアラボが設計された。これらの改修は2017年4月からのオープンに向け、中学校が移転し終わる年明け後3ヶ月間で行うこととなった。キャンパスの設計やロゴマークのデザインなど、特に細部へのこだわりは陸前高田市に派遣されていた一級建築士の芝祐仁氏の貢献によるところが大きい。

　建物の準備とともに、企画運営委員会は管理運営計画や事業計画立案、ホームページ作成など様々な準備を精力的に進めていった。協定締結後、キャンパスが開設されるまでの1年間に開催された企画運営委員会は12回に及んでいる。キャンパスの設立に関する基本規程にあたる、「陸前高田グローバルキャンパス設置及び運営規程」は2017年2月1日に制定・施行され、建物はまだ改修中ながら、書類上はこの日をもって陸前高田グローバルキャンパスが誕生した。キャンパスを運営するために、会員制の「陸前高田グローバルキャンパス運営機構」（任意団体）を発足させ、岩手大学と立教大学が正会員となった。両大学は年会費300万円を出し合ってキャンパスを運営することで合意、陸前高田市は無償で建物を貸与するほか、会費と同額の補助金を用意することとなった。書類上のキャンパス開設日を2月1日と急いだのは、2017年度に向けて、陸前高田グローバルキャンパス運営機構として事業計画をたて、予算要求等を行うためであった。運営機構には役員会が置かれ、役員会はキャンパスの管理を、NPO法人P@CTに委託することにした。

　一方、岩手大学の内部では、協定締結後に「陸前高田交流拠点設立準備室」が設置され（2016年2月9日学長制定）、開設までの1年間、学内調整を行った。同準備室は、キャンパスが開設されると「陸前高田グローバルキャンパス事業岩手大学推進室」（2017年4月1日）と名称を変え、その活動を続けている。

　キャンパス開設前の2016年度中にはいくつかプレ行事が行われたが、とりわけ2017年1月21～22日の「陸前高田グローバルキャンパス大学シンポジウム2017」（於コミュニティホール）は、開

第 5 章　発災 5 年前期（2015.4.1）から現在まで

設目的であった陸前高田で活動する学生の交流を実現するイベントとなった。東北地区はもちろん、九州、関西、関東各地の大学に加え、ハーバード大学ライシャワー研究所のスタッフも取組発表に花を添えた。またこれに先立つ 6 月 6 日（2016 年）には、岩手大学の復興活動に対して 1 千万円を寄せたミュージックグループのスターダストレビューが陸前高田コミュニティホールでコンサートを実施、学長が感謝状を手渡した。11 月 5 日には東中学校近くの「朝日のあたる家」において、キャンパス開設にあたっての地元説明会を実施している。また立教大学も池上彰氏の講演会を開催（2017年 2 月 25 日、コミュニティホール）するなど、陸前高田グローバルキャンパスはオープニングに向けていよいよ盛り上がっていった。

　雪が消えた 2017 年 4 月 25 日、ついに陸前高田グローバルキャンパスはオープニングセレモニーの日を迎えた。モンティ・ホールは約 150 名の人で満員となった。モンゴメリー・ディクソン氏の実姉（シェリー・フレドゥリクソンさん）がアラスカから駆けつけ、モンティ・ホールのプレート除幕を行ったことは、NHK WORLD で詳しく報道された。地元住民との交流を重視するキャンパスを象徴するように、米崎中仮設合唱隊による歌声が式を締めくくった。

　キャンパスオープン後の利用は順調に進み、2017 年度の利用者は 5 千名を超えた。第 2 回目のシンポジウムである「陸前高田グローバルキャンパス大学シンポジウム 2018」(2018 年 3 月 3 ～ 4 日) は、コミュニティホールからキャンパスに会場を移し、地元高校生も交えて開催された。立教大学は野球教室や「立教たかたコミュニティー大学」をシリーズで開催するなど、住民との交流事業を着々と実施した。これらの活動実績の多くはホームページに公開されており、予定行事も外部からの一般参加・見学等の可否がわかるようにして公開されている。

　順調にスタートを切った 2 年目の 5 月 27 日（2018 年）、郭洋春立教大学新総長、戸羽市長、岩渕学長がキャンパスに顔を揃えて久しぶりに協議会を開催、将来構想について意見を交わした。ここで今後取り組むべき大きな柱のひとつは、アカデミックな活動に加えて住民との交流拡大であり、もう一つは、防災教育拠点としての機能であることなどが確認された。また 2018 年度は、役員会中心であった 2017 年度の運営体制を改め、3 者同席による企画運営委員会が事業を積極的に企画していく方針をとることとなった。国立の地方大学である岩手大学と、首都圏の私立大学である立教大学との異色の組み合わせによる共同事業である「陸前高田グローバルキャンパス」は、まだ産声を上げたばかりであるが、今後も国内外から多くの注目を受けながら、陸前高田市の復興とともに歩んでいくことになる。

第6節　大学院総合科学研究科地域創生専攻の設置（2017.4）

工学部教授、副学長、COC 推進室長　　八代　仁

農学部教授　　関野　登

　国立大学の機能強化と震災復興から生まれた新研究科・新専攻といえようか。岩手大学は 2017 年 4 月、全国でも珍しい修士課程一研究科統合（教職大学院を除く）を敢行、文理融合型の新専攻として地域創生専攻を設置した。

　本構想は、まず岩手大学ミッション検討チームによって練り始められた。ミッション再定義（2013 年）に続く国立大学改革の波に乗り遅れないように、藤井学長特命の検討チームは、迫られている教育学部改組（新課程の廃止）とそれによって生じる過剰定員の一部を大学院に振り向けて機能強化を図る大学院改組計画の立案を急いでいたのである。そのなかで、復興計画と関連させた地域イノベーション専攻（仮）という新専攻が発案されていた。また、水産分野の新専攻を設置することも検討されており、東京海洋大学および北里大学との共同大学院案なども模索されていた。一方では研究科（修士課程）をひとつに統合する案が提案され、名称は未定ながら、この方向性は文部科学省との意見交換なども経て、2013 年度内にほぼ全学的な合意事項となりつつあった。この時点では先の見えにくかった学部改組より大学院修士課程の改組を先行させてはどうかとも考えられており、改組目標は 2016 年度とされていた。

　堺学長が就任した 2014 年 4 月、大学改革は新たに設置された学長室会議と組織検討委員会で議論されることになった。この時期に地域イノベーション専攻（仮）の名称は地域創生専攻に固まった。堺学長は第 3 期中期目標期間が始まる 2016 年度に合わせて、学部と大学院修士課程の同時改組を目指し、議論を重ねながら文部科学省と事前相談を行ったが、学部改組だけでも対応しなければならないことが山積し、大学院改組計画は後手に回らざるをえなくなっていった。この時期には水産イノベーション専攻（仮）を 3 大学（岩手・東京海洋・北里）共同で立ち上げることは時間的に困難との判断がなされ、地域創生専攻に組み入れることとなった。修士課程統合後の研究科名は、工学部改革特別対策室から提案されていた「総合科学研究科」で落ち着いた。

　文科省との事前相談は 2014 年 12 月 25 日まで続けられたが、堺学長の急逝もあり、年明け早々に西谷学長代行は大学院改組（教職大学院を除く）を学部改組から 1 年遅らせることを決断した。ただし、地域創生専攻の新設を含む総合科学研究科の設置案自体は肯定的に受け止められており、文科省からは「残念だが、1 年延びたのでよりよいものをつくって欲しい」とのコメントを受け、基本理念は変更しないことが確認された。これを契機に、組織検討委員会のもとに大学院新研究科設置準備委員会が置かれ、大学院改組は仕切り直しとなった。

　ここまでのプロセスの中でも地域創生専攻の設置計画は何度か修正された。当初の地域創生専攻の人材育成像には「高度ジェネラリスト」という表現が使われていたが、これに対しては大学院本来の専門深化がみえにくいとの指摘を受けた。このため専門深化を確保した上で多角的・総合的問題把握能力の育成を目指すこととなり、結果的に総履修単位数の増加につながった。総合的な視野

第5章　発災5年前期（2015.4.1）から現在まで

が要求されるのは地域創生専攻ばかりではない。総合科学研究科の名称にふさわしい「総合性」は研究科の全学生に求められるため、これを担保するカリキュラム構築が次の課題となった。

この対応として提案されたのが、研究科共通科目の設置と、複数指導体制の導入である。研究科共通科目は、改組の理念として掲げられていた「三陸復興・地域創生」「イノベーション創出」「グローバル化」の3つのカテゴリーをカバーする選択科目群で構成された。とりわけ「地域創生特論」は研究科全学生の必修科目とした。3分野からそれぞれ1科目以上必須とすると、研究科共通科目だけで6単位にもなってしまうことから、これらの研究科共通科目は各1単位のクォーター科目とすることで決着した。また、複数指導体制とは、主指導教員に2人の副指導教員を加えた3人体制であり、副指導教員のうち一人は異分野の教員を選出することとした。

総合科学研究科の設置を1年延ばしたことは、教育学研究科の教科教育専攻を目指していた学生にも影響が及んだ。教育学研究科は2016年度から教職大学院として教職実践専攻のみの募集となり、教科教育専攻の募集は停止されることが決まっていたからである。教科教育専攻進学を想定していた学生の進学先を人文社会科学研究科、工学研究科に振り分けるための作業は、大学院新研究科設置準備委員会にワーキンググループを設置して、これに対応した。

仕切り直し後、文科省への事前訪問を再開したのは2015年7月である。これ以降、ほぼ毎月の

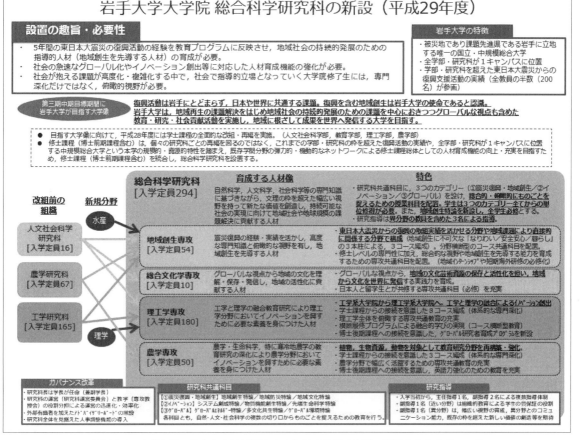

図5-6-1　事前相談に使われた地域創生を含む総合科学研究科の設置案を示すポンチ絵

261

事前相談を繰り返し、2016年1月21日をもって終了、意見伺いに提出する「設置の趣旨等を記した書類」の作成に全力を尽くすこととなった。締め切りは3月末。今回の改組では、地域創生専攻と理工学専攻が、いわゆる「意見伺い」の対象で、総合文化学専攻と農学専攻は「事前伺い」（学位の種類及び分野の変更を伴わないもの）扱いである。

この頃まで、地域創生専攻の検討は学長の下に置かれた地域創生検討会議によって行われていたが、設置後の運営も見据えて、組織検討委員会の下に地域創生専攻設置準備委員会が発足した。

地域創生専攻の育成人材像は「設置の趣旨等を記した書類」に次のように明記された。「震災復興の経験・実績を活かし、専門的な知識と俯瞰的な視野を有し、地域創生を先導する人材」。地域創生専攻は3コース、10プログラムからなっている。すなわち「高度農林業」「水産業革新」「金型・鋳造」「地域経済総合」（以上、地域産業コース）、「地域マネジメント」「防災・まちづくり」「社会基盤・環境」（以上、地域・コミュニティーデザインコース）、「行動科学」「臨床心理学」「スポーツ健康科学」（以上、人間健康科学コース）である。前述したように、水産分野は地域創生専攻の1プログラムとなったが、後に3大学は単位互換制度で相互協力に取り組むことになる。

地域創生専攻には研究科共通科目に加えて、「インターンシップ」「グローバルコミュニケーション」「アウトリーチセミナー」「オープンセミナー」という専攻共通科目が設けられた。「オープンセミナー」以外は必修で、特に「グローバルコミュニケーション」では原則として海外に行くことを要求している。このために大学は学生に対して可能な限り経済支援を行うこととした。3コースにはそれぞれコース共通科目が置かれ、専門性を担保するプログラム科目まで含めると、修了要件は36（臨床心理は46）単位と膨らんだ。

設置審からの第一次意見が2016年6月に届くと、最も厳しい"是正意見"はなかった（これは実質的に設置不可を意味する）が、複数の"改善意見"が付されていた。養成する人材像、ディプロマポリシー他の3ポリシー、シラバスをそれぞれより明確にすることなどが主な指摘であったが、副指導教員における異分野の教員の定義が不明瞭といった指摘もあった。異分野の教員の選び方について、その趣旨を明確にするため、「研究指導の複数指導体制の実施に係るガイドライン」を作成して対応した。これらを修正して7月に再提出すると、8月26日付けで設置可の通知が届いた。

しかし、これで作業が終わったわけではない。岩手大学大学院新研究科設置準備委員会は2016年6月に岩手大学大学院総合科学研究科設置準備委員会に置き換えられ、設置準備から、運営体制の整備に向けて作業を開始した。専攻長の選出方法を決め、それに基づき関野登教授が地域専攻長予定者に選出された。これ以後、地域創生専攻設置準備委員会は専攻長予定者が委員長となり、専攻規則等の整備が進められた。2017年3月には地域創生専攻を担当する教員90余名に対する教員ガイダンスが開催され、いよいよ新研究科、新専攻のスタートを待つばかりとなった。

事前伺いでは地域創生専攻の学生確保の見通しを厳しく追求されたが、初年度は定員54名を上回る64名が地域創生専攻に入学した。4月になると設置準備委員会は役割を終え、総合科学研究科設置準備委員会は総合科学研究科運営委員会に、地域創生専攻設置準備委員会は地域創生専攻運営会議となった。2017年6月16日にはハーバード大学のHOWIIT教授の記念講演を含む総合科学研究科設置記念式典を開催した。

改組後、複数の大学から、1研究科に至った経緯についての照会を受けている。これからは総合

第 5 章　発災 5 年前期（2015.4.1）から現在まで

性を重視する大学院が増えてくるものと考えられる。そして何度も聞かれた質問のひとつに、「な
ぜ地域創生を大学院でやるのか？」がある。すでに地域創生を目玉にした学部は全国各地にみられ
るようになったが、これを大学院で行うのは珍しいからだ。岩手大学の回答はこうである。地域創
生（三陸復興を含む）を担う者には、自らの高度な専門性と、異分野の専門家と協働できる総合力
とが必要なのだ、と。

第7節　将来への展望

学長　岩渕　明

　筆者は、東日本大震災発生以降、復興支援活動の責任者の一人として現在まで対応してきた。各章の取り組みにて記述されたように、2011年3月11日の未曾有の大震災以降、岩手大学は全構成員で復興活動に取り組んできた。復興活動を振り返れば、危機対策本部、東日本大震災復興対策本部、三陸復興推進本部、三陸復興推進機構と組織を変えながら、2016年からは現在の三陸復興・地域創生推進機構が中心となり、活動に取り組んでいる。第1部を終えるにあたり、ここでは現在の学長という立場で、これまでの活動を総括しながら将来への展望を述べたい。

　我々は、地域とともに生きていく大学として、一種の感情論的なものもあったが、「岩手大学は震災復興を成し遂げる責務がある」という認識のもと「『岩手の復興と再生に』オール岩大パワーを」をスローガンに、全構成員により復興支援活動に取り組んできた。震災発生からまもなく8年半が経とうとしている現在、総括的に「岩手大学の責務とは何なのか」を考えてみたい。震災が発生しなければ、教育・研究に充てていたはずの時間を割いて、復興活動に取り組んだとネガティブに評価することはここでは適切ではない。この1000年に一度ともいえる大災害に遭遇し、非常事態において取り組んだ復興活動が、今後の教育・研究に如何にポジティブな影響を与えたかを考えたい。これまで当たり前のように行ってきた教育・研究の姿勢を見直す機会になったと捉えるべきと考える。

　では、復興活動に取り組んだことにより、どのような見直しがあったのか。第1の点は、教職員が、自分の立ち位置を認識し全体を見渡す俯瞰力の必要性を認識したことである。400人の専門家がそれぞれの専門的な見識を活かして復興活動に取り組んだが、復興という課題は様々な要素を含み、総合的な取り組みが求められたため、全体の目標や進捗を意識し関連付けながら自らの取り組みを進め、また個別の取り組みの成果を全体の成果に還元するという作業を経験した。我々は「地域（日本）のリーダーを育成する」ために、専門性の深化を目指しながらも、研究の幅を広げまたは俯瞰力を高めることが「教員力」の向上という戦略において必要であり、これがなされると、今後の教育・研究が一層充実したものになるであろう。

　第2の点は、地域の課題は世界共通の課題でもあるという認識を持ったことである。震災復興活動は、被災地域における限定的な取り組みではあるが、世界を見渡せば、同じように復興が目下の課題である地域は多く、また将来、類似の自然災害は世界中で起こり得ることから、我々の経験やノウハウ、教訓は、決してローカルなものではない上に、被災県に所在する岩手大学でしか成し遂げられなかった唯一の体験を地域や世界へ発信し、財産として共有していくことが本学の責務であり、また地域からも期待されている。

　第3の点として、復興活動をベースとした地域関連科目群が岩手大学の教養教育を特徴付けたことである。成果や教訓をアカデミックに分析し我々自身の教育、研究に活用することはグローバル展開する上でも必要である。被災地研修や地域課題解決プログラムは、COC/COC+事業で取り組ん

第 5 章　発災 5 年前期（2015.4.1）から現在まで

できたものであるが、当然復興支援活動とも密接に結びついている。

　第 4 の点は、本格的な大学間連携の経験を得たことである。従前、岩手大学に水産系事業はなかったが、東日本大震災により壊滅的被害を受けた沿岸地域が復興するためには、主産業である水産業の復興が必須という認識から、水産業の振興に向けた取り組みを開始した。本学にとって新規分野の取り組みであるため、東京海洋大学および北里大学との連携により、資源やノウハウの提供を受けて、これを実現した。現時点においても、岩手大学の独り立ちは道半ばの観もあり、連携の継続は必要と 2 大学が考えてくれたことに感謝する次第である。

　次に、今後の展望について述べよう。震災発生後から 2015 年までの 5 年間は、文部科学省の事業費のもと、被災地の主にハード面の復興に資する活動を中心に展開してきたが、それ以降の活動は、第 5 章に記載されているように、「三陸復興・地域創生推進機構」として、被災地から全県へ地域を拡げ、また人材や意識といったソフト面へと対象を広げた活動が重要性を増してくると考える。地方の抱える最大の課題は、人口減少により低下する活力を再興させることである。若者が地方から東京へ転出することには様々に理由があるだろうが、それぞれの地域が活性化して日本が元気になるためには、地域に若者を呼び込むことが必要である。COC/COC+ 事業でも、卒業生の地元定着率の向上を目標としている。地域に若者を定着させるためには何をすべきか。結論を言えば、教育を通して価値観の変化を促し、地域に魅力を感じ、地域で頑張ることに意義を見出す若者を増やす、ということになるのではないだろうか。経済的指標とは異なる価値観を持てるような、新たな視点による教育をすべきであろう。地域といっても、盛岡市と宮古市では状況は異なり、具体的なアプローチはそれぞれに異なるであろうが、それぞれの地域が持つ文化や産業といった資源を再認識して活用する姿勢は共通のものであり、魅力ある地域を作るためにベースとなるこの視点を、復興支援活動の経験を最大限に活用した地域創生の教育を行うことで、会得させていかなければならない。

　現在岩手大学が展開している教育プログラムを挙げると、まずは、地域課題解決プログラムがある。このプログラムは、県内の自治体が提案するテーマに対して学生がマッチング申請を行い、採択された場合、指導教員の助言を得ながら学生自身が主体的に取り組むものである。学生のフレッシュな目による分析や考察は、新たな研究の種となっている。他には、地域志向型インターンシップがあり、学生が対象地域に複数名で滞在し、その地域に所在する複数の企業において就業体験を行うものである。特定の業種や企業の就業体験ではなく、地域での生活体験に重きを置いている点に、特徴がある。

　震災直後に注目され、多用された言葉に「絆」がある。伝統的に日本社会において基盤であった家族や地域の絆を再確認し、また全国各地や世界中から様々な形で支援が提供され、新たな絆が生まれた。これをきっかけに、地域に新しい風、イノベーションを起こすことができる力をつけた人材を養成し、社会に排出していくことは、岩手大学の果たすべき役割であろう。

　岩手大学では、2016 年に学部改組、2017 年に大学院改組を行った。この改組は、開学以来最大の改組とも言える。この改組におけるキーワードは、「復興・地域創生」、「イノベーション」、「グローバル化」である。復興支援活動の一環として計画に則り水産系教育課程を学部と大学院に新設したが、他の教育課程に比し、新しい教育プログラム、新しいスタッフ、少人数の学生という状況にある。

このような条件の中でも、設置に際し岩手大学にとって初の試みとなった本格的な大学間連携を導入したように、挑戦的な試みを期待したい。また、大学院修士課程の改組において、従来の修士課程4研究科を統合して総合科学研究科を設置したこと、およびその中に地域創生専攻を新設したことは、まさに復興支援活動により得た気づきを教育研究組織に展開したことを意味する。三陸復興推進機構の6部門を新専攻の教育プログラムに展開したことで、学問分野の融合を図るものである。他大学では学士課程において地域創生学部を新設する例がみられるが、我々は、まず軸となる専門性を明確にし、その専門の基礎を十分に身に着けた上で、伝統的に区分された専門分野のみにこだわらず、積極的に学際的な研究に取り組んでこそ、学問分野の融合が真に価値を持つと考えた。従って、大学院こそ学問分野を横断した教育研究体制を整えるべきであると判断し、大学院の改組を行ったのである。先人が時間をかけて体系化した学問を通して物事を見、考える力を学士課程で修得し、大学院修士課程で学際的に横展開を図ることで、学生が俯瞰力を身につけることが可能となり、また一定の専門性を備えることで、俯瞰力が意味を持つと考えている。地域において現場の課題を解決することができる実践力を持った高度職業人は、専門性に加えて俯瞰力がより重要であり、本学での横断的な教育は、今後の日本の高度職業人育成を担う大学院教育の一つのモデルになり得、またそのような気概を教職員や学生の構成員全員が持つことを期待したい。このプログラムは岩手をフィールドとして活用するが、日本の地方全体に展開できる教育・研究のあり方と言える。そして、地域はその地域だけで完結するものではなく、常にグローバルな展開が求められる。専門的な知識と総合的な視野を持ち、地域創生を先導する人材育成は、グローカルな大学作りとも連動するものと期待できる。

次に「陸前高田グローバルキャンパス（RTGC）」について述べたい。RTGC は、岩手大学と立教大学が、陸前高田市協力の下、移転により使われなくなった中学校校舎を活用し、2017 年に開所した新しい交流活動拠点である。被災地域の中でも最も被害が甚大であった陸前高田市は、ある意味で復興のモデル地域と言える。多くの学生ボランティアが復興支援活動を行うために陸前高田市に入ったが、その際、学生間の連携や情報共有がなかった。RTGC は、学生同士の交流、学生と地元小中高生あるいは市民との交流、日本人と外国人学生の交流など様々な交流の拠点として機能することを目指し、設置したものである。この目的に沿った事例として、アメリカの大学生と岩手大学の学生の合同ゼミが何度か開催されている。合同ゼミを通し、岩手大学の学生は、コミュニケーションのための英語力が十分ではないことや、ゼミにおけるアメリカ人大学生の姿勢が自分たちと異なることを実感した。このような経験をすることで英語力の向上のモチベーションが上がり、また地域から世界へ視点が広がることが可能となるであろう。教育は知識を教授することと同様に様々なことを体験させる機会を学生に与えることも必要であるため、RTGC はその機会を提供する重要な拠点の一つと位置付けることができる。また、陸前高田市や近郊の中高生が大学生と交流し、大学生活や考え方に接することで大学進学を志す契機となることも考えられ、大学進学率の向上にも貢献できるであろう。

大学にとって最も望ましい RTGC の利活用モデルは、施設を利用した講義・講習を行い、その教育により地域イノベーションに寄与するというサイクルを生み出す研究開発拠点とすることである。岩手県内の他の被災地では、震災後比較的スムーズに産学連携による共同研究が開始され、産

業振興が進んだが、陸前高田市は被害が特に大きかったために、震災後の産業振興の取り組みは遅れている。農林業や水産業、あるいは工業の産業復興支援はこれからである。また、陸前高田市には、震災の状況や復興過程を次世代に継承していくことを目的に、震災復興祈念公園と伝承施設を整備する計画がある。本学学生の研修のほか、社会人へのリカレント教育として復興教育プログラムを展開する際に、RTGCを拠点とすることで、陸前高田市のフィールドを活用できるほか、復興祈念公園・施設との連携も期待され、プログラムの内容がより充実したものになることは間違いない。現在もRTGCは本学学生の被災地研修の拠点として活用しているほか、研究室のゼミ合宿にも使われているが、今後、災害復興に関わる自治体職員等を対象にした研修や、国際的な防災・復興研究会の開催を検討し、その会場として利用することが考えられる。

　地域の持つ課題は、その地域だけに特有の課題とは限らない。中国における農村部から北京や上海、深圳といった大都市への人の流出、韓国におけるソウルへの人口一極集中は日本と同じであり、都市部への人口集中と過疎化による地方の衰退はグローバルな課題として捉えることができる。先日、中国・吉林農業大学で開催された「農業のイノベーション」に関する学長フォーラムに参加した際、後継者不足による林業の衰退は中国にとって大きな課題であるが、岩手大学では農学部森林科学科への志望者はいるのか、という質問を受けた。中国だけではなく日本においても、若者にとって林業は興味・関心の持てない分野なのではないか、というのである。確かに現在林業分野は必ずしも人気の高い分野とは言えないが、6次産業化による新たな林業への挑戦は可能であるし、SDGsの17の目標の一つに環境保全が含まれており、今後、社会的な重要性や関心が高まっていくと考えている、と答えた。SDGsは全人類に影響する問題を対象とし、誰をも置き去りとしないことから、林業に対するこの見通しは決して日本に限られたものではない。同じ将来展望を持ちながら、教育・研究を展開していく必要があると考える。

　また、2018年7月に地域防災研究センターが主催した「国際防災・危機管理研究　岩手会議」は、15カ国から150名の研究者を集めた。自然災害か、または紛争等の人的災害かを問わず、壊滅的な状態からの復興は世界各地で起こりうるため、まさにグローバルな課題であり、震災復興活動に対する岩手大学の貢献は、復興における大学のかかわり方を示す一つのモデルと言える。国際会議を通して、我々が想像していた以上に世界の研究者は我々の取り組みに驚嘆した。我々は総合大学の強みを発揮してハードとともにソフト的なアプローチを展開すべきである。研究活動、特に自然科学分野では新規性が強く求められる。しかし、研究者が自らの専門性を活かして復興活動に取り組む際、技術や知見を社会実装して提供することが最も重要であり、必ずしも新規性が価値を持つわけではない。実社会への適用にあたり新たな課題が見つかれば、再び基礎研究に戻り、新たな知見を探求する。基礎研究と応用研究は、常に強い相互関係を持っている。また、日常的に使われている科学技術は、震災時の停電下では有効に作用しなかった経験を我々は有している。機器類の活用により得られた利便性の高い平常時の生活システムは、電力インフラを前提としたものであり、停電時の代替システムがなかったため、便利さへの依存がまさに安全確保の障害になりうることを経験した。平常時はどんな技術の恩恵に預かっているのか、非常時にはどんな危機管理が必要なのか、どんな技術が有効なのか、といった点を、自然科学だけではなく社会科学や人文科学を駆使して検証することが本学への期待であるといえる。例えば、被災地における仮設住宅の建設は、ハード面

の復興活動であるが、新たなコミュニティの形成や再生の検討はソフト面の復興支援となり、分野を問わず様々な専門的見地から検証が求められている。

　日本には86校の国立大学があり、そして全部で778校の大学がある。現在、大学は連携・統合を取り入れながら、教育の充実、役割や機能の明確化、経営力の強化といった改革が求められており、また、現在120万人いる18歳人口が、10年後には100万人以下に減少することが見込まれている。今後の社会情勢の変化という観点からも、学生定員を含め現在の状況のまま各大学が存続することは、不可能である。このような将来の見通しを踏まえ、我々は現在何をするべきなのか。現状にあぐらを掻いているわけにはいかない。特徴のある良い教育プログラムを提供していかなければならないのである。「1000年に一度の大震災に遭遇して、岩手大学は震災復興を成し遂げる責務がある」と取り組んできた震災復興支援活動は、間もなく8年になろうとしている。この活動経験を活かした地域創生や危機管理に関わる教育プログラムや研究は、世界に向けて発信していくべき岩手大学の強みであり、特徴になるであろう。また、日本国内の受験生人口の減少は、優秀な留学生の確保についても拡大して取り組んでいかなければならない。しかし、現在、海外の大学において岩手大学はほとんど知られていないことが実状である。研究の高度化と同時に研究成果の国際発信を強化し、Times Higher Education が発表する世界大学ランキングの順位を上げたうえで、英語版の web サイトや留学生フェアなどで広報していかなければならない。また、英語による教育プログラムを早急に準備することも不可欠であろう。

　昔、ある先生が「世界の歴史を見ると、世界的規模の災害が起きた後には必ずイノベーションが生まれた」と述べていた。その仮説に従えば、東日本大震災後にいる現在の我々は、イノベーションを起こすチャンスにあると言える。世界規模のイノベーションでなくともよい。東日本大震災は未曽有の大変痛ましい被害をもたらしたが、我々は復興のプロセスにおいて、様々な気づきを得、様々な挑戦をし、様々な変化を生んだ。この変化を、復興における一過性の変化にとどめず、地域イノベーションのモデルとして完結し、岩手の地から全世界へ新しい社会の在り方を発信していく責務が我々にはある、というのは言い過ぎだろうか。新しい技術で高付加価値の商品を作り、経済的活性化を図るだけでなく、従来の社会システムをベースとしながら、変化を取り込みながら、新しい時代にマッチしたものに変え、魅力ある地域を作っていくことが地域イノベーションと言える。

　最後に、岩手大学創立70周年を記念して刊行する本書の多くの執筆者や復興支援活動に直接関わった多くの教職員や学生たち、また大学連携等でお世話になった多くの先生方、さらには学生支援募金やイーハトーヴ基金等への寄附等でご支援いただいた皆さまに、学長として感謝の意を表する。また、復興支援活動で我々を指導し尽力されたものの、病に倒れた藤井克己元学長、堺茂樹前学長ならびに鈴木一寿前総務課長に、謹んで哀悼の意を表したい。

第5章　発災5年前期（2015.4.1）から現在まで

まとめ

編集委員会

　この時期になると、緊急時の対応ではなく、被災地のニーズの変化に対応して大学がどのような体制で復興を継続していくかが問われることになってきます。

【対応状況】

○　第2次安倍内閣が打ち出した「地方創生」（2014年9月3日）の考え方に基づき、それまでのCOC事業「地（知）の拠点備事業」（2013）がCOC+事業「地（知）の拠点大学による地方創生推進事業」（2015）に引き継がれ、被災地のみならず地方全体の活性化に焦点があてられた。岩手大学と岩手県立大学の共同申請による「ふるさといわて創造プロジェクト」が採択され、三陸の復興なくして岩手の創生なしとの思いから「三陸復興及びその先導モデル創出」が事業計画に組み込まれた。

○　発災年から5年間支給された復興関連予算が終了する2015年は、国立大学の第2期中期目標期間の終了と重なり、新たな復興関連の活動経費を盛り込んだ第3期目標・中期計画の策定が必要となった。そうした状況下の中で、概算要求で教育研究活動プロジェクト「三陸復興・地域創生推進の拠点形成－課題先進地をフィールドとした地域創生型人材の育成－」が認められた。

○　復興活動は本学に託された使命であり、岩手県のみならず、世界に共通する課題だとの認識のもと、2016年4月から、従来の三陸復興推進機構と地域連携推進機構を統合して「三陸復興・地域創生推進機構」を立ち上げ、復興を前進させて地域を創生するための戦略を策定した。

○　2013年に設立された三陸水産研究センターを軸に、2016年の全学改組に合わせて、水産業の発展・復興及び地域水産物の6次産業化に貢献できる人材の育成を目指し、農学部食料生産環境学科に水産システムコースを設置した。翌2017年の大学院の改組時に、総合科学研究科地域創生専攻地域産業コースに従来の水産業態を転換する水産業革新プログラムを立ち上げた。

○　高等農林以来の伝統を持つ農学部には水産関連のコースがなかったものの、水産業は沿岸被災地の復興には欠かせないため、水産関連の領域を新設して、岩手大学の復興への意志を示すことができた。

○　甚大な被害を受けた陸前高田市に、国内外から訪れる人々の交流拠点を目指し、陸前高田市、立教大学、岩手大学が協定を結び、空き校舎となった陸前高田市立高田東中学校を改修して2017年に「陸前高田グローバルキャンパス」が開設され、国内外の防災関係者が訪れる防災教育拠点でありかつ地域住民との交流の拠点となっている。

○　2017年に、教職大学院を除く岩手大学の修士課程を統合した総合科学研究科が設置され、その中に、震災復興の経験・実績を活かし、専門的な知識と俯瞰的な視野を有し、地域創生を先導する人材の育成を目指し「地域創生専攻」が置かれた。地域創生を大学院で行う理由は、地域

269

創生を担う者には、自らの高度な専門性と、異分野の専門家と協働できる総合力が必要だからである。

【学びと教訓】

○ 震災からの復旧・復興は道半ばであっても、復興活動として措置された予算は概ね発災後5年で終了したが、復興予算に替わって地域創生関連の予算がついたことで、引き続き復興活動を継続することができた。復興から地域創生へという流れの中で、復興を含めた地域創生へとプログラムしたことが功を奏したといえよう。

○ 第7節で岩渕学長が記しているように、復興活動を通して、①教職員が自身の立ち位置と全体を見渡す俯瞰力が求められることを認識したこと、②地域の課題は世界共通の課題でもあると認識できたこと、③復興活動をベースとした地域間連科目が教養教育を特徴づけたこと、④本格的な大学間連携の経験を得たこと、といえる。

【今後の課題】

◇ 第7節で岩渕学長が記しているように、地方の課題である人口減少による活力低下に対して、若者を地域に定着させるためには、教育を通して価値観の変化を促し、地域に魅力を感じ、地域で頑張ることに意義を見いだす若者を増やす必要がある。

◇ 同様に、大学院総合科学研究科では、一定の専門性を備えた学生が学際的な領域に触れることで俯瞰力を身に付けられるため、地域の課題を解決できる実践力を備えた高度職業人の育成を担う大学院教育のモデルになり得る。そうした気概を学生や教職員が持つことが重要になる。

◇ 陸前高田グローバルキャンパスや地域防災研究センターで行ってきた海外の大学との交流は、本学が復興を通して蓄積してきた防災や危機管理に関わる教育プログラムが世界からも注目されていることの証でもあり、それらを本学の強みとして、世界に向けて発信していく必要がある。

年　表

年月日	国	岩手県	岩手大学
2011 年 3.11			

14:46　東日本大震災発生　マグニチュード 9.0（海溝型）
震度 6 弱以上県：宮城、福島、茨城、栃木、岩手、群馬、埼玉、千葉（盛岡市：震度 5 強）
津波：最大波　福島県相馬 9.3m 以上、宮古 8.5m 以上、大船渡 8.0m 以上
死者 (1)：19,533 名　行方不明者 (1)：2,585 名　住宅被害（全壊）(1)：121,768 戸

年月日	国	岩手県	岩手大学
		災害対策本部設置	危機対策本部設置 (1) 学生・児童・教職員の安否確認 (2) 建物・設備の被害状況等確認

被災状況（2012.3.13 現在）
(1) 児童・生徒・学生、教職員
　　犠牲者：1 名（学部学生）
　　被災学生 (2)：377 名
　　被災教職員：14 名
(2) 建物・設備に関する被害
　　建物：「危険」「要注意」はなかった
　　　　が、天井の破損、水漏れ等有
　　設備：分析機器等で、修理・メンテ
　　　　ナンスが必要な物品有

年月日	国	岩手県	岩手大学
3.12	福島第一原発 1 号機水素爆発		一般入試後期日程試験を中止 学用品、ICT 機器等の物資支援活動開始 　辞書・文房具等の学用品や ICT 機器等を全国から募集し、被災地の学校等に提供。また、学内の自転車（21 台）を整備し、盛岡市を通じて被災地へ提供
3.13		県内避難者数が最多の 54,429 人（在宅含む）	
3.14	福島第一原発 3 号機水素爆発 避難者数約 47 万人		
3.15		航路等の啓開により、県内港湾で初めて釜石港の荷役制確保	
3.16		釜石湾に救援物資を積んだ第 1 船入港 三陸鉄道北リアス線陸中野田〜久慈間の運行再開（以後、4 月 1 日まで他 2 区間において運行再開）	

注 (1) 2017.3.8 現在
注 (2) 本人死亡、家屋（実家）損壊、家計支持者死亡または大幅に収入がなくなった、実家が原発事故の影響を受けた等

年月日	国	岩手県	岩手大学
3.19		応急仮設住宅の建設開始（陸前高田市・釜石市）	
3.23			卒業式を中止し、代替として課程ごとの学位記授与式実施
3.24			「東日本大震災岩手大学被災学生支援募金」呼びかけ開始 被災した岩手大学生への給付（10万円）を目的とした募金。2012年2月13日までに45,580,486円が寄せられ、計290名へ給付
3.28			調査団を結成し、沿岸被災地調査実施 復興構想の作成に向けて、沿岸被災地にて津波被害の状況を把握するため調査実施
4.1			東日本大震災復興対策本部設置 ①情報・連絡調整、②学生支援、③施設・整備、④地域復興支援、⑤健康管理の5部門からなる復興対策本部を設置し、全学体制の復興支援活動開始
			移動診療車による被災動物診療開始 農学部附属動物病院の産業動物用検診車を移動診療車「わんにゃんレスキュー号」とし、被災地での診療を開始し、5月までに計5回、延べ131頭の犬、猫等診療
4.6			学生によるボランティア活動開始 清掃作業、地域イベント運営支援、学習支援活動、ボランティアセンター運営支援等を実施し、大学公認の学生ボランティア団体「天気輪の柱」などが活動
4.7			入学式を中止 代替として、5月9日に「新入生歓迎の集い」を実施
4.9		県内初の応急仮設住宅への入居開始（陸前高田市）	
4.11		「がんばろう！岩手宣言」発表	震災復興に関する委員会等への参画 国の復興構想会議検討部会に教員1名参画。また、岩手県の津波復興委員会や被災市町村の復興計画策定委員会等に教員延べ25名が参画
4.18			子どもの心のケアのため、心理カウンセラー等の派遣開始
4.29		東北新幹線が全線復旧	教職員によるボランティア活動開始 宮古市、釜石市で、避難所運営支援や側溝の汚泥除去、家屋清掃、物資配付等を実施（2011年10月までに延べ298名が活動）

年月日	国	岩手県	岩手大学
5月	仮設工場・店舗等整備事業開始		
5.6		天皇皇后両陛下が被災地（釜石市、宮古市）ご訪問	
5.9			例年より約1ヶ月遅れで前期授業開始（教育学部のみ4月18日に授業開始）
5.16			復興へのスローガンを掲げたメッセージボードを大学正門前に設置
5.18			「岩手県沿岸復興プロジェクト」開始 被災者（緊急）支援、海洋産業、地域防災、産業復興の4つの分野で、学内にプロジェクトを公募し、2011年度中に28事業実施
6.2		宮古市に「子どものこころのケアセンター」設置	
6.24	東日本大震災復興基本法施行		
7.3		「東北復興平泉宣言」発表	
7.13		宮古港で県内初のコンテナ貨物取扱再開	
7.15		三陸鉄道が2014年4月までに全線運行再開の方針決定	
7.26		自衛隊が本県での支援活動任務終了	
7.29	復興基本方針策定		
8.5	「中小企業等グループ施設等復旧整備補助事業」第1次採択	皇太子同妃両殿下が被災地（大船渡市）ご訪問	
8.11		県内全ての応急仮設住宅が完成	
		「岩手県東日本大震災津波復興計画復興基本計画」策定	
8.31		県内全ての避難所を閉鎖	
9.28		東京都が岩手県内のがれき受け入れを発表し、初の広域処理へ	

年月日	国	岩手県	岩手大学
10.1			**三陸復興推進本部設置** 　復興対策本部を改組し、長期的に復興支援を行う体制を整備、①教育支援、②生活支援、③水産業復興推進、④ものづくり産業復興推進、⑤農林畜産業復興推進、⑥地域防災教育研究の各事業を展開すると共に、三陸沿岸での活動拠点として、釜石市にサテライト施設（「釜石サテライト」）を設置し、職員を配置（常勤職員2名、コーディネーター1名、事務補佐員1名）
10.3		岩手県産業復興相談センター開所	
10.23			**岩手大学活動報告会「復興に向けた岩手大学の取組ー『岩手の復興と再生に』オール岩大パワーをー」開催** 　これまでの復興支援活動について、教員や学生が報告
10.30			**東京海洋大学、北里大学と「三陸水産業の復興と地域の持続的な発展に向けた3大学連携推進に関する基本合意書」締結** **三陸水産業の復興に向けた3大学連携推進シンポジウム開催**
11.7			**岩手県沿岸市町村復興期成同盟会と「岩手県沿岸市町村の復興と地域の持続的発展に向けた連携・協力書」締結** 　三陸沿岸の復興と地域の持続的発展に向けて、岩手大学が取り組む復興支援事業について連携・協力を行うため、岩手県沿岸市町村復興期成同盟会（沿岸13市町村で構成）と連携・協力書を締結
11.20		復興道路「三陸沿岸道路（尾肝要道路）」着工（田野畑村）	
11.21	がんばる漁業復興支援事業開始		
12.7	「東日本大震災復興特別区域法」成立		

年月日	国	岩手県	岩手大学
12.9			**文部科学省「大学等における地域復興のためのセンター的機能整備事業」（2011 年度第 3 次補正予算）採択** 　①三陸沿岸地域の「なりわい」の再生・復興推進事業（三陸ものづくり産業復興支援、農林畜産業復興支援、生活復興支援の 3 事業による復興推進）、②いわての教育及びコミュニティ形成復興支援事業（いわて高等教育コンソーシアム構成大学が互いの特徴や復興支援の取組を生かし「地域を担う中核的人材育成事業」を展開）の 2 事業
12.26		復興特区プロジェクトチーム設置	
2012 年 1.7			**「全国水産系研究者フォーラム」開催** 　水産系分野の三陸研究拠点形成を目指し、釜石市で開催し、全国の研究者・水産関係者・行政関係者等約 130 名が参加
1.30			**「岩手大学震災復興推進レター」発行開始** 　本学の復興支援活動の様子を広く伝えるために発行（現在も継続）
2.10	復興庁発足 復興庁が盛岡市に岩手復興局、宮古市、釜石市に支所を設置		
2.15		「岩手県こころのケアセンター」を岩手医科大学内に開設	
2.26		釜石港湾口防波堤の復旧工事着工	
3.1			**「農地復興ワークショップ —耕作土壌の回復に向けて—」開催** 　津波で被災した農地復興を推進するため、農学系研究者、農業関係者によるワークショップを開催
3.8		宮古市金浜海岸で県内初の防潮堤復旧工事着工	
3.11	東日本大震災から 1 年、各地で追悼式等挙行		
3.22			**マース ジャパン リミテッドよりペット専用移動診療車「ワンにゃん号」を受贈** 　マースジャパン社が被災地支援の一環で寄贈、同診療車で沿岸各地の動物支援イベントに参加し、無料診療、相談会等実施

年月日	国	岩手県	岩手大学
3.28		沿岸4か所に「地域こころのケアセンター」設置	
3.30	福島復興再生特別措置法成立		
4月	避難者数：約34.4万人　仮設住宅等戸数：約12.4万戸（うち応急仮設住宅：約4.9万戸）がれき撤去・処分：6%（福島県避難指示区域除く）		
4.1		「いわてディスティネーションキャンペーン」開催（～6月30日）	三陸復興推進機構設置 　復興推進本部を発展的改組し、学則に基づく組織に格上げ、復興支援に携わる教職員数を拡充し、復興支援体制を更に強化 地域防災研究センター設置 　工学部附属地域防災研究センターを、文理融合型の全学施設として強化・充実 SANRIKU（三陸）水産研究教育拠点形成事業を開始 　本学、東京海洋大学、北里大学の3大学連携による水産業の高度化・三陸水産品のブランド化を目指す事業が開始
4.3			久慈エクステンションセンター設置 　三陸沿岸での情報収集・発信、関係機関との連絡調整機能強化のため設置、大学本部・釜石サテライト・関係自治体等と連携・協力し、復興に向けた各種事業を推進
4.12			学生を対象に「震災復興の取り組み報告会」開催 　本学の震災復興の取組について理解を深め、ボランティア活動への積極的な参加を啓発するために報告会を開催、これまでにボランティア活動を行ってきた学生による活動報告などを実施
5.26		東北六魂祭が盛岡で開催	
5.31			震災発生後1年間の復興支援活動をまとめた報告書「『岩手の復興と再生に』オール岩大パワーを　－東日本大震災から1年間の取り組み－」発行
6.11		「復旧・復興ロードマップ（総括工程表）」発表	
6.14		釜石市平田地区で県内初の災害公営住宅建設に着手	
6.21	子ども・被災者支援法成立		

年月日	国	岩手県	岩手大学
7.11			第1回地域防災フォーラム開催 　地域防災研究センター主催で、ノンフィクション作家の柳田邦男氏が講演
7.13	福島復興再生基本方針閣議決定		
8.6			第1回三陸復興推進会議開催 　本学の復興支援活動について、県内各界の有識者と意見交換を行う
9.12		陸前高田市「奇跡の一本松」保存のため伐採	
9.24	被災地域の原子力被災者・自治体に対する国の取組方針（グランドデザイン）公表		
10.1			宮古エクステンションセンター設置 　宮古市に設置、釜石サテライト・久慈エクステンションセンターや関係自治体等と連携・協力して、復興支援活動を推進
10.10		田野畑村で県内初の高台移転のための用地造成工事着工	
11.2			第7回マニフェスト大賞で「震災復興支援・防災対策最優秀賞」受賞 　自治体や民間企業、市民団体等による活動を表彰する「震災復興支援・防災対策賞」の最優秀賞を受賞
11.25		県内初の復興道路「東北横断自動車道釜石秋田線（宮守～東和）」供用開始	
11.28	地域復興マッチング「結の場」ワークショップ初開催（宮城県石巻市）		
12.10		県内初の災害公営住宅（大船渡市盛中央団地）入居開始	
12.13		大槌町蓬莱島の灯台再点灯	
2013年 1.26		大阪府で「いわて三陸復興フォーラム」開催	
2.1		県内全ての応急仮設住宅団地500m以内にバス停設置完了	
2.4	農地法の規制緩和		

年月日	国	岩手県	岩手大学
2.6		東京都で「東北連携復興フォーラム」開催	
3.2		JR大船渡線気仙沼～盛間でBRTによる運行開始	
3.7	住宅再建・復興まちづくりの加速化措置（第1弾）：住まいの復興工程表公表		
3.10		復興道路「宮古盛岡横断道路（梁川道路）」供用開始（盛岡市）	
3.18			釜石サテライト移転 　釜石市平田地区に竣工、「岩手大学三陸水産研究センター」、「こころの相談ルーム」を併設
3.25		県内初の移転先宅地造成工事完了（宮古市追切・浦の沢地区）	
4月	避難者数：約30.9万人　仮設住宅等戸数：約11.8万戸（うち応急仮設住宅：約4.8万戸）　がれき撤去・処分：58%（福島県避難指示区域除く）　海岸復旧工事着工：約42%　災害公営住宅着工：45%		
4.1			三陸水産研究センター設置 　釜石サテライト内に設置、隣接する岩手県水産技術センター等と連携し、三陸水産業の復興活動を推進
4.3		三陸鉄道南リアス線盛～吉浜間運行再開	大船渡エクステンションセンター設置 　大船渡市に設置、釜石サテライト・久慈・宮古エクステンションセンターや関係自治体等と連携・協力し、復興支援活動を推進
4.9	住宅再建・復興まちづくりの加速化措置（第2弾）：用地取得手続の簡素化や施工確保対策		
5.8		矢巾町に「いわてこどもケアセンター」設置	
5.11			釜石サテライト竣工及び三陸水産研究センター設置記念式典開催

年月日	国	岩手県	岩手大学
5.21			**公開討論会「復興を通じた革新　産・官・学・NPO それぞれの役割　～ニューオリンズに学ぶ～」開催** （公財）渋沢栄一記念財団との共催で、2005年のハリケーン「カトリーナ」で被災したニューオリンズの復興に貢献した企業家等民間の代表者を招き、釜石・岩手の復興の一助とすることを目的に開催
5.24	「三陸復興国立公園」創設		
6.5	復興推進委員会「『新しい東北』の創造に向けて（中間とりまとめ）」公表		
6.29			**県内学生と被災地高校生が共に学ぶワークショップ開催** 震災からの復興を担う人材の育成に繋げることを目的に開催、高校生と学生がともに被災地（故郷）の復興と未来について考え、若者の立場から提言
7.3		「奇跡の一本松」保存事業完成式開催	
7.4		天皇皇后両陛下が被災地（遠野市、住田町、大船渡市、陸前高田市、一関市）ご訪問	
7.10			**下村博文文部科学大臣が釜石サテライト訪問** 被災地でボランティア活動を行っている本学、岩手県立大学の学生等と意見交換
7.25	2016 年国体の岩手開催が正式決定		
8.8	避難区域見直し完了		
8.12			**第1回海洋・水産研究チャレンジセミナー開催** 東京海洋大学・北里大学と連携して実施している SANRIKU（三陸）水産研究教育拠点形成事業の一環で、いわて海洋研究コンソーシアムと共に、海洋や水産研究に携わる各大学の震災復興に向けた研究内容を高校生や市民に伝えることを目的に開催、約 100 名が参加
9.19	津波・原子力災害被災地域雇用創出企業立地補助金（製造業等立地支援事業）（一次公募）採択公表		

年月日	国	岩手県	岩手大学
9.24		県沿岸部を中心とした「三陸ジオパーク」が日本ジオパークに認定	
10.3			後期全学共通教育科目「岩手の研究『三陸の復興を考える』」開設 　震災からの復興について学術的観点から検討し、復興への関心を高め、復興を担う次代の人材を養成することを目的に、東日本大震災の概要、本県における被災状況、復興に向けた課題・方向性などを総括的に学修
10.11	子ども・被災者支援法基本方針閣議決定		
10.13		復興道路「三陸沿岸道路（普代道路）」供用開始（普代村）	
10.19	住宅再建・復興まちづくりの加速化措置（第3弾）：「用地取得加速化プログラム」策定、住宅再建の加速化、加速状況の見える化		
11.1		皇太子同妃両殿下が被災地（釜石市）ご訪問（～2日）	
11.9			第3回全国水産系研究者フォーラム開催 　「震災後の三陸地域における水産業の現状と復興」をテーマに、全国水産系研究者のより一層の横断的ネットワークの構築と三陸復興を目指して開催し、100名以上が参加
12.7			三陸復興シンポジウム2013「つながって岩手～東京で広げる被災地コミュニティ～」開催 　東京都板橋区において、本学が行う震災復興支援活動を紹介するとともに、東京でも広がりつつある被災地コミュニティについて、参加者の方々との対話も交えながら考えるシンポジウムを開催し、約230名が参加
12.17	「『新しい東北』官民連携推進協議会」設立		
12.19		愛知県で「いわて三陸復興フォーラム in 名古屋」開催	
12.20	「原子力災害からの福島復興の加速に向けて」閣議決定		

年　表

年月日	国	岩手県	岩手大学
2014年 1.9	住宅再建・復興まちづくりの加速化措置（第4弾）：「商業集積・商店街再生加速化パッケージ」策定、住宅再建の加速化		
1.17-18			被災地の現状と復興の取組を学ぶ現地研修実施 　「岩手の研究『三陸の復興を考える』」を履修している学生と被災地でボランティア活動を行っている学生を対象に、1泊2日の現地研修を実施し、16名が参加
1.29	第5回地域復興マッチング「結の場」ワークショップを宮古市で開催（岩手県初開催）		
2.1	「用地加速化支援隊」創設		水産加工研究講演会 in 久慈開催 　水産物加工に関する研究機関が持つ最新の研究事例を紹介、約90名参加
2.13		東京都で「東北4県・東日本大震災復興フォーラム」開催	
3.1			平成25年度三陸復興推進機構シンポジウム開催 　三陸復興推進機構のこれまでの活動を多くの方々に紹介することを目的に開催、約110名参加
3.2		復興道路「三陸沿岸道路（尾肝要道路）」供用開始（田野畑村）	
3.15			第2回三陸復興推進会議開催
3.22			SANRIKU（三陸）水産研究教育拠点形成事業報告会開催 　本学・東京海洋大学・北里大学の3大学が取り組んできた研究成果を三陸地域の漁業関係者に周知し、公設試験機関や全国の水産研究者との連携強化を目的に開催、約90名参加
3.23		復興道路「三陸沿岸道路（高田道路）」全線供用開始（陸前高田市）	
3.25	「津波・原子力災害被災地域雇用創出企業立地補助金」（商業施設等復興整備補助事業：公設商業施設整備型公募）（一次公募）採択公表		

281

年月日	国	岩手県	岩手大学
3.31		県内の災害廃棄物処理終了 「岩手県東日本大震災津波復興実施計画（第2期）」策定	
4月	避難者数：約26.3万人　仮設住宅等戸数：約10.1万戸（うち応急仮設住宅：約4.4万戸） がれき撤去・処分：岩手・宮城100%　海岸復旧工事着工：68%　災害公営住宅着工：65% 同完成：9%		
4.5		三陸鉄道南リアス線吉浜～釜石間運行再開で全線運行再開	
4.5		山田町立船越小学校が被災校舎から移転し新築校舎で授業開始（被災3県初）	
4.6		三陸鉄道北リアス線小本～田野畑間運行再開で全線運行開始	
4.12		釜石線花巻～釜石駅間でSL銀河が営業運転開始	
4.23	用地取得迅速化のため「東日本大震災復興特別区域法の一部を改正する法律」成立	大船渡市新魚市場完成式典開催	
5.27	住宅再建・復興まちづくりの加速化措置（第5弾）：「民間住宅の早期自立再建支援パッケージ」策定、「被災地特化型用地取得加速化パッケージ」策定		
6.23		県栽培漁業協会が震災後初のアワビ種苗出荷	
6.26	国・県・陸前高田市による「高田松原津波復興祈念公園基本構想」策定		
6.27			低温低湿乾燥法による魚介乾製品「潮騒の一夜干し」販売記者会見 本学と久慈市の加工販売会社との共同研究で誕生した魚介乾製品「潮騒の一夜干し」販売の記者会見、岩手大学の「低温低湿乾燥法」の技術を応用し商品化、設備導入等で（公財）さんりく基金等の助成を受け、パッケージデザインは県内プロデュース会社が担当し、産学官が協力したオール岩手の製品

年月日	国	岩手県	岩手大学
6.28			**水産加工業車座研究会 in 大船渡開催** 本学、東京海洋大学、北里大学の共催で開催、3大学の研究事例を紹介するとともに、「商品開発・魚食普及」、「ブランド化」、「水産物の有する機能性」、「加工工程改善、生産拡大」の4つのテーマに分かれて車座形式で意見交換会を実施
8.3			**地域防災フォーラム「未来への復興まちづくり」開催** 神戸大学都市安全研究センターと連携し、阪神淡路大震災からの復興の経験を踏まえ、未来志向の復興まちづくりについて討議
8.24		復興道路「宮古盛岡横断道路（平津戸松草道路・区界道路）」着工で県内復興道路全て着工	
8.25	被災者の健康・生活支援に関する総合施策公表		
10.22			**「三陸で夏イチゴを作ろう in 田野畑村」開催** 三陸沿岸の気候の特徴を活かした作物の普及に取り組み、夏から秋にかけて収穫できる夏イチゴの普及を目的に開催
12.18		釜石警察署平田駐在所開所、警察施設として、県内初の災害復旧後の開所	
12.19	東日本大震災被災地域まちなか再生計画第1号認定（宮城県女川町）		
12.20			**第4回全国水産系研究者フォーラム開催** 「これからの水産学の在り方　－水産業を発展させるために－」をテーマに、全国水産系研究者の一層の横断的ネットワークの構築と三陸復興を目指して開催、120名以上参加
2015年 1.8		兵庫県で「いわて三陸復興フォーラム in 神戸」開催	
1.16	「住宅再建・復興まちづくりの隘路打開のための総合対策」公表		
1.23	被災者支援（健康・生活支援）総合対策公表		

年月日	国	岩手県	岩手大学
1.28		宮古市立田老第三小学校校庭の応急仮設住宅解体、県内初の校庭からの完全撤去	
1.31			平成26年度三陸復興推進機構シンポジウム開催 6部門の活動報告を行うとともに、「震災復興・地域創生と大学の役割」をテーマにパネルディスカッションを開催し約100名が参加、各部門・サテライト・エクステンションセンターの活動パネルと成果品等も展示
2.5	第9回地域復興マッチング「結の場」ワークショップを大船渡市で開催		
3.2	ラグビーワールドカップ2019開催都市に釜石市が決定		
3.4			三陸復興シンポジウム2014「つながって岩手～東京で広げる被災地コミュニティ～」開催 2013年度に続き、東京都板橋区で開催し約120名が参加、被災地の交流人口増を目指し、観光をテーマに首都圏に具体的な被災地への関わり方を提案
3.14-18	「第3回国連防災世界会議」が仙台市をメイン会場に開催、「防災・復興に関する岩手県からの提言」を世界に発信	国連防災世界会議参加、岩手大学主催フォーラム「地域社会のレジリエンスとキャパシティ・ビルディング　～被災地での岩手大学の実践と検証～」開催 主催フォーラムでは、岩手大学がこれまで取り組んできた緊急対応、地域コミュニティの再生、防災教育などに関する実践活動の報告を実施	
3.19		県立高田高等学校新校舎完成	
3.21			SANRIKU（三陸）水産研究教育拠点形成事業報告会開催 本学・東京海洋大学・北里大学の3大学が取り組んできた研究成果について三陸地域の漁業関係者の方々に周知し、公設試験機関や全国の水産研究者との連携を強化していくことを目的に開催、約100名が参加
3.31		県内牧草地の除染作業完了	
4月	避難者数：約22万人　仮設住宅等戸数：約8.3万戸（うち応急仮設住宅：約3.7万戸）　がれき撤去・処分：福島97%　海岸復旧工事着工：68%　同完了：16%　災害公営住宅着工：93%　同完成：31%		
4.9	被災者健康・生活支援総合交付金の創設		

年月日	国	岩手県	岩手大学
4.24	「自治体版ハンズオン支援事業」開始		
4.26		再建された久慈市の小袖海女センターオープン	
5.30		盛岡市で第1回いわて復興未来塾開催	
5.31			小泉進次郎復興大臣政務官が本学訪問 　本学の震災復興に向けた取組を紹介し、復興支援活動を行っている学生・卒業生と意見交換
6.11			減塩加工食品開発セミナー開催 　宮古市内の水産加工会社を対象とした減塩加工食品開発に関するセミナー開催
7.8		釜石市の橋野鉄鉱山含む「明治日本の産業革命遺産」が世界遺産登録	
7.12		大船渡市で県内初の仮設商店街が本設として移転オープン	
9.16			公開シンポジウム「東日本大震災からの地域と農業の復興」開催 　農業環境工学関連5学会2015年合同大会実行委員会との共催、本学教員などが被災地の農業やコミュニティの復興支援について説明
10.7	第12回地域復興マッチング「結の場」ワークショップを久慈市で開催		
10.21- 11.4			三陸復興推進機構企画展「東日本大震災における岩手大学の復興推進活動～被災地とともに希望の創出～」開催 　三陸復興推進機構の取組についての展示のほか、土日祝日に三陸沿岸企業との産学官連携商品を中心とした物販を実施、サイドイベントとして10月24日に「岩渕学長と復興推進活動を行っている学生たちとのミーティング」を開催
11.22		高台移転地の造成工事がほぼ完了した田老地区で「田老まちびらき記念式」開催	
11.29		復興道路「三陸沿岸道路（吉浜道路）」供用開始（大船渡市）	

年月日	国	岩手県	岩手大学
12.5		復興道路「東北横断自動車道釜石秋田線（遠野〜宮守）」供用開始（遠野市）	SANRIKU（三陸）水産研究教育拠点形成事業岩手大学・東京海洋大学　水圏環境調査研究成果報告「三陸の水圏環境〜森川海のつながりを活かした内発的復興を目指して〜」開催 　本学、東京海洋大学・北里大学が連携しているSANRIKU（三陸）水産研究教育拠点形成事業の中で、岩手大学と北里大学が連携している水圏環境調査班の活動報告会を開催、約50名が参加
12.11			東日本大震災復興支援活動報告会「東京都北区・板橋区を中心とする首都圏の皆様に感謝を込めて」開催 　東京都北区・板橋区の企業・一般市民の方々が「岩手大学被災学生支援の会」を設立し、被災学生へご支援いただいたことから、支援活動報告とお礼をした
12.18		静岡県において「いわて三陸復興フォーラム in 静岡」開催	
12.19			第5回全国水産系研究者フォーラム開催 　「岩手大学三陸水産研究センターを研究教育拠点として確立するための3大学連携の今後のあり方」をテーマにパネルディスカッションを行い、3大学（本学、東京海洋、北里）が今後も連携していくことを確認
12.23		「小本津波防災センター」完成、岩泉小本駅と一体化	
2016年 1.19			陸前高田市、岩手大学及び立教大学における地域創生・人材育成等の推進に関する相互協力及び連携協定締結 　三者が持つフィールド、教育研究資源を活用して、陸前高田市及び三陸沿岸地域全体の復興と地域創生に貢献すること、また、教育研究及び幅広い交流のための拠点設置などを目的に締結
1.27		第71回国民体育大会「希望郷いわて国体冬季大会」開催	
2.7			平成27年度三陸復興推進機構シンポジウム開催 　三陸復興推進機構6部門の活動報告を行い、「三陸復興と地域創生について」をテーマにパネルディスカッションを開催、約115名が参加、サイドイベントとして被災地でボランティア活動などを行っている学生を対象にしたワークショップ「三陸復興と地域創生、今学生に出来ること」を開催

年月日	国	岩手県	岩手大学
2.22-23			三陸復興推進機構・三陸自治体職員研修会開催 本学がサテライト・エクステンションセンターを設置している三陸沿岸自治体の職員を対象に、本学の取組を総合的に理解してもらい、三陸復興のための連携を深めることを目的に開催、約20名が参加
3.2			「いわて南部地粉そば」農林水産大臣賞受賞記者会見開催 本学と釜石市の企業との共同研究で誕生した「いわて南部地粉そば」が平成27年度優良ふるさと食品中央コンクール・新技術開発部門で農林水産大臣賞を受賞したことを受け記者会見実施、「低酸素気流を利用した粉体用連続式殺菌装置」を開発し、そばの生麺の風味を保ったまま賞味期限を延ばすことに成功
3.12		復興道路「宮古盛岡横断道路（都南川目〜田の沢）」供用開始（盛岡市） 大船渡駅周辺地区で「第1期まちびらき」開催	
4月	避難者数：約16.5万人　仮設住宅等戸数：約6.1万戸（うち応急仮設住宅：約2.7万戸）がれき撤去・処分：福島97%　海岸復旧工事着工：81%　同完了：22%　災害公営住宅着工：97%　同完成：58%		
4.1	被災者支援総合交付金創設 東北観光復興対策交付金創設 東北観光復興プロモーション実施		三陸復興・地域創生推進機構設置 「三陸復興推進機構」と「地域連携推進機構」を統合、再建途上の三陸復興と人口減少が進む岩手県のまち・ひと・しごと創生を目的に県内自治体と連携し岩手発の新たな地方創生モデル構築を目指す
4.11		新「がんばろう！岩手」宣言発表	
4.23		久慈地下水族科学館「もぐらんぴあ」営業再開	
4.27		県立大槌病院が再建、新築落成式開催	
5.10-9.30			熊本地震の被災動物支援のためワンにゃん号貸出 4月に発生した熊本地震を受け、宮崎大学の要請によりペット専用移動診療車ワンにゃん号を貸出、宮崎大学農学部獣医学科が被災動物支援にあたった

年月日	国	岩手県	岩手大学
5.27		いわて内陸避難者支援センター開所	
6.6			**スターダスト☆レビューから寄附を受け感謝状贈呈** 　音楽グループ「スターダスト☆レビュー」が本学の復興推進活動に 10,000,000 円を寄附、陸前高田市でフリーライブが開催され、岩渕学長より感謝状を贈呈
6.20		皇太子同妃両殿下が被災地（岩泉町、宮古市）ご訪問（～ 21 日）	
8.19		県立山田病院が再建、新築落成式開催	
8.30		台風 10 号が岩手県上陸	
9.3			**台風 10 号被災地へのボランティア活動開始** 　8 月 30 日に岩手県に上陸した台風 10 号の被害を受け、学生・教職員が 9 月 3 日から久慈市、宮古市、岩泉町に流木撤去や泥上げ作業の支援実施（延べ 411 名活動）
9.7	第 15 回地域復興マッチング「結の場」ワークショップ釜石市で開催		
9.8	第 16 回地域復興マッチング「結の場」ワークショップを山田町で開催		
9.26		被災した小・中 5 校を統合、県内初の義務教育学校大槌町立大槌学園が新校舎で授業開始	
9.28		天皇皇后両陛下が被災地（花巻市、遠野市、釜石市、大槌町、山田町、北上市、盛岡市）ご訪問（～ 10 月 2 日）	
10.1		第 71 回国民体育大会「希望郷いわて国体本大会」開催	
10.15			**台風 10 号緊急報告会開催** 　台風 10 号による水害、流木被害、土石流及び土砂災害の調査結果を報告、地域防災研究センターを核に岩泉支援チームを設置、被害の大きかった岩泉町の防災教育やコミュニティ支援に取り組む
11.10		山田町で共同店舗「オール」オープン	

年月日	国	岩手県	岩手大学
11.25			**三陸復興・地域創生推進機構発足記念シンポジウム開催** 「三陸復興・地域創生推進機構」の発足を記念して本田敏明遠野市長、坂本修一文部科学省産業連携・地域支援課長を招いてシンポジウム開催
12.3		長野県で「いわて三陸復興フォーラム in 長野」開催	
12.11			**三陸復興・地域創生推進機構首都圏向け報告会開催** 東京海洋大学を会場に報告会を開催、被災地で活動している教員・学生による活動紹介やパネル展示、ビデオ上映で取組を紹介
2017年 1.21-22			**陸前高田グローバルキャンパス　大学シンポジウム2017開催** 陸前高田グローバルキャンパス開設プレイベントとして陸前高田市コミュニティーホールで、全国大学等の陸前高田市での復興支援活動等を大学関係者、市民等に発表
2.11			**子どもの心とあゆみを支えるシンポジウム開催** 心のケア班主催で、福島・宮城・岩手で行われている子どもへの支援活動を通して、東日本大震災のこれまでとこれからの心の支援を考えるシンポジウム開催
2.20			**地域連携フォーラム in 久慈開催** 相互友好協力協定締結自治体である久慈市と連携し、岩手大学がこれまで取り組んできた様々な活動を一般市民に紹介するフォーラム開催
3.5		「高田松原津波復興祈念公園」着工	
3.25		三陸鉄道北リアス線新駅「十府ヶ浦海岸駅」（野田村）開業	
3.30		「岩手県東日本大震災津波復興実施計画（第3期）」策定 「いわて震災津波アーカイブ〜希望〜」公開	
4月	避難者数：約11万人　仮設住宅等戸数：約3.4万戸（うち応急仮設住宅：約1.5万戸）　がれき撤去・処分：福島100%　海岸復旧工事着工：88%　同完了：35%　災害公営住宅着工：98%　同完成：84%		

年月日	国	岩手県	岩手大学
4.25			**陸前高田グローバルキャンパス開設** 　陸前高田市協力のもと、本学と立教大学が共同で、改修された旧高田東中学校校舎を整備し、学生や市民、行政など様々な人々の沿岸部での交流・活動拠点として開設
4.27		陸前高田市中心市街地に商業・図書館複合施設「アバッセたかた」オープン	
		「釜石鵜住居復興スタジアム」着工	
5.3			**大槌町災害公営住宅調査結果報告会開催** 　大槌町災害公営住宅入居者を対象に行った調査の分析結果を報告
5.13			**姫かりふセミナー開催** 　久慈市で早どりカリフラワー「姫かりふ®」の栽培技術普及のため、作型の解説や移植作業を実演
5.19		津波被災跡地に誘致企業初進出（大船渡市）	
6.11		野田村土地区画整理事業・都市公園事業「十府ヶ浦公園」竣工式開催	**釜石キャンパス開設記念フォーラム実施** 　2016 年度の学部改組で農学部食料生産環境学科水産システム学コースが、また、2017 年度の大学院改組で大学院総合科学研究科地域創生専攻地域産業コース水産業革新プログラムが新設されたため、釜石キャンパスを4月に開設、それを記念して釜石キャンパスを活用した教育研究の展望等や釜石キャンパスで研究を行っている大学院生が研究内容を紹介
6.14			**地域防災研究センターが岩手県教育委員会、岩泉町教育委員会と学校防災に関する協定締結** 　前年の台風第 10 号による岩泉町の学校被害調査等に岩手県教育委員会及び岩泉町教育委員会と連携して取り組み、調査結果をリーフレットにまとめ県内学校等に配布したが、より一層の連携を図るために協定締結
7.12		宮古運動公園再建工事完了	
7.22		三陸沿岸で 7 年ぶりに海開き（山田町、大船渡市）	
7.27-28		盛岡市で「全国知事会議」開催、「岩手宣言」を採択	

年月日	国	岩手県	岩手大学
9.5		防災集団移転促進事業・住宅団地整備工事全て完了（大船渡市）	
9.22			**岩手三陸連携会議との連携協力協定締結** 　三陸地域の多様な課題に広域で取り組む「岩手三陸連携会議（沿岸13自治体参加）」と地域創生に向け連携して取り組むため協定締結
9.23		釜石港で大阪府から無償譲渡された「ガントリークレーン」が共用開始	
10.26	第20回地域復興マッチング「結の場」ワークショップを陸前高田市（会場：陸前高田グローバルキャンパス）で開催		
10.28		鍬ヶ崎・光岸地区（宮古市）で「まちびらき」記念式開催	
11.19		復興道路「三陸沿岸道路（山田宮古道路）」開通	
12.3			**第2回三陸復興・地域創生推進機構首都圏向け報告会開催** 　日比谷図書文化館コンベンションホールで地域コミュニティ再生や地域防災教育について、学生・教職員が取組を紹介
12.8		釜石市民ホール TETTO オープン	
12.9		東京都で「いわて三陸復興フォーラム in 東京」開催	
12.18			**地域連携フォーラム in 釜石開催** 　地元企業等との共同研究事例や学習支援、地元漁協女性との取組について紹介
12.20	安倍内閣総理大臣が吉野復興大臣と鈴木五輪担当大臣と共に山田町、大槌町、釜石市を訪問		
12.18		宮古警察署新庁舎完成、運用開始	
2018年 1.19		釜石市内最後の復興公営住宅（東部地区浜町復興公営住宅）着工	

年月日	国	岩手県	岩手大学
1.20			**VMAT キックオフシンポジウム開催** 大規模災害発生時の動物救護を行う動物医療チーム（VMAT）結成に向けたシンポジウムを開催、東日本大震災後の本学の取組や他県の先行事例を紹介、パネルディスカッションでは VMAT の必要性や動物救援を通じた被災者支援等について意見交換
2.11			**岩手県大型災害公営住宅自治会交流会開催** 沿岸の大型災害公営住宅（100 戸以上）全 8 団地の自治会役員が参加し、交流会を陸前高田市で開催、自治会運営に関する課題やノウハウを共有
3.3-4			**陸前高田グローバルキャンパス　大学シンポジウム 2018 開催** 陸前高田グローバルキャンパスで、全国の大学等の陸前高田市での復興支援活動の取組発表や地元中高生の取組を踏まえた震災復興に関するワークショップを実施
3.23		「三陸防災復興プロジェクト 2019」実行委員会設立	
3.29			**岩泉町で「防災教育教材贈呈式」実施** 2016 年 8 月の台風 10 号被害調査結果に基づき開発した「学校版タイムライン」、盛岡地方気象台の協力を得て開発した台風災害に関する防災教育教材を、岩泉町教育委員会と岩手県教育委員会に贈呈.
3.30		釜石港湾口防波堤復旧工事完了	
4月	避難者数：約 6.8 万人　　仮設住宅等戸数：約 1.9 万戸（うち応急仮設住宅：約 0.8 万戸 [3]） 海岸復旧工事着工：97%　同完了：48%　災害公営住宅着工：99%　同完成：97%		
4.1			**「NEXT STEP 工房」創設** 震災以降、地域に関わる研究や活動を行う研究室・学生団体等が増加したことを受け、それを支援するプラットフォームとして創設、活動費支援や地域活動を行う学生の交流を図るワークショップ等を実施
4.7		「道の駅たろう」グランドオープン	
4.28		「大船渡駅周辺地区第 3 期まちびらき」開催	
6.2-3		「東北絆まつり 2018 盛岡」開催	

注 (3) 2017.12 現在

年月日	国	岩手県	岩手大学
6.10		大槌町文化交流センター「おしゃっち」開館	
6.22		県内初のフェリー定期航路開設（宮古－室蘭）	
7.7			災害時の動物救護活動を語り合おう（情報・意見交換会）の開催 　三陸復興部門被災動物支援班主催で本学北桐ホールで開催、岩手、宮城、福島の各県、また、仙台市での災害時の動物救護活動に関する報告、専門家による VMAT の役割やシェルターメディスンに関する講演、災害時の支援体制構築についてのパネルディスカッションを実施
7.17-19			国際防災・危機管理研究　岩手会議の開催 　地域防災研究センターがハーバード大学（米国）、清華大学（中国）と共同でアイーナを会場に開催、16 か国・地域から約 150 名の専門家のほか一般約 300 名、本学学生約 150 名が参加し、政府機関の震災対応や復興期の民間の取組などについて研究発表
7.20		「東京大学大気海洋研究所附属国際沿岸海洋研究センター」再建、記念式典開催（大槌町）	
7.26			復興大臣から感謝状贈呈 　東日本大震災からの復興に向けて、被災者支援、地域貢献活動を行っている個人・団体に対し復興大臣から感謝状が贈呈されており、今回、岩手県では 20 団体が対象となり、その 1 つに本学が選ばれ、復興庁岩手復興局で贈呈式が行われた
7.28		三陸沿岸道路「唐桑高田道路（陸前高田長部 IC ～陸前高田 IC）」供用開始	
8.11		三陸沿岸道路「吉浜釜石道路（吉浜 IC ～釜石南 IC）」供用開始	
8.19		「釜石鵜住居復興スタジアム」完成、オープニングイベント開催	
8.21		JR 山田線宮古－釜石間で試験走行開始	
9.29-30		陸前高田市中心市街地で「まちびらきまつり」開催	

年月日	国	岩手県	岩手大学
10.1		宮古市中心市街地拠点施設「イーストピアみやこ」開庁式開催	
10.5	渡辺復興大臣が岩手県庁と宮城県庁を訪問		
10.18	渡辺復興大臣が宮古市以南の沿岸6市町を訪問		
11.14	第24回地域復興マッチング「結の場」ワークショップを大槌町で開催		
11.17		埼玉県で「いわて三陸復興フォーラム in 埼玉」開催	
12.1			岩手大学管弦楽団　第58回定期演奏会　釜石公演を開催 　震災復興支援の一環で、沿岸では初の定期演奏会を釜石市民ホール TETTO で開催し、約200名の市民が来場
12.2			第3回三陸復興・地域創生推進機構首都圏報告会を開催 　「復興支援の取組を新たな地域社会モデルへ」と題し、防災教育、被災動物支援、震災後活動が盛んとなっている学生の地域活動を支援するプラットフォームなどの取組を報告し、首都圏在住の卒業生を中心に約100名が参加
12.23			岩手大学吹奏楽部ウインターコンサート in 陸前高田を開催 　震災復興支援の一環で、陸前高田市コミュニティホールで吹奏楽部によるコンサートを開催し、約140名の市民が来場

出典：東日本大震災からの復興状況（2012.12～2018.1、復興庁）、復興庁ホームページ、いわて復興の歩み　第3版（2017.7、岩手県）、いわて復興だより web（2017.4～2019.1、岩手県）

【規則・組織図】

岩手大学東日本大震災復興対策本部設置要項

平成２３年４月１日
役員会決定

（趣旨）
第１条　平成２３年３月１１日に発生した東日本大震災による災害等に対し、早期復旧及び復興を
　　支援し推進するため、「岩手大学東日本大震災復興対策本部（以下、「岩大復興対策本部」という。）」
　　を設置する。

（業務）
第２条　岩大復興対策本部は、東日本大震災に被災した本学の学生、生徒、児童若しくは園児及び
　　職員並びに建物・設備、または自治体及び地域住民に対して、復興支援及び復興推進に関する業
　　務を実施する。

（組織）
第３条　岩大復興対策本部は次に掲げる者をもって組織する。
　　一　学長
　　二　理事
　　三　副学長
　　四　学部長
　　五　連合農学研究科長
　　六　その他学長が必要と認める者
２　岩大復興対策本部に本部長及び副本部長を置き、本部長は学長、副本部長は地域連携を担当す
　　る理事とする。
３　岩大復興対策本部のもとに、教員（附属学校教員を含む）、事務職員及び技術職員を構成員と
　　する岩大復興対策部門を編成し、総括責任者として理事、副学長及び保健管理センター長を充て
　　るとともに、岩大復興対策部門に班を設置し、各班に班長及び副班長を置くものとする。
４　岩大復興対策部門及び班は次に掲げるとおりとし、各班は必要に応じてチームを置くことがで
　　きる。
　　一　情報・連絡調整部門
　　　　総括責任者　情報統括管理担当副学長、財務・労務担当理事
　　　　　情報収集・連絡調整班
　　　　　情報発信班
　　二　学生支援部門
　　　　総括責任者　教育・学生担当理事、附属学校担当副学長

　　　　　学生支援班

　　　　　附属学校支援班

　三　施設・設備部門

　　　　　総括責任者　財務・労務担当理事

　　　　　施設・設備関係班

　　　　　被災者対応班

　四　地域復興支援部門

　　　　　総括責任者　地域連携担当理事、研究担当理事

　　　　　災害調査・分析班

　　　　　地域復興支援班

　　　　　物資支援班

　　　　　ボランティア班

　五　健康管理部門

　　　　　総括責任者　保健管理センター長

　　　　　学生・地域支援班

　　　　　児童・生徒支援班

　六　その他復興に関し本部長が必要と認める班

5　岩大復興対策本部とは別に現地対策本部を置くことができる。

（会議等）

第4条　本部長は、岩大復興対策本部の会議を必要に応じて招集し、東日本大震災に関する復興支援及び推進について、協議するものとする。

2　岩大復興対策部門総括責任者は、総括責任者及び班長を構成員とする合同対策会議を必要に応じて招集し、各班の調整を図るものとする。

3　各班長は対策会議を必要に応じて招集し、東日本大震災に関する具体的な復興支援及び推進について、検討するものとする。

（庶務）

第5条　岩大復興対策本部の庶務は、関係部局等の協力を得て、総務企画部において処理する。

（その他）

第6条　この要項に定めるもののほか、岩大復興対策本部の運営等に関し必要な事項は、別に定める。

　　　　附　則

　この要項は、平成23年4月1日から施行する。

規則・組織図

◎岩大復興対策部門及び各班の主な具体的業務内容

◆総務

　　○　情報・連絡調整部門（総括責任者：西崎副学長、馬場理事）

　　　　　情報収集・連絡調整班

　　　　　・学内及び学外からの情報（支援要請等）の集約等

　　　　　・国、県、市町村及び関係団体との窓口

　　　　　・学内の連絡調整（後方支援を含む）

　　　　　　　情報伝達、人的、財政的サポート（人の配置、契約業務、財政負担等）

　　　　　情報発信班

　　　　　・報道対応、ホームページ作成等

　　　　　・行動記録

　　　　　　　どの班が、何時、何処で、何をしているか、何をしたか

◆内的支援

　　○　学生支援部門（総括責任者：高畑理事、菅原副学長）

　　　　　学生支援班

　　　　　・学部学生、大学院生、留学生及び研究生に対する修学支援、生活支援及び就職支援等

　　　　　附属学校支援班

　　　　　・附属学校の生徒・児童及び園児に対する修学支援等

　　○　施設・設備部門（総括責任者：馬場理事）

　　　　　施設・設備関係班

　　　　　・大学施設・設備の被害状況把握、修繕・修理、新規要求等

　　　　　被災者対応班

　　　　　・被災者の受入に関する対応

◆外的支援

　　○　地域復興支援部門（総括責任者：岩渕理事、小川理事）

　　　　　災害調査・分析班

　　　　　・災害状況に関する研究面での調査・分析等

　　　　　地域復興支援班

　　　　　・農業、林業、水産業、工業等の産業や文化財等の復興に関する支援

　　　　　物資支援班

　　　　　・物資の提供支援

　　　　　ボランティア班

　　　　　・教職員・学生のボランティア派遣、動物に関するケア等

◆全体

　　○　健康管理部門（総括責任者：立身保健管理センター長）

　　　　　学生・地域支援班

　　　　　・学生及び職員の心のケア並びに地域からの健康管理に関する支援要請への対応等

児童・生徒支援班
・児童及び生徒の心のケア並びに教育委員会からの健康管理に関する支援要請への対応

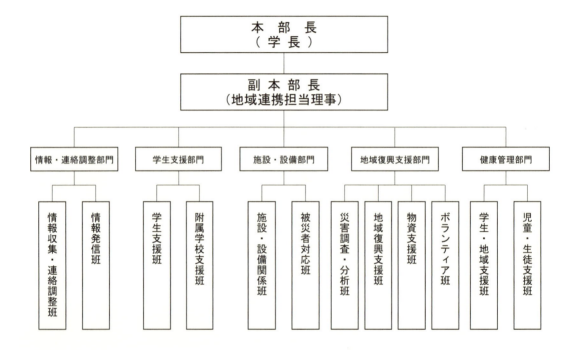

岩手大学東日本大震災復興対策本部　組織図

規則・組織図

岩手大学三陸復興推進本部設置要項

平成２３年１０月１３日
役員会決定

（趣旨）
第１条　平成２３年３月１１日に発生した東日本大震災により被災した三陸沿岸地域等の復興を支
　　援し推進するため「岩手大学三、陸復興推進本部（以下、「三陸復興推進本部」という。）」を設置する。

（業務）
第２条　三陸復興推進本部は、三陸沿岸地域等の復興推進のため、関係自治体等及び協定大学と連
　　携を図り、三陸沿岸地域各市町村における被災地からの支援要求を把握し、岩手大学等が保有す
　　る技術等の提供を行い、事業を展開する。

（組織）
第３条　三陸復興推進本部は次に掲げる者をもって組織する。
　　一　学長
　　二　理事
　　三　副学長
　　四　学部長
　　五　連合農学研究科長
　　六　地域連携推進センター長
　　七　三陸復興推進部門総括責任者
　　八　その他学長が必要と認める者
２　三陸復興推進本部に本部長及び副本部長を置き、本部長は学長、副本部長は地域連携を担当す
　　る理事とする。
３　三陸復興推進本部のもとに、教員（附属学校教員を含む）、事務職員及び技術職員を構成員と
　　する三陸復興推進部門を編成し、総括責任者を置くとともに、必要に応じて三陸復興推進部門に
　　班を設置し、各班に班長を置くものとする。
４　三陸復興推進部門は次に掲げるとおりとする。
　　一　教育支援部門
　　二　生活支援部門
　　三　水産業復興推進部門
　　四　ものづくり産業復興推進部門
　　五　農林畜産業復興推進部門
　　六　地域防災教育研究部門
　　七　その他復興推進に関し本部長が必要と認める部門

299

（サテライト等）

第４条　三陸復興推進本部に、第２条に掲げる業務を行うため、現地における活動拠点として釜石市にサテライトを置く。

2　三陸復興推進本部は、各市町村等との連絡調整を行うため、三陸沿岸地域各市町村にエクステンションセンターを置くことができる。

（会議等）

第５条　本部長は、三陸復興推進本部の会議を必要に応じて招集し、三陸復興推進について、協議するものとする。

2　各総括責任者は、部門会議を必要に応じて招集し、部門内の調整を図るものとする。

3　各班長は、班会議を必要に応じて招集し、具体的な復興支援及び推進について、検討するものとする。

（庶務）

第６条　三陸復興推進本部の庶務を処理するために、岩手大学三陸復興推進本部事務局（以下「事務局」という。）を置く。

2　事務局に事務局長を置き、学長が指名する理事をもって充て、局員は職員のうちから事務局長が指名する者をもって充てる。

3　事務局の庶務は、関係部局等の協力を得て、研究交流部三陸復興推進室が処理する。

（その他）

第７条　この要項に定めるもののほか、三陸復興推進本部の運営等に関し必要な事項は、別に定める。

附　則

1　この要項は、平成２３年１０月１３日から施行し、平成２３年１０月１日から適用する。

2　「岩手大学東日本大震災復興対策本部設置要項（平成２３年４月１日役員会決定）」及び「岩手大学東日本大震災復興対策本部事務局の設置について（平成２３年４月２６日学長裁定）」は廃止する。

規則・組織図

岩手大学三陸復興推進本部　組織図

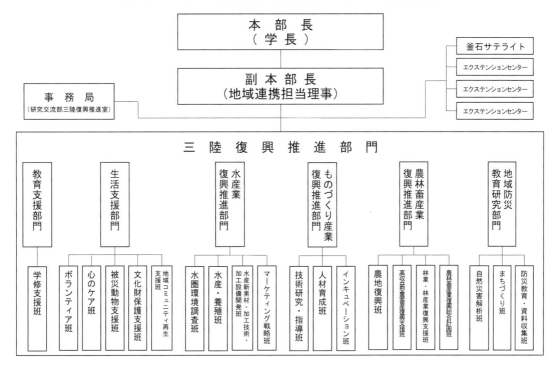

岩手大学三陸復興推進機構規則

(平成２４年３月１５日制定)

(趣旨)

第１条　この規則は、国立大学法人岩手大学学則第７条の３の規定に基づき、岩手大学三陸復興推進機構(以下「機構」という。)の組織及び運営に関し、必要な事項を定める。

(目的)

第２条　機構は、平成２３年３月１１日に発生した東日本大震災により被災した三陸沿岸地域等の復興を支援し推進することを目的とする。

(部門等)

第３条　機構に前条の目的を達成するため、次に掲げる部門を置く。

　　一　教育支援部門

　　二　生活支援部門

　　三　農林畜産業復興推進部門

　　四　水産業復興推進部門

　　五　ものづくり産業復興推進部門

　　六　地域防災教育研究部門

２　地域防災教育研究部門の業務は地域防災研究センターが担うものとする。

(組織)

第４条　機構に、次の職員を置く。

　　一　機構長

　　二　プロジェクト職員

　　三　兼務教員

　　四　兼務職員

(機構長)

第５条　機構長は、機構全般の業務及び運営を統括する。

２　機構長は、地域連携を担当する理事又は副学長をもって充てる。

(部門長等)

第６条　部門長は、当該部門の業務を総括整理する。

２　部門長は、岩手大学の専任教員のうちから当該教員の所属する学部等の長の同意を得て、学長が任命する。

規則・組織図

3　部門に班を設置し、各班に班長を置く。

（プロジェクト職員）

第7条　プロジェクト職員は、所属する部門の業務を処理するとともに、他部門の業務について協力し分担する。

2　プロジェクト職員は、運営委員会が候補者を推薦し、学長が任命する。

（兼務教員）

第8条　兼務教員は、所属する部門の業務を処理するとともに所属学部等との連絡調整に当たるものとする。

2　兼務教員は、部門長が候補者を推薦し、学長が任命する。

3　部門長は、前項の申請に当たっては、当該教員の所属する学部等の長の同意を得るものとする。

（兼務職員）

第9条　兼務職員は、所属する部門の業務を処理する。

2　兼務職員は、部門長が候補者を推薦し、学長が任命する。

（客員教授等）

第10条　機構に、客員教授及び客員准教授（以下「客員教授等」という。）を置くことができる。

2　客員教授等の任期は、1年以内とする。ただし、再任を妨げない。

3　客員教授等の選考に関し必要な事項は、別に定める。

（客員研究員）

第11条　機構に、客員研究員を置くことができる。

2　客員研究員の任期は、1年以内とする。ただし、再任を妨げない。

3　客員研究員の選考に関し必要な事項は、別に定める。

（サテライト等）

第12条　機構に、第2条に掲げる業務を行うため、現地における活動拠点として釜石市にサテライトを置く。

2　機構は、各市町村等との連絡調整を行うため、三陸沿岸地域各市町村にエクステンションセンターを置くことができる。

（運営委員会）

第13条　機構の運営に関する事項を審議するため、運営委員会を置く。

2　運営委員会に関する規則は、別に定める。

303

(庶務)
第14条　機構の庶務は、関係部局等の協力を得て、研究交流部三陸復興推進室において処理する。

(雑則)
第15条　この規則に定めるもののほか、機構の運営に関し必要な事項は、別に定める。

附　則
この規則は、平成24年4月1日から施行する。

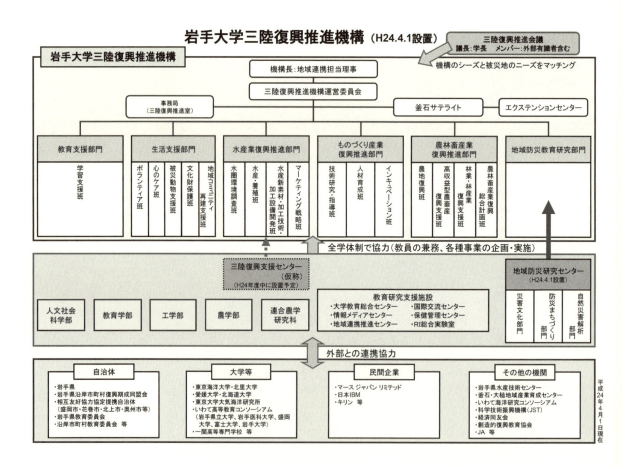

規則・組織図

岩手大学三陸復興・地域創生推進機構規則

(平成２８年３月２４日制定)

(趣旨)
第１条　この規則は、国立大学法人岩手大学学則第７条の３の規定に基づき、岩手大学三陸復興・
　地域創生推進機構（以下「機構」という。）の組織及び運営に関し、必要な事項を定める。

(目的)
第２条　機構は、岩手大学の社会貢献目標に基づき、東日本大震災により被災した三陸沿岸地域等
　の復興を支援し推進するとともに、岩手大学の教育研究成果及び知的資産の地域への普及・還元
　を図り、地域創生における大学戦略を各部局と連携の上、推進することを目的とする。

(業務)
第３条　機構は、前条の目的を遂行するため、次に掲げる業務を行う。
　一　三陸沿岸地域等の復興支援・推進に関すること。
　二　地域創生の企画、推進に関すること。
　三　生涯学習機会の提供及び支援に関すること。
　四　大学発ベンチャーの創出・育成に関すること。
　五　盛岡市産学官連携研究センターに関すること。
　六　三陸水産研究を通じた教育研究領域に関すること。
　七　平泉文化研究を通じた教育研究領域に関すること。
　八　地域防災研究を通じた教育研究領域に関すること。
　九　ものづくり技術研究を通じた教育研究領域に関すること。
　十　その他第２条の目的を達成するために必要な業務に関すること。
２　機構の業務を行う際には、他部局と連携・協力を図るものとする。

(部門等)
第４条　機構に前条の業務を遂行するため、次に掲げる部門を置く。
　一　三陸復興部門
　二　地域創生部門
　三　生涯学習部門
　四　三陸水産教育研究部門
　五　平泉文化教育研究部門
　六　地域防災教育研究部門
　七　ものづくり技術教育研究部門
２　部門の業務を円滑に遂行するため、部門に班又はそれに相当する組織を置くことができる。

3 三陸水産教育研究部門の業務は、三陸水産研究センターが担うものとする。

4 平泉文化教育研究部門の業務は、平泉文化研究センターが担うものとする。

5 地域防災教育研究部門の業務は、地域防災研究センターが担うものとする。

6 ものづくり技術教育研究部門の業務は、ものづくり技術研究センターが担うものとする。

（組織）

第5条 機構に、次の職員を置く。

　一 機構長

　二 副機構長

　三 部門長

　四 専任教員

　五 特任教員、特任研究員、特任専門職員

　六 兼務教員

　七 兼務職員

　八 その他の職員（以下「機構職員」という。）

（機構長）

第6条 機構長は、機構全般の業務及び運営を統括する。

2 機構長は、復興・地域創生を担当する理事又は副学長をもって充てる。

（副機構長）

第7条 機構長が必要と認めるときは、副機構長を置くことができる。

2 副機構長は、機構長の職を補佐する。

3 副機構長は、岩手大学の専任教員のうちから当該教員の所属する学部等の長の同意を得て機構長が推薦し、学長が任命する。

4 副機構長の任期は2年とし、再任を妨げない。ただし、欠員が生じた場合の後任の任期は、前任者の残任期間とする。

（部門長等）

第8条 部門長は、当該部門の業務を総括整理するとともに、機構長の職務を補佐する。

2 部門長は、岩手大学の専任教員のうちから当該教員の所属する学部等の長の同意を得て機構長が推薦し、学長が任命する。

3 部門長の任期は2年とし、再任を妨げない。ただし、欠員が生じた場合の後任の任期は、前任者の残任期間とする。

（副部門長）

第9条 機構長が必要と認めるときは、副部門長を置くことができる。

規則・組織図

2　副部門長は、部門長の職を補佐する。

3　副部門長は、部門所属の専任教員及び兼務教員のうちから、当該教員の所属する学部等の長の同意を得て機構長が推薦し、学長が任命する。

4　副部門長の任期は2年とし、再任を妨げない。ただし、欠員が生じた場合の後任の任期は、前任者の残任期間とする。

（専任教員）

第10条　専任教員は、機構の当該部門の業務を処理する。

2　専任教員は、第19条に規定する岩手大学三陸復興・地域創生推進機構会議（以下「機構会議」という。）が候補者を推薦し、機構長の申請に基づき学長が任命する。

（特任教員、特任研究員、特任専門職員）

第11条　特任教員、特任研究員、特任専門職員（以下「特任教員等」という。）は、所属する部門の業務を処理するとともに、他部門の業務について協力し分担する。

2　特任教員等は、機構会議が候補者を推薦し、学長が任命する。

（兼務教員）

第12条　兼務教員は、専任教員と協力し所属する部門の業務を処理するとともに所属学部等との連絡調整に当たるものとする。

2　兼務教員は、機構会議が候補者を推薦し、機構長の申請に基づき学長が任命する。

3　機構長は、前項の申請に当たっては、当該教員の所属する学部等の長の同意を得るものとする。

4　兼務教員の任期は2年とし、再任を妨げない。ただし、欠員が生じた場合の後任の任期は、前任者の残任期間とする。

（兼務職員）

第13条　兼務職員は、所属する部門の業務を処理する。

2　兼務職員は、部門長が候補者を推薦し、学長が任命する。

（客員教授等）

第14条　機構に客員教授及び客員准教授（以下「客員教授等」という。）を置くことができる。

2　客員教授等の任期は、1年とする。ただし、再任を妨げない。

3　客員教授等の選考に関し必要な事項は、別に定める。

（客員研究員）

第15条　機構に、客員研究員を置くことができる。

2　客員研究員の任期は、1年以内とする。ただし、再任を妨げない。

3　客員研究員の選考に関し必要な事項は、別に定める。

（地域創生推進協力員）

第16条　機構に、地域創生等の推進を図るための調査及び企画・調整等の業務に従事する地域創生推進協力員を置くことができる。

2　地域創生推進協力員に関し必要な事項は、別に定める。

（機構職員）

第17条　機構職員は、機構の業務に従事する。

（サテライト等）

第18条　機構は、第3条に掲げる業務を行うため、現地における活動拠点として各市町村にサテライトを置くことができる。

2　機構は、各市町村等との連絡調整を行うため、各市町村にエクステンションセンターを置くことができる。

（機構会議）

第19条　機構に、第3条に掲げる業務に関する事項及び機構の運営に関する事項を審議するため、三陸復興・地域創生推進機構会議を置く。

2　機構会議に関する規則は、別に定める。

（企画マネジメント会議）

第20条　機構に、各部門の連絡調整等を行うため、企画マネジメント会議を置く。

2　企画マネジメント会議に関する規則は、別に定める。

（部門会議）

第21条　機構の各部門の運営に関する事項を審議するため、部門会議を置く。

2　部門会議に関する規則は、別に定める。

（庶務）

第22条　機構の庶務は、関係部局等の協力を得て、地域連携推進部地域創生推進課において処理する。

（雑則）

第23条　この規則に定めるもののほか、機構の運営に関し必要な事項は、別に定める。

附則

この規則は、平成28年4月1日から施行する。

規則・組織図

三陸復興・地域創生推進機構組織図

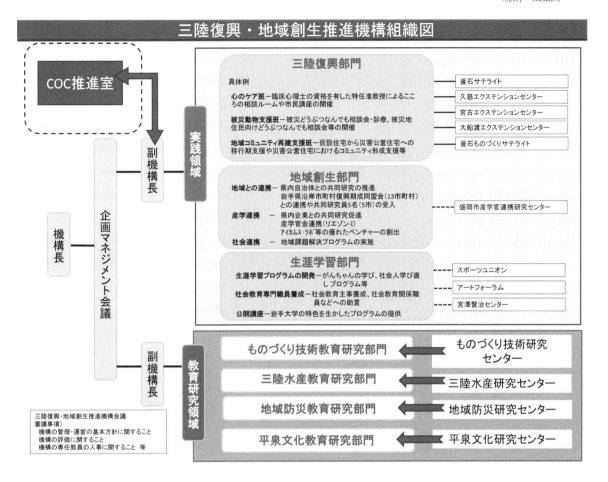

東日本大震災関連文献 (岩手大学発行　2012.4 ～ 2018.12)

発行年月	タイトル	発行所	頁
2012 年　4 月	平成 23 年度文部科学省　大学等産学官連携自立化促進プログラム【機能強化支援型】東日本大震災における産学官連携への影響調査　～産業支援の観点からの調査結果～　報告書（改訂版）	地域連携推進センター	108
5 月	「岩手の復興と再生に」オール岩大パワーを　東日本大震災から 1 年間の取り組み	岩手大学	100
6 月	いいことマップ　vol.1	岩大 E_code	22
9 月	いいことマップ　vol.2	岩大 E_code	22
11 月	いいことマップ　vol.3	岩大 E_code	22
2013 年　3 月	岩手大学地域防災研究センター第 2 回地域防災フォーラム「海外から見た東日本大震災」講演録	地域防災研究センター	59
	いのち　宮古市立田老第一中学校 津波体験作文集	地域防災研究センター	151
	いいことマップ　vol.4	岩大 E_code	26
7 月	岩手大学地域防災研究センター第 3 回地域防災フォーラム　アジア災害復興市民セミナー　アジア災害復興国際フォーラム　講演録	地域防災研究センター	81
8 月	「岩手の復興と再生に」オール岩大パワーを　東日本大震災から 2 年目の取り組み（H24.4 ～ H25.3）	岩手大学	115
12 月	岩手大学地域防災研究センター第 4 回地域防災フォーラム　危機管理と防災まちづくり　講演録	地域防災研究センター	91
	岩手大学地域防災研究センター第 5 回地域防災フォーラム　地域防災研究センター平成 24 年度活動報告講演録	地域防災研究センター	83
	平成 24 年度　岩手大学地域防災研究センター年報	地域防災研究センター	82
2014 年　2 月	たかたび　− takata trip −	岩大 E_code	94
4 月	岩手大学地域防災研究センター第 6 回地域防災フォーラム　未来を築け　被災地に学ぶ、被災した子ども達とともに　～災害文化の醸成・継承・伝播～　講演録	地域防災研究センター	84
	いいことマップ　vol.5	岩大 E_code	22
7 月	「岩手の復興と再生に」オール岩大パワーを　東日本大震災から 3 年目の取り組み H25.4 ～ H26.3	岩手大学	114
	平成 25 年度　岩手大学地域防災研究センター年報	地域防災研究センター	93
10 月	平成 25 年度　岩手大学三陸水産研究センター年報第 1 号	三陸水産研究センター	80
12 月	岩手大学地域防災研究センター第 8 回地域防災フォーラム　平成 25 年度活動報告・講演会	地域防災研究センター	84
2015 年　1 月	たかたび＋	岩大 E_code	15

東日本大震災関連文献

発行年月		タイトル	発行所	頁
2015 年	2 月	岩手大学地域防災研究センター第 7 回地域防災フォーラム　自然と共生する人間　多様な自然観と災害文化	地域防災研究センター	99
		いいことマップ　vol.6	岩大 E_code	34
	3 月	岩手大学地域防災研究センター第 10 回地域防災フォーラム　東日本大震災に関する調査研究報告　～岩手県における被災から現在まで～	地域防災研究センター	65
		第 3 回国連防災世界会議　岩手大学パブリックフォーラム　地域社会のレジリエンスとキャパシティ・ビルディング　－被災地での岩手大学の実践と検証－　報告資料集	地域防災研究センター	83
	4 月	科学技術人材育成補助事業「科学技術人材の育成コンソーシアム構築」　水産海洋イノベーションコンソーシアム　水産海洋イノベーションオフィサ（IOF）育成プログラム	東京海洋大学、岩手大学、北里大学	28
	7 月	「岩手の復興と再生に」オール岩大パワーを　東日本大震災から 4 年目の取り組み H26.4 ～ H27.3	岩手大学	114
		岩手大学地域防災研究センター第 9 回地域防災フォーラム　未来への復興まちづくり　～岩手大学×神戸大学連携フォーラム～	地域防災研究センター	89
	8 月	岩手大学地域防災研究センター第 11 回地域防災フォーラム　3.11 から学ぶ危機管理と災害対応	地域防災研究センター	62
	9 月	公開シンポジウム講演要旨　東日本大震災からの地域と農業の復興	三陸復興推進機構、農業環境工学関連 5 学会 2015 年合同大会実行委員会	11
	10 月	岩手大学地域防災研究センター第 12 回地域防災フォーラム　第 3 回国連防災世界会議　岩手大学パブリック・フォーラム	地域防災研究センター	120
		岩手大学地域防災研究センター第 13 回地域防災フォーラム　平成 26 年度活動報告・講演会	地域防災研究センター	74
		平成 26 年度　岩手大学三陸水産研究センター年報第 2 号	三陸水産研究センター	92
	11 月	SANRIKU（三陸）水産研究教育拠点形成事業　岩手大学・東京海洋大学　水圏環境調査研究成果報告　三陸の水圏環境　～森川海のつながりを活かした内発的復興を目指して～	岩手大学、東京海洋大学	23
	12 月	平成 26 年度　岩手大学地域防災研究センター年報	地域防災研究センター	111
2016 年		ワンにゃんレスキュー通信 vol.1	三陸復興推進機構生活支援部門被災動物支援班	8
		ワンにゃんレスキュー通信 vol.2	三陸復興・地域創生推進機構三陸復興部門被災動物支援班	4

発行年月		タイトル	発行所	頁
2016 年	3 月	岩手大学地域防災研究センター第14回地域防災フォーラム　復興まちづくりと地域創生　〜岩手大学×神戸大学連携フォーラム〜	地域防災研究センター	77
		Workshop Report Morioka Salmon Workshop	三陸水産研究センター	139
		だいぶそこまで　陸前高田に旅するガイドブック　春	岩大 E_code	26
	7 月	岩手大学地域防災研究センター第15回地域防災フォーラム　岩手の地域防災と今後の復興に向けて	地域防災研究センター	53
	8 月	「岩手の復興と再生に」オール岩大パワーを　東日本大震災から 5 年目の取り組み H27.4 〜 H28.3	岩手大学	114
	12 月	平成 27 年度　岩手大学地域防災研究センター年報	地域防災研究センター	96
2017 年		ワンにゃんレスキュー通信 vol.3	三陸復興・地域創生推進機構三陸復興部門被災動物支援班	4
	1 月	陸前高田グローバルキャンパス大学シンポジウム 2017　－多くの大学が陸前高田でやってきたこと－　発表論文集	陸前高田グローバルキャンパス　大学シンポジウム事務局	106
	3 月	学校用参考リーフレット　2016 年台風第 10 号豪雨災害の教訓を踏まえ　学校防災体制の充実に向けて	地域防災研究センター	4
		平成 28 年度台風 10 号における学校の対応状況と支援ニーズに関する調査（台風 10 号による学校被害状況と学校防災に関する聞き取り調査）　調査報告書　暫定版	岩手大学、岩手県教育委員会、岩泉町教育委員会	173
		平成 27 年度　岩手大学三陸水産研究センター　年報　第 3 号	三陸水産研究センター	92
		〜震災 6 年からの家庭と地域の協働を考える〜　子どもの心とあゆみを支えるシンポジウム　講演録	三陸復興・地域創生推進機構三陸復興部門心のケア班	48
	5 月	三陸水産業の復興と地域の持続的発展に向けた 3 大学連携に関する成果報告書	三陸復興・地域創生推進機構、三陸水産研究センター	210
	10 月	岩手の " 大地 " と " ひと " と共に　平成 28 年度岩手大学三陸復興・地域創生推進機構　活動報告書	岩手大学	149
		だいぶそこまで　陸前高田に旅するガイドブック Autumn	岩大 E_code	31
2018 年		ワンにゃんレスキュー通信 vol.4	三陸復興・地域創生推進機構三陸復興部門被災動物支援班	4
	1 月	平成 28 年度　岩手大学三陸水産研究センター　年報　第 4 号	三陸水産研究センター	51
	3 月	学校用参考リーフレット No.2　2016 年台風第 10 号豪雨災害の教訓を踏まえ　「学校版タイムライン」作成について	地域防災研究センター	4

発行年月	タイトル	発行所	頁
2018 年　3 月	平成 28 年度　岩手大学地域防災研究センター年報	地域防災研究センター	CD-ROM
	第 4 回　水産海洋イノベーションコンソーシアムフォーラム　報告	東京海洋大学、岩手大学、北里大学	64
	陸前高田グローバルキャンパス大学シンポジウム 2018 要旨集	陸前高田グローバルキャンパス、陸前高田グローバルキャンパス大学シンポジウム実行委員会	118
7 月	災害文化研究第 2 号　－第 3 回災害文化研究会報告－	地域防災研究センター	57
	Conference Program Book Global Conference on the International Network of　Disaster Studies in Iwate, Japan "Iwate Conference"　Landscape-Scale Disasters, Emergency Response, and Regional Recovery	Research Center for Regional Disaster Management,　Iwate University, Japan. Center for Crisis Management Research, School of Public Policy and Management, Tsinghua University, People's of Republic of China. The Program on Crisis Leadership, Ash Center for Democratic Governance and Innovation and Taubman Center for State and Local Government, Harvard Kennedy School, USA.	99
12 月	陸前高田グローバルキャンパス　2017 年度報告書	陸前高田グローバルキャンパス運営機構	39

【あとがき】

被災県にある大学の使命

復興活動記録誌編集委員会

　まえがきにも記したように、岩手大学は東日本大震災に総掛かりで対応してきました。これまでの主要な活動はそのつど各報告書に記載されてきましたが、本学の創立70周年を機に、復興活動の記録を俯瞰的・時系列的にまとめたのが本書の第1部で、教育・研究的視点からテーマごとに掘り下げたのが第2部です。

　各原稿の執筆時期は概ね発災後7年を経た2018年で、執筆者は、異動や転出、退職などもあり、当時の資料を探し出したり、記憶を思い起こすのに四苦八苦されたと思います。もっと早ければとか、なぜ今なのかとか等のご意見も頂きましたが、これまで復興活動に尽力してきた本学には余裕も機会もなく、今回がなんとか活動記録をまとめられるラストチャンスだったと言えるでしょう。

　書名に「東日本大震災」が使われている書籍は既に359冊も出版されており、関連図書は2,830件（Honya Club：2019/09/04検索）にも及びます。東日本大震災関連の書物は出尽くした感もありますが、発災直後から試行錯誤を重ねつつ継続的に復興活動を行ってきた・行っている岩手大学が、大震災にどのように対応したか、それらをアカデミックな観点からどのように認識しているかを後世に伝えることの意義は理解されるだろうと思います。もちろん、本学では、現在も復興に関わる活動は続けており、この本の出版をもって復興活動を閉じるということではありません。発災後8年が過ぎ、被災地にも活気が戻ってきたとはいえ、復興はまだまだ途上にあり、甚大な被害を受けた地域は、区画整理はできても、今も何もない場所が目立ち、津波が押し寄せる前のような街並みが復活しているわけではありません。死者19,698名、行方不明者2,563名（2019年3月1日現在：復興庁）という被害の大きさは今も被災地に痕跡を留めています。

　本書の執筆陣に名を連ねるはずであった歴代の学長、藤井克己元学長（学長在籍：2008年6月〜2014年3月、2017年9月14日逝去、享年65歳）と堺茂樹前学長（学長在籍：2014年4月〜2014年11月16日逝去、享年64歳）のお二方が鬼籍に入られ、復興活動に対するトップの判断やご苦労、ご意見等を本書に留めることができず、欠落部が生じました。とはいえ、発災時に理事・副学長で、堺学長の後を継がれた岩渕明現学長が、発災時の状況等を含めこれまでの経緯を把握されておられ、本書の要となる原稿を頂くことができました。

　学内で岩渕学長と教職員6名で70周年記念出版事業に関する最初の打ち合わせを行ったのが2017年の9月で、学長補佐（後藤）の下に編集委員会を立ち上げ具体案を作るという方向が確認されました。その後、学内での70周年記念事業の内容や担当組織の調整があり、古今書院に連絡を取ったのが2018年の1月末、同年2月末には古今書院へ出向き、出版に向けた話を進め、今日に至っています。

　ほとんどの原稿は2018年の夏までには受け取っていましたが、後藤の怠惰により、編集委員会

あとがき

名で書かれている原稿案の作成等が遅れ、それに伴い編集委員会での作業も進まず、執筆者から校正刷りはまだかと催促される始末で、関係者の皆さまにはご心配をおかけしました。

それでもなんとか本学の創立 70 周年記念式典（2019 年 10 月 19 日）に間に合うように出版できたことは、執筆者の皆さまをはじめ、関係各位のご協力のおかげだと感謝しております。

本学の言い分を聞き入れて、2 分冊の出版をお引き受け頂いた古今書院さまには、この場を借りて御礼申し上げます。とりわけ原光一さまと鈴木憲子さまには最後の最後までお手を煩わせましたし、細部を詰めるにあたっては、適確なご助言等を頂きありがとうございました。

本書は、復興活動記録誌編集委員会編で、メンバーは後藤尚人（人文社会科学部）を委員長として、五味壮平（人文社会科学部）、梶原昌五（教育学部）、南正昭（理工学部）、広田純一（農学部）、三浦靖（農学部）、今井潤（三陸復興・地域創生機構）の各先生方、事務方からは、濱田秀樹課長（地域連携・COC 推進課）、小椋光喜部長（学務部：2019 年 3 月まで）、湯澤麻起子部長（学務部：2019 年 4 月から）の皆さまです。3 時間以上になってしまうことが多々あった編集委員会では、原稿に目を通し、議論を重ね、より良い内容にするため問題点等を解消してきました。その意味でも、本書は実質的に復興活動記録誌編集委員会編になっています。

最後に、全面的に委員会をバックアップし、各執筆者や学内関係者、古今書院との連絡調整等をこなしてくれた地域創生推進課の八重樫喜陽主査の献身的な仕事ぶりにはお礼の言い様がありません。編集委員会編集長の仕事を十全に果たしたのは八重樫さんだったと言っても過言ではないでしょう。深謝。

執筆者一覧（50音順）　　＊役職等は2019年9月1日現在

赤塚 美保（あかつか みほ）　1章7節
　　　山形大学米沢キャンパス事務部学務課係長（学生支援担当）〔元岩手大学研究交流部学術情報課主任〕
石沢 友紀（いしざわ ゆうき）　1章6節
　　　岩手県政策地域部政策推進室政策担当・主査〔元岩手大学学務部国際課主査〕
今井 潤（いまい じゅん）　2章8節3項
　　　岩手大学三陸復興・地域創生推進機構・教授
岩渕 明（いわぶち あきら）　巻頭言、1章1節、2章1節、3章1節、3章2節、4章1節、5章7節
　　　岩手大学長
上杉 明（うえすぎ あきら）　1章6節
　　　岩手大学監査室・事務職員〔元農学部事務部事務長〕
小川 薫（おがわ かおる）　2章11節
　　　岩手大学三陸復興・地域創生推進機構・准教授
長内 遥奈（おさない はるな）　1章4節
　　　岩手大学評価・分析室・主任
小野寺 純治（おのでら じゅんじ）　4章3節、5章1節
　　　岩手大学COC推進室・特任教授、学長特別補佐
小野寺 学（おのでら まなぶ）　2章12節
　　　岩手大学学務部大学院・専門教育課・課長
梶原 昌五（かじわら しょうご）　2章8節2項
　　　岩手大学教育学部・准教授
後藤 尚人（ごとう なおと）　3章4節
　　　岩手大学人文社会科学部・教授、学長補佐（教育企画担当）
五味 壮平（ごみ そうへい）　2章8節1項、5章5節
　　　岩手大学人文社会科学部・教授
齋藤 徳美（さいとう とくみ）　1章9節、2章6節3項
　　　岩手大学名誉教授〔元理事（総務・地域連携担当）・副学長〕
佐々木 強（ささき つよし）　2章12節
　　　岩手大学理事（財務・労務担当）・事務局長
佐藤 美樹（さとう みき）　1章5節
　　　岩手大学総務部総務広報課・課長
佐藤 貢（さとう みつぐ）　1章5節
　　　岩手保健医療大学・学務課長〔元岩手大学研究交流部部長〕
佐藤 祐一（さとう ゆういち）　2章4節
　　　岩手大学教育学部事務部・事務長
佐藤 れえ子（さとう れえこ）　2章7節
　　　岩手大学農学部附属動物病院・教授
菅原 悦子（すがわら えつこ）　4章6節、5章3節
　　　岩手大学名誉教授〔前理事（復興・地域創生・男女共同参画担当）・副学長〕
鈴木 裕之（すずき ひろゆき）　5章2節
　　　岩手大学地域連携推進部地域創生推進課・課長
関野 登（せきの のぼる）　5章6節
　　　岩手大学農学部・教授

執筆者一覧

竹谷 隆則（たけや たかのり）　1章7節
　　　岩手大学学術研究推進部学術情報課・事務職員〔元学術研究推進部学術情報課長〕

田中 教幸（たなか のりゆき）　5章4節
　　　〔元岩手大学農学部教授、前三陸水産研究センター長〕

玉 真之介（たま しんのすけ）　1章2節、2章3節
　　　帝京大学経済学部・教授、岩手大学名誉教授〔元理事（総務・教育・学生担当）・副学長、大学教育
　　　総合センター長〕

田村 直司（たむら なおし）　3章2節
　　　岩手大学地域連携推進部三陸復興支援課・専門職員

中西 貴裕（なかにし たかひろ）　2章10節
　　　岩手大学情報基盤センター・准教授

名古屋 恒彦（なごや つねひこ）　2章5節、3章3節
　　　植草学園大学発達教育学部・教授〔元岩手大学教育学部教授〕

西崎 滋（にしざき しげる）　2章2節
　　　岩手大学副学長（情報統括担当）、理工学部・教授

西谷 泰昭（にしたに やすあき）　2章9節
　　　岩手大学名誉教授〔元理事（総務・研究・復興担当）・副学長、工学部長〕

馬場 剛（ばば たけし）　2章12節
　　　東京保健医療大学・事務局長〔元岩手大学理事（財務・労務担当）・事務局長〕

濵田 秀樹（はまた ひでき）　1章4節、2章2節、4章3節、5章2節
　　　岩手大学地域連携推進部地域連携・COC推進課・課長

晴山 均（はれやま ひとし）　1章1節、2章1節、2章13節
　　　岩手大学総務部・部長

平山 健一（ひらやま けんいち）　2章6節2項
　　　岩手大学名誉教授〔元岩手大学長〕

廣田 純一（ひろた じゅんいち）　1章8節2項、2章6節1項
　　　岩手大学農学部・教授

福山 学（ふくやま まなぶ）　1章3節
　　　岩手大学監査室・特命課長

堀 久美（ほり くみ）　4章6節
　　　岩手大学男女共同参画推進室・准教授

丸山 仁（まるやま ひとし）　4章5節
　　　岩手大学人文社会科学部・教授〔前理事（教育・学生担当）・副学長〕

三浦 靖（みうら まこと）　4章4節
　　　岩手大学農学部・教授〔元三陸水産研究センター長〕

南 正昭（みなみ まさあき）　1章8節1項、2章6節4項、2章6節6項、4節2項、4節7項
　　　岩手大学理工学部・教授〔前地域防災研究センター長〕

三宅 諭（みやけ さとし）　2章6節5項
　　　岩手大学農学部・准教授

八代 仁（やしろ ひとし）　5章1節、5章5節、5章6節
　　　岩手大学理工学部・教授、学長補佐（陸前高田グローバルキャンパス担当）〔前副学長〕

山崎 義夫（やまざき よしお）　4章5節
　　　岩手大学職員支援課・事務職員〔元学務部学務企画課長〕

吉田 等明（よしだ ひとあき）　2章8節1項、2章10節
　　　岩手大学教育学部・教授

書　名	**東日本大震災で大学はどう動いたか　1**
	－地震発生から現在までの記録－
コ ー ド	ISBN978-4-7722-7149-3　C3036
発行日	2019（令和元）年 10 月 19 日　初版第 1 刷発行
編 者	**岩手大学復興活動記録誌編集委員会**
	Copyright　© 2019 Iwate University
発行者	株式会社古今書院　橋本寿資
印刷所	太平印刷社
発行所	**（株）古今書院**
	〒 113-0021　東京都文京区本駒込 5-16-3
電　話	03-5834-2874
F A X	03-5834-2875
U R L	http://www.kokon.co.jp/
	検印省略・Printed in Japan